문화대혁명의 혁명적 문화

문화대혁명의 혁명적 문화

문화대혁명의 혁명적 문화

초판 1쇄 발행 2026년 4월 20일

지은이 알레산드로 루소
옮긴이 피경훈
펴낸이 강수걸
편집 이혜정 강나래 오해은 이선화 이소영 박재화 이채연
디자인 권문경 조은비
펴낸곳 산지니
등록 2005년 2월 7일 제333-3370000251002005000001호
주소 부산시 해운대구 수영강변대로 140 BCC 626호
전화 051-504-7070 | 팩스 051-507-7543
홈페이지 www.sanzinibook.com
전자우편 sanzini@sanzinibook.com
블로그 sanzinibook.tistory.com

ISBN 979-11-6861-660-8 93910

* 책값은 뒤표지에 있습니다.
* 잘못된 책은 구입하신 곳에서 교환해드립니다.

아시아총서 53

문화 대혁명의

혁명적 문화

알레산드로 루소 지음

피경훈 옮김

산지니

감사의 글

이 작업에 특별한 동기를 부여한 것은 중국에서의 장기적인 연구 체류, 현지 조사, 강의 등 지적 여정을 클라우디아 포차나(Claudia Pozzana)와 함께 나눈 경험이었습니다. 그녀의 중국 마르크스주의의 기원과 현대 중국 시 연구, 그리고 제 연구의 전개에 대한 비판적 관심은 따뜻하고도 끊임없는 영감을 주었습니다. 저는 이 책의 지적 지평을 풍요롭게 한 이론적 문제와 가설을 1970년대 이래로 친구이자 동지였으며, 현대 철학의 부흥을 이끈 창시자 알랭 바디우(Alain Badiou)와 논의해왔습니다. 몇 해 전, 바디우는 문화대혁명이 '마지막 혁명'인가라는 질문을 던졌습니다. 이 책의 많은 논의는 그 질문에 답하려는 시도입니다. 주디스 발소(Judith Balso), 타니 발로우(Tani Barlow), 크리스 코네리(Chris Connery), 가오 모보(Mobo Gao), 게일 허셔터(Gail Hershatter), 레베카 칼(Rebecca Karl), 파비오 란자(Fabio Lanza), 로잘린드 모리스(Rosalind Morris), 패트리샤 손턴(Patricia Thornton), 프랑크 루다(Frank Ruda), 왕반(Wang Ban), 왕후이(Wang Hui), 왕샤오밍(Wang Xiaoming) 등은 이 책의 초고 여러 장을 읽고 비판과 제안을 주었으며, 이에 깊이 감사드립니다. 특히 듀크대학교 출판사의 켄 위소커(Ken Wissoker)에게 감사드립니다. 그는 이 책의 출간 프로젝트를 따뜻하게 지지해주었습니다. 또한 네 명의 익명 심사자들은 때로는 열정적으로, 때로는 조급하게, 이 판본의 발전에 주목할 만한 기여를 해주었습니다.

얼마전 사망해 나에게 큰 슬픔을 준 고(故) 다비드 베르조니(David Verzoni)는 나의 '비-라틴어적' 언어 습관으로 인해 불가피하게 흔적이 남은 산문을 영어로 되살려내는 데 결정적인 기여를 해주었습니다.

본서의 4장과 8장은 각각 *Crisis and Critique 3*, no.1 (2016)과 *positions 13*, no.3 (2005)에 게재되었습니다. 9장과 10장은 *Modern China 39*, no.3 (2013), *The China Quarterly* 227 (September 2016), 그리고 *Afterlives of Chinese Communism: Political Concepts from Mao to Xi*, ed. C. Sorace, N. Loubere, I. Franceschini (London: Verso, 2019)에 실린 논문의 일부분을 포함하고 있습니다.

서문

　본서는 혁신적인 시대였던 1960년대와 1970년대에 일어났던 전 지구적인 정치적 소요를 이해하기 위한 새로운 방식을 제안하려 한다. '문화대혁명'은 중국 역사의 결정적인 전환점이었지만, 장구한 그리고 그야말로 전 세계적인 '혁명적' 시대가 끝난 순간이기도 하다. 동시에 그것은 중국 자신의 역사를 이해하기 위한 시도였으며 그 안에서 새로운 가능성을 찾기 위한 시도이기도 했다. 이것이 바로 '문화대혁명'이라는 문제적인 사건이 특정한 시기에 전 세계적인 반향을 불러일으켰던 이유이며 우리가 오늘날에도 여전히 그것에 관심을 기울여야 하는 이유이다. 지금도 그러한 의문점들은 풀리지 않은 채 남아 있다.

　새로운 평등주의적 대중 정치의 가능성을 찾아내기 위해 우리는 '문화대혁명'에 주목해야 하고 좀 더 일반적인 차원에서는 1960년대 자체에 주목해야 한다. 1960년대라는 최후의 위대한 정치적 시기이자, 현대적 혁명과 관련된 지속적 경향성에 대한 참신한 관념 없이 새로운 길을 찾아내는 것은 불가능하다. 위대한 정치적 순환의 시기를 위한 근본적인 도전은 곧 이전 시기의 위대한 정치적 순환의 시기를 어떻게 다시 평가할 것인지의 문제와 관련되어 있다. 10월 혁명이 어떻게 파리 코뮌을 평가할 것인지의 문제와 관련되어 있으며, 문화대혁명이 10월 혁명 이후의 모든 사회주의의 역사적 경험을 어떻게 재평가할 것인가의 문제와 관련되어 있는 것처럼 말이다. 마르크스와 엥겔스에게조차 핵심적인 이슈는 프랑스 혁명을 평가하는 것이었고, 그들은 프랑스 혁명을 도래할 프롤레타리아 혁명에 선행하는 위대한 부르주아 혁명으로 해석했다.

본서의 주요 가설은 중국의 '문화대혁명'이 공산주의에 대한 철저한 재검토라는 목표를 짊어진 공산주의적 운동이었다는 것이다. 본질적으로 그것은 당시 존재하고 있던 자본주의에 대항하는 대안들에 대한 근본적이면서도 엄밀한 검토였다. 때문에 '문화대혁명'에 대한 연구는 두 개의 역사적 시기를 설명해야 한다: 『공산당 선언(Communist Manifesto)』이 자본주의로부터의 탈출을 위한 대장정을 예고했던 1848년부터 시작된 사건들, 그리고 1960년대의 전 세계에 걸친 독특한 정치 현상과 그 중국적 반향—1960년대 전 세계에 걸친 독특한 정치 현상과 그 중국적 반향의 주된 목표는 현대 공산주의의 토대를 재검토하는 것이었다—이 그것이다.

1960년대의 대중운동은 단순한 해체가 아닌 새로운 시작을 탐색함으로써, 공산주의라는 의제의 중심에 현대 평등주의 정치의 본질에 대한 재검토라는 시급한 과제를 배치시켰다. 그러한 사건들을 20여 년 전에 발생한 소비에트 블록의 해체와 혼동해서는 안 된다. 실제로 소련과 그 위성 국가들의 붕괴는 궁극적으로는 국가 공산주의의 정치적 가치를 급진적으로 비판하고 최종적으로는 불신하게 된 대중운동의 사후적 효과였을 뿐이다.

소련과 그 위성 국가들은 그 나름의 입장에서, 자본주의에 대한 불가결한 대안이라고 자임했던 사회주의 국가들의 주장을 비판하는 대중운동에 반공산주의라는 딱지를 붙이면서 자신들에 대한 비판에 격렬하게 저항했다. 하지만 그것은 결국 당-국가 체제가 근본적인 위기를 향해 돌진하고 있었던 '그들의' 공산주의가 가진 유효성에 대한 의구심과 그들이 침묵으로 일관했던 모든 의혹을 신경질적으로 거부하는 것에 불과했다. 그리고 그들이 위기를 받아들이기 시작했을 때는 이미 너무 늦어버린 후였다.

1980년대 후반과 1990년대 초반 소련이 하루아침에 무너졌을 때, 소련과 관계를 맺고 있던 모든 정당은 해체되었고, 그 파편들은 자본주의에 대한 대안이 없음을 열정적으로 선언하였다. 국가 공산주의의 관료들 그리고 1960년대의 논쟁적인 목표들은 허무하게 신자유주의로 빨려 들어갔지만, 그때는 이미 관료주의를 비판했던 대중운동이 비난받고 끝내는 절멸당한 후였다. 20세기 국가 공산주의의 자기 해체는 실상 1960년대뿐만 아니라 현대 공산주의의 역사적 경험에 관한 연구를 가로막는 중요한 장애물 중의 하나이다.

1960년대에 대한 연구를 가로막는 또 다른 거대한 장애물은 중국이라는 진원지에 현존하는 가장 거대하고 안정적이며 강력한 공산당이 아직도 건재하고 있다는 사실이다. 분명 그러한 공산당의 존재는 우리가 탐색해야 할 이슈를 모호하게 만들 정도의 전례 없는 역설이기도 하다. 왜냐하면 중국공산당은 자신을 '노동자 계급의 전위'로 선언하고 공산주의를 자신의 궁극적인 이상으로 선언할 정도로 기존의 조직적 연속성을 상당 부분 유지하면서도, 확고한 신념과 극단적인 가혹함을 통해 자본주의를 포용하고 있기 때문이다. '중국 특색의 사회주의'라는 상표는 민족주의적 간판을 가미한 것이자 동시에 '문화대혁명' 그리고 1960년대 자체에 대한 '철저한 부정'이라는 본질이 포함된 것인바, 1960년대와 '문화대혁명'은 국가 공산주의뿐만 아니라 '자본주의적 공산주의'의 도래에 저항해왔기 때문이다.

마오쩌둥의 죽음 직후 곧바로 발표된 마오주의 지도자들의 체포가 중국을 혼란과 비참함으로부터 구원했다는 정부의 공식적인 언급은 허울 좋은 핑계였을 뿐이다. 실제로 당시의 핵심적인 이슈는 매우 정치적인 것이었으며, 당시는 무정부적인 상황도 경제적 붕괴의 상황도 아니었다. 하지만 공산주의의 재검토를 위한 대중 정치적 실험으로부터 결국 뻔뻔한 자본주의로의 이어졌던 그 길은 유난히 순조로웠고 여전히 그 과정에 대한 좀 더 자세한 조사가 필요한 것이 사실이다.

마오쩌둥은 '중국에서 자본주의가 쉽게 발생할 수 있다'고 반복해서 예견했다.[1] 그 주된 이유는 자본주의가 현대 사회 질서의 규칙이며, 사회주의는 대중 실험의 반복을 통해 갱신될 때에만 존재할 수 있는 예외 상태이기 때문이다. '문화대혁명'은 그러한 예외 상태를 위한 최후의 운동이었으며 그 자체로 예외적인 것이었다. 왜냐하면 그것의 주요 목표가 사회주의적 예외의 본성을 재평가하는 것이었기 때문이다. 가장 장기적인 관점을 가지고 있었던 혁명 지도자들은 [대중―옮긴이] 실험의 가혹한 폐절 그리고 임금제로의 회귀가 십중팔구 도래할 것을 충분히 의식하고 있었지만, [사회주의라는―옮긴이] 예외 상태의 길을 보존해야 할 필요성 역시 온전히 확신하고 있었다. 주요 마오주의 지도자들 중의 한 명이었던 장춘차오(張春橋)가 1981년 '4인방'에 대한 재판에서 다음과 같이 말한 바 있다. "이 세계의 규칙에 따라 나는 이런 날이 오리라는 것을 오랫동안 생각하고 있었다."[2] 본서는 이 세계의 규칙의 예외 상태에 대한 정치적 재검토를 수행하려 하는 것이다.

---

1   毛澤東,「關於理論問題的談話要點」, 1974年, 12月,『建国以来毛泽东文稿』(北京: 中央文獻出版社, 1998), vol.13, 413-415.

2   張春橋,「在法庭上的講話」, 1981, https://blog.boxun.com/hero/201308/zgzj/151.shtml, 2019년 4월 접속. 중국어 원문은 "按照這個世界的規則, 我早就想好了有這麼一天."

  '문화대혁명' 연구에는 두 종류의 가능한 접근 방식이 있다. 하나는 기존의 연구 방식으로, '문화대혁명'이라는 사건을 평가하는 잣대로 존재하는 명확한 정치적 판단에 내재된 가정(종종 암묵적으로 이해된)으로부터 출발하는 것이다. 실상 이러한 관점은 자본주의적 규칙에 대한 다소 운명론적인 현재적 합의라는 한정된 기준을 기반으로, '문화대혁명'을 필연적으로 '철저한 부정'—있을 수 없는, 혹은 차라리 있어서는 안 되는—으로서 연구하는 것이다. 지난 10여 년간의 연구 경향은 대부분 이러했다.[3] 현재의 연구들은 다소 다른 경로를 취하는바, 대체로 ['문화대혁명'에 대해—옮긴이] 긍정적인 관점을 보여주지만 여전히 발전 중인 상태에 있다. 이러한 연구들은 오늘날의 정치가 어떠해야 한다는 것에 관한 매우 불완전한 지식이라는 관념에서 출발해 1960년대와 1970년대 중국에서 일어났던 사건을 평등주의적 정치의 지적 지평을 재건하기 위한 가능성의 자원으로서 '문화대혁명'을 연구하고 있다.

  '문화대혁명'은 개념적 좌표와 현대 정치 이론의 근원적 패러다임을 다시 생각하게 하며 결정적인 시금석을 마련해주기도 한다. 또한 '문화대혁명'은 재검토할 만한 가치가 있는 매우 독특한 사유의 경로를 보여주는데, 왜냐하면 그러한 경로가 1960년대 중반 주류적인 위치를 점하고 있던 정치적 지식 프레임에 정확하게 들어맞는 것은 아니었기 때문이다. 하지만 사실 '문화대혁명'은 시작부터 그러한 프레임을 대중적 정치 시험에 끼워 맞추라고 절박하게 요구하고 있었다.

  이 10년에 걸친 막대한 규모의 정치적 과정을 연구하기 위해 우

---

3 이와 같은 연구 경향의 전체적인 종합·정리는 Roderick MacFarquar and Michael Schoenals, *Mao's Last Revolution*(Cambridge MA: Harvard University Press, 2006)에서 찾아볼 수 있다.

리는 그 독특함에 걸맞은 범주가 필요하며, 그러한 범주 중 많은 수가 분석 자체로부터 구축되어야 한다. 우리는 앞으로 나아가면서 길을 만들어내야 하는 것이다. 또한 이것은 왜 본서 안에 독자가 따라잡아야 할 세부 항목을 담고 있는 엄밀한 분석적 부분들이 존재하고, 이와 더불어 이론적 가설을 만들어내기 위한 여타의 부분들이 존재하고 있는지를 설명해준다.

본 연구는 ['문화대혁명'의—옮긴이] 주창자들이 만들어낸 선언들에 대한 세밀한 조사에 기반을 두고 있으며, 이 주창자들은 그러한 선언들이 만들어졌던 시대와 연계되어 있었다. 당시의 선언들은 본서가 수행해야 할 모든 분석의 근본적인 단위라고 할 수 있다. 나는 독자들이 본서에 배열해놓은 엄청나게 많은 양의 인용들을 견뎌내 주길 바란다. 그러한 인용들은 현대 중국의 정치사와 지성사의 결정적인 순간을 소리 높여 외쳤던 다양한 목소리들의 무대를 마련하기 위한 것이었다.

그리고 다른 한편에서 분석을 위한 범주들이 위와 같은 정치적 언급에 기반해 설정되었기 때문에, 이론적 관점 역시 각각의 정치적 언급에 맞게 설정될 수밖에 없었다. 어떤 부분에서는 정밀하게 뉘앙스를 음미해야 했고, 또 다른 부분에서는 한 문장을 검토하기 위해 일반적 지평과 특정한 범주를 고려해야 했다. 이러한 두 가지 사항이 본 연구 프로젝트 자체의 구성 요소였다.

본서는 ['문화대혁명'—옮긴이] 10년 동안의 몇몇 주요 사안들을 탐색하고 있는데, 1965년의 역사적이면서도 연극적이었던 '프롤로그', 마오쩌둥이 ['문화대혁명'에 대해—옮긴이] 본래 가지고 있었던 사고방식, 1966년부터 1968년 사이의 대중적 국면 그리고 '문화대혁명' 10년에 대한 정치적 평가를 만들어내기 위한 '마오주의자들'의 미완의 시도, 이 네 가지 사안이 특히 중요하다.

이러한 사안들은 비교적 짧은 시간 존재했던 것인데, 여기에는 일시적인 연속성이 존재했지만, 대중 참여의 정도와 내용 그리고 당-국가 체제 수뇌부에서의 세력 균형 사이에 존재했던 정치적 이해관계 탓에 본질적인 불연속성이 존재하고 있었다. 하지만 이러한 이질적인 사안들이 연결될 수 있었던 것은 그 각각의 사안들 안에 존재하고 있었던 추진력, 정치적 참신성, 망설임, 반목, 장애물(종종 내부적이었던) 그리고 그러한 장애물을 극복하기 위한 노력, 이 모든 것이 본질적으로는 자본주의로부터 탈출하기 위해 20세기에 수행된 것들과 그로부터 파생된 난국을 어떻게 평가할 것인가 그리고 어떻게 새로운 길을 찾을 것인가, 다시 말해 자본주의 정권과 꼭 닮은 관료주의적 기구로 변해버린 사회주의 국가의 경험을 어떻게 다시 생각할 것이며 궁극적으로는 어떻게 공산주의에서 새로운 의미를 찾을 것인가의 문제에 관한 것이었기 때문이다.

본서는 중국의 혁명 시대에 관한 일반적인 가설이라는 차원에서 이러한 사안들을 검토할 것이다. 그리고 이러한 사안들은 막대한 규모의 대중 정치 실험이라는 무대를 만들어내는바, 이 무대의 핵심적 문제는 다양한 국면에 있어 서로 다른 여러 측면을 반영하고 있으며, 각각의 국면들은 그 시작에서부터 [대중 정치—옮긴이] 실험에 포함된 새로운 정치적 주체와 혁명가에게 적합한 정치적 문화 프레임 사이에 존재하는 독특한 대립을 수반하고 있었다. 이러한 의미에서 본서의 일반적 주제는 주체적 다양성이라는 차원에서 이해된 '문화대혁명'과 혁명가들이 자신의 의도를 선언하고 실천했던 정치에 관한 문화적 프레임으로 이해된 혁명적 문화 사이의 관계라고 할 수 있다.

나는 역사적이면서도 연극적이었던 프롤로그에 관한 연구로부터 출발할 것인데(1부 1장에서 3장), 이 프롤로그는 대중적 국면이 시작되기 몇 달 전에 발표된 역사극『해서파관』을 둘러싼 논쟁이었다. 본 논쟁은 대규모의 지적 공중의 지지를 받았으며, 수많은 위험과 논쟁의 당사자에 대한 직접적인 개입에도 불구하고 일반적으로 '문화대혁명' 연구에 있어 부정되어왔다.

사실 본 논쟁은 '역사유물론'이 과거 중화제국 역사 속의 농민봉기와 사회주의 속 농민의 정치적 역할을 다룰 수 있는지에 관한 이론적 해명의 긴급성이라는 지적인 그리고 정치적인 실제적인 이해관계와 혼동되었다. 비록 역사적, 정치적, 연극적 문제의 특정한 사안들이 해결되지 않은 채로 남게 되었음에도 본 논쟁은 혁명 시대가 시작되는 데 있어 결정적인 역할을 했다.

이어서 나는 서로 중첩되는 두 가지의 관점에서 '문화대혁명' 연구에 있어 가장 까다로운 주제라고 할 수 있는 ['문화대혁명'에 대한—옮긴이] 마오쩌둥의 본래 의도를 논한다(2부). 마오쩌둥 혁명 인생의 마지막 20년(1956년에서 1976년)은 사회주의의 운명에 대한 독특한 염려로 표지되며, 이러한 염려는 새로운 정치적 노선에 대한 그의 완강한 요구를 추동시켰다(4장). 나는 1965년 말과 1966년 중반 사이 마오쩌둥의 개입이 혁명적 문화와 그 제도적 공간에 관한 비판적 재검토에 대중이 참여하는 것을 가로막는 장애물들을 치우기 위한 것이었다고 주장할 것이다(5장).

1966년에서 1968년 사이 '문화대혁명'의 대중적 국면은 학술 연구에 있어 분명 가장 많이 연구되고 또 가장 잘 기록된 부분이라고 할 수 있지만, 그러한 국면에 내재된 가장 불가사의한 측면은 여전히 불분명한 상태로 남아 있으며 새로운 관점에서 탐색해야 할 필요가 있다(3부). 우리는 특히 다음의 두 가지 문제를 철저하게 다시 생각해봐야 한다. 하나는 무한대로 생겨났던 독립적인 정치적 조직들이 그 나름의 가치를 정치적으로 발명해낼 수 있었던 가능성을 박탈해버린 2년 동안, 강력한 자기-파괴적 충동의 공간 속에서 전복되어버린 과정이다(6장과 8장). 그리고 또 다른 문제는 이러한 국면의 정점이라고 할 수 있는데, 상하이의 1월 폭풍(1967)과 혁명 위원회의 성립 이후 몇 주 만에 폐쇄된 상하이 코뮌에 관련된 것이다(7장).

당-국가 체제의 지평선을 넘어서는 첫 번째 2년 동안의 정치적 이해관계 그리고 대중 조직의 새로운 형태에 관한 실험은 핵심 개념의 가치를 의문에 부침으로써 기존의 정치적 문화 공간을 급진적으로 대체해버렸다. 혁명가들은—그들 내부적으로 그리고 분명하게—진행 중인 정치적 실험을 방해하고 억누르기 위해 사용된 '계급' 그리고 '노동자 계급'과 같은 개념들의 모호함과 대면해야 했다. 요컨대 나의 요점은 새로운 주체적 의도가 '정권의 장악'과 같은 혁명적 문화의 주요 개념 앞에서 결정적인 난국을 만나게 되었다는 것이다.

20세기 공산주의의 혁명적 문화에 있어 중심적인 위치를 차지하고 있었던 새로운 주체적 의도라는 개념은 혁명가들에게 그들의 정치적 행동주의에 관한 지적 평가를 가능케 한, 대안적이긴 하지만 정교하게 다듬어지지 못한 새로운 개념이 됨으로써 얼마 되지 않아 종말을 맞이하게 된다. 그들의 망설임과 타락 그리고 자기-파괴적인 움직임들은 물론이거니와 그들의 참신함과 용기를 고찰함에 있어 우리는 정치적 문화의 일반적 프레임 속에 담겨 있는 정치적 참신함과 발명에 대한 그 문화적 피드백이 열어젖힌 불연속성들을 고려해야 한다.

이러한 모든 사건으로 인해 혁명가들은 자신들의 정치가 지닌 전체적인 문화적 지평을 다시금 고찰하게 되었다. 그리고 그러한 필요성은 특히 혁명 시대의 후반부에 선명하게 드러났다. 본서 4부(9장과 10장)에서 나는 1973년 중반과 1976년에 발생한 대규모의 대중 공부 운동을 여러 측면에서 분석할 것이다. 혁명 시대의 마지막 국면은 실상 강한 이론적 의도를 가진 것이었음에도 대체로 제대로 탐색되지 못했다. 그리고 이어지는 논의에는 마르크스-레닌주의의 정치 이론, 특히 프롤레타리아 독재 개념이 포함될 뿐만 아니라, 고대 중국 정치사상의 주요 흐름, 특히 유가와 법가 사이의 문제가 포함될 것이다.

이러한 대중 공부 운동의 의도는 ['문화대혁명' 기간 발생했던—옮긴이] 사건들을 대중적 범위에서 평가하기 위한 토대를 마련하는 것이었다. 마오쩌둥은 자기 인생의 마지막 순간 헛되게도 그러한 시도를 감행했는데, 그는 당시 '문화대혁명'이 그 목표를 이루는 데 어느 정도로 미흡했는지를 근본적으로 다시 생각할 필요성을 강조하고 있었다. 정부의 실질적인 수장을 맡고 있던 덩샤오핑은 마오쩌둥의 이러한 시도를 철저하게 부정하고 있었다. 덩샤오핑은 마오쩌둥이 시작한 이론 공부 운동에 반격을 가했으며 특히 프롤레타리아 독재를 공격했다. 또한 마오쩌둥이 제안해 10년간 이어졌던 광범위한 자아-비판 운동을 단호하게 폐기했다.

본질적으로 '문화대혁명'이 종결된 직후 덩샤오핑이 획득한 승리는 그가 '문화대혁명'에 대한 정치적 평가를 가로막은 동시에 20세기 공산주의에 대한 이론적 평가에 개입한 덕분이었다. 이로써 덩샤오핑은 결정적인 승리를 쟁취했는바, 이 승리의 효과는 오늘날 중국의 통치 안정성으로 이어지고 있다. 혁명가들이 자신의 행동을 정밀하게 조사하는 것을 방해하는 것은 그들의 주체적 결정을 분쇄하고 대중들 사이에 정치적 무관심의 씨앗을 뿌리며, 일체의 정치적 결정을 정부 엘리트들—이들은 모든 대중 정치 실험

을 단순히 혼란과 무정부 상태로 치부하려고 했다—의 손에 쥐여
주기 위한 전제 조건이었다.

혁명 시대는 마오주의자들이 시도했던 광범위한 정치적 평가를
향한 노력과 함께 막을 내렸다. 하지만 그러한 과제는 마오주의자
자신들이 극복하려 했던 정치적, 이론적 한계 탓에 미완으로 남고
말았다. 그러한 평가의 결론을 차단한 것은 '내부적 대의(internal
causes)'에 상당한 영향력을 행사했다. 결국 덩샤오핑이 이끈 연
정은 그러한 금지의 시행으로부터 그 반동적 에너지를 위한 필수
적인 자원들을 끌어낼 수 있었던 것이다.

그 평가에 대한 차단의 장기적 결과는 물론이거니와 이 미완의
평가에 관한 근본적인 주제 역시 본서의 이론적 분석적 관점을 위
한 출발점을 마련해주고 있다.

차례

1부

연극적
프롤로그

1 '정직한 관리'의 내세

문화대혁명의 서장은 다양한 인물들로 붐빈다. 문신, 농민, 유명한 사학자들과 급진적 비평가들, 문화부의 고위 관료들, 충성파, 반대파, 중도 정치인들, 심지어 가짜 '좌익' 논객들까지. 막이 열리는 장면은 명나라를 배경으로 하고 있다. 아무 흠잡을 데 없는 한 제국의 지방관이, 처음에는 분명 긍정적인 영웅으로서 전통적인 경극 창법으로 노래한다.

나는 법과 질서를 바로잡고
민중의 원한을 씻어주네.
백성들이 감당할 수 없을 만큼 고통받았으니,
이는 악한 관리들이 잔혹하고 무법적이기 때문이오.
용과 호랑이를 죽이는 것이 사내의 도리라면,
나라를 위해 봉사하는 데 무덤이 필요하겠소?

그러나 이 인물은 첫 번째 극적인 반전(coup de théâtre)으로 곧 부정적인 영웅이 되고 격렬한 논쟁의 대상이 된다. 혁명의 서장으로서는 매우 이례적인 시작이지만, 그럼에도 문화대혁명을 정치적으로 해석할 수 있는 실마리를 찾기 위해서는 반드시 이 지점에서 출발해야 한다. 연극, 정치, 역사가 혁명의 10년을 촉발시킨 역사 드라마를 둘러싼 논쟁 속에서 뒤얽혔다.

이 책 앞 세 개의 장에서 우리가 수행할 과제는 문화대혁명에서 가장 덜 연구된 시기 중 하나인 이 서장의 정치적 성격을 면밀히 검토하는 것이다. 이를 위해 먼저 1965년 11월, 그 희곡의 내용과 그것에 대한 비판을 둘러싼 논쟁이 처음 구성될 때 표명된 입장들을 살펴볼 필요가 있다. 다음 단계에서는 이 논쟁의 배경이 된 1960년대 초 중국의 주요한 정치적, 역사적 딜레마들을 고찰할 것이다. 그 후 우리는 1965년 말부터 1966년 초까지 이어진 논쟁을 면밀히 읽고, 그 논쟁이 지닌 광범위한 규모에 관해 살펴볼 것이다.

청백리 해서

현대 중국사에 관한 모든 텍스트에서 회고되듯, 혁명의 10년을 알리는 서막은 1965년 11월 야오원위안(姚文元)이 역사극 『해서파관(海瑞罷官)』에 대해 발표한 비평문에서 시작되었다. 이 희곡은 몇 해 전 저명한 역사학자 우한(吳晗)이 집필한 것이었고, 그에 대한 비평이 촉발한 논쟁은 전혀 예상치 못한 것이었다. 이 시간은 흔히 마오쩌둥이 문예계를 숙청하기 위해 이용한 단순한 구실로 간주되었지만, 이후 중대한 사건들로 이어진 직접적인 선행 사례로서 반드시 언급될 수밖에 없다.[1] 실제로 대부분의 전문 관찰자들은 이 사건을 '붉은 황제' 마오쩌둥이 자신의 개인숭배를 되살리고 정적들을 제거하기 위해 꾸민 음모에 지나지 않는다고 여긴다. 이 서사에 따르면 마오쩌둥은 당시 상하이에서 문예 기자였던 야오원위안이 쓴 이 글에서 자신의 두 가지 목표를 동시에 추

---

1   Marie Claire Bergere, *La république populaire de Chine de 1949 à nos jours* (Paris: Armand Colin, 1987), 174-75.

진할 수 있는 구실을 찾아냈다는 것이다.[2]

문화대혁명 전체에 관한 연구는 '철저한 부정(徹底否定)'이라는 모티프가 지배하고 있다. 이는 혁명 이후 수십 년 동안 중국 정부가 공식적으로 내린 평가이기도 하다. 그러나 그 시작 단계로 여겨지는 시기는 언급되더라도 거의 스쳐 지나가듯 다루어질 뿐, 사실상 완전히 외면되어왔다. 역사학자 마르크 블로크(Marc Bloch)가 경고했듯,[3] '현재라는 바이러스'(우리의 경우 정치와 국가 문제에 대한 지적 혼란의 장막)를 감안하더라도, 이처럼 비범한 사건이 왜 역사학자들의 주목을 거의 받지 못했는지는 명확하지 않다.[4]

사실 고전적인 형식의 베이징 오페라로 상연된 역사극—복잡한 연극 규칙, 고전 음악, 전통 의상, 매우 형식화된 몸짓과 억양을 모두 갖춘—에 대한 논쟁이 이토록 격렬하고 장기적인 정치적 격변을 촉발한 일은 전례가 없는 것이다. 역사가들이 흔히 되풀이할 수 없는 사건이나 비범한 사례에 끌린다고는 하지만, 이처럼 독특한 사건에 대해 여전히 상투적인 서사가 지배하고 있고, 1차 연구는 극히 드물며 논쟁의 쟁점이나 더 나아가 그 희곡 자체의 내용

2　이에 관한 두 권의 대표적인 단행본 연구서로는 James R. Pusey, *Wu Han: Attacking the Present through the Past* (Cambridge, MA: Harvard University Press, 1969)와 張湛彬, 『文革第一文字獄:「三家村」案始末』(香港: 太平洋世紀出版社, 1998)이 있다. 두 저작 모두 우한이라는 인물을 두둔하는 성격을 강하게 띠고 있는데, 서로 다른 상반된 논거를 내세우고 있다. 전자는 그를 '반(反)전체주의'의 옹호자로, 후자는 그를 '당에 대한 충성'의 옹호자로 제시한다.

3　Marc Bloch, *Apologie de l'histoire ou métier d'historien* ([1949], Paris: Armand Colin, 2018). English translation: *The Historian's Craft* (Manchester, UK: Manchester University Press, 1992).

4　『해서파관』과 그 전후 맥락을 둘러싼 논쟁과 관련해 방대한 1차문헌을 정확하게 수집해놓은 자료집으로는 丁望 主編, 「吳晗與『海瑞罷官』」, 『中共文化大革命資料匯編 第四卷』(香港: 明報月刊社, 1968)을 볼 것.

이 직접 인용되는 일은 거의 없다. 방대한 분량의 우한 전기조차도 그 희곡에 관한 구체적인 분석은 피하고 있다.[5]

그렇다면 이제 우리는 이 극적인 문화대혁명의 서장을 어떻게 이해해야 할까? 경극 인물들, 문신과 농민들, 극작에 참여한 저명한 역사학자들, 연극과 역사, 정치에 관한 격렬한 논쟁, 심지어 사료의 출처를 둘러싼 문헌학적 논쟁까지—이처럼 풍부하게 수놓아진 이 연극적 서장에 대해 우리는 어떻게 생각해야 하는가?

문화대혁명의 '첫 번째 공격 대상'으로 기억되는 희곡 작가 우한은 명나라 연구의 권위자이자 중국의 저명한 역사학자였다. 그는 이 분야의 선구자로서 이미 1930년대 명나라에 관한 역사 연구에 착수한 몇 안 되는 초기 학자 중 한 명이었다. 명대 연구는 1911년 청나라가 멸망할 때까지 금기시되던 주제였다.[6] 흥미롭게도 중국 제국 정부가 전 왕조에 대한 독립적인 학술연구를 금지하는 전형적인 관료적 관행은 오늘날까지도 문화대혁명을 뒤덮고 있는 '철저한 부정'이라는 중층적 흔적(palimpsest) 안에서 여전히 식별할 수 있다.

또한 우한은 국가 최고 지도부와 매우 가까운 공직을 맡고 있었으며 베이징 부시장으로 재직했다. 그는 전국인민대표대회 대표이기도 했고 주요 국가 문화 기관들과 학술지 및 출판사의 편집위원회에서도 두드러진 역할을 수행하는 인물이었다. 1950년대 말 무렵, 우한은 해서에 관해 특별한 관심을 갖게 되었다. 그의 이례적인 관심과 그 동기 및 전개 과정은 3장에서 자세히 살펴볼 것이

---

5 Mary G. Mazur, *Wu Han, Historian: Son of China's Times* (Plymouth, UK: Lexington, 2009).

6 Mazur, *Wu Han*, chapter 3, "Commitment to Ming History," 73–115을 볼 것.

다. 그는 해서에 관한 글을 썼고, 그의 문집을 편집했으며, 1961
년『해서파관』이라는 희곡을 발표했다. 이 희곡은 같은 해 몇 달
간 상연되었고 중국의 권위 있는 신문들로부터 열렬한 호평을 받
았다.

우한은 해서를 '훌륭한 품덕(好品德)'의 모범으로 묘사하고 그
인물이 지닌 '현실적 의의(現實意義)'를 보여주고자 했다. 희곡은
처음에는 '과거를 현재에 복무하게 한다(古爲今用)'는 취지와 '역
사 연구와 현실 투쟁의 결합'의 모범으로 환영받았다. 야오원위안
은 자신의 비평문에서 이러한 '청백리(淸官)' 모델이 지닌 높은 교
육적 가치 때문에 이 작품이 특히 찬사를 받았다고 회고했다.[7]

『해서파관』은 명나라 말기, 16세기 후반 중국 남부의 쑤저우(蘇
州)를 배경으로 한다. '청렴한 제국 관리' 해서는 얼마 전 지방관으
로 임명되었지만, 곧 탐욕스럽게 토지를 강탈하던 지역의 권세가
들과 충돌하게 된다. 해서는 결국 그들에게 토지를 정당한 소유주
에게 반환하도록 강제했지만 이에 앙심을 품은 적대자들이 그를
중상모략하고 이 비방에 영향을 받은 조정은 마침내 해서에게 파
직 명령을 내린다.[8]

해서는 전통적인 미덕과 '민중을 위한 봉사'라는 삶의 방식에 걸
맞은 겸손함을 지닌 인물로 묘사된다. 그는 심지어 사회주의 선

---

7 1960년대 초에 발표된『해서파관』에 관한 여러 글과 평론이 1965년 12월에 발
    간된『문회보(文匯報)』의 여러 호에 재수록되었다. 이 희곡은 1961년에 몇 달
    간만 무대에 올랐는데, 이는 애초부터 상당한 정치적 비판에 직면했거나, 혹은
    중국 연극계에서 특별히 성공적인 작품으로 평가되지 않았음을 보여주는 징후
    였다.
8 이 희곡의 역설은 제목 전면에 드러나 있는 '罷官(파면)'이라는 주제가 정작 줄
    거리 속에 부재하고 있다는 것이다. 이 점과 그 밖의 희곡 자체에 관한 여러 측
    면은 3장에서 논의할 것이다.

전 속 영웅주의의 일부 특성이 있는 인물로까지 그려진다.[9] 그의 적대자들은 해서가 다른 관리들을 만날 시간도 없고 '매일 강으로 나가 공사를 감독하고 가난한 농민이나 노동자, 소상인들과만 이야기한다'고 불평한다. 해서는 제국 관료제가 그토록 자랑스럽게 생각하던 '고전적인' 수리 사업을 성실하게 감독하지만, 그것을 민중에 대한 자애로운 관심과 함께 수행한다. 때로는 거리에서 다른 관료들이 자신을 알아보지 못하게 평상복을 입고 다니며, 의식이나 격식을 즐기지도 않는다. 그의 마음에는 오직 백성들의 안녕, 더 정확히는 그들을 괴롭히는 고통만이 자리하고 있다.

이 희곡의 몇몇 대목을 읽는 것은 논쟁의 불씨가 무엇이었는지를 이해하는 데 필수적일 뿐 아니라 우리가 10년간의 주요 정치적 순간들을 분석할 때 채택하게 될 관점을 제공해준다. 우리는 등장인물들의 발화를 분석하는 데 초점을 맞출 것이므로, 먼저 우한의 희곡에서 출발할 것이다. 배우들의 대사는 정치적 발언으로 읽힐 수 있고 실제로 1965~66년 논쟁에 참여한 모든 인물들도 그렇게 받아들였다. 등장인물의 대사 속 주관적 의도를 강조하는 것은 연극의 본질이며, 이 작품의 경우 정치적 쟁점이 모든 전환점마다 내재되어 표현되어 있었다. 다음에 제시할 제6막 '단안(斷案, 즉, 판결)'이라는 제목의 장면들—처음 인용된 대목과 동일한 장면—은 이 작품의 기본적인 톤을 응축하고 있을 뿐만 아니라 줄거리상 핵심적인 장면이기도 하다.

바로 이 장면에서 해서가 무대에 처음 등장한다. 그는 관복 모자를 쓰고 붉은 비단 관복을 입은 채 나타난다. 지방의 최고 사법

---

9   클라이브 앤슬리(Clive M. Ansley)가 *The Heresy of Wu Han: His Play "Hai Rui's Dismissal" and Its Role in China's Cultural Revolution* (Toronto: Toronto University Press, 1971)에서 언급했던 것과 같다.

권위자로서 그는 자신의 관아(衙門)로 부패한 향관(鄕官)들과 피해를 호소하러 온 농민들을 모두 소환해 판결을 내리려 한다. 농민들은 정의를 호소하러 온 반면, 향관들은 '청렴한 해서'가 도착하길 기다리고 있다. 해서는 다음과 같은 독백과 함께 등장한다.

부관: 총독님의 명에 따라 관아의 문을 열고 공판을 열 것이다.
(모든 관리 퇴장)
(음악이 흐른다. 군 장교들, 병사들, 아전들이 입장한다. 해서도 입장한다. 그는 관모를 쓰고 비단 관복을 입고 있다.)
…
해서: 나는 해서다. 응천부의 관리다. 내가 이 관직을 맡은 이래 향관들과 부호들이 제멋대로 굴며 법을 무시하고 있다는 사실을 알게 되었다. 관리들을 부패하고 백성을 억압하고 있다. 그들의 범죄에 대한 명백한 증거도 이미 확보되었다. 법은 모든 악인을 제거해야 한다고 분명히 규정하고 있다. 오늘의 공판에서는 반드시 이 이상을 실현하여 악의 오점을 씻어내고 백성을 보호할 것이다. 여봐라, 관리들을 불러오라.

(아전들이 입장한다. 머리를 숙인 채 점점 더 근심에 찬 얼굴로, 해서의 호통에 떨며 들어온다:)

해서: 여봐라.
관리들: 예 나으리.
해서: 그대들은 관직을 어떻게 수행해왔는가?
관리들: 저희는 언제나 정직하고 신중하게 임무를 수행해왔으며, 한편으로는 조정을 섬기고, 다른 한편으로는 백성의 근심을 함께

해왔습니다.

해서: 과연 그러한가? 정말로 조정을 섬기고 백성과 근심을 나누어
왔단 말인가?

관리들: 그렇습니다.

해서: 하하! 그대들이 모두 정직한 관리라면, 이번 재판에도 함께 참
여해주기 바라오. 화정현(華亭縣)의 현령은 누구인가?

화정현의 현령이 자신이 출석했음을 밝히고 재판이 시작된다. 해서는 이 현령이 권세 있는 향관의 악행을 은폐한 음모를 하나하나 밝힌다. 그 향관은 불법적으로 토지를 빼앗고 농민들을 잔혹하게 탄압해왔다. 해서는 장문의 꾸짖음을 마친 뒤, 악인을 단죄하겠다는 굳은 결의를 노래한다.

해서(노래):
무정한 자들아, 썩고 더러운 저들아,
그대들은 관복을 오명으로 더럽혔도다.
법은 산처럼 무거우니 결코 관대할 수 없도다.
그대들의 죄를 벌함에 나는 한 치도 물러서지 않으리라.

부패한 관리들과 향관들은 어찌할 도리가 없어 그저 자비를 구할 뿐이다. 반면 마침내 정의를 되찾은 농민들은 환호하며 합창으로 기쁨을 표현하고, 낮에도 밤에도 이 정의로운 관리를 숭배하겠노라고 다짐한다.

촌민 1: 나으리, 판결이 지극히 공정하십니다. 하지만 저희 토지는
서씨 집안과 다른 향관들에게 빼앗겼습니다. 그럼에도 여전히

저희는 세금을 내야 했습니다. 백성의 삶이 너무나 고단합니다. 부디 대감께서 조치를 취해주시기를 바랍니다.

촌민 2, 3: 대감마님, 부디 도와주십시오!

해서: 부관, 모든 향관들에게 열흘 이내에 빼앗은 토지를 백성에게 골고루 돌려주도록 명하는 방을 써서 발표하라. 지체해서는 안 된다. 명을 거역하는 자는 법에 따라 엄벌에 처할 것이다.

부관: 예, 나으리.

촌민들: (머리를 조아리며) 나으리께서 저희를 위해 나서주셨습니다. 이제 강남의 백성들도 좀 더 나은 삶을 살 수 있을 것입니다. 깊이 감사드립니다. 고향으로 돌아가면 대감의 초상화를 그려 아침저녁으로 모시겠습니다.

(노래):

오늘 우리는 구름 한 점 없는 푸른 하늘을 보았네.[10]

우리의 보금자리를 다시 세우기 위해 부지런히 일하리라.

땅이 있으니 옷과 먹을 것이 부족하지 않으리오.

머지않아 더 나은 삶을 이루게 되리라.

(대사):

나으리께 감사드립니다!

해서: 그럴 필요 없습니다. 이제 집으로 돌아가시지요.[11]

---

10 청천(靑天)은 청렴(淸廉)한 관리를 가리키는 말로, 문자 그대로는 "푸른 하늘"이라는 뜻이다. 이 표현은 관용적으로 쓰이게 되었지만, 그 축자적 의미 또한 여전히 유효하다. 하늘은 분명 중국 문화에서 중요한 위치를 차지했다. 청렴한 관리가 하늘의 맑고 깨끗함을 대표한다는 것은 제국 이데올로기의 핵심적인 요소였다.

11 吳晗, 『海瑞罷官』, 1961 (北京: 北京出版社, 1979), 6막, 47-56행. 영어 판본으로는 Wu Han, *Hai Jui Dismissed from Office*, translated by C. C, Huang, *Asian Stuides* at Hawaii 7 (1972), 104-20을 볼 것.

막이 내려가면서 총독의 부관이 병사들에 둘러싸인 채 징 소리
와 함께 공식 포고문을 낭독한다.

> 부관: 모두 잘 들으시오, 특히 향관들.
>
> 감찰어사청 상등 감찰관이자 응천 십주의 순무 해서는 토지를
> 정당한 소유자에게 반환하는 문제에 관하여 다음과 같이 포고
> 한다. 과거 향관들과 그 외의 포악한 세력들은 많은 백성들의
> 토지를 강제로 빼앗아왔다. 이로 인해 수많은 농민들이 생계를
> 잃고 비참한 삶을 살아가고 있다. 법은 이와 같이 탈취된 모든
> 토지를 원래의 소유자에게 돌려줄 것을 명하고 있다. 이 명령을
> 감히 거역하는 자는 법에 따라 엄정히 처벌될 것이다.
>
> (일반 백성들은 조용히 들은 후 무대를 행복한 모습으로 떠난다. 부관들과
> 병사들 역시 해산한다.)

경극의 독특한 형식을 평가할 때 염두에 두어야 할 여러 가지
주의점들과 번역 과정에서의 손실을 고려하면, 이 에피소드에서
변명처럼 들리는 대사가 실은 인용된 대사의 예술적 관례가 아닐
까라는 의문이 들 수도 있다. 이는 경극의 극도로 형식적인 무대
장치들 때문에 만약 그 안에 통찰력 있는 창의적 의도가 결여되어
있다면 그 효과가 다소 상투적으로 느껴질 수 있다는 사실에 기인
할 수도 있다.

사실 『해서파관』은 순전히 교훈적인 목적을 가진 작품이었다.
연극은 역사를 대중화하기 위한 매체였으며, 이는 당시 중국 역사
학계 전반에 퍼져 있던 교육적 성향이었고, 우한 자신도 이를 적

극 장려했다.[12] 그러나 작가는 이 희곡의 서문에서조차 자신은 경극에 정통하지 않으며 거의 관람도 하지 않는다고 거듭 밝혔다. 연극에 대한 그의 무관심은 그에게 별로 심각한 문제로 여겨지지 않았던 듯하다.[13] 형식적으로 보았을 때 『해서파관』은 대중적 매체를 통해 전달된 역사-정치적 도덕성에 관한 교훈에 가까웠다. 우한이 경극을 거의 보러 가지 않았던 이유는 단순히 시간이 없어서라기보다는 1950년대와 1960년대 초의 교양 있는 중국인들 사이에서는 그것이 그다지 칭찬할 만한 공연으로 여겨지지 않았기 때문일 가능성이 크다. 기껏해야 대중 오락용으로 적절한 수준으로 간주되었을 뿐이다.[14] 바로 이러한 이유로 국가의 중앙 문화 기구가 베이징 오페라를 역사적 지식을 보급하는 수단으로 활용한 것일 수도 있다.

결국 우한이 무대에 올린 것은 실제 역사적 인물이 아니라 중국 관료 이미지에서 흔히 나타나는 자기-찬양적인(self-celebratory)

---

12 그 시기 다른 중요한 중국 역사학자들도 '신역사극'(新歷史劇)을 집필했다. 우한은 역사 지식을 보급하기 위해 연극을 활용하는 문제에 대해 적극적으로 논의해왔다. 참고로, 우한의 「論歷史劇」은 『文學評論』 1961년 제3호에 실렸으며, 丁望 編, 『吳晗與『海瑞罷官』事件』, 150-154쪽에 재수록되었다. 또한 우한의 「論歷史知識的普及」은 『文匯報』 1962년 3월 27일 자에 실렸으며, 『吳晗選集』(天津: 天津人民出版社, 1988), 392-407쪽에 재수록되었다. 1960년대 초 신역사극에 관한 유용한 정보는 톰 피셔(Tom Fisher)의 'The Play's the Thing': Wu Han and Hai Rui Revisited에서 찾아볼 수 있다. 이 글은 *Using the Past to Serve the Present*, ed. Jonathan Unger (Armonk, NY: M. E. Sharpe, 1992), 9-45쪽에 수록되어 있다. 피셔는 문제를 "맥락에서 텍스트로" 되돌리겠다고 했지만, 실제로는 희곡 자체에 대한 분석은 거의 없이 정치·문화적 맥락의 몇몇 요소들을 명확히 해주는 데 그치고 말았다.

13 서문에서 우한은 베이징 오페라 전문가들이 수정 작업을 도와주었다고 밝혔다. 또한 Mazur, *Wu Han*, 408-411쪽을 참조하라.

14 이 점에 대한 설명은 당시 베이징대학의 학생이었던 고 에도아르다 마시(Edoarda Masi)에게서 얻은 것이다.

인물이었다. 해서는 '청관', 즉 청렴한 관리로, 간신들에 둘러싸인 가운데 이들과 맞서 싸우기를 주저하지 않는다. 비록 중상모략으로 인해 군주로부터 부당한 처벌을 받는다고 해도 조정에 대한 무조건적인 충성을 저버리지 않는 인물이다. 에티엔 발라즈(Etienne Balasz)가 요약한 바와 같이, 17세기 유학 관료 집단인 동림당(東林黨)의 노선은 이를 비교할 수 있는 하나의 사례이다. "적은 절대주의다. 이는 무능한 내시들에 둘러싸인 잘못된 조언을 듣는 황제를 뜻한다. 우리가 바라는 것은 정화된 분위기 속에서 도덕적으로 흠결이 없는 인물들—즉 우리와 같은 청렴한 사대부 출신의 관료들—의 인도를 받는 '선한 황제'가 나라를 영광스러운 쇄신으로 이끄는 것이다."[15]

흠결 없는 관리에 대한 관습적인 초상 외에도, 우한은 농민들을 구원의 은총을 기다리는 순진한 희생자로 그리고 있으며, 마침내 그를 숭배하며 기뻐하는 모습으로 묘사하고 있다. 이러한 도상의 회귀가 중국 공산주의자들에게 하나의 모범으로 환영받았다는 사실은 의미심장하다. 중국 공산주의자들은 40년에 걸쳐 정치 간부의 스타일과 농민들과의 관계에 대해 전혀 다른 가능성들을 실험해왔다. 그런데도 고개를 조아리는 민중들 속에서 위로를 베푸는 자애로운 관리의 자기만족적 이미지가 1960년대 초 중국에서 이처럼 권위 있게 선전될 수 있었던 것은 당시에 중대한 정치적 분

15　Étienne Balazs, "Théorie politique et réalité administrative dans la Chine traditionnelle", in *La bureaucratie céleste: Recherches sur l'économie et la société de la Chine traditionnelle* (Paris: Gallimard, 1968); 원판은 *Chinese Civilization and Bureaucracy* (New Haven, CT: Yale University Press, 1967). 인용은 이탈리아어판 *La burocrazia celeste*, (Milano: Il Saggiatore, 1971), 175쪽에서 가져왔다. 여기서 발라즈가 인용한 사대부 관료 집단, 즉 동림당(東林黨)은 1960년대 초 당(黨) 선전기관의 고위 간부 집단이 명시적으로 참조했던 사례였으며, 우한도 그 집단에 속해 있었다.

기점이 존재하고 있었음을 의미하는 것이다.

무대와 기록 보관소

해서 비판이 그렇게도 중요한 역할을 했던 만큼, 야오원위안의 평론이 본질적으로 어떤 특성을 지녔는지 그리고 그 주된 논점들이 무엇이었는지 물어볼 필요가 있다. 실제로 야오원위안의 평론은 주목할 만한, 매우 잘 쓴 글이었다. 이 글은 세 가지 주요한 논증의 흐름을 전개했으며 이는 각각 자세히 검토할 가치가 있다. 하나는 순수하게 연극적인 차원에서, 다른 하나는 역사적인 차원에서, 그리고 마지막 하나는 직접적으로 정치적인 차원에서 전개되었다.[16]

우한은 연극적 기준을 그다지 확신 있게 옹호하지 않았으며, 연극은 그에게 있어 어디까지나 교훈적인 수단에 불과했지만 야오원위안은 자신의 입장에서 연극의 예술적 구조를 직접적으로 논의했다. 그는 먼저 등장인물의 기능이라는 본질적으로 연극적인 문제를 제기했다. 야오원위안은 이 극의 구조가 세 가지 유형의 인물을 중심축으로 삼고 있다고 보았다. 우선 하나뿐인 긍정적인 인물로 억압받는 자들의 유일한 구원자인 해서다. 그를 제외하고, 부정적인 인물들인 여타 관료들은 그를 귀찮게 하고 그에게 반대하지만 그의 이름만 들어도 벌벌 떤다. 마지막으로 자비로운 관리에게 감사의 찬가를 부르며 충성스러운 백성으로서 행동할 것을 맹세하며 간청하는 농민 대중이 있었다.

---

16 야오원위안의 글은 평균적인 학술 논문 정도의 분량이었다. 姚文元, 「評新編歷史劇『海瑞罷官』」, 『文匯報』, 1965년 11월 11일, 『人民日報』 1965년 11월 30일 자 5면에 다시 게재되었다.

야오원위안의 비평을 자세히 읽어보면 그가 연극의 세부적인 사항에 얼마나 많은 주의를 기울였는지 알 수 있다. 더욱이 이 사건은 그 내용에 있어 별 상관이 없는 사전 텍스트로 묘사되기 때문에, 야오원위안의 구체적인 논점과 문체에 주목하는 것은 그 전개 과정을 성찰하는 데 도움이 된다. 다음은 줄거리 개요도 포함하고 있는 야오원위안의 비평 중 한 대목이다.

이 역사극에서—야오원위안은 이렇게 썼다—우한 동지는 해서를 '모든 일에서 백성을 염두에 둔' 인물이자 '억압받고 괴롭힘 당하며, 부당한 대우를 받은 이들의 구원자'로 묘사하며 완전하고 고결한 인물로 그려냈다. 그에게서는 결점을 거의 찾아볼 수 없다. 그는 작가가 이상적으로 생각하는 인물로 보인다. 해서는 명나라 시대 가난한 농민들의 구원자일 뿐 아니라, 사회주의 시대의 중국 인민과 간부들이 본받아야 할 모범으로 제시되고 있다.

작가는 자신의 영웅을 정교하게 묘사하기 위해 큰 노력을 기울였다. 이 고결한 관리의 등장을 준비하기 위해 그는 극 전체 아홉 막 중 세 개의 막 전체를 따로 할애했다. 1막과 2막에서는 해서가 전혀 등장하지 않으며, 많은 지면을 할애해 서계〔해서의 주요 적대자로 부패한 관리인 서계의 가족〕를 묘사한다. 대본은 이 가문이 어떻게 농민들의 토지를 침탈하고 민가의 딸들을 강탈하며 관리를 매수해 가난한 농민 차오위산을 때려 죽이는지 보여준다. 농민 여성 홍아란이 '비통함에 찬 채 하늘에 정의를 호소할 때' 급보가 도착하여 해서가 잉텐(應天) 10부의 지방관으로 부임한다는 명령이 내려진다. 자기만족에 도취되어 있던 관리들에게 이 소식은 마치 날벼락과도 같다. 그는 놀라 외친다. '이 일을 어쩌면 좋단 말인가?' 심지어 아문의 아전들조차 '청렴한 해서가 온다고! 큰일이군!'이라며 탄식한다. 3막에서 해서는 신분을 숨긴 채 등장한다. 극작가는 해서가 직접 '마치 기름 끓는 솥 안에 있는 듯한 심정'인 마을 사람들의 말을 듣고 그들이 해서에 대해 얼마나 큰 기대를 품고 있는지 묘사한다. 사람들은 그를 '공평무사하고' '판단이 현명하며' '명성이 높고' '치적이 뛰어난' 인물로 찬양한다. 비록 봉건 사회에서는 '세상이 위로부터 아래까지 관리들에 의해 지배되고 옳은 일을 해도 돈이 없으면 정의를 얻기 어려운' 상황일지라도 억울함을 호소하는 농민들은 모두 '청렴한 해서'만은 예외라고 믿으며 '그가 우리를 위해 판결해줄 것'이라고 기대한다.

이와 같은 강한 대비의 기법은 오직 해서만이 농민들의 고통을 덜어줄 수 있다는 인상을 관객에게 심어주려는 것이다. 이는 오늘날의 관객에게 농민들의 운명을 결정짓는 영웅을 가능한 모든 방식으로 묘사하려는 시도다. 이 희곡에서 해서만이 유일하게 긍정적인 인물로 등장한다. 농민들은 단지 자신들의 억울함을 수동적으로 지주에게 호소할 수 있을 뿐이며, '자신들의 운명을 결정해달라'고 '청렴한 해서'에게 간청하면서 모든 것을 그에게 맡기는 것이다.[17]

야오원위안의 비평에서 연극 분석의 정확성과 그것이 수행한 역할에 주목할 필요가 있다. 비판의 이 첫 번째 접근은 역사적 개연성에 관한 것이 아니라, 연극 속 인물들이 지닌 주체적 역량 자체에 관한 것이었다. 야오원위안이 먼저 논의한 것은 인물들이 역사적으로 무엇을 대표하는가가 아니라 무대 위에서 무엇을 말하고 무엇을 할 수 있는가였다. 이러한 전적으로 주체적인 방식으로

---

17 姚文元,「評新編歷史劇『海瑞罷官』」. 나는 약간의 수정을 가하여 *Chinese Studies History and Philosophy* 2, no. I (1968), 13-43쪽(인용 부분은 16-19쪽)을 인용하였다.

부터 핵심적인 쟁점이 본질적으로 정치적인 것으로서 드러나게 되었다. 즉 농민들이 정치적 역량을 지닐 수 있다는 것이 과연 상상 가능한 것인가? 아니면 그들은 단지 '청렴한 해서'를 찬미하는 노래를 부를 수 있는 존재인가? 나아가 야오원위안은 묻는다. 그렇다면 우리 공산주의자들은 이 문제에 대해 어떤 태도를 가져야 하는가?

이 논쟁에 참여한 모든 비평가들이 저명한 레닌주의적 정의에 따라 정치적 활동가, 혹은 '혁명 전문가'로 간주되었다는 사실을 잊어서는 안 된다. 바로 그렇기 때문에 이러한 문제들이 오늘날 우리에게는 매우 멀게 느껴지는 것이다. 정치사회학은 이 사건을 기껏해야 '엘리트 내부 분열'의 하나로 분류할 뿐이다. 오늘날 중국에서도, 그리고 다른 어떤 나라에서도 정치적 활동가나 혁명가, 나아가 공산주의자가 과연 무엇인지가 자명하게 이해되는 것은 아니다. 더욱이 1960년대 중반에 농민의 정치적 주체성이라는 문제가 왜 그렇게 격렬하게 논쟁의 대상이 되었는지는 오늘날 중국 대중에게 확실히 모호하게 여겨지며 의도적으로 부정되고 있는 사안이기도 하다.

수십 년 동안 중국 정부의 공식 담론에서 농촌의 운명과 관련해 반복적으로 제기된 문제는 오히려 '경제 법칙'에 순응하기 위해 치러야 할 대가였다. 그 대가는 불평등의 확대, 수억 농민의 삶의 터전 상실, 농촌 지역에서의 교육 및 보건 정책에 대한 국가의 책임 방기였다. 농민에 대한 멸시는 중국 문화 정체성의 구조적 요소로서 다시 모습을 드러냈다. 오늘날 구어체 중국어에서 '농민(農民)'은 가장 널리 사용되는 '멍청한 사람'의 동의어 중 하나가 되어 있다.

하기에 당시 논쟁의 열기와 그것이 지닌 정치적, 문화적 맥락을 이해하기 위해서는 일정한 노력이 필요하다. 농민이 정치적 역량을 가질 수 있는가라는 질문은 중국공산당이 창당 이래 직면한 모든 주요 정치 국면에서 결정적인 쟁점이었으며, 언제나 격렬한 논란의 대상이었다. 특히 1958~59년의 대약진 운동 시기에는 이러한 문제가 근본적이며 아직 해결되지 않은 정치적 분열의 핵심에 있었고, 바로 이러한 분열을 『해서파관』이 완전히 표면화시킨 것이다. 이 점에 대해서는 다음 장에서 자세히 살펴보게 될 것이다.

야오원위안 비판의 두 번째 초점은 본격적으로 역사적인 것이었으며, 시대 인물의 재현 문제와 관련되어 있었다. 전문 역사가가 아니었던 야오원위안은 필요한 학문적 조사와 전문가들의 자문을 바탕으로 엄격히 문헌적 근거 위에서 우한에 대한 비판을 전개했다.[18] 그는 이용 가능한 사료들과 현대 역사 연구 기법(중국 연구자들 사이에서 높이 평가받는 지방 문서 보관소까지 인용하는)을 토대로 단순한 세부 사항의 오류를 넘어서 우한이 역사극의 핵심 기준으로 반복해서 내세운 '역사적 진실의 엄격한 준수'라는 의도 자체에 부합하지 않는 여러 모순이 존재함을 입증했다. 야오원위안의 역사학적 논증들은 모두 충분한 문헌학적 근거를 갖추고 있었으며 그중 가장 핵심적인 내용은 다음과 같다.[19]

첫째, 역사적 인물로서의 해서가 모든 농민 일반의 문제를 다루는 상황의 중심 인물로 그려지는 것은 설득력이 없다. 앞서 언급된 장면에서 해서는 당시 일반적인 부패 행위, 즉 탐욕스러운 향

---

18 대부분의 문헌 조사는 명사(明史) 연구의 뛰어난 전문가인 주영가(朱永嘉)에 의해 이루어졌다. 그는 1966년 말 처음으로 반란 노동자들과 합류한 급진 지식인 집단의 일원으로서 상하이 혁명 사건에서 중요한 역할을 하였다.

19 이 사건에 관한 가장 공식적인 판본들조차 이제는 야오원위안의 사료 문제에 대한 비판이 정확했음을 인정하고 있다. 張湛彬, 『文革第一文字獄: 「三家村」案始末』, 80쪽을 볼 것.

관들에 의해 소지주 및 중간 지주들이 강제로 토지를 빼앗기는 사태에 맞서 행동한다. 그러나 실제로 이 상황은 토지 소유 계층의 내부 모순에 해당하는 문제였으며, 당시 해당 지역뿐만 아니라 전 지역을 통틀어 보더라도, 지방 문서 보관소의 기록에 따르면 지주 계층은 전체 가구의 10분의 1도 되지 않았다. 따라서 대다수 농민들은 토지를 소유하지 않은 상태였기 때문에 극 중에 등장하는 농민들은 농촌 사회 전체를 대표하기보다는 매우 제한된 소수 계층에 불과했다.

게다가 야오원위안은 우한의 희곡에서 묘사된 것처럼 해서가 그러한 부패를 탄핵한 유일하고 예외적인 인물이 아니었다고 주장했다. 여러 사료에 따르면 같은 직책에 있었던 많은 관리들이 정도의 차이는 있더라도 유사한 조치(그 이유도 단지 지역 사족들 사이의 모순이나 질투 때문인 경우도 있었다)를 취한 바 있었고 극 중에서 부패한 관리이자 해서의 적으로 묘사된 같은 지역의 관리들조차 예외가 아니었다. 명나라 정부 역시 이 문제를 외면하지 않았으며 농촌의 사회적 불안정을 심화시키고 제국의 조세 수입을 감소시키는 이러한 폐단을 억제하기 위해 관련 법령과 명령을 여러 차례 반포한 바 있다.

향관들은 조세 면제 등의 특권을 누렸고, 이러한 특권은 불법으로 취득된 토지에도 적용되었다. 많은 경우 그들은 소지주들에게 토지를 넘기도록 강요하고 그 대가로 세금과 부역을 피하게 해주겠다는 약속—항상 지켜지지는 않았다—을 내세워 그들을 자신의 고용인으로 만들었다. 야오원위안은 이용 가능한 문헌 자료에 근거해 해서가 이러한 부패를 바로잡는 데 거의 아무런 실질적 영향력을 행사할 수 없었다는 점도 입증했다. 실제로 불법 취득된 토지 중 환수된 비율은 해당 지역에서 결코 10퍼센트를 넘지 못했다.

끝으로 희곡 제목에 언급된 '파직'에도 불구하고, 그리고 중앙 정부와의 이전 마찰에도 불구하고 조정은 이후 해서를 완전히 복직시켰고 그를 '까다로운 성품'을 가졌다고 평가하면서도 언제나 충성된 신하의 모범으로 찬양했다. 야오원위안은 이러한 사실을 근거로 해서가 내린 결정들을 일반적인 농민 억압 문제로 확장하는 것은 불가능하다고 주장했다. 역사적 문건으로 기록된 해서에게 있어 농민은 무지하고 기만적인 평민들에 불과했으며 잠재적인 반란의 온상으로 간주되었고 필요하다면 통제하고 강력히 억압해야 할 존재였다.

역사적 인물인 해서에 대한 주관적인 흔적은 보고서, 행정 문서 등에서 매우 분명하게 드러난다. 그의 가장 초기 문건 중 하나는 하이난 섬에서 발생한 농민 반란 진압에 관한 것이었고, 그는 자신의 관료 경력 전반에 걸쳐 이러한 강경 조치를 일관되게 옹호했다. 희곡에서 묘사된 시기의 지방관이었을 때, 그는 토지 반납에 대한 농민들의 호소를 매우 의심스러운 것으로 간주했으며 대부분의 경우 그것을 근거 없는 것으로 판단하고 원고 측을 처벌했다. 1965년의 비평 논쟁에 대해 어떤 판단도 유보한 채 해서의 글들을 소개한 미셸 카르티에(Michel Cartier)의 주해서 서문에서는 해서의 '사회 이론'에 대한 다음과 같은 요약을 볼 수 있다. "[해서에게] 사회는 본래 두 계층으로 나뉜다. 하나는 의식적인 귀족인 학자들(士)인데, 이들은 유가 교육을 받았고 세상의 질서와 조화를 유지할 책임을 지고 있었다. 다른 하나는 본래 무지하며('백성'을 가리키는 '민'이라는 단어에는 '우둔함'을 뜻하는 '愚'가 수식어로 붙는다) 복종하고 생산 활동에 종사해야 할 운명을 지닌 일반 민(民)이다.”[20]

다른 여러 언어들과 마찬가지로 중국어에도 농민의 어리석음을 비하하는 모욕적 표현에는 오랜 전통이 있다. 어쨌든 야오원위안이 지적했듯이 다른 관료 집단들과의 갈등에도 불구하고 해서가 분명히 표방한 목표는 항상 제국 체제의 안정을 유지하는 것이었다. 그의 행정 조치들은 농민들이 가지고 있었던 불만의 뿌리까지 도달하지 못했다. 더군다나 극 중 사건이 전개된 바로 그 지역에서는 얼마 지나지 않아 반란이 폭발했다.

야오원위안은 해서가 반복해서 다음과 같이 선언했음을 지적했다. ‘아래가 위를 섬기는 것은 마땅한 도리다. 나는 **이 체제가 오래 지속되도록** 이익과 불이익을 조정하려 애썼다.’(강조는 야오원위안) 그는 농민들에게 ‘예의와 도덕을 지키고’ ‘도적으로 전락하지 말라’고 자주 훈계했으며 농민 봉기에 대해서는 ‘무력 진압과 회유를 병행해야 한다’고 제안했다. 야오원위안의 주장에 따르면 해서가 가장 반동적인 대지주들에게 반대한 것도 토지 소유 제도를 약화시키기 위한 것이 아니라 오히려 그것을 강화하고 명나라의 정치 권력과 장기적 이익을 공고히 하기 위한 것이었다.

야오원위안은 “해서를 농민의 이익을 대변하는 인물로 묘사하는 것은 적과 우리를 혼동하는 것이며 지주 계급 독재의 본질을 지워버리는 것이다”라고 썼다. ‘황제에게 한결같은 충성을 바쳤던’ 해서는 어느 유력 지방 관리에게 보내는 편지에서 “저는 황제께서 베풀어주신 은혜와 신임에 보답하고자 강남 지역에 오래 지속될 통치의 기틀을 세우는 데 온 정력과 지혜를 바쳤습니다”라고 썼다. 하기에 야오원위안은 어떻게 해서가 ‘이 오래 지속되고

---

20 Michel Cartier, *Une réforme locale en Chine au XVI siècle: Hai Rui à Chun'an 1558-1562* (Paris: Mouton, 1972), 86.

있는 왕조의 기틀'을 위태롭게 할 수 있었겠는가라는 결론을 내리게 된 것이다.

세 번째 비판의 층위는 현재 정치와 관련된 것이었다. 야오원위안은 해서에 대한 찬사가 특정 쟁점에 집중되어 있다고 지적했다. 즉 그는 '억울한 판결을 바로잡고(平冤獄)', '토지를 반환했다(退田)'는 이유로 농민을 옹호한 인물로 찬양받았다는 것이다. 그러나 극에서 묘사된 토지 반환이 실제로는 제국의 관료제적, 재정적 구조 속에서 발생한 일련의 특수한 부정행위에 국한된 것임이 분명해진 이상, 문제는 관객들이 이 연극을 통해 '오늘날' 어떠한 유비를 끌어내야 하는가라는 점이라고 야오원위안은 주장했다. 다시 말해 오늘날 어떤 억울한 판결을 바로잡아야 하며, 토지 반환이라는 행위를 통해 어떤 현실의 부정을 바로잡아야 한다는 것인가?

연극은 현재의 관객들이 배워야 할 정치적 교훈의 '사례'를 제공하는 것을 목적으로 삼고 있었기 때문에 야오원위안은 토지 반환이라는 중심 플롯의 테마를 통해 우한이 무엇을 현재의 관객들에게 제시하고자 했는가를 물었던 것이다. 당시 중국이 인민공사의 집단 소유제하에 있었다는 사실을 고려한다면, 누가 토지를 반환해야 하고 누구에게 토지를 반환해줘야 한다는 것인가?

야오원위안은 인민공사의 운명에 대한 비판은 명확하게 표현한 반면, 연극의 또 다른 정치적 주제인 '억울한 판결을 뒤집는 것'에 대한 비판은 더 간접적이고 암호화된 방식으로 다루었다. 이와 관련해 야오원위안은 먼저 고전적인 주장을 제시했다. '인류 역사상 억울한 판결을 가장 철저하게 뒤집은 것'은 '프롤레타리아 계급과 억압받고 착취당한 계급이 가장 어두운 인간 지옥에서 탈출해 지주와 부르주아의 멍에를 깨뜨리고 사회의 주인이 된 것'이었다. 마지막으로 야오원위안은 이 연극이 1961년이라는 창작 시점의 상황과 관련해 갖는 '현실적 의미'에 관해 논의했다.

야오원위안은 1965년 중국공산당의 공식 입장을 인용해 '우리 나라가 3년 연속으로 계속된 자연 재해 때문에 초래된 일시적인 경제적 어려움을 겪고 있을 때였다.' 당시 '제국주의자들, 여러 나라의 반동 정당들, 현대 수정주의자들이 중국에 대해 끊임없이 선동한 공격이 절정에 달했다.' 같은 시기 중국 내에서는 '지주, 부농, 반혁명분자, 우익분자들이' '단간풍(單干風)', '번안풍(反案風)'을 조장하고 '몰수 당한 토지를 되찾아' '인민공사와 그들의 사악한 지배를 파괴하려 했다'고 썼다.

야오원위안은 그 시기에 우한의 연극이 어떠한 역할을 했는지에 대해 더 이상 자세히 설명하지 않았고, 단지 '계급의 적들'이 당시 억울한 판결의 번복을 강하게 외치며 '자신들의 이익을 대변해줄 인물이 등장하기를 바랐고', '그 판결을 뒤집어 자신들이 권력을 되찾기를 바랐다'고만 썼다. 그는 점령된 토지의 반환과 억울한 판결의 뒤집기는 '프롤레타리아 독재와 사회주의 혁명에 대한 부르주아 반대 세력의 투쟁에서 핵심적인 쟁점'이었다고 결론지었다.[21]

해서를 둘러싼 논쟁은 선동적인 정치 문제들과 관련되어 있었으며, 현재 흔히 이야기되듯 단순히 '문단 숙청을 위한 구실'은 아니었다는 것이 분명하다. 더 나아가 문화적 차원에서도 이 논쟁은 주로 문학이 아닌, 역사와 정치의 관계, 그리고 비록 다소 왜곡된 방식이긴 하지만 연극과의 관계에 관한 것이었다. 그러나 정치적 현재의 차원에서 야오원위안의 주장은 그 당시 중국 정치 산문 특유의 난해한 용어로 표현되었다는 것 외에도 간접적이고 불완전

21　Cartier, *Une réforme locale en Chine au XVI siècle*, 36, 40.

했다.

 따라서 야오원위안의 글에서 암호처럼 가장 난해한 구절들 중 일부는 일종의 해석이 필요하다. 실제로 1960년대 초 중국 정부는 가족 단위의 생산 체제로 돌아가야 한다는 명분 아래 인민공사와 집단 농지 소유를 상당 부분 축소하려는 경향을 보였다. 여기서 '단간(單干)', 즉 '혼자서 일한다'는 표현은 이러한 흐름을 의미한다. 야오원위안은 이 같은 축소 조치가 사실상 사적 토지 소유로의 복귀를 겨냥한 것이라고 역설했다.[22] 그는 우한의 연극에서 겉보기에는 해서가 부패한 관리의 권한을 제거하고 농민들을 돕기 위해 행동한 이유와 그 결과처럼 보이는 토지 반환이라는 주제가 사실은 중국공산당 지도부 내에서 인민공사를 폐지하려는 강한 정책적 요구를 반영한 것이라고 주장했다.[23]

 1961년 무렵 중국 농촌의 경제 상황은 극도로 어려웠다. (대약진 운동의 교착 상태에 담긴 정치적 핵심은 다음 장에서 새로운 전제를 통해 살펴볼 것이다.) 야오원위안이 이 문제를 언급할 때는 당시의 정치적 논쟁의 틀 안에서 그것을 다루고 있다. 마오주의 정책에 비판적인 이들에 따르면 그 원인은 '대약진 운동의 과잉' 때문이었고, 반면 이러한 정치 실험을 지지하는 이들에게는 그 어려움이 일련의 자연재해(가뭄과 대홍수)와 함께 국제적인 포위와 압박의 결과였다.[24]

---

22 덧붙이자면, 토지의 전면적인 사유화는 비록 그 조건이 완전히 다른 성격을 띠고 있기는 하지만, 오늘날 중국에서 여전히 뜨겁고 미해결된 쟁점이다.

23 인민공사는 1970년대에 철폐되었다.

24 미국은 1949년까지 중국에 대해 엄격한 금수조치를 가했고, 1960년대 초부터 소련은 경제 협력에 관한 모든 협정을 일방적으로 파기하고 1만 명이 넘는 엔지니어와 기술자들을 집단적으로 철수시켜, 중국 정부가 경제 재편성에 필요한 상당한 자원을 잃게 만들었다. 소련공산당은 이러한 단절의 모든 책임을 중국공산당에 돌렸으며, 그 원인을 1956년 중국공산당에서 시작된 이념적 불일치에서 찾았다. 이 갈등은 1960년대 초에 특히 격화되었고, 당시 전 세계 대부분

야오원위안이 '제국주의'와 '현대 수정주의'의 공격을 언급할 때 그는 1950년대 말 중국을 둘러싼 거의 전면적인 외교적, 군사적 적대는 말할 것도 없거니와 경제적, 이념적 고립 상황을 지칭하고 있는 것이다.

현재 정치와 관련된 가장 암시적인 논점은 판결 번복의 문제였다. 중국의 식자라면 누구나 '판결'이라는 말에 정치적 갈등에 관한 중대한 결정이 걸려 있다는 뜻임을 분명히 이해했을 것이다. 그러나 야오원위안은 '부당한 판결'로 언급을 제한했고, 연극에서는 해서가 그것을 '뒤집은' 것으로 묘사했으며, 이는 실제로 현재의 정치적 판결을 암시하는 것이었다. 간단히 말해 야오원위안은 이 연극이 고통스럽고 해결되지 않은 정치적 노력과 관련되어 있다고 보았으나 어떤 특정 사건도 직접적으로 언급하지는 않았다.

야오원위안의 글에서 치밀하게 전개된 역사적 비판과 복잡하게 얽힌 정치적 논쟁 사이의 불균형은 명백하다. 이 점은 또한 이 글이 이후 몇 달 동안 촉발시킨 논쟁의 핵심 특징을 예고하고 있으며, 결국 논쟁이 교착 상태에 이르게 된 핵심 쟁점이 되었다. 뒤에서 보게 될 것처럼 이 교착 상태는 정치 담론과 역사서술 담론 사이의 분열이 시작되는 지점과 일치하며 그 분열은 이후의 논쟁 속에서 더욱 심화될 것이었다.

그러나 주목할 만한 점은 야오원위안의 비판이 연극적 문제들에 대해 매우 열정적이고 구체적이었다는 사실이다. 여기서 나는 연극적 차원이 정치와 역사를 연결하는 긴장 요소들을 더욱 조이는 방식으로 이 논쟁에서 결정적인 역할을 했다고 본다. 다시 말해, 연극이라는 형식이 본질적으로 주관적 진술을 분석하는 기반

의 공산당들은 소련공산당의 입장에 전적으로 동조하고 있었다.

이 된다는 그 특수성 덕분에, 그리고 작품의 예술적 가치에 대한 평가와는 무관하게 정치적 쟁점들이 본질적인 문제로 떠올랐다는 것이다. 궁극적으로 문제는 농민들이 정치적으로 존재할 수 있는 주체인가, 아니면 단지 어진 관리의 지배 아래 복종하고 생산 활동에만 종사하는 것이 그들의 운명인가 하는 데 있었다.

 야오원위안의 글은 제기된 문제들이 '역사유물론'과 '계급 분석'을 적절히 활용함으로써 만족스럽게 해결될 수 있기를 바라는 희망으로 마무리되었다. 그러나 다음 장에서 야오원위안의 논쟁 속에 담긴 여러 주요 배경 모티프들을 살펴보면, 그의 글이 1960년대 초 중국의 정치적, 역사서술적 문제들 중 해결되지 않은 복잡하고 민감한 쟁점들을 전면에 부각시켰음을 알 수 있을 것이다.

2 정치적 딜레마와
역사적 딜레마

파관의 요지

1965년 12월 말 야오원위안의 글이 출판된 지 몇 주 후, 마오쩌둥은 그것이 "연극계와 역사계 그리고 철학계에 엄청난 영향력을 행사한" 뛰어난 글이지만 "핵심을 잡지 못했다"라고 언급했다. 마오쩌둥은 『해서파관』의 '요지'가 '파관(즉, 해고─옮긴이)'이라고 보았던 것이다. "가경제는 해서를 해고했고, 우리는 1959년에 펑더화이를 숙청했다. 펑더화이가 곧 해서다."[1] 본래 항저우에서의 부차적인 언급에 불과했지만, 다음에 이어질 두 개의 장에서 자세하게 살펴보게 될 것처럼, 마오쩌둥의 언급은 몇 달에 걸쳐 간접적이지만 분명 핵심적인 역할을 하게 되는데, 여타 당 중앙의 지도자들이 그것에 관해 열띤 논쟁을 펼쳤기 때문이다.

일견 마오쩌둥이 지난 몇 주에 걸쳐 우한과 그의 지지자들이 제시했던 알레고리적 해석에 맞서 또 다른 알레고리적 해석으로 반박하고 있다고 말할 수도 있겠다. 논쟁의 과정 속에서 우한은 『해

---

1   毛澤東, 「在杭州的會議上的講話」, 1965年 12月 21日. 이 문건은 여러 홍위병 조직이 인쇄한 마오쩌둥의 연설을 담은 비공식적 모음집을 통해 재생산되었다. 나는 여기서 완전한 것으로 보이는 판본을 인용했고, 『資料選編』(1967年 2月)이라는 마오쩌둥 문헌 선집에 수록되어 있으며, 해당 문헌의 219쪽에 실려 있다. 이 연설의 영어 판본은 다른 곳에서 찾을 수 있는바, S. Schram, ed., *Mao Tse-tung Unrehearsed: Talks and Letters 1956-1971*(London: Penguin, 1974)에 수록되어 있다.

서파관』이 당대 정치에 관해 아무런 암시도 지니고 있지 않으며, 농민을 위해 활동했던, 그리고 무엇보다도 '역사의 진보'를 위해 활동했던 정직한 공무원의 연극적 재현일 뿐이라는 자신의 견해를 분명히 했다. 이와 같은 주장은 논쟁이 전개되는 데 있어 중요한 역할을 했다. 반대로 마오쩌둥은 해서의 파관이 '펑더화이의 숙청'—루산 회의에서 표면화된 극심한 불화의 과정에서 발생했던—에 관한 최종분석이라는 입장을 유지했다.

하지만 마오쩌둥의 언급 안에는 숨겨진 알레고리를 드러내는 것보다 더욱 복잡한 무언가가 내재해 있었다. 루산 회의의 결과를 상기하면서 그는 1949년 이후 공산당이 대면한 가장 심각한 정치적 난국을 언급하고 있었던 것이다. 하지만 이러한 관점에서 바라보면 알레고리적 해석이 정확히 문제의 핵심라고 할 수 없었다. 해서의 파관과 펑더화이의 당 중앙위원회에서의 숙청 사이의 유사점은 그것들이 모두 상당히 형식적인 것이었다는 점이다. 다시 말해 그것은 두 관료가 관직을 박탈당했다는 것이다. 이에 더해 명나라의 역사에 정통했던 마오쩌둥이 가경제에 대해 별다른 존경심을 가지고 있을 리가 없었다. 설사 있다 해도 그는 해서를 역사적 인물로서 긍정적으로 말한 바 있다(3장에서 보게 될 것처럼).[2] 핵심 문제는 국가 기구에서 지도적 위치를 교체하는 것과는 별개로, 펑더화이와의 관계에 있어 본질적으로 어떠한 정치적 요소가

---

2   마오쩌둥은 젊은 시절부터 체계적인 역사 연구를 갈고닦아왔으며, 그의 저작과 연설 곳곳에 나타나는 수많은 역사적 언급에서 볼 수 있듯 특히 중국 역사에 큰 관심을 갖고 있었다. 王子今, 『歷史學者毛澤東』(北京: 西苑出版社, 2013); 張貽久, 『毛澤東讀史』(北京: 當代中國出版社, 2005). 명사(明史)에 대한 마오쩌둥의 태도에 관해서는 胡長明, 『毛澤東: 『明史』我看了最生氣』, http://news.xinhuanet.com/politics/2008-06/01/content82929791.htm(2016년 9월 12일 접속)를 볼 것.

존재하고 있었는가다. 펑더화이의 숙청이라는 문제 이상으로 마오쩌둥의 언급이 제기하고 있었던 것은 루산 회의의 핵심 그리고 6년 후에 표면화될 연극을 둘러싼 논쟁이 제기하고 있었던 해결되지 않은 딜레마였다.

의심의 여지 없이 루산 회의는 문화대혁명 이후 중국 정치에 있어 가장 결정적인 순간이었다. 중국에서 가장 아름다우면서도 유명한 장소인 루산은 장시성 북쪽에 있으며, 형언할 수 없이 아름다운 풍경을 보여주고 있어 '루산의 진면목(廬山眞面目)'이라는 말로도 유명하다. 이 말은 루산이 종종 구름에 뒤덮이기 때문에 그 위에 오르면 그 변화무쌍한 풍경을 풍부하게 볼 수 없다는 것을 의미한다. 다시 말해 특정한 관점에서만 상황을 바라보면, 시야를 흐리는 일련의 편견들과 맞닥뜨릴 위험이 있다는 것이다.

오늘날 루산의 '진면목'을 가리고 있는 장애물은, 비록 60년이라는 세월이 지났지만, 루산 회의라는 그 사건이 당대 중국의 이데올로기에서 특별한 합의의 역할을 하고 있다는 사실이다. 관방 담론 속에서 루산 회의는 문화대혁명으로 이어졌던 중국공산당 지도부의 회복할 수 없는 파열이 시작된 '원초적 트라우마'의 일종이다. 이것은 또한 덩샤오핑의 전략을 뒷받침하는 근거이기도 한데, 그는 펑더화이를 인민공사의 폐지와 1958년 이후 마오쩌둥의 정책에 대한 단호한 비판의 선구자로서 신격화했다. 따라서 이 주제에는 특별한 의식적 경외의 분위기가 감돌고 있다.

문화대혁명 이후 중국 정부가 내린 판결에 근거한 루산 회의에 대한 현재의 견해는 결국 다음과 같다. 대약진 운동이 완전한 실패로 끝났지만 마오쩌둥은 그러한 재난을 인정하고 싶지 않아 했기 때문에, 최고 지도부에서 하위직에 이르기까지 대부분이 아첨꾼들로 이루어진 전체 당 기구가 황제에게 비극적인 현실을 숨겼다는 것이다. 유일한 예외가 용감한 국방장관 펑더화이였는데, 그는 루산 회의 동안 마오쩌둥에게 맞섰고 잔인하게 모욕을 당한 후 결국 숙청되었던 것이다.

이것이 바로 루산 회의에 관한 주제가 언급될 때마다 거의 틀림없이 등장하는 그림이다. 예컨대 마리 클레어 베르제르(Marie Claire Bergère)는 그 정치적 갈등의 장기적인 중요성에 관한 익히 알려진 귀결에 관해 다음과 같이 쓰고 있다. 루산 회의에서 "마오쩌둥은 공개적으로 감히 자신을 비판한 이를 쓰러뜨리기 위해 개인적인 권력을 이용했다. 이때가 바로 온순하고 겁에 질려 그 어떠한 반대 의견도 내세우지 못한 채 펑더화이의 몰락을 지켜만 보고 있던 행정 기구의 반대편에서 독재의 징후가 등장했던 순간이다. 중국은 최고 지도자들이 보여준 침묵에 대한 대가를 치를 것이었다."[3] 루산 회의에 대한 이와 같은 고정관념이 널리 퍼지게 된 이유가 단순히 포스트 문화대혁명 시기 정부 발표가 효과를 발휘했기 때문만은 아니다. 몇 년 동안 이용 가능했던 해당 사건에 대한 더욱 광범위한 문건들이 당시 논쟁의 주제와 내용에 관한 기존과는 다른 새로운 관점을 가능하게 해주었던 반면, 역사 전문가들조차 무비판적으로 그러한 버전의 스토리를 받아들인다면, 그 속에는 분명히 어떤 특별한 어려움이 있을 것이다.

최신 버전의 이야기는 펑더화이를 마오쩌둥의 갑작스러운 독재자적 변덕의 희생자이자 최초의 순교자로 묘사한다. 하지만 현재 이용 가능한 문건들은 꽤 자세한 여러 증거들에 의해 뒷받침되고 있다. 그러한 문건에 따르면 루산 회의는 기존의 스토리와는 전혀 다르다. 이야기 주인공들의 관계는 결코 황제와 신하, 그중에서도

---

3 Marie Claire Bergère, *La repubblica popolare cinese* [The People's Republic of China](Bologna: Il Mulino, 2000), 134.

오직 한 사람의 신하만이 감히 진실을 말하는 그런 식의 것이 아니었다. 루산 회의는 결정적인 주제를 둘러싼 격렬한 정치적 충돌이었고, 게다가 그 충돌은 매우 공개적이면서도 오랜 시간 이어졌다. 당과 중국 정부의 거의 모든 지도자들이 6주 이상 회의에 참여했으며, 펑더화이를 둘러싼 논쟁은 3주 이상 지속되었다. 논쟁의 축선은 중국공산당이 농민의 정치적 존재를 촉진시킬 수 있는지에 관한 것이었다.

루산 회의의 본래 주제

역설적으로 루산에서의 정치적 긴장이 내포하고 있었던 내용과 분위기를 가장 잘 묘사한 작품 중의 하나는 리루이의 것인데, 그는 공개적으로 펑더화이를 지지했던 극소수 인물들 중의 한 명이었다.[4] 리루이는 이전에 마오쩌둥의 비서 중 한 명으로 일을 했고, 루산 회의에는 주요 논쟁의 기록자로 참여했다. 1980년대 그는 당시의 정황을 기록한 '회고록'을 출판했는데, 그 일기는 문학 작품으로서도 전혀 손색이 없었고 그의 개인적 기록에 기반을 둔 광범위한 문건을 제공해주고 있다. (리루의의 기록을 통해―옮긴이) 주요 회의에서 표명되었던 각 입장들에 관한 상세한 기록으로부터 (그러한 기록이 보이는 만큼 정확하다고 가정하고), 참가자들이 대면 토론에서 나누었던 대화 속에 포함된 상당한 주관적인 뉘앙스를 포함해, 당시 토론의 정치적 밀도가 얼마나 높았는지를 볼 수 있다.

---

4   리루이(李銳) 역시 청년 마오쩌둥에 관한 저명한 전기의 저자이다. 『毛澤東
   早期革命活動』(長沙: 湖南教育出版社, 1983). 영어 번역본으로는 Li Jui,
   The Early Revolutionary Activities of Comrade Mao Tse-tung(White
   Plains, NY: M. E. Sharpe, 1977).

저자의 의도가 어찌 됐든 마오쩌둥에게 적대적이었던 펑더화이의 편을 드는 것이었지만, 당시 논쟁의 정치적 중요성은 선명하게 드러나고 있다.[5] 리루이의 책 그리고 이용 가능한 문건으로부터[6] 우리는 마오쩌둥과 여타 참가자들이 모두 당시 상황의 특별한 어려움을 인식하고 있었음을 알 수 있다. 사실 루산 회의는 정치적 실험을 어떻게 공고히 할 것인지 논의하고 재난으로 밝혀지고 있었던 몇 가지 방향성을 수정하기 위해 소집된 것이었다.

대약진 운동의 실패에 관한 진지한 연구는 어떤 측면에서는 문화대혁명에 대한 비난보다 더 '전면적이면서도' 일반적인 혐오로

---

5 李銳, 『廬山會議實錄』(長沙: 湖南敎育出版社, 1989). 마오쩌둥에 대한 강한 개인적 원한에 의해 움직였을 뿐 아니라, 리루이는 국방장관 펑더화이와 같은 운명을 공유한 몇 안 되는 인물이었기 때문에 자신의 명예와 펑더화이의 명예를 지키려는 의도 속에서 모든 발언을 했다. 그럼에도 불구하고 그가 전하는 방대한 세부 사항들은 그의 견해나 현 정부의 견해와는 매우 다른 판단을 내릴 수 있을 만큼의 충분한 자료를 담고 있다. 리루이가 아마도 은연중에 보여주고자 했던 것은, 회의 당시 그 자신과 몇몇을 제외하면, 문화대혁명 이후에야 펑더화이를 성인화하기로 결정했던 바로 그 지도자들로부터 펑더화이가 전혀 지지를 받지 못했다는 점일 것이다. 이는 그의 저작이 보다 공식적인 중앙 출판사가 아닌 지방 출판사에서만 출간된 이유를 설명해준다. 리루이의 일기는 고대 중국 역사서 가운데 유명한 저작인 기원전 81년에 편찬된 『염철론(鹽鐵論)』을 부분적으로 떠올리게 한다. 이 책은 한나라 시대 법가와 유가 사이에서 국가의 기본적 지향을 둘러싸고 벌어진 정치적 대립을 정확히 기록한 것이었다. Huan Kuan, *Discourses on Salt and Iron: A Debate on State Control of Commerce and Industry in Ancient China*, trans. Esson McDowell Gale(Leyden: E. J. Brill, 1931). 또한 Georges Walter, *Chine, An-81: Dispute sur le sel et le fer; un prodigieux document sur l'art de gouverner*(Paris: Seghers, 1978)을 볼 것. 『염철론』은 유가 측이 자신의 관점을 전하기 위해 저술한 것이지만, 양측의 발언을 모두 기록하고 있어 독자가 논쟁의 정확한 정치적 쟁점을 파악할 수 있도록 해준다.

6 루산 회의에 관한 마오쩌둥의 몇몇 문건들은 『建國以來毛澤東文稿』 第8卷(北京: 中央文獻出版社, 1993)에 수록되어 있다. 이 책은 1959년의 문건들을 모아놓았다.

인해 방해를 받고 있으며, 이는 중국 정부의 판단뿐만 아니라 대다수 외국 전문가들 사이에서도 마찬가지다. 지난 수십 년 동안 반복되었던 이야기는 마오쩌둥이 개인적으로 감행한 미치광이에 가까운 극단적 모험주의가 수백만 명의 사상자를 낳은 기근을 초래했다는 것이다. 하지만 최근 연구는 활용 가능한 문건을 체계적으로 읽는 동시에 인구학적 재난에 관한 추정된 통계 데이터의 실효성에 의문을 제기하면서 대약진 운동에 관한 기존의 관점을 허물어뜨리고 있다.[7] 여전히 해당 주제에 관한 재조사를 위해 많은 노력을 기울여야 할 것이다. 하지만 이러한 연구는 전체 마오주의 시대에 있어 가장 핵심적인 순간에 관한 서류 일체를 다시 여는 데 중요한 공헌을 하게 될 것이다.

루산 회의에서 논쟁이 벌어진 이후 대약진 운동이 급격한 좌절로 끝났으며, 그 직후 몇 년 동안 심각한 기근이 국가를 강타했다는 사실에는 의심의 여지가 없다. 핵심 문제는 일련의 조직 붕괴를 초래한 정치적 근원을 어떻게 조사할 것인가다. 가오모보가 정확하게 고찰했던 것처럼, 대약진 운동이 초래한 불균형의 주요한 원인 중의 하나는 고도로 집중화되고 위계적인 구조를 갖추고 있던 국가 권위에 대한 분권화 효과—이것이 바로 대약진 운동 정책의 핵심이었다—였다. 위계 구조는 소비에트 모델의 관료 구조를 본뜬 것으로 주로 중화인민공화국 건국 이후 최초 10년 사이에 도입되었다. 그리고 다른 한편으로 그것은 제국의 위계적인 전통을 기반으로 성장한 것이기도 했다. 분권화는 각 수준의 행정 단위가

---

7   Daniel F. Vukovich, *China and Orientalism: Western Knowledge Production and the PRC*(London: Routledge, 2012), 66-86; Mobo Gao, *Constructing China: Clashing Views of the People's Republic*(London: Pluto, 2018), 158-92을 볼 것.

자체적인 우선순위를 결정하는 데 큰 자율성을 허용했지만, 다른 한편으로 위계 구조는 상위 조직의 기대가 하위 조직에서 이루어지는 결정의 주요 기준이 되는 것을 의미하기도 했다.[8] 요컨대 지역의 능동성을 자극하기 위한 주요 지렛대였던 분권화가 장애물로 변해버렸던 것이다.

사실 분권화의 문제는 대약진 운동 이후에도 논쟁의 주제였고 지속적인 논란거리였다. 하지만 루산에서 열린 당-국가 지도부가 바로잡으려 노력했던 특정 주제는 생산에 관한 허위 보고로 인해 초래된 혼란이었는바, 그러한 허위 보고는 중앙집권주의와 분권화 사이의 충돌을 더욱 악화시켰다. 하위 부서의 사람들은 도저히 달성할 수 없는 비현실적인 생산 목표를 요구받았지만 자신들이 처한 상황을 무시하면서 상위 부서의 사람들이 제시한 요구에 부응하기 위해 상당한 주의를 기울였을 뿐만 아니라, 상상에서나 가능한 생산 목표를 달성했다고 선언하기도 했다.

루산 회의의 민감한 쟁점 중의 하나였던 허위 통계의 문제는 행정 규율의 문제일 뿐만 아니라 근본적인 정치적 곤경을 보여주는 징후이기도 했다. 이 지점에서 루산 회의에서 드러난 모순과 해서의 '사후 세계'가 얽혀드는데, 해서는 결국 자신의 역사적 인물 평가를 넘어서는 긴장의 촉매제가 되고 말았던 것이다. 앞으로 보게 될 것처럼, 몇 달 전 해서를 처음 언급한 것은 마오쩌둥 자신이었

---

8   가오모보가 지적했듯이, "모든 수준의 지도부는 성과 지표를 위하여 상급만 바라보았을 뿐, 하급에서 현장에서 무엇이 잘못되고 있는지에 대해서는 주목하지 않았다. 더구나 마오쩌둥이 촉발한 분권화로 인해 지방 당국은 각자의 정책 우선순위를 제멋대로 해석하게 되었다. 한편으로는 모든 사람이 정부 위계의 상급에서 무엇을 원할지를 짐작하려 했고, 다른 한편으로는 사람들은 각자 자신이 올바르게 상황을 판단했으며, 그러한 판단 기준에 따라 상대방을 경쟁에서 이기려고 노력하였다." Mobo Gao, *Constructing China*, 194.

으며, 그러한 언급은 당의 하위 부서 사람들로 하여금 상위 부서의 비현실적인 명령과 기대에 무조건 부응하지 않도록 하기 위한 것이었다.

몇 달 동안 여러 수준의 당직자들은 생산에 관한 허위 보고서를 작성함으로써 기괴할 정도의 관료주의적 경쟁을 벌이고 있었는데, 그것은 분명 경제에 대한 중앙의 조정을 방해하고 있었다. 상당한 규모의 대중이 정치적 열정을 보여주었던 대약진 운동의 첫해, 당시 많은 간부들은 스스로를 '공산주의'에 관한 순수한 경제적 이상을 선도하는 선전원으로 바라보면서 자신의 역할에 대한 환상을 품기 시작했다.

사실 단순한 행정적 비리로 보이는 그러한 현상의 뿌리는 대약진 운동의 정치적 핵심을 건드리고 있었다. 허위 통계가 드러내고 있었던, 그리고 루산 회의를 통해 적나라하게 밝혀지고 있었던 문제는 전혀 예상치 못한 것이었다. 다시 말해 그것은 1949년 이후부터 중국공산당이 농민을 정치적으로 조직하는 데 있어 겪고 있던 급진적인 어려움이었던 것이다. 국가 권력을 장악한 후 10년이 지났고, 그로써 그 어떠한 정치적 프로젝트도 수행할 수 있는 우호적인 조건을 갖추게 되었지만, 인민전쟁 속에서 중국 농민의 정치적 능력을 능수능란하게 조직해냈던 바로 그 정당이 이제 농민 정치라는 문제를 마주하게 된 것이다. 장애물로 등장한 것은 극복할 수 없는 난국으로 판명되기에 이르렀다.

루산 회의에 관한 현재의 이미지는 분명 문화대혁명 이후 중국 정부가 대약진 운동에 대해 내린 '철저히 부정적인 판결'에 기대고 있다. (이러한 판결 안에서―옮긴이) 대약진 운동은 '극좌적' 오류의 시작으로 분류되었고, 그러한 극좌적 오류는 경제 계획에 관한 총체적 실패 그리고 정치적 계획에 관한 당의 정상적인 기능을 마비시킨 메울 수 없는 균열의 원인으로 지목되었다. 40년이 넘는 시간 동안 대약진 운동은 오직 덩샤오핑의 '개혁'만이 끝장낼 수 있었던 극단적인 무질서의 시작이자 부정적인 '정초적 신화'로 기능해왔다.

여기서 대약진 운동을 경제사적 차원에서 논의할 수는 없다. 하지만 최근 수십 년 동안 찬사를 받아온 중국의 경제적 성과의 핵심으로 남아 있는 생산 구조의 기초는 대약진 운동 시절로까지 거슬러 올라가는 것이다. 이는 특히 산업 부문에 해당되는 것이지만, 수리 기반 시설 관리부터 지역 산업화에 이르기까지 농촌 경제의 여러 핵심 요소들의 씨앗도 1958년에서 1959년 사이에 뿌려졌다. 대약진 운동의 경제 전략에 관한 오늘날의 이미지, 즉 대약진 운동의 경제 전략이 완전히 이상주의적이며 현실성을 결여했다는 이미지는 현재의 지적, 정치적 방향 감각의 상실과 그 결과 초래된 새로운 도구를 통해 정치적 순간의 본질을 다시 생각할 수 있는 역사학적, 사회학적 어려움을 반영하고 있다. 하기에 위대한 사회학자인 프란츠 셔먼(Franz Schurmann)이 1960년대 중반 수행했던 분석을 오늘날 다시 읽어볼 필요가 있다. 셔먼은 1950년대 중국의 경제 논쟁에서 논의되었던 선택지들의 미묘함과 세밀함을 지적한 바 있다.[9]

그 유산이 오래 지속되었고 그 후과의 강도가 이후 더욱 가중되었던 대약진 운동의 진정한 실패는 경제적인 것이 아니라 정치적인 것이었다. 경제 분야의 어려움은 일시적인 것이었고, 이와 관련하여 떠도는 수많은 '무서운 이야기들'에서 주장하는 것보다 훨씬 제한적이었다. 그러나 그것들은 무엇보다도 정치적 교착 상태

---

9   Franz Schurmann, *Ideology and Organization in Communist China*(Berkeley: University of California Press, 1966).

의 결과였다. 루산에서의 정치적 의견 충돌을 경제 성과에 대한 상반된 평가에서 기인하는 것으로 설명하는 해석 방식, 즉 당시의 경제적 성과가 펑더화이와 같은 '현실주의자'에게는 극도로 열악한 것으로 인식되었고, 마오쩌둥과 같은 '이상주의자'에게는 훌륭한 것으로 인식되었다는 시각은 매우 오해의 소지가 있다. 반대로 이러한 의견 충돌은 철저히 정치적인 것이었으며 대약진 운동과 같은 대규모 실험을 이끌어나가는 데 필요한 일련의 조정을 효과적으로 추진하는 데 심각한 제약을 가했다.

대약진 운동의 정치적 난국

대약진 운동은 분명 중국공산당 내부에서 발생한 메울 수 없는 간극의 시발점이었다. 하지만 마오쩌둥의 독재적 성향에 대한 주장만으로는 정치적 주제에 관해 아무것도 설명하지 못한다. 진실은 그가 자기 입장을 굳건히 유지했다는 것이다. 대약진 운동은 농민의 정치적 역량을 자극해야 했고 그들의 정치적 행동주의에 기반을 둔 광범위한 정치 실험이었다. 최초 그것은 엄청난 규모의 대중적 열정을 불러일으켰지만, 곧바로 결정적인 정치적 장애물을 마주하게 되었다. 공산당에 의한 전국 단위의 운동을 시작했던 인민 농업 코뮌은 중국의 최빈 지역 농민들에 의해 최초로 만들어진 것이었다. 대약진 운동은 사회주의 스타일의 국가 형태 속에서 농민의 직접적인 지지를 받은 평등주의적 정치를 발명하기 위한 실험이었다. 바로 이러한 토대 위에서 루산에서의 정치적 충돌이라는 개념을 논해야 한다.

대약진 운동이 처한 난국은 농민의 정치적 참정권에 관한 기준을 오직 생산성에 두어야 한다—혹자는 거의 자동적으로 그렇게 말할 수도 있겠지만—는 관점이 제기되면서 불거졌다. 그리고 그러한 관점은 당-국가 내에서 주류적인 것이 되어가고 있었다. 생산 보고서를 부풀리거나 심지어 수치를 조작하는 상황은 무엇보다도 바로 이러한 기본적인 모호함에서 비롯되는 것이었다. 자신의 경력에 타격을 입을 것을 두려워한 고위 관료와 하위 관료가 무책임하게 생산량을 부풀리는 경향이 분명히 존재하고 있었다. 이러한 경향성은 단순히 생산량으로 측정되는 기준에 의해 정치적 실험이 왜곡되지 않았다면 발생하지 않았을 것이었다. 요컨대 농민의 새로운 정치적 존재의 가치는 그들의 생산량에 달려 있다는 생각이 당-국가 여러 층위에 걸쳐 퍼져 있었던 것이다.

이러한 관점의 전범은 분명 스타하노프주의다. 소비에트 형태의 국가 전통에 있어서 모든 정부의 의례 행위들은 노동자의 정치적 가치를 전면에 내세웠지만 그러한 가치의 결정적인 증거는 그의 경제적 생산성이 우수하다는 가정에 기반한 것이었다. 1930년대부터 사용되기 시작한 '노동 영웅'이라는 수사는 안제이 바이다(Andrzej Wajda)의 비극적인 영화[10]에서처럼 사회주의 노동자의 형상을 가련한 '대리석 인간(man of marble)'으로 축소해놓았는바, 그 '대리석 인간'은 당-국가의 관료제적 통제를 온순하게 받아들이는 존재였다.

이와 비슷한 태도가 여러 중국공산당 간부에게도 그대로 이어졌고, 그로 인해 그들은 대약진 운동 기간 농민을 마치 '농촌 지역의 스타하노프'인 것처럼 언급하게 만들었다. 그리고 그것을 입증하기 위해 생산 기록을 거기에 짜 맞춰 넣었던 것이다. 결과는 혼

---

10 안제이 바이다(Andrzej Wajda)의 영화 〈대리석 인간(*Człowiek z marmuru*)〉(1978)은 폴란드의 '노동 영웅'을 다룬 쓰라린 이야기로 독립 노조인 연대노조(Solidarność)가 등장하던 무렵에 공개되었다.

돈 그 자체였다. 한편으로 조작된 생산 수치가 돌아다니면서 나라 경제의 조화로운 통치를 방해했다. 다른 한편으로 많은 경우 상상에서나 가능할 것 같은 목표를 달성하기 위해 당-국가 상부에서 하부로, 하부에서 농민으로 이어지는 압력이 존재하고 있었다.

최초 루산 회의에서는 이와 같은 현상을 수정할 가능성에 대해 상당히 낙관적인 전망이 존재하고 있었다. 참가자들의 일반적인 전망은, 잘못된 정보를 전달하는 것은 가능한 한 빨리 수정되어야 할 치명적인 잘못이라는 것을 기층 간부에게 확인시켜주는 정치 교육 운동을 당 하층부에서 실시하는 것으로 충분하다는 것이었다. 당 최고위층에서 본 회의는 사회주의적 정치경제, 소비에트 계획 경제의 이론과 실천에 대한 정치적 평가 등과 같은 좀 더 근본적인 이론적 주제들에 대한 조사를 위한 더욱 체계적인 활동을 구상하고 있었다.

마오쩌둥이 꼼꼼하게 초안을 잡은 예비 문건에서 핵심 문제는 이론적 각성—즉 교육—을 통해 잘못을 바로잡기 위해 비정기적인 중국공산당의 집단 학습이 필요하다는 것이었다. 그러한 프로그램은 인민전쟁 이후 실천을 통해 당내에서 공고화되어왔던 전통에 의존한 것이었다. 다시 말해 이론 학습은 간부의 주요 임무 중 하나였으며 특히 중요한 순간에 더욱 필요한 것이었다.

루산 회의는 생산 보고서를 작성할 때 현실주의적이어야 한다는 것을 강조한 기층 간부용 정치 교육 소책자를 발간하기로 결정했다. 당에서 위치가 높을수록 더욱 높은 수준의 이론 학습이 요구되었다.[11] 중앙 정부 차원에서는 심지어 『소비에트 정치경제학

______

11　당 각급 간부들이 학습해야 할 항목은 마오쩌둥이 루산 회의에서 논의하기 위해 마련한 의제의 최우선 순위에 놓여 있었다. 「廬山會議討論問題」, 『建國以來毛澤東文稿』第8卷, 331-33을 볼 것.

매뉴얼』에 관한 학습이 요구될 정도였다. 이후 몇 달 동안 마오쩌둥은 스터디 그룹과 함께 해당 매뉴얼을 체계적이고도 비판적으로 읽는 데 몰두하게 된다.[12]

1957년 정상 상태의 회복

2주간의 회의 후 펑더화이가 포럼에 개입하기 전까지 루산 회의는 곧 끝날 것처럼 보였다. 펑더화이는 마오쩌둥에게 편지를 썼고 마오쩌둥은 그것을 참가자들에게 회람시켰다. 그리고 이것은 회의에서 급작스러운 변화를 불러일으켰다. 사실 그때까지 논의가 매우 편안한 분위기에서 진행되었다는 점을 고려하면 그러한 변화는 당시 상황이 참가자들이 생각했던 것과는 무척 달랐음을 폭로하는 것이었다. 갑작스러운 변화가 시작되기 이전까지는 앞으로 다가올 폭풍에 비한다면 거의 비현실적인 평온함이 회의장을 감돌고 있었다.[13]

펑더화이의 편지는 세부 사항을 적절히 조정하고 이론적인 수

---

12 마오쩌둥의 『蘇聯社會主義政治經濟學批判』(1960년대 전후) 영어 판본은 Mao Zedong, *A Critique of Soviet Economics*(New York: Monthly Review, 1977)을 볼 것.

13 혹자는 첫날의 목가적인 분위기에 충격을 받을 수도 있을 것이다. 가장 중요한 지도자들조차도 이 자리를 위해 지은 시를 주고받았는데, 그 작품들이 모두 특별히 독창적인 것은 아니었다. 사실상 다소 진부한 구절들이었지만, 어쨌든 (지나치게) 느긋한 분위기를 보여주고 있었다. 이들 가운데 몇몇 시는 리루이의 저서 『廬山會議實錄』 서두에 실려 있다. 회의 직전, 마오는 「루산에 오르며(登廬山)」라는 시를 지었는데, 이는 그 시기 지어진 작품들 중 가장 깊이 있는 성찰을 담고 있었다. 다른 정치적으로 중대한 순간들과 마찬가지로, 마오쩌둥은 시적 거리두기를 통해 정치 문제를 성찰하거나, 보다 정확히 말하면 자신의 불안을 헤아리고자 했다. 그러나 해당 시와 준비 연설들에서 드러나듯, 마오쩌둥은 낙관적이었으며 긍정적인 결과를 얻기 위해 세심하게 준비했다.

준을 끌어올리는 공동의 노력을 통해 정치적 실험을 지속할 수 있을 것이라는 낙관주의를 순식간에 날려버렸다. 반대로 그 편지는 대약진 운동의 핵심에 관해 근본적인 의견의 불일치가 있다는 것을 보여주었다. 펑더화이가 구체적인 문제를 논의한 것은 아니다. 그가 볼 때 정치적으로 실험에는 아무런 문제가 없었고 조정도 필요 없었다. 오직 이전 상태를 회복하는 것이 필요했을 뿐이었다. 그는 "쁘띠 부르주아적 광신주의"가 상황을 지배하고 있다고 썼다.[14] 공산당이 대면한 가장 큰 딜레마는 "금문도 폭격과 티베트 소요 진압에서 채택된 방법만큼 효과적인 경제 건설 문제 해결 방법"을 "아직 찾지 못했다(得心應手)"는 것이었다.[15]

펑더화이에 대한 성화(sanctification) 작업에서는 해당 편지에 담긴 이러한 내용을 거의 언급하지 않는데, 이는 그를 단순히 '황제' 앞에서 농민들의 대변자가 되려 했던 고위 관료로만 묘사하기 때문이다. 농민들의 대변자라는 관점에서만 본다면 펑더화이는 황제가 제시한 '유토피아'의 '미친' 목표를 맹목적으로 추정한 모든 반대자들을 분쇄해야 한다. 하지만 펑더화이는 상황을 통제하기 위한 수단으로서 폭격과 분쇄와 같은 군사적인 방법들을 공개적이고도 간명하게 옹호하면서 바로잡아야 할 '무질서'에 관해 이야기하고 있을 뿐이었다. 무엇보다도 그는 현재 진행되고 있던 정치적 실험에서 득 될 것이 아무것도 없다고 주장했다. 이것이 바로 그가 마오쩌둥과 엇나갔던 핵심 부분이다.

마오쩌둥을 향한 자신의 강력한 반감에도 불구하고 리루이가

---

14 펑더화이의 판본은 『彭德懷自述』(北京: 人民出版社, 1981), 281-87에 수록되어 있다.

15 펑더화이의 편지는 『彭德懷自述』의 부록으로 실려 있다. 또한 리루이의 『廬山會議實錄』을 볼 것. 펑더화이는 1954년과 1958년의 타이완 해협 위기와 1959년 봄 라싸에서의 위기를 언급하고 있다.

본 논쟁의 중요한 순간에 작성한 회의록은 마오쩌둥의 이른바 독재라는 것이 결국 실험이 직면하고 있던 교착 상태를 극복하려는 그의 의지였으며, 펑더화이 또한 그것을 잘 인지하고 있었음을 보여준다. 하지만 펑더화이의 태도는 정치적 충돌의 강도를 정하는 데 커다란 영향을 끼쳤다. 최초 그는 사방에 공격을 퍼부었고 자신의 지위를 정면충돌 속으로 내던져버렸지만, 정작 자신의 편지 내용을 방어하지 못했고 마오쩌둥이 제기한 최초의 반박 앞에 무릎을 꿇을 수밖에 없었다.

마오쩌둥은 며칠 동안 국방장관에게 임무를 맡긴 채 펑더화이에 대해 직접적으로 대답하지 않았다. 하지만 국방장관은 결국 농촌 지역의 모든 정치적 주도권에서 공산당이 즉각적이고도 무조건적으로 발을 빼는 것 말고는 별다른 대안을 가지고 있지 못했다. 그가 제안한 것은 수억 명의 대중 동원을 하루 만에 중단하는 것이었다. 대약진 운동의 모든 실험은 중단되어야 했으며, 1957년의 '정상 상황'으로 되돌아갈 것을 목표로 삼는 정책에 '최소한 2년'을 들여 모든 가능한 힘을 쏟아부어야 했다.[16]

하지만 그렇게 방향을 수정하고 중국공산당이 전년도에 고취하고 찬양했던 정치적 활력을 효과적으로 소멸시킨 다음, 마치 아무 일도 없었던 것처럼 모두에게 집에 돌아가라고 하면서 안정을 호소하는 것만으로는 충분하지 않았을 것이다. 실제로 펑더화이가 '쁘띠 부르주아적 광신주의'라고 불렀던 것을 끝내는 데에는 그가 '실제적'이라고 불렀던 것과 똑같은 방법이 필요했는데, 그 방법은 '티베트 소요 사태를 분쇄하는 데' 사용된 것이기도 했다. 설사 펑더화이가 그 정도까지 구체적인 계획을 마련하지 않았다고 하

16　李銳, 『廬山會議實錄』, 134.

더라도, 그의 편지에 담겨 있던 전체적인 의도가 결국 '1957년의 정상 상태를 회복'하기 위한 강압적인 전술에 의존하는 것 외에는 실행 가능한 대응책이 없었음을 분명하게 의미하고 있었다는 것은 명확하다. 또한 중국공산당 역시 별달리 할 수 있는 것이 없었다. 중국공산당은 결국 농민과 농촌 지역의 간부들에 대해 폭력적인 억압 정책을 사용할 수밖에 없었을 것이고, 재난에 가까운 혼란스러운 상황이 펼쳐졌을 것이다.

국방장관은 당시 회의 참석자들로부터 아무런 지지도 얻어낼 수 없었다. 우리는 그들의 그러한 태도가 '황제' 앞의 '겁쟁이 신하들'의 태도가 아니라, 펑더화이가 제시하고 있었던 것이 중국공산당의 정치적 자살이었다는 사실에서 비롯된 것이었다고 가정해 볼 수 있다. 펑더화이 앞에서 그의 의견을 묵인하는 것은 선택지가 아니었다. 여러 참가자들은 매우 비판적인 목소리를 냈고 비단 '좌파'만 그러했던 것도 아니다. 심지어 여러 입장들 사이에서 끈질긴 조정자의 역할을 수행했던 것으로 묘사되는 저우언라이마저 펑더화이를 향해 극히 비판적인 목소리를 내고 있었다.[17]

마오쩌둥은 단도직입적으로 펑더화이를 반박했지만 펑더화이의 반응을 주의 깊게 다루었다. 펑더화이가 특히 반대하고 있었던 것은 '쁘띠 부르주아적 광신주의'로, 이것은 대중운동의 정치적 열정을 전혀 가치 없는 것으로 간주하는 표현이었다. 루산 회의가 논의하고 있었고 반대로 마오쩌둥이 열심히 변호하고 있었던 것은 당시 사건 전개를 현실주의적으로 다룰 수 있는 방향으로의 수정이었다.

사실 마오쩌둥의 입장은 이미 정리되어 있었다. 열정은 긍정적

17　李銳,『廬山會議實錄』, 197-201.

인 것이었다. 왜냐하면 대중적 추진력 없이 정치적 발명 역시 가능하지 않기 때문이다. 하지만 특정한 목표들을 좀 더 현실적으로 만들 필요가 있었고 무엇보다도 불합리한 관료주의적 과장을 멈추어야 했다. 몇 걸음 물러나는 것은 피할 수 없었지만, 농업 과업의 자율적 조직, 공동 식당, 자율 운영 학교, 협동 의료 서비스와 같은 실험적 시도들은 가능한 한 계속 운영되어야 했다. 마오쩌둥의 생각에 따르면, 모든 분야에서 농민들에게 주어진 독창적인 정치적 역할에 대한 실험은 지속되어야 했다.

하지만 당시 국제적인 요소가 개입하고 있었고 의견의 불일치를 더욱 심화시켰다. 당시 중국공산당에 대한 소련공산당의 개입(최소 3년 동안 소련공산당과 중국공산당 사이에는 공개적인 이데올로기적, 정치적 불화가 존재하고 있었다)이 더욱 심해지고 있었던 것이다. 펑더화이가 루산 회의에 개입하고 있었던 바로 그때 니키타 흐루쇼프는 대약진 운동에 적대적이면서 국제 언론을 통해 주목받고 있었던 공개적인 발언을 이어가고 있었다. 흐루쇼프의 성명은 펑더화이와의 사전 교감에 의한 필연적인 결과는 아니었다. 실제로 그러한 사전 교감은 개인적인 차원에서 이루어졌을 가능성이 높으며, 이는 그의 스타일을 잘 보여주는 특징적인 방식이었다. 하지만 그러한 정면 공격이 루산 회의에서 가장 민감한 순간과 시기적으로 일치했다는 점에서 그것이 의도적으로 보였다는 것은 분명하다.

1956년 이후부터 마오쩌둥은 소련과 냉전 논리 모두로부터 거리를 둔 독창적이면서도 독자적인 국내적, 국제적 정책 노선을 찾기 위해 노력하고 있었다. 독자적인 정책 선택과 결정의 고취는 소련공산당의 입장에서 적대감을 증대시키는 요인이 되고 있었다. 대약진 운동은 두 정당 사이의 균열을 심화시키는 요인들 중의 하나였다. 결국 펑더화이의 입장은 사실상 소련과의 관계 조정을 수반하는 것이었고, 이것이 루산에서의 충돌을 더욱 격화시켰던 것이다. 하지만 외부적인 압력에도 불구하고 진짜 문제는 내부적인 것이었고 대약진 운동의 정치적 핵심에 관한 것이었다. 펑더화이는 농민의 새로운 정치적 존재(political existence)에 관한 실험이 가능할 것인가에 대해 회의적인 관점을 취하고 있었지만, 마오쩌둥은 루산 회의에서 그러한 실험을 계속해서 진행해야 한다는 정치적 결단을 내리고 있었다.

사회주의 체제 아래에서
농민의 새로운 정치적 존재성은 가능한가?

루산에서 벌어진 충돌의 핵심은 결국 농민의 정치적 존재에 관한 것이었다. 다시 말해 문제의 핵심은 오랜 시간 이어진 인민전쟁 기간 동안 농민이 수행했던 정치적 역할이 사회주의적 환경 속에서 더는 단순히 확장될 수 없으며 완전히 새롭게 재발명되어야 한다는 것이었다. 그리고 이와 같은 불일치가 마오쩌둥과 펑더화이라는 인민전쟁의 위대한 두 군사 지도자를 연루시킨 것은 우연이 아니었다. 이전 국면과의 단절은 돌이킬 수 없는 것이었고 급진적인 분열을 표지하는 것이었다.

1920년대 후반부터 1940년대 말까지 거의 20년 동안 농민의 정치적 행동주의는 나라의 운명을 바꾸고 한 세기 넘게 지속된 파괴와 모욕의 연쇄를 끊게 해준 획기적인 요소였다. 1949년 마오쩌둥이 말했던 것처럼 중국 인민은 '자기 발로 서게 되었다'. 그리고 이것은 농민의 정치적 존재성 덕분이었다. 더불어 인민전쟁은 무엇보다도 평등주의적 조직의 발명품이었지 단순히 군사적 행동의 문제가 아니었다. 군사 분야는 실험적인 무대였으며, 심지어 비군사적인 전쟁 관점과 실천을 발전시키는 데 성공하기도 했다. 그리고 그것은 청나라 몰락 이후 지속되어온 군벌 시대를 종식시켰다. 어쨌든 인민전쟁의 효율성은 독창적인 평등주의적 발명의 결과였다.

특별히 가장 빈곤한 계층 중에서도 중국 사회에서 아무런 위치도 차지하지 못하고 있었던 농민은 진정한 정치적 주인공이었다. 농민 출신 병사가 압도적인 수를 차지하고 있었던 인민해방군은 장교와 병사 사이의 관계만이 아닌, 농촌 지역에서도 군대와 민간인 사이의 평등한 관계를 만들어내고 있었다. 많은 수의 농민들이 애국주의적 정체성이 형성되는 과정 속에서 참전한 것이 아니라(국민당군의 경우처럼 상대편 역시 중국인일 때가 있었다), 예외적인 존재 조건 속에서 그렇게 한 것이었다.

실상 인민전쟁은 사회적 비존재였던 광대한 대중의 정치적 존재성을 조직하기 위한 무대였다. 나는 여기서 철학적 용어를 인용하고 있는데, 그것은 바로 알랭 바디우가 제시한 철학적 전망 속에 들어 있는 정교한 논리적 사고의 핵심이다.[18] 이것은 최종적인 분석에 있어 모든 평등주의적 발명, 즉 사회적 비존재의 정치적 존재를 조직하는 것이라는 문제의 독특성을 밝히는 데 도움이 된다. 중국 농민의 일반적인 '사회적 가치'는 그들의 존재성을 부정하는 의식을 따르는 것에 제한되어 있었다. 널리 알려져 있는 「호남 농민 운동 고찰 보고」라는 문건에서 마오쩌둥은 현장 조사를 통해 인류학자와 같은 세밀함으로써 그러한 의식을 묘사하고 있다. 마오쩌둥의 조사에 따르면 농민들은 씨족의 권위, 지주의 권

18　Alain Badiou, *Logiques des mondes*(Paris: Seuil, 2006).

위, 그리고 '영혼'의 지배라는 세 가지 종속에 얽매여 있는데, 여성의 경우 이에 더해 혼인의 권위에까지 종속되어 있었다.[19] 인민전쟁에서 농민의 정치적 존재는 그들의 사회적 지위와 아무런 연관성도 가지고 있지 않았다. 이것은 당시 중국 사회의 규칙과 비교하여 매우 예외적인 상황이었다. 홍군은 전례를 찾을 수 없는 평등주의적 형식 속에서 엄격한 전통적이면서도 의례적인 위계서열을 뒤집어버렸다. 일상적인 사회적 관계 속에서 자신의 삶에 대해 아무런 결정권도 없던 이들이 정치적 발명의 주축이 되었던 것이다.

그러나 인민전쟁은 전략적으로 '지구전'으로 구상되었으며, 이것이 그 독창성의 한 가지 요소였지만, 그것은 어디까지나 독립과 민족적 존엄성의 회복이라는 목표가 달성되면 종결될 운명이었던 정치적 조직 형태였다. 그렇기에 예정된 승리는 또한 농민들로 하여금 20년에 걸쳐 정치적으로 존재할 수 있게 해주었던 조직적 전제 조건의 끝을 의미하는 것이기도 했다. 그러므로 오직 인민의 행동주의 덕분에 해방(중국에서 인민공화국의 건립은 해방으로 불린다)이 가능했음에도, 오히려 해방이 지난 20년 동안 존재해왔던 인민의 정치적 형상을 불가역적으로 끝내버렸다는 것이 해방의 역설이었다.

결국 1949년 이후의 대안은 농민의 정치적 존재를 재발명하거나, 그것을 그저 그들의 정치적 존재성을 기념하는 수사로 활용하는 것이었다. 군벌 시대의 종말은 의심의 여지 없이 중국 농민의 삶에서 거대한 장애물을 치워주었지만, 그들은 새롭고도 획기적인 정치적 발명 없이 사회적 비존재라는 자신들의 일상적 조건으

19　毛澤東, 『湖南農民運動考察報告』(1927); 영어 번역은 *Selected Works* (Beijing: Foreign Languages Press), vol. I.

로 되돌아가야 할 운명이었다.

대약진 운동 이전 농촌 정책에 근본적인 차이점이 있었다는 것은 잘 알려져 있다. 만약 기계화가 집단화를 위한 조건이라면, 그것은 곧 농민이 산업을 발전시키는 것만으로도 정치적으로 성장하리라는 것을 암시하고 있었다. 소비에트 모델을 따라 첫 번째 5개년 계획(1953~58)은 농업에 비해 산업, 그중에서도 특히 중공업에 방점을 두고 있었고, 사실상 농업이 공업에 종속되는 것을 강력하게 요구하고 있었다.

자신의 관점에 입각해 마오쩌둥은 「십대관계를 논함」이라는 유명한 문건을 통해 경공업과 중공업, 산업과 농업의 균형 잡히고도 비위계적인 관계를 재조직할 필요성을 주장하면서 첫 번째 5개년 계획의 우선 순위를 다시 생각했다.[20] 게다가 마오쩌둥은 이미 지난 몇 년간 농민의 자발성에 기반을 둔 협동 조직 형태를 농업에 도입하는 대규모 운동을 추진함으로써 강제 집단화로 인한 왜곡을 피하려고 했다. 대약진 운동은 농민의 정신적 에너지를 동원한 더욱 결정적인 무대라고 인식되었다. 1949년 이후 마오쩌둥의 중국 농촌에 관한 모든 관심사는 농민의 평등한 조직 형태를 실험하려는 계획과 관계된 것이었다. 따라서 루산 회의에서는 이러한 새로운 정치적 실험들의 일환으로 '대약진'이 중요한 쟁점이 되었던 것이다.

하지만 해방 이후 그리고 거의 30년 동안 집요하게 추진되었음에도 불구하고 그러한 시도는 그들이 오래도록 지속된 인민전쟁 동안 점령할 수 있었던 이론적, 실천적 고지에 결코 도달할 수 없

20　Mao Zedong, "On the Ten Major Relationships"(1956), https://www.marxists.org/reference/archive/mao/selected-works/volume-5/mswv551.htm을 볼 것.

었다. 실상 그들의 새로운 국가의 시스템 자체가 특정한 장애물을 만들어내면서 반복적으로 어마어마한 장애물에 부딪히고 있었다. 그러한 실험들 자체가 중국 국가의 정상적 기능에 대한 심각한 장애물이었다고 말하는 것이 더욱 정확할 것이다. 혹자는 펑더화이가 결국 20년 후에 실행될 정책을 정확하게 제시했던 것은 아니었지만, 그래도 그가 덩샤오핑의 정책을 선도한 사람이었다고 생각할 수도 있을 것이다. 실상 펑더화이가 아무런 현실적인 계획을 가지고 있지 않았다는 사실은 그가 왜 1959년에 고립되어 있었는지를 설명해준다. 하지만 그는 사회주의 국가가 자체의 '정상적인' 기능을 유지하기 위해 이러한 실험들을 억압하는 자동 반사적인 대응을 대변하는 인물이 되었다. 1970년대 후반, 정부 질서를 명분으로 내린 첫 번째 중대한 결정 중의 하나는 인민공사의 해체였으며, 이는 농민들을 정치적으로 조직하려는 모든 시도를 억누르는 것이었다.

중국 역사 속의 농민 전쟁

『해서파관』을 둘러싼 논쟁으로 이어진 또 다른 쟁점은 본질적으로 역사 서술에 관한 것이었지만, 그러한 분기점은 루산에서 명확하게 드러난 정치적 차이와 깊이 얽혀 있는 영역에서도 드러나게 되었다. 정치적 차이가 사회주의 체제 속 농민의 정치적 역할에 관련된 것이었다면, 역사 서술에 관한 논쟁은 제국 역사 속에서 농민의 정치적 역할에 관한 것이었다. 이러한 역사 서술에 관한 논쟁의 핵심은 결국 중국의 정치적, 문화적 독특성을 만들어내는 과정을 규정하는 데 있어 역사적 유물론의 일관성 그 자체에 관한 것이었다.

다른 한편에서 제국 역사 속의 농민 전쟁의 의미를 어떻게 평가할 것인가를 둘러싼 역사적 논쟁은 사회주의 체제 속 농민의 정치적 역할을 어떻게 받아들여야 할 것인가의 문제를 포함하고 있는 것이기도 했다. 이 문제의 정치화는 1949년 이후부터 계속 잠복해 있던 것이었지만, 루산에서 드러난 교착상태가 보여주듯 1960년대 초 더욱 분명해졌다. 결국『해서파관』을 둘러싼 논쟁이 15년간 잠재되어 있었던 쟁점을 드러낸 것이라고 할 수 있다.

그럼에도 불구하고 다음 장에서 보게 될 것처럼, 역사학 분야에서 이러한 과거의 문제를 평가하는 데 있어『해서파관』을 둘러싼 논쟁이 제국 역사 속의 농민의 역할 그리고 사회주의 체제하의 농민의 역할이라는 두 가지 문제 모두에 대한 해결책을 제시하지 않고 있었다는 사실을 기억해둘 필요가 있다. 요컨대 문제는 미해결된 상태로 남아 있었던 것이다.

1960년대 초에 이르기까지 중국 역사의 많은 부분을 차지하고 있었던 농민 전쟁을 어떻게 연구할 것인가를 둘러싼 논쟁이 더욱 가열되고 있었다.[21] 당시 해당 분야에서 가장 권위 있는 학자였

---

21 이에 관해서는『新建設』편집위원회가 전체를 위해 작성한 간단한 발표문인 「當代史學界對中國農民戰爭幾個問題的討論」,『新建設』2(1962): 23-25가 유용하다. 당시 중국에서 사용했던 용법대로 말하자면, 논쟁은 '역사주의자'와 '계급주의자' 사이에서 벌어졌다. 그러나 실제로 양자의 차이는 전자가 계급 분석에 기초해 농민 반란의 반봉건적 성격을 부정한 반면, 후자는 동일하게 계급 노선을 사용하면서도 정반대의 방향에서 이를 지지했다는 데에 있었다. 계급적 이유로 그러한 전쟁의 반봉건적 성격을 부정하는 주요한 개입들에 관해서는 蔡美彪,「在論中國農民戰爭史的幾個問題」,『新建設』2(1962): 32-41; 孫祚民,「在農民戰爭史研究中運用歷史主義和階級觀點」,『人民日報』, 1964年 2月 27日을 볼 것. 계급적 측면에서 농민 반란의 정치적 가치를 지지한 의견들에 관해서는 林杰,「"用什麼觀點和方法研究農民戰爭」,『新建設』4(1964): 40-51을 볼 것. 나는 1973년 나폴리 동방학원(Istituto Orientale di Napoli)에서 중국사 강의를 위해 준비했던, 중국 제국시대 농민 반란에 관한 1960년대

던, 그리고 우한보다 더욱 강한 영향력을 행사하고 있었던 학자는 베이징대학 역사학과 학과장을 맡고 있었던 젠보잔이었다. 그는 제국 시절 중국에 관한 역사 연구에 있어 1950년대 지배적인 관점이었던 이른바 '양보정책론'으로 유명한 학자였다. 젠보잔이 누렸던 명성은 대단했고, 그가 주도하는 학파는 1960년대 초 중국의 간략한 역사를 편찬하기도 했다. 이 책은 베이징 외국어 출판사에 의해 영어로 번역되었으며 문화대혁명 이전 중국 문화 외교의 중요한 역사적 '방문증(visiting card)'이 되었다.[22]

젠보잔 역시 처음으로 간접적으로, 나중에는 좀 더 공개적으로 『해서파관』 논쟁에 연루되었다. 젠보잔의 관점과 우한의 관점은 서로 달랐다. 설사 그 모델이 급진적인 정치적, 역사적 한계를 지닌 것이라고 할지라도, 젠보잔은 독창적인 이론 모델을 발전시킨 학자였다. 반면 우한은 이론적인 성향을 거의 가지고 있지 않았다. 젠보잔은 당시 꽤 유행이었던 마르크스주의적 유가(Marxist-Confucian)의 관점에 기대고 있었다. 게다가 그는 1949년 이후 주로 국가 문화기구에서 고위 관료로 활동하기도 했다.

젠보잔과 우한 사이의 가장 큰 차이점은 중국 역사에서 농민 전쟁의 문제에 관한 것이다. 우한은 이 문제에 그다지 관심이 없었고, 『해서파관』에서는 농민을 단지 수동적인 평민 대중으로 묘사하기도 했다. 반면 젠보잔은 자신의 양보정책론에 기반해 제국 시절 중국의 농민 전쟁에 관해 복잡한 관점을 가지고 있었는바, 그의 양보정책론은 역사유물론의 정전적 개념화와 연계되어 있었고

초 논쟁에 관한 미발표 노트를 읽을 수 있도록 허락해주신 고(故) 에도아르다 마시(Edoarda Masi)께 감사를 표한다. 그녀는 1961년에서 1965년 사이 중국의 가장 중요한 정치 및 학술 저널에 발표된 약 60편의 논문 목록을 제시하고, 그중 중요한 논문들에 대해서는 자신의 논평을 덧붙이고 있다.

22　*A Concise History of China*(Beijing: Foreign Languages Press, 1964).

생산력과 생산관계에 관한 고전적인 변증법에 기반해 있었다.[23] 역사의 진보가 계급투쟁의 결과라는 생각에 동의하면서도, 그는 '진보적인 계급', 즉 실제로 '새로운 생산력'을 대표하는 계급들만이 '혁명'을 통해 '오래된 생산관계'와 그에 상응하는 '상부구조'로서의 국가형태를 뒤집을 수 있다고 구체적으로 언급했다. 젠보잔에 따르면 농민은 새로운 생산력을 대표한 적이 없다. 하기에 봉건 통치자들의 착취와 독재에 대한 반란은 농민들로 하여금 봉건 체제를 뒤집거나, 심지어 반대할 수 있게 해주지 않았고 그렇게 할 수도 없었다(没有, 也不可能, 이것은 그가 해당 주제에 관해 즐겨 사용하던 표현이었다[24]).

하지만 농민 반란은 제국 시절 전체 중국 역사를 관통해 계속 발생했으며, 이것은 젠보잔이 부정하지 않은(그리고 부정할 수 없는) 사실이었다. 모든 왕조에서 격렬한 반란이 발생했다. 그럼에도 젠보잔의 이론에서 농민은 진정한 진보적 계급이 되지 않았고 될 수도 없었다. 다시 말해 그들은 경제적 기반에 있어 생산력의 특성에 부합하지 않았고, 이념이나 정치적 강령을 갖추지 않고 있었기

23　翦伯贊, 『歷史問題論叢』(北京: 人民出版社, 1962); 『翦伯贊歷史論文選集』(北京: 人民出版社, 1980)

24　翦伯贊, 「對處理若干歷史問題的初步意見」, 『光明日報』, 1963年 12月 22日, 『翦伯贊歷史論文選集』 59-73에 재수록. 이 표현은 「如何處理歷史上的階級關係」라는 글(『翦伯贊歷史論文選集』, 60)의 첫 부분에서 스치듯이 반복된다. 젠보잔의 역사 이론에 관해서는 王學典의 'Jian Bozan's Theoretical Contribution to China's Historical Science', *Social Sciences in China* 3(1991)와 Clifford Edmunds, "The Politics of Historiography: Jian Bozan's Historicism," in *China's Intellectuals and the State: In Search of a New Relationship*, ed. Merle Goldman, Timothy Cheek, and Carol Lee Hamrin(Cambridge, MA: Harvard University Press, 1987), 65-106에 소개되어 있다. 불행하게도 이 두 개의 글 모두 양보정책 이론에 관해서는 논의하지 않고 있다.

때문에 더욱 그럴 수 없었다.

그러므로 다음과 같은 문제가 제기된다. 그렇다면 농민 반란이라는 개념을 어떻게 계급투쟁의 역사가 중국을 형성해왔으며 그 과정에서 지배하는 봉건 계급과 농민 사이에 중대한 모순이 발생했다는 이론에 끼워 맞출 수 있을까? 젠보잔의 주장에 따르면 농민 반란이 존재했던 것은 사실이지만 그것은 새로운 생산력을 대표할 수 없었고, 게다가 역사적 발전의 직접적인 요소가 될 수도 없었다. 대신 그는 농민 반란 이후 지배 계급이 양보정책을 시행하는 경향이 더욱 강해졌다는 점을 주요 요소로 제시했다. 이러한 정책은 사회적 모순으로 인한 긴장을 완화하는 동시에, 봉건 통치의 장기적 이익을 공고히 하면서 대중 일부의 즉각적인 이익을 충족시키는 결과를 가져왔다.

1966년 젠보잔이 언급했던 것처럼 양보정책 이론에 따라 농민 반란이 진압된 이후에야 비로소 농민들은 자신들이 활동적인 국면에서 얻어낼 수 없었던 것을 획득하게 되었다.[25] 이와 같은 냉소적 시각은 분명 농민 반란에 대한 진압이 철저한 잔혹함에 의해 수행되었다는 주장에 기초하고 있으며, 이는 중국의 황제 시대든 다른 어느 곳에서든 마찬가지였다. 하지만 만약 이러한 주제를 새로운 관점에서 탐색하고자 한다면 문제는 다음과 같이 다시 설정될 수 있다. 특정 형태의 정부가 평등주의적 대중 조직이 창조된 중대한 사건 이후 수립되었을 때, 전자가 후자를 용납할 수 없는 무질

25　戚本禹, 林杰, 閻長貴, 「翦伯贊同志的歷史觀點應當批判」, 『人民日報』, 1966年 3月 25日. 치번위는 1965년 翦伯贊을 비판하는 또 다른 유명한 글의 저자이기도 했는데, 다만 그의 이름을 명시적으로 언급하지는 않았다. 「爲革命而研究歷史」, 『紅旗』 13(1965): 14-22를 볼 것. 농민 반란의 역사 서술에서 양보 이론의 패권을 비판한 첫 번째 글은 1965년 9월 젊은 역사학자 孫達人이 썼다. 「應該怎樣估價 "讓步政策"」, 『光明日報』, 1964年 9月 9日, 4.

서로 규정하고 결국 파괴했을지라도, 그 정부는 평등주의적 대중 조직의 창조라는 사건에 대해 어떠한 부채를 지고 있는 것인가?

내가 제시하려는 가설은 정치적인 대중 봉기 이후, 결정적인 정치적 순간에 특히 모순적이고 대중에게 혐오스러운 것으로 드러난 이전 정부 형태의 일부 요소들을 제거하지 않고서는 새로운 통치 환경을 만들어낼 수 없다는 것이다. 새로운 정부의 안정성은 창조적으로 조직된 대중의 정치적 존재를 말살시킨 결과만이 아니다. 그것은 또한 대중의 정치적 존재가 포착해낸 이전 정부 형태의 모순에 기대고 있는 것이기도 하다.

내가 보기에 젠보잔이 양보라는 '관대한' 이름 아래에서 개념화했던 것은 오히려 더욱 뒤틀린 과정으로 이어졌다. 의심의 여지 없이 대중이 주도한 정치적 사건 이후 새로운 정부의 안정화는 우선적으로 평등주의적인 대중 주체에 대한 억압에 의존한다. 하지만 그러한 억압은 결코 완성될 수 없는데—'완전한 부정'은 존재하지 않거나 효과적이지 않다—왜냐하면 그 어떠한 새로운 정부도 일정 정도 이전 정부에서 정치적 사건이 만들어낸 불연속성을 내재화하지 않고서는 그 자체로 성립될 수 없기 때문이다. '모든 역사'가 보여주듯 전체적인 과정이 궁극적인 안정으로 이어질 수는 없다.

젠보잔은 진정으로 이론적인 선택지를 만들어냈지만, 그 아포리아는 1949년 이후 중국 공산주의 이념의 해결되지 않은 정치적 딜레마에 뿌리를 두고 있었다. 농민 반란은 역사적 중요성과 정치적 가치를 모두 지니고 있는가? 역설적으로 젠보잔의 견해에 있어 농민이라는 주체적 행위자가 가장 부족했던 것은 역사적 가치였다(그들은 새로운 생산력을 대표하지 않았다). 최종 분석에서 그들의 정치적 가치는 대규모의 농민 반란이 왕조의 붕괴를 만들어냈기 때문에 부정할 수 없는 것이었다. 하지만 그들이 새로운 생산력을 대표하는 것은 아니었기 때문에 그들은 직접적으로 역사적 발전을 추진할 수 없었다. 여기서 논의가 꼬이게 되는데, 그럼에도 이것은 농민 전쟁에 관한 역사적 지식, 특히 역사적 유물론에 내재된 진정한 어려움을 반영하고 있다.

젠보잔이 1950년대 초부터 자신의 이론을 형성해왔다는 것에 주목해 볼 필요가 있는데,[26] 이는 곧 1949년 인민전쟁의 종결이 즉각적으로, 혹은 심지어 필연적으로 농민의 정치적 가치라는 문제를 다시 제기하는 일종의 신호였다고 할 수 있다. 이와 함께 중요한 것은 젠보잔의 이론이 1960년대 초 역사 논쟁에 있어 강력한 영향력을 행사하고 있었다는 사실이다. 그리고 루산 회의에서 등장한 정치적 교착상태는 의심의 여지 없이 중국 역사에 있어 농민 반란의 정치적 가치라는 문제를 더욱 악화시켰다.

1960년대 초의 논쟁에서 젠보잔 관점의 영향력은 일종의 '중심주의'적 역사 이데올로기의 역할을 수행하면서 지배적인 위치를 차지하고 있었다. 양보 이론은 또한 3장에서 보게 될 것처럼『해서파관』논쟁에 있어서도 유사한 역할을 수행했다. 젠보잔의 이론이 중국 사학계에서 상당한 영향력을 가지게 된 것은 그것이 서로 대립하는 진영들 사이에서 중재 역할을 했기 때문이라고 할 수 있을 것이다. 물론 서로 대립했던 진영들 중 어떤 진영도 당시 완전한 지배력을 행사하지는 못하고 있었지만 말이다.

한편으로 우파적인 관점에서 말해본다면, 농민을 봉건적 미신, 문화적 후진성 그리고 전제주의의 혼합체로 여기면서 어느 정도 공개적으로 그들이 일으킨 반란의 정치적 가치를 부정하는 견해

---

26 그의 논문「論中國古代的農民戰爭」은 1951년 최초로 게재되었다. 이후 앞서 인용한 젠보잔의 저술집에 다시 수록되었다.

가 존재하고 있었다. 반드시 기억해두어야 하는 것은 이러한 주장의 핵심이 계급 개념에 기반을 두고 있었다는 사실이다. 다시 말해 농민의 계급적 지위를 고려할 때 봉건 체제에 저항함으로써 모종의 긍정적인 결과를 내놓아야 한다는 것은 말할 것도 없거니와, 그들이 자신들이 살고 있는 봉건 체제에 대한 아무런 체계적인 지식도 가지고 있을 수 없었다는 것이다.

반대로 농민의 정치적 가치를 지지하는 좌파적 입장의 핵심 논지는 농민들이 '평등성'에 대한 그들의 열망으로서 어떠한 경우라도 체계적인 이데올로기를 갖추고 있다는 것이다. 이에 대해 우파는 농민이 가지고 있는 평등성이라는 것은 '프롤레타리아' 계급의 특징과는 다르다고 응수했다. 다시 말해 농민의 평등성은 '역사적 진보'를 향해 정향되어 있지 않다는 것이다. 그러므로 그것은 본질적으로 소규모 생산자들의 이념에 기초한 유토피아적 열망이었다. 기껏해야 그것은 '절대적 평등주의'의 형식인바, 결코 성취할 수 없고 경제적 차원에서는 생산력의 발전을 늦추고 정치적 차원에서는 가장 잔혹한 전제주의로 이끄는 결과를 초래할 뿐이었다.

이렇게 서로 상반되는 입장들과 비교하여 젠보잔의 양보 이론은 중재적인 입장을 취하고 있었다. 중국 역사에서 농민 반란이 갖는 정치적 가치를 완전히 부정하지는 않으면서도, 역사의 진보와 생산력의 발전을 추동시킬 수 있는 농민의 능력을 배제하고 있었기 때문이다. 농민이 반복해서 반란을 일으켰다는 것은 사실이다. 하지만 역사는 지배 계급의 양보 덕택에 '발전'한 것이었는데, 이들 지배 계급은 반란이 진압된 이후, 한편으로는 봉건적 지배를 안정화하기 위해 노력했고, 다른 한편으로는 농민에 대한 착취를 경감시켰기 때문이다. 젠보잔의 이론은 우파와 좌파, 제국 정부와 농민 모두에게 일련의 타협 지점을 제공했으며 진정으로 효율적

인 역사적 진보는 오직 전자(즉, 우파 및 제국 정부—옮긴이)에게만 해
당되는 것으로 이해되었다.

그들은 하지 않았고 할 수도 없었다

1960년대 중국 정치의 딜레마와 관련이 있으면서도 다소 '교조
적'인 성격을 띤 짧은 이야기를 해보자. 젠보잔의 관점은 생산력
대 생산관계, 토대 대 상부구조, 선진 계급 대 후진 계급 등과 같
은 역사적 유물론의 모든 계급적 도구들을 포함하고 있다. 1966
년 반(反)마르크스주의, 반(反)사회주의로 낙인찍혔음에도 불구하
고 양보 이론은 마르크스-레닌주의의 정통을 상당 부분 존중하고
있었지만, 오히려 역사적 유물론 내에서 모종의 곤경을 초래하고
말았다.

위에서 인용한 젠보잔이 자기 이론의 핵심 테제로서 반복해서
사용하고 있는 '그들은 하지 않았고 할 수 없었다'는 것, 다시 말
해 반란을 일으킨 농민들이 봉건 체제에 반대하는 '계급적' 입장
을 '갖지 않았고 가질 수도 없었다'는 것이 바로 그러한 곤경의 대
표적인 사례다.

농민들은 봉건적 압제와 착취에 반대했지만, 체제로서의 봉건주의
에 반대할 수 있는 의식을 가지고 있지 않았고, 그렇게 할 수도 없었
다(沒有, 也不可能意識到).
농민들은 봉건 지주에 반대했지만, 계급으로서의 지주에 반대할
수 있는 의식을 가지고 있지 않았고, 그렇게 할 수도 없었다.
농민들은 봉건 황제에 반대했지만, 그들이 반대했던 황권이 이데
올로기를 구축하고 있다는 것을 깨닫지 않았고, 그렇게 할 수도 없

었다.(60)

끈질기게 반복되고 있는 젠보잔의 공식은 직접적으로 인용하고 있지는 않지만 레닌의 『무엇을 할 것인가?』의 유명한 표현과 공명하고 있다. 비록 그것이 의미하는 바가 다를 뿐만 아니라 궁극적으로는 정반대이긴 하지만 말이다. 우리는 비교를 통해 레닌의 입장과 젠보잔의 입장을 좀 더 잘 포착해야겠지만, 1960년대와 1970년대 중국 정치 사상의 매우 복잡한 단계를 고찰하는 데 필요한 이론적 관점을 정확하게 짚어낼 필요도 있다.

『무엇을 할 것인가?』에서 레닌은 노동자들이 개인으로서도 계급으로서도 "당대의 전체적인 정치적, 사회적 질서"에 대한 자신들의 적대감과 관련된 아무런 "즉각적인" "의식"도 "가지고 있지 않으며 **가질 수도 없었다**"(강조는 레닌)[27]는 점을 강조했다. 이것은 잘 알려진 이론적 문제이지만 매우 첨예한 문제이기도 한데, 왜냐하면 이것은 '의식'이 '밖으로부터' 노동 계급에게 주입되어야 한다는 유명하면서도 논쟁적인 이론적 문제이기 때문이다. 모든 이론적 반론을 무시하고 최소한으로 말하자면, 이 중요한 대목에서 레닌의 문제의식은 노동자들이 자발적인 정치 의식을 갖고 있지 않으며 가질 수도 없다는 것이다. 왜냐하면 그들의 '사회적 조건', 즉 현대 역사-정치 질서 속에서의 위치는 실존적 가치를 가지지 않기 때문이다. 노동 시장에서 노동자의 '사회적 가치'는 교환 가능한 상품의 가치와 크게 다르지 않다. 그러므로 레닌에게 있어

---

27 이 주제는 *Lenin's What Is to Be Done?*, chapter 2.에 실려 있다. "The Spontaneity of the Masses and the Consciousness of the Social-Democrats," section A, "The Beginning of the Spontaneous Upsurge" (the workers "were not, and could not be" conscious of⋯). https://www.marxists.org/archive/lenin/works/1901/witbd/을 보라.

자신들의 계급적 입장을 반영하고 있는 '즉자적 이데올로기'에 뿌리를 두고 있는 노동자는 기껏해야 자신들의 비존재에 관한 몇 가지 세부사항을 협상할 수 있을 뿐이다. 다시 말해 다른 상품과 마찬가지로 그들은 노동력으로서의 자신의 노동 판매를 자발적으로 협상할 수 있지만, 자발적으로 해방에 관한 진정한 정치를 성취해내기 위해 스스로를 조직할 수 없다. 요컨대 그들은 우선 이론적 도약을 하지 않고서는 그렇게 할 수 없는 것이다.

마르크스와 마찬가지로 레닌에게 있어서도 무엇보다도 이론적인 능력이었던 노동자의 정치적 '기질(disposition)'은 오직 밖으로부터 부여되는 것이었다. 하지만 그러한 기질은 그들이 자신의 고유한 사회적 조건 밖에서 스스로를 고양하고 자신의 일상적인 비존재성을 뛰어넘어 정치적 도약을 만들어낼 때에만 획득할 수 있는 것이다. 그리고 이것은 즉자성과 무역 조합주의에 저항하는 논쟁의 핵심 사안이었다. 레닌에게 있어 노동자의 정치적 존재성, 즉 그들의 '혁명 의식'은 결코 계급적 위치의 단순한 반영이 아니었다. 차라리 그것은 문자 그대로 '일탈'―레닌의 용어―이었는바, 그것은 노동자들이 자신의 즉자적인 사회적 비존재성과 함께 만들어내야 할 불연속성이었다.

그러므로 레닌과 젠보잔의 '하지 않았고 할 수도 없었다'는 각기 다른 의미를 지니게 된다. 레닌의 문제는 어떻게 사회적 불능상태('그들이 가질 수 없었던')를 정치적 존재로 변화시키는 데 성공할 것인가였다. 현대 사회 속의 지배적인 담론에 기반한다면 노동자의 정치적 존재는 의심의 여지 없이 불가능하다. 하지만 비존재가 자신을 해당 세계 속에서 존재의 정도를 결정짓는 근본적인 가치 체계로부터 독립시켜 조직할 수 있다면 그것은 현실이 된다.

대신 젠보잔에게 '그들은 할 수 없었고 그렇게 할 능력도 없었다'는 곧 반란이든, 전쟁이든 아니면 왕조를 뒤엎는 소란이든, 그 어떠한 정치적 차원에서 발생하는 농민의 시도도 그들의 기본적인 역사적 비존재성을 표지하는 근본적인 불능으로 끝이 날 수밖에 없다는 것을 의미한다. 하기에 역사의 진보는 단지 지배 엘리트들이 반란이 진압된 후 불복종하는 평민들에게 무엇을 양보할 준비가 되어 있는지에 달려 있었다. 레닌에게 노동자의 정치적 주체성은 사회 계급의 결과가 아니었다. 차라리 노동자는 자신의 불능을 극복하고 독립적인 방식으로 스스로를 조직하기 위해 사회 계급이라는 조건에서 비롯된 즉자적 이데올로기로부터 벗어나야만 한다. 반대로 젠보잔에게 있어 농민의 사회 계급은 극복할 수 없는 역사적 조건이다. 다시 말해 결코 그러한 조건으로부터 벗어날 수 없으며 그 무엇도 농민으로 하여금 독립적인 정치적 존재를 구성하게 하지 않는다.

어쨌든 그런 식으로 흘러가고 있었다

1960년대 초반 제국 시절 중국의 농민 반란 연구에 관한 역사학적 견해 차이는 명백히 정치적인 문제를 수반하고 있었다. 그리고 그 논쟁은 루산에서 직접적으로 제기된 다음과 같은 근본적인 정치적 문제로부터 비롯된 것이었다. 사회주의 체제하에서 농민의 정치적 존재는 가능한가? 이 질문에 긍정적인 답변을 하기 어렵다는 사실은 광범위한 역사적 논쟁을 촉발할 가능성이 있었고, 그 결과 역사유물론에 대한 다양한 이론적 참조가 뒤따랐지만, 이는 대체로 그러한 참조의 정치적 가치를 불안정하게 만드는 결과를 초래했다.

예를 들어 치번위가 공동 저술에 참여했던 1966년 초 젠보잔의

'그들은 하지 않았고 할 수도 없었다'는 이론에 대한 비판을 보자. 치번위는 당시 활동했던 주요 급진 이론가들 중 한 명이었고 12월에 발표된 또 다른 비판적 에세이의 저자이기도 했다. 상당한 논쟁력과 이론적 활력을 갖춘 12월의 에세이는 양보 이론에 내재되어 있는 몇 가지 취약점을 분명하게 포착해냈다. 치번위는 앞서 인용했던 오직 농민이 패배한 뒤에야 비로소 무언가를 얻어낼 수 있다는 젠보잔의 견해에 대해 빈정대는 논평을 썼다.

무엇보다도 치번위의 비판은 고대 중국에서의 농민 반란에 대한 평가가 중국공산당의 농민 정치에 관한 첨예한 문제에 관련된 것이라는 사실을 포착해냈다. 하지만 그의 입장은 젠보잔과 마찬가지로 역사유물론적 관점이 가진 한계를 공유하고 있었다. 그가 좀 더 급진적으로 혁명적인 관점에서 그러한 한계에 반대한 것은 사실이지만, 그 역시 동일한 난국에 봉착하고 말았고 그는 사실상 그것을 더욱 악화시켰다. 젠보잔의 '할 수 없었다'라는 입장—다시 말해 농민들이 봉건 체제 그리고 자신들이 반란을 일으킨 억압의 계급적 본성에 관한 완전한 인식을 갖출 수 없었다는—에 대해 치번위는 반복해서 "설사 농민들이 그것을 몰랐다고 할지라도 역사는 그런 식으로 흘러가고 있었다"라고 언급하면서 반대 의견을 제시하고 있었다.

봉건 체제와 지주의 계급 본성에 대해 농민들이 반란과 전쟁을 일으켰다는 사실은 결정적으로 봉건 사회의 주요 모순—농민과 지주 사이의—에 기반해 있는 것이지 해당 시기의 농민들이 그것을 알았느냐 그렇지 않느냐라는 사실에 기반해 있는 것이 아니다. 봉건 사회에서 지주에 대한 농민의 투쟁은 반란과 전쟁이 되었다. 농민들이 그것을 인식했든 그렇지 않든 간에 일은 그러한 식으로 흘러갔을 것이다. 봉건적 압제와 착취에 대한 반대는 봉건 체제에 대한 반대이다. 지주에 대한 반대는 지주 계급에 대한 반대다. 농민들이 그것을 알든 그렇지 못했든 그런 식으로 흘러갔던 것이다.[28]

젠보잔과 치번위가 보여주고 있는 상반된 문체적 특징은 너무도 분명하게 이론적인 교착 상태를 드러내고 있다. 젠보잔의 '하지 않았고 할 수도 없었다'에 대해 치번위는 집요하게 '어쨌든 그렇게 흘러갔다'로 대응하고 있다. 그러나 어쨌든 상황이 그러했다면, 젠보잔에 대한 급진적인 응답을 구성하려는 그의 모든 노력에도 불구하고, 그의 응답에는 또 다른 유명한 문구—랑케(Ranke)의 극단적 객관주의 표현인 "wie es eigentlich gewesen ist"(사실상 '그렇게' 있었던 그대로)—의 메아리가 들린다. 이는 치번위 자신이 학문적 중립성으로 위장된 랑케의 비스마르크에 대한 지지 입장을 비판하고 있음에도 불구하고 나타나는 것이다.

하지만 젠보잔과 치번위가 집요하게 반복하고 있는 공식은 서로 대칭적인데, 왜냐하면 그 공식은 결국 동일한 개념적 틀로부터 뻗어나온 것이기 때문이다. 좀 더 급진적이거나 좀 더 온건하다는 차이가 있을 뿐 두 저자 모두 역사의 논리가 정치를 지배한다는 동일한 관념을 공유하고 있다. 역사가 농민의 정치적 주체성의 존재 혹은 비존재를 결정하는 것이다. 농민이 무엇을 알고 생각할 수 있었는지 없었는지는 부차적인 문제다. 누군가에게 농민의 정치적인 인식은 불가능한 것으로 남아 있다. 그리고 다른 누군가에게 그것은 기껏해야 무의식적인 것이다.

일견 이러한 견해차가 원칙적인 수준의 것으로 보일 수도 있겠

28　戚本禹, 林杰, 閻長貴, 「翦伯贊同志的歷史觀點應當批判」.

지만, 치번위와 젠보잔의 충돌은 『해서파관』에 대한 비판과 그리 크게 다르지 않다. 다음 장에서 보게 될 것처럼, 야오원위안의 글 이후 발생한 논쟁에 있어 쌍방은 모두 매우 이론적인 용어를 활용해 자신의 관점을 표현하고 있다. 치번위와 젠보잔이 취하고 있는 입장은 1960년대 중반 중국 정치의 문화적 틀―역사적 유물론― 내에서 역사 속의 농민 반란이라는 주제가 어떻게 다루어졌는지를 보여주는 초보적 단계라고 할 수 있을 것이다. 그리고 치번위와 젠보잔의 대칭관계는 어떻게 농민 반란을 정치적으로 그러한 틀 내부에 위치시킬 것인가라는 문제가 해결될 수 없음을 보여주고 있다. 결국 농민 반란의 가치 혹은 무가치함을 결정하는 것은 역사(History) 그 자체였던 것이다.

역사적 유물론[29]은 생산력 발전의 법칙에 토대를 둔 역사 철학이다. 그것은 '새로운 생산력'을 대표하는 '선진 계급'이 생산력 발전 자체에 대한 장애물인 '낡은' 것을 대표하는 '반동 계급'을 타도

29　사건들의 서막부터 도처에 편재해 있었던 역사유물론은 스탈린에까지 거슬러 올라가는 독자적 계보를 지니고 있었으며, 마르크스와 엥겔스의 "역사에 대한 유물론적 이해"와는 상당히 달랐다. 스탈린의 "창조적 기여"는 1930년대 후반에 "변증법적 유물론과 역사유물론"이라는 이중 개념을 천명한 것이었다. 변증법적 유물론은 "마르크스-레닌주의 정당의 세계관"이었고, 역사유물론은 그것을 "사회와 역사의 현상들에 적용한 것"이었다. Joseph Stalin, *Dialectical and Historical Materialism*, 1938, https://www.marxists. org/reference/archive/stalin/works/1938/09.htm. 스탈린과 마르크스의 차이는 단순히 용어상의 변형이 아니었다. 마르크스의 역사유물론적 이해는 '역사의 철학'이 아니라, 사회 계급과 국가의 종식을 핵심 과제로 하는 정치적 비전의 초석이었다. 반면 스탈린의 역사유물론의 축, 즉 존재 이유는 사회주의 국가의 "문화적" 안정성이었으며, 이는 철학적 세계관에 의해 보장되었다. 변증법적 유물론은 국가 질서를 유지하기 위한 장치로 이해되었다. 역사유물론은 단순히 역사-사회 현상에 대한 적용을 넘어, 사회주의 국가들의 문화를 정의할 뿐 아니라 그 조직적 지평까지 규정한 이데올로기의 핵심이었으며, 게다가 강력한 규율적 용어들로 표현되었다.

할 것을 요구한다.『해서파관』논쟁이 역사적 유물론에 있어 개념적 공백을 드러냈던 것이 바로 이 맥락이다. 이 공백은 오랜 시간 동안 중국 사회주의 내에 잠재해 있었고, 루산 회의에서 더욱 첨예한 갈등으로 표면화되었다. 역사적 유물론은 중국 역사 속 농민 반란의 정치적 의미—즉, 그것에 부여되어야 할 가치 판단—를 다루는 데 그랬던 것처럼, 사회주의 체제하의 농민의 정치적 역할이라는 딜레마를 다루는 데에도 무능한 것으로 드러났다.

쟁점은 그러한 반란이 생산력의 발전 그리고 나아가 역사의 진보를 추동하는 것인가라는 문제에 관한 것이었다. 젠보잔과 치번위의 논쟁은 그러한 교착 상태의 윤곽을 더욱 분명하게 만들어주고 있었다. 젠보잔은 반란을 긍정적으로 바라봄으로써 이 딜레마를 해결하고자 했으며, 그것이 제국 체제의 지배 계층이 내준 양보에서 '굴절된' 형태로 반영되었다고 보았다. 반면 치번위는 반란이 역사 발전 속에서 맡은 역할과 관련해 어떠한 자각을 불러일으켰는지와는 무관하게, 그 긍정적 성격은 독립적으로 존재한다고 주장했다.

앞서 살펴봤던 것처럼 자본주의를 넘어서는 길을 찾는 것은 나라의 정치 생활에 농민 대중 대부분을 포함하는 것을 의미했다. 하지만 역사적 유물론은 사회주의 체제하에서 그들의 정치적 역할이 무엇이어야 하는가에 관해 아무런 해결책도 제공해주지 않았다. 한편으로 특정 계급으로서 농민은 생산력의 발전을 대표하지 않았다(『해서파관』논쟁에서 이러한 입장은 자주 논쟁거리가 되었다). 그렇다면 다른 한편으로 당대 농민의 정치적 역할이 그들의 능동적인 각성과 별도로 역사에 의해 부과된다고 생각하는 것이 어떻게 가능하다는 말인가?

3 해결되지 않은 논쟁

우연과 필연

야오원위안의 글은 사건의 시작을 알리는 것이었지만 전략적 계획에 근거한 최초의 움직임도 아니었고 오랜 기간에 걸친 논쟁의 결과만도 아니었다. 그 자체의 내재적 논리에 의해『해서파관』에 대한 비판은 시급한 특정 문제를 다루기 위한 새로운 정치적 무대를 마련해주었다. 해당 논쟁을 조사함으로써 우리는 앞선 장에서 논의했던 그리고 루산 회의에서 해결되지 않은 채로 남겨져 있던 딜레마들과 함께, 1960년대 중반 중국의 역사적 상황을 이루고 있던 여러 요소들을 발견하게 될 것이다. 하지만 이 논쟁은 앞선 상황의 연속은 아니었다. 오히려 그것은 배우들의 행동과 반응에 의해 구성되고 전개되었으며, 그러한 구성과 전개는 사전에 준비하고 기대했던 것과는 전혀 다른 것이었다.

1965년 11월부터 1966년 5월에 이르기까지『해서파관』을 둘러싼 격렬한 논쟁은 지적 환경, 문화계 그리고 당-국가의 최고 권력층을 전면에 부각시켰다. 이후 마오쩌둥은 그것이 비록 "우연히 터져나온 것(从偶然性中暴露出来)"이었긴 했지만 "필연적인 일(必然的事)"이었다고 언급했다.[1] 그렇다면 어떻게 그러한 정치적 분

---

1 「批判彭真」,『毛澤東思想萬歲』(1969), 641. 이 책은 마오의 저작들 가운데 1949년 이후 작성되었으나 공식『모택동 선집』에는 포함되지 않은 글들을 모은 유명한 자료집이다. 이 책은 출판지가 명시되지 않은 홍위병 단체에 의해 간

쟁에 관한 단일한 논리가 등장할 수 있었던 것일까? 그리고 우연을 필연으로 만들었던 핵심 요소는 무엇이었을까?

오늘날 전문 역사가들은 그러한 사건을 독재 정치의 음모로 보는 데 의견을 같이하고 있지만, 문화대혁명 초기 몇 달에 관해서는 다소 확신이 없는 것 같다. 예컨대 마리 클레어 베르제르(Marie Claire Bergère)는 "마오쩌둥의 정부 기구에 대한 승리가 이상할 정도로 손쉬웠다"고 언급하면서『해서파관』과 같은 경우에 관해 문화대혁명의 '그림자 지대(shadow area)'라고 쓰고 있다. 그녀는 과거 꽤 자주 마오쩌둥에 대해 반대의사를 표명해왔던 당-국가의 지도자들이 이 경우 "그에게 제대로 대항하지 못했고, 산만하면서도 간접적인 저항을 했지만, 해당 문제는 그들에게 있어서나 나라 전체에 있어서나 매우 핵심적인 것이었다"[2]고 기술한다.

중국의 역사학자들 역시 머뭇거리기는 마찬가지다. 그 사건들을 마오쩌둥에 대한 개인 숭배와 권력 암투의 결과로 기술해야 한다는 의무감에도 불구하고, 역사학자들은 정치 투쟁의 격렬함은 말할 것도 없거니와, 몇 달 동안의 제도적 위기가 그렇게 빠르고 깊게 전개된 이유를 그런 용어로는 충분히 설명하지 못하고 있다. 그들은 보통 "그런 환경 속에 실제 상황을 고려하면 [마오쩌둥에게] 반대하는 것은 쉽지 않았다"[3]는 1980년대 초 덩샤오핑의 언급을

행되었다.

2 Marie Claire Bergère, *La repubblica popolare cinese*(Bologna: Il Mulino, 2000), 174.

3 鄧小平,「對起草 "關於建國以來黨的若干歷史的決議的意見」1980年 3月 -1981年 6月,『鄧小平選集』(北京: 人民出版社, 1983). 鄧小平의 언급은 王年一,『大動亂的年代』(河南人民出版社, 1988), 12, 席宣, 金春明『"文化大革命"簡史』(北京: 中共黨史出版社, 1988), 84에도 인용되어 있다. 덩샤오핑은 중국 역사학자들이 인용한 그 한 구절보다 다소 더 자기비판적인 방식으로 자신과 다른 중앙 지도자들의 책임에 관해 언급했으며, "교훈을 얻고 싶다"라고 말

인용함으로써 문제를 해결하고 있다. 하지만 이것은 사후적 관점에서 자신의 입장을 정당화한 것이다. 실제 상황을 만들어냈던 선언들과 행동을 고려하면, 마오쩌둥이 적이 없거나 더 약한 상대를 마주하고 있었다고 보기 어려울 것이다. 오히려 반대로 그는 자신이 기대했던 것보다 더욱 완강한 반대에 부딪혔다. 더군다나 해당 논쟁은 곧바로 광범위한 대중을 끌어들였는데, 왜냐하면 그것이 매우 민감한 정치적, 이데올로기적 주제를 건드리고 있었고 중앙의 지도자들은 광범위한 주관적 참여에 대응해야 했다.

『해서파관』에 대한 비판은 단순히 마오쩌둥의 독재에 대한 의지의 결과로 언급되곤 하지만, 사실 그는 간헐적으로 개입했을 뿐이고 처음에는 아주 미미한 역할만을 했다. 야오원위안의 글은 직접적으로 마오쩌둥의 지시에 근거해 쓴 것이 아니지만, 장칭과 장춘차오의 제안과 지지를 받은 것이었다. 1950년대 이후로 마오쩌둥으로부터 그 이론적 기술을 인정받았던 장춘차오는 상하이방의 지도자였고, 그곳에서 그는 『해방일보』의 편집을 맡고 있었다. 익히 알려져 있듯 장칭은 마오쩌둥의 부인이었고―그들의 열렬한 사랑과 정치적 열정은 옌안 시기 꽃을 피웠다―1960년대 초반부터 그녀는 베이징 오페라단의 개혁을 주도하고 있었다. 하기에 장칭과 장춘차오 모두 마오쩌둥과 가까웠지만, 당-국가의 문화기구에서 지도적인 위치를 차지하고 있지는 않았다. 그리고 당-국가의 핵심 지도부는 곧바로 그들의 주도권에 대해 매우 적대적인 태도

했지만 더 이상 구체적으로 설명하지는 않았다. 전체 구절은 다음과 같다. "일부 문제에 관해서 우리가 [당시의 중앙 지도자들로서] 마오쩌둥에게 반대하지 않았던 것은 사실이다. 따라서 우리에게도 일정한 책임이 있다. 물론 당시의 상황과 현실을 고려하면 반대하기 어려웠다. 그러나 '우리'에 대해 말하지 않을 수는 없으며, 우리가 일정 부분의 책임을 받아들이는 것이 나쁘지 않다. 왜냐하면 그로부터 교훈을 얻을 수 있기 때문이다."

를 취하고 있었다.

마오쩌둥은 장칭과 장춘차오를 지도했지만, 그는 최초 자신의 역할을 야오원위안의 글에 대한 토론과 수정에 국한시켰다. 해당 글은 상하이의 주요 신문이었던 『문회보』에 실렸고, 문화 관련 기사로서 다른 도시들에서도 널리 읽혔다. 하지만 『문회보』는 공식적인 당 기관지가 아니었기 때문에 사전 검열에 덜 제약을 받았다.[4] 이와 같은 세부 사항은 당시의 세력 균형을 보여준다. 다시 말해 마오쩌둥의 지지에도 불구하고 문화 부문의 권력이 집중되어 있던 베이징에서는 직접적으로 출판되지 못했던 것이다. 베이징의 문화 부문 권력자들은 지체 없이 강력한 제재를 부여했고 결국 해당 논쟁에 대한 엄격한 검열에 의존하게 되었다. 이것은 당시 마오쩌둥에 대한 반대가 어려웠다는 덩샤오핑의 회고와는 배치되는 것이다. 이후 마오쩌둥은 냉소적으로 "베이징, 이 붉은 도시에서는 바늘 하나, 물 한 방울조차 떨어지지 않을 것이다"[5]라고 말했다.

예상을 벗어난 반응들

논쟁을 촉발하는 데 있어 두 개의 전혀 예상치 못한 요소가 결정적이었다. 첫 번째 요소는 지식인들 사이에서 벌어진 광범위한 의견 충돌이었는데, 신문에 점점 더 많은 수의 편지와 글이 투고되었으며 문제를 제기한 중앙 문화 기관의 편에 서서 그러한 논쟁에 대해 단호한 반대 의사를 표하는 의견들도 많이 제기되었던 것이다. 중앙선전국과 베이징의 당 위원회는 자신들이 불복종이

---

4   상하이의 다른 신문 『해방일보』는 당 기관지였다.
5   薄一波, 『若干重大決策與事件的回顧』(北京: 人民出版社, 1997), 1885.

라고 판단한 그와 같은 행동에 대해 짜증스럽게 반응했고, 그러한 불복종이 빨리 자신들의 통제하에 놓여야 한다고 생각했다. 가장 비타협적인 반응을 보였던 인물은 베이징 시장 펑전이었다(우한은 부시장이었다). 그는 문화와 이데올로기 영역에서 특별한 권력을 쥐고 있었던 당-국가의 핵심 지도자였다. 또한 그는 이른바 '5인조'라고 불린, 문화 정치를 담당하고 있던 중앙위원회 정치국 최고위원회의 수장이기도 했다. 그리고 이 '5인조'는 개막 무대의 주인공이 되었다.[6] 사전 검열을 우회해 출판된 글에 불시에 당하고 말았던 펑전은 자신의 권한을 최대한 동원해 대응했다. 최초 3주간 그는 다른 신문들이 야오원위안의 글을 싣는 것을 금지시켰다. 그리고 그 글을 재인쇄하는 데 동의할 수밖에 없게 되자 그는 해당 논쟁에 담긴 동시대의 정치적 함의를 검열하기 위해 최선을 다했고, 결국 중앙위원회가 그러한 입장을 공식적으로 채택하도록 하는 데 성공했다.

지식인 사회의 활발한 반응과 국가 문화기구 최고위층의 완강한 반대는 야오원위안의 글을 지지했던 이들의 예상을 훨씬 뛰어넘는 긴장을 불러일으켰다. 이후 장춘차오는 다음과 같이 언급했다. "[야오원위안의] 글이 출판된 이후에야 비로소 우리는 그 문제가 얼마나 심각한지 알게 되었다. 그것이 충격적일 수 있다고 생각했지만, 처음에 우리는 그것이 그렇게 커지리라고 예상하지 못했다 … 우리는 그러한 깊은 충격을 불러일으킬 것[觸動這麼深]이

---

6 5인소조(五人小組)는 1964년 펑전(彭真)의 지도 아래 중앙위원회의 한 기구로 설립되어, 이른바 "문화혁명(文化革命)"이라 불린 사안을 담당하였다. 이 명칭은 일반적으로 문화 영역에서의 정치 활동을 가리키는 것이었으며, 이후 "무산계급 문화대혁명(無産階級文化大革命)"이라 불리게 된 것과는 일치하지 않았다. 역설적이게도, 무산계급 문화대혁명의 첫 번째 결정은 바로 이 5인소조를 해산하는 것이었다.

라고 생각하지 못했다. 더군다나 펑전이 그렇게 확고하게 반대할 것이라는 것은 더욱 알지 못했다."[7]

장춘차오 스스로 야오원위안의 글에 대한 반응의 격렬함에 놀랐기 때문에 그는 해당 논쟁에 대해 체계적인 조사를 벌이는 상당한 주도권을 잡게 되었다. 출판 첫날부터 그는 『문회보』의 기자들을 조직해 논쟁의 주요 중심지인 상하이와 베이징에서 대학교수, 언론인, 신문 및 학술지 편집자들을 인터뷰하게 했고, 이 논쟁에 대한 그들의 의견을 수집했다. 조사 결과는 신문에 게재되었는데, 야오원위안의 비판과 연관된 주제와 관련해 신문사에 투고된 글과 편지 역시 게재되었다.[8] 게시물은 1966년 5월 '내부 문건'으로 제한된 범위 안에서 출판되었다. 첫 번째 독자 중의 한 명은 저우언라이였는데, 그는 해당 문건이 정기적으로 중앙위원회 정치국으로 발송되기를 원했다. 그리고 다른 한 사람은 당연하게도 마오쩌둥이었는데, 그는 해당 게시물을 매일 읽었다.[9]

이와 같은 세부사항은 문화대혁명의 첫 번째 달에 관한 상세한 기록을 담은 장잔빈의 책을 참조한 것인데, 이 책은 당시 사건들을 궁중 음모로 묘사해야 한다는 모종의 강박 탓에 『문화대혁명의 첫 번째 필화사건』이라는 제목이 붙여졌다. 이러한 이유로 그는 그 사건을 장춘차오와 장칭이 "지식 세계의 흐름을 자신들의 통제하에 두기 위해" 만든 "특권적 채널"을 통한 "전형적이고, 은밀하며, 심지어 미스터리하기까지 한" 음모였다고 썼다. 유령들이 오늘날에도 중국의 역사학을 사로잡고 있지만, 당시 장춘차오

---

7   이는 1965년 12월과 1966년 5월에 張春橋가 한 두 차례의 발언이다. 張湛彬, 『文革第一文字獄』, 131.

8   이 신문은 최초 『文匯情況』로 이름 붙여졌고 이후 『記者簡報』로 개칭되었다.

9   張湛彬, 『文革第一文字獄』, 128-30.

와 장칭은 사실 국가의 중앙 문화기구에서 거의 존재감이 없었고, 그들의 영향력은 펑전과 그 집단이 행사한 권력과는 비교조차 할 수 없는 것이었다.

해당 게시판은 지식인 사회의 여론을 탐색하기 위해 만들어진 도구였으며, 그것은 이를 추진한 사람들의 강력한 무기가 되었다. 비록 그 게시판이 제한된 독자들에게만 배포되긴 했지만, 당 중앙의 지도자들 사이에서 정기적으로 회람되었다는 사실은 그것이 기밀이 아니었다는 것을 보여준다.[10] 이 논쟁에서 지식인들 사이의 다양한 견해를 체계적으로 보고한 것은 당 중앙의 논의와 그 후 몇 달간의 의사 결정 과정에서 매우 중요한 역할을 했을 가능성이 크다.

이후 장춘차오는 이듬해 5월 초까지 야오원위안의 『해서파관』에 대한 비판이 제기한 문제에 관해 수만 건 이상의 글과 편지가 신문사에 투고되었다고 보고한 바 있다.[11] 야오원위안의 글보다 더욱 비판적인 투고문도 있었고, 이후 해당 논쟁이 일으킨 정치적 주제에 관해 점점 더 급진적인 견해들이 등장하기 시작했다. '필화사건'에 관한 그 책은 "대다수의 글이 지식인에 의해 쓰여졌으

---

10 특정 주제에 관한 의견들을 재수록한 이와 유사한 자료집들이 신문사 편집위원회에 의해 편찬되어 당-국가의 지도 기관들에 배포되었다. 그 시기 몇 달 동안 최소한 또 다른 자료집이 있었는데, 그것은 『광명일보』에서 편집한 것으로, 『해서파관』과 관련된 문제들에 대한 학계의 의견을 담고 있었다.

11 장춘차오는 5월 중앙위원회 연설에서 이 수치를 제시했으며, 이는 王年一의 『大動亂的年代』 11쪽에 인용되어 있다. 문화 당국의 엄격한 통제하에서도, 『해서파관』과 관련된 글과 편지 가운데 일부만이 실제로 인쇄되었음에도 불구하고 중국 언론에서는 그것들이 핵심적인 보도를 차지했다. 1968년에 작성된 목록에 따르면, 이는 전국 주요 언론과 가장 중요한 지역 신문에 실린 주요 기사들만을 한정한 것인데, 1965년 12월부터 1966년 5월 사이에 발표된 제목만 500편이 넘는 것으로 기록되어 있다. 「中共報紙批判吳晗資料索引」, 丁望, 主編, 『吳晗與《海瑞罷官》事件』, 717-48.

며” 이것은 “비극적이면서 고통스러운 사실”이라고 언급하고 있다.[12] 저자는 지식인은 특히 정부로부터 적절한 허가를 받지 않았기 때문에 정치적인 문제에 개입하는 것이 더욱 안전하다고 암묵적으로 경고하고 있다.

독자들의 반응은 펑전의 비타협적 태도를 더욱 강화시켰고 그는 언론에 대한 엄격한 통제를 시행하고 있었다. 『해서파관』에 대한 야오원위안의 비판은 이미 상하이 밖에서 알려지고 논의되었지만 거의 3주 동안 여타 신문사들 중 그것의 재인쇄에 동의한 신문사는 없었다. 심지어 마오쩌둥의 개인적인 요구마저 거절당했다. 마오쩌둥은 상하이에서 팸플릿 형태로 해당 글을 출판할 것을 제안했지만, 베이징 권력자들의 완강한 반대에 부딪혔다. 중앙 책배분소인 신화서점은 그것을 배포하는 것을 단호하게 거부했다. 이것이 ‘마오쩌둥에게 반대하는 것’이 그렇게 어렵지만은 않았다는 것을 보여주는 또 다른 신호다. 실상은 저우언라이의 중재 이후에야 비로소 펑전이 마침내 야오원위안의 글을 『인민일보』를 통해 재인쇄할 수 있게 해주었다는 것이다. 야오원위안의 글은 그것이 ‘우한의 역사 드라마에 관한 논쟁’과 ‘관련 주제’를 보도하고 있다는 편집자의 주석을 단 상태에서 11월 29일 자 『인민일보』를 통해 재인쇄되었다.

〔기사에 적혀 있기를〕 우리는 해서라는 인물과 드라마 『해서파관』에 대한 평가가 역사적 인물과 역사 드라마를 어떻게 다룰 것인지, 역사 연구에 있어 어떠한 관점을 사용할 것인지 그리고 역사적 인물과 사건을 되돌아봄에 있어 어떠한 예술적 형식을 사용해야 하는지

---

12   張湛彬, 『文革第一文字獄』, 91.

에 관한 문제를 포함하고 있다고 생각한다. 이 문제에 있어 중국의 지식계에는 서로 다른 의견들이 존재하고 있다. 왜냐하면 그 문제가 아직 체계적으로 논의되지 않았고 오랜 시간 동안 적절히 해결되지 않았기 때문이다.[13]

합의의 산물인 이 기사야말로 밋밋하다. 기사는 역사, 역사 드라마, 역사적 사건 및 인물과 같은 근본적인 주제들이 중요함을 인정하지만 당대의 정치적 주제들을 세심하게 피해 가고 있다. 11월 말과 12월 초 사이에 가장 중요한 지역 및 전국 단위의 신문들이 야오원위안의 글을 재차 게재했다.[14] 해당 글이 재차 게재되었다고 소개하고 있는 편집자의 기사는 다른 측면을 강조하고 있는데, 이와 같은 어조는 중앙 지도자 집단 내부의 다양한 파벌들의 태도를 반영하고 있는 것일 터이다. 예컨대, 시장이었던 펑전의 관점에 분명 더 가까웠던 『베이징일보』는 11월 29일 "변증법적 유물론과 계급 분석에 기반을 두고 모두가 실사구시(實事求是)를 통해 옳고 그름을 분별하는" 공개적을 토론을 하기 위해 '백화제방'의 원칙을 따라야 한다고 썼다. 지식계에서 가장 널리 읽히고 있었던 『광명일보(光明日報)』는 12월 2일 비록 서로 다른 의견이 존재하고 있지만 "야오원위안의 글은 변증법적 유물론의 관점이 모든 사람의 주의를 끌 만한 것인지 그리고 계급 분석이 역사적 인물을 평가하고 역사적 사실을 연구하는 데 사용되어야 하는가에 관한 문제를 제기했다"고 썼다.

『해방군보(解放軍報)』의 편집자 기사는 완전히 다른 어조를 보

---

13 『人民日報』, 1965年 11月 29日.

14 여러 신문에 재수록된 야오원위안의 글에 첨부된 편집자 주석 모음은 「海瑞罷官問題的討論逐步展開」, 『文匯報』, 1965年 12月 6日, 1면에 등장한다.

여주고 있다. 11월 29일 자 『해방군보』는 "『해서파관』은 대독초다. 역사적 현실을 왜곡하고 '현재를 위해 과거를 활용'하는 방법을 통해 저자는 봉건 통치 계급을 미화하려는 갖은 노력을 기울이고, 혁명이 아닌 계급 타협을 선전·수행하고 있다."『해방군보』는 다음과 같은 방식으로 계급 기준을 강조하고 있다.

마오쩌둥 주석은 우리에게 계급과 계급투쟁을 잊지 말라는 가르침을 주셨다. 『해서파관』의 등장은 이데올로기 영역에서의 계급투쟁을 반영한다. 계급투쟁은 정치의 최고 형식이다. … 우리는 어떤 일을 마주하더라도 최종 분석에 있어 누구의 이익인지, 어떤 계급의 이익인지 그리고 어떤 종류의 인간의 이익인지를 민감하게 알아채야 한다.

단호한 어조에도 불구하고 『해방군보』는 곧바로 논쟁의 가장 민감한 주제를 건드리고 있다. 문제는 계급 범주에 대한 참조가 무대 위의 모든 연기자에 의해 공유되고 있지만 그 의도는 서로 대립하고 있다는 사실이다. 예를 들어 논쟁의 기본 경계선은 해서를 당대의 정치적 문제에 연계시키는 이와 그 어떠한 정치적 함의도 배제하는 이 사이에 그려져 있었지만, 양측 진영 모두 동일한 계급주의적 개념틀을 참조하고 있었다.

앞서 언급했던 것처럼 펑전은 『인민일보』의 편집자 기사의 초안에 관여하고 있었고, 때문에 논쟁에 한계를 설정하려 했다. 그의 이러한 지도 아래에서 중앙 문화 당국은 현재의 정치적 함의를 회피하는 논조의 기사들을 반박하는 한편, 논쟁을 '비정치적' 범주 안으로 제한하기 위해 특정한 역사적 주제들을 강조했다. 이른바 '정치에 맞선 역사'라는 방식은 계급 논리에 과도하게 집착하는 모습을 보였으며, 이는 문화대혁명 초기 단계에서 국가 문화기구의 '교조적' 입장을 특징짓는 요소가 되기도 했다.

더군다나 문화기구의 지도 집단은 우한을 보호하면서도 자신들의 권위를 지키기 위해 해서에 관한 논쟁에 있어 뒤틀린 전략에 의존하고 있었다. 그들은 심지어 정치적 함의를 제한하려는 목적으로, 우한의 가장 가까운 지지자들이 쓴 것처럼 위장한 학문적·교조적 계급 비판의 악의적인 글들을 조작해내기까지 했다. 이러한 전술적 책략은 결국 문화 권력자들에게 부메랑이 되어 돌아왔고, 그들의 이데올로기적 권위를 심각하게 약화시키는 결과를 초래했다.

언론에 등장한 논쟁을 분석함에 있어 우리는 우한의 텍스트에 대한 필터링과 편집 과정을 고려해볼 필요가 있다. 그 어떤 경우든 그 현상은 제한적인 것이었다. 발행된 기사 대부분은 현실적인 입장을 반영하고 있었고 실제로 그러한 입장은 서로 다른 것이었다. 뒤에서 언급한 몇몇 '가짜 뉴스'를 제외하고 그 기사들은 이데올로기적 국면에 관한 중요하면서도 믿을 만한 흔적들이다. 어쩌면 가장 잘 기록되어 있으면서 동시에 가장 부정된 기간이기도 한 문화대혁명의 전주곡은 그렇게 서로 다른 목소리들의 합창으로 가득 메워져 있었다.

좌파, 중도, 우파

야오원위안의 글은 게재 당일부터 편지, 논문, 그리고 다양한 대학에서 개최된 학자들의 회의록에 이르기까지 다양한 형태로 전문 역사가들로부터 강력한 반응을 이끌어냈다. 이것은 아마도 『인민일보』에 해당 글을 전재하는 것에 반대한 평전의 입장을 조율하기 위해 중재에 나서기로 결정한 주된 원인이었을 것이다. 야오원위안의 비판은 곧바로 당 규율에 대한 국소적 위반으로 단순히 처리될 수 없는 전국적인 필화 사건이 되었던 것이다.

야오원위안의 글이 등장한 지 2주가 채 지나지 않았을 시점인 11월 23일, 「푸단대학 역사학과 4명의 동지들로부터의 편지」라는 제목의 첫 번째 보고서가 발행되었다. 이것은 며칠간 진행되었던 좀 더 확대된 형태의 토론회 내용을 요약한 것이었다.[15] 해당 보고서는 29일에야 비로소 출판될 수 있었다. 이것은 결코 우연이 아니었는데, 그 이유는 해당 날짜가 『인민일보』가 마침내 야오원위안의 기사를 전재하도록 허용하고 사전 검열에서 해제한 바로 그날이었기 때문이다. 상하이의 핵심 대학에서 작성된, 그리고 야오원위안이 글을 처음으로 게재한 『문회보』[16]가 게재한 이 보고서는 논쟁의 형태와 내용에 관한 서막이었다고 할 수 있을 것이

---

15 趙少荃, 陳匡時, 李春元, 韓國勁, 이 네 사람은 「復旦大學歷史系四位同志的來信」을 발표했고, 이는 1965년 11월 29일 자 『문회보』 2면에 실렸다. 영어 번역은 *Chinese Studies in History and Philosophy* 2, no.1(1968): 44-48에 수록되어 있다. 같은 날, 같은 지면에서 『문회보』는 이 문제와 관련된 세 통의 다른 편지도 함께 게재했다. 그중 한 통은 우한을 상당히 옹호하는 내용으로, 范民聲, 盛郁, 馬聖貴 세 사람이 서명한 「上海戲劇學院三位同志的來信」였다. 다른 편지들은 푸단대학과 비슷한 견해를 보였으나 세부 내용은 덜했다. 예컨대 陸嘉亮, 倪墨炎의 「中華書局上海編輯所兩位同志的來信」, 그리고 王彥坦, 蔣景源, 王家範의 「華東師範大學歷史系三位同志的來信」가 같은 날짜 『문회보』 2면에 실렸다.

16 『文匯報』는 이 논쟁과 관련된 글을 가장 많이 실은 신문이었다. 1965년 11월 말부터 1966년 5월 사이에 거의 200편에 달하는 기사, 편지, 토론 기록들이 야오원위안이 제기한 문제들과 관련해 게재되었다. 12월 초에는 『해서파관』의 대본, 초연 당시 언론의 극찬 리뷰들, 그리고 역사와 역사극의 관계에 대한 작가의 초기 논문들까지도 재수록하였다. 『문회보』는 이 모든 글들을 「關於『海瑞罷官』的討論」이라는 특별란에 실었다. 한편 『인민일보』에서는 이 논쟁에 관한 글들을 「學術研究」 코너에 게재하였다.

다. 푸단대학의 보고서는 초기 몇 주 동안 이 주제에 관해 표현된 거의 모든 입장을 맹아적인 형태로 담고 있기 때문에 논쟁의 시발점에 관한 유용한 개요를 제공한다.

보고서는 푸단대학 사학과의 교수·학생 회의 동안 개진된 '폭넓은 범위의 의견들'을 요약한다. 어떤 이는 야오원위안의 비판에 동의했고, 어떤 이는 의심했으며, 어떤 이는 반대했다.

야오원위안의 비판을 지지하는 이들은 그것이 계급적 관점에서 해당 연극의 역사적 인물들을 분석했을 뿐만 아니라, 그 인물들을 오늘날의 현실에 연결시켰다고 보았다. 몇몇 동지들은 다음과 같이 말했다. "과거 계급 분석은 역사적 인물들을 평가함에 있어 종종 부정되었다. 그리고 국가에 관한 레닌의 이론은 봉건 사회의 연구에 있어 자주 간과되었다. 이러한 측면에서 야오원위안의 글은 우리에게 영감을 준다."

야오원위안의 비판에 동의하지 않는 이들은 그의 글이 사실상 해당 연극과 해서라는 인물의 형상을 혹평했다고 주장했다. 〔이들의 관점에 따르면—옮긴이〕 야오원위안의 비판은 해서라는 인물의 특징과 맥락에 대한 구체적인 분석을 결여하고 있으며, 역사적 인물들을 과도하게 단순화함으로써 선악의 구별을 하지 못해, 결과적으로 설득력을 갖추지 못했다. 몇몇 동지들은 만약 야오원위안의 방법을 따른다면 역사에서 그 무엇도 가치가 없을 것이라고 주장했다.

또 다른 이들은 야오원위안의 관점이 분명하게 제시되어 있고 그의 입장이 기본적으로는 옳다고 보았지만, 역사적 증거가 충분하지 않아 일부 문제들—예를 들어, 농민이 토지를 "자발적으로 반납한" 적이 없다고 말하는 부분—에서는 설득력이 떨어진다고 주장했다.

　이와 같은 세 종류의 관점은 이후에도 지속되었다. 특정한 주제에 따라 다양한 의견이 존재했지만, '의회주의적' 유형에 따라 그들의 관점을 좌파, 우파, 그리고 중도, 즉 야오원위안의 비판에 대한 동의, 반대 혹은 의심 정도로 분류할 수 있을 것이다. 요컨대 야오원위안의 계급적 분석을 옹호하는 옹호파, 구체적인 역사적 분석을 결여했다고 비판하는 반대파, 그리고 중도적 입장을 취하는 중도파로 분류될 수 있는 셈이다.

　처음부터 핵심 쟁점은 현재 정치에 관한 함의였다. 초기 몇 주 동안, 현재적 논쟁과의 연계를 피하려 했던 우한의 지지자들이 가장 활발하게 목소리를 냈다. 그들은 야오원위안이 '정치적 문제를 학술적인 문제로 끌어들였다'고 주장하면서 '학술과 정치의 구분'을 옹호했으며 그렇지 않으면 '그 어떤 의견도 표현하기 매우 어려워질 것'이라고 주장했다. 이러한 이유로 그들은 농민 정치에 관한 연극과 중국공산당 내부의 불일치 사이의 연관관계를 격하시키고자 했다. 그들은 만약 『해서파관』이 정치적 문제에 영향력을 행사했다면, 그것은 '고의적인 것'이 아니며, 우한이 자신의 연극을 통해 선전하려고 한 '윤리적' 관점이 초래한 의도치 않은 결과였다는 입장을 고수했다.

　푸단대학 보고서에서 다수를 차지하고 있던 관점은 연극의 현재적 함의를 배제하거나 최소화시키려 했다. 다른 한편에서 초기 소수자의 입장이었던 우한의 비판은 연극을 현재의 정치적 분쟁과 연계시키는 것을 경계하고 있었다. 어쨌든 심지어 야오원위안의 글에서조차 『해서파관』이 갖는 현재적인 차원에서의 정치적 함의에 관한 주제는 역사적, 연극적 측면에 대한 자세한 비판보다 덜 직접적인 것이었다. 마찬가지로 처음 몇 주 동안 논쟁의 초점은 역사적 인물로서의 해서에 관한 정치적 평가에 맞춰져 있었다.

비록 해당 주제에 관한 관점들이 어쩔 수 없이 현재의 논쟁적 주제에 관한 서로 다른 태도를 드러내고 있었지만 말이다.

가장 비판적인 태도를 가지고 있던 이들은『해서파관』이라는 연극이 해서라는 인물을 인민의 구원자로 꾸며내고 있으며, 그러므로 '역사를 만드는 것은 인민이라는 역사적 유물론의 원칙'을 위반하고 있다고 주장했다. 그들은 또한 해서를 극적인 인물로 찬양하고 있는 여러 에피소드들이 역사적 사실과 부합하지 않는다고도 썼다. 그리고 그들은 해서가 토지 반납을 거부하고 점유된 토지의 반환을 지시한 동기가 '황실의 재정적 어려움을 해결하기 위한 것'이라는 야오원위안의 주장 역시 타당하다고 보았다. 따라서 이러한 조처로 혜택을 본 것은 농민이 아니라 지주와 봉건 제도였다는 것이다.

초기 대다수의 의견은 '중립적'인 것이었다. 해서에 대한 평가에 관해 완전히 동의하지도 부정하지도 않았던 것이다. 그들은 '역사적' 기준에 기반해 '불편부당한' 판단을 옹호했다. 계속 반복되던 주장 중의 하나는 해서의 정치적 입장을 평가함에 있어, 해서의 입장이 '역사의 진보를 촉진했는지 아니면 방해했는지'를 고려해야 한다는 것이었다. 몇 주 후 우한이 자신을 변호하기 위해 사용했던 역사의 진보라는 개념은 분명 역사유물론과 연계된 주제였고 최대한 조심스럽게('절대적인 규칙은 없으며', '확정도 부정도 없다'라는 식으로) 다루어야 하는 것이었다. 이러한 논리에 있어 역사적 인물의 진보적 역할을 판단하는 기준은 그가 생산력의 발전과 그에 따른 역사적 발전을 촉진했는가에 달려 있었다.

또 다른 지지자들은 좀 더 공개적으로 '해서가 찬양받아야 한다'는 주장을 견지하고 있었다. 이들 '평론가들'은 또한 역사적 기준에 관해 언급했지만 덕성, 자선, 강직함 같은 매우 도덕적인 용어를 사용했다. 그들은 해서가 긍정적인 인물이자, 부패한 관료와 달랐고, 자신의 흔들리지 않는 도덕성으로 인민에게 자비를 베풀었다고 주장했다. 더불어 해서는 '강직함과 실천력'을 가지고 농민에 대한 착취를 경감시키고 그들에게 좀 더 나은 삶을 살도록 해주었다고도 주장했다. 그리고 부패에 대한 그의 투쟁은 여전히 배울 만한 가치가 있다는 것이었다. "우리는 오늘날 부패와 낭비에 반대하고 있지 않은가? 이에 더해『해서파관』은 분명한 실천적인 교육적 가치를 가지고 있기도 하다."

역사의 진보라는 이름에서 해서에 대해 호의를 표하는 주장과 도덕성과 자비라는 이름에서 해서를 완전히 지지하는 주장은 서로 배척하지 않았으며 종종 서로 섞여들었다. 요컨대 그들은 해서가 생산력을 증진시키면서도 강직하고 자비로웠다고 주장했다. 혹자는 역사적 유물론자와 유가적 공무원의 완벽한 결합이라고 주장하기도 했다.

하지만 도덕적 기준이 결코 만장일치로 받아들여졌던 것은 아니다. 푸단대학 보고서가 기록하고 있듯 청렴한 공무원의 덕성에 관한 매우 날카로운 비판 역시 등장했다. 하지만 논쟁의 핵심은 해서의 '덕성'에 관한 찬성파와 반대파가 모두 동일한 개념적 패러다임을 공유하고 있었다는 사실이다. 비판자들은 '부패한 공무원의 계급적 지위'를 참조할 수밖에 없었지만, 그들 역시 역사유물론적 성격이 결코 덜하지 않은 논거들로 반박당했다. 예컨대 혹자는 비꼬는 투로 제국 체제에서 부패한 공무원과 청렴한 공무원의 차이는 양자가 모두 봉건 체제의 계급 이익을 대변하기 때문에, 전자가 '닭을 죽여 계란을 취하지만' 후자는 '닭을 키워 계란을 취하는 것'뿐이라고 말하기도 했다. 또 다른 이는 이러한 관점이 '단편적'이라고 말하기도 했다. 좀 더 완전히 발전된 '역사적'

기준을 고려한 이들의 주장에 따르면 발전된 생산력과 역사의 발전을 대표하는 강력한 왕조가 통치하던 시절에는 청렴한 공무원이 진보적이지만, 반대로 쇠락하던 왕조 시대에 그들은 오히려 반동적이었다.

논쟁 초기 대다수의 논쟁은 제국 시대 공무원의 진보성 혹은 퇴행성을 평가하기 위한 역사적 유물론의 기준에 관한 끊임없는 논쟁이 포함된 문서를 통해 진행되었다. 어찌 되었든 초기부터 야오원위안의 비판은 주로 역사학자들 사이에서 강력한 주관적 몰입을 불러일으켰다. 쟁점은 매우 첨예한 것이어서 서로 다른 감정을 느끼고 있는 만큼 다양한 의견이 담긴 글들이 쏟아져 나왔다.

더욱 주목할 만한 점은 논쟁 초기뿐만 아니라 전체적인 과정 속에서 당-국가의 선전 기구가 해당 논쟁을 촉발시키기 위해 거의 아무런 일도 하지 않았다는 사실이다. 모든 참가자들은 문화기구 당국자들이 회피하고 있는 주제에 관해 공론화되고 있는 자신의 견해에 개인적으로 책임을 져야 한다는 것을 잘 알고 있었다. 실제로, 대부분의 논평에서 지적 관대함과 개인적 위험의 감수, 그리고 아마도 기고자들이 활용할 수 있었던 정치적 및 역사학적 개념적 틀을 뛰어넘는 문제들에 대한 이론적 불안감이 명확하게 느껴진다.

11월 29일 야오원위안의 글이 재발행되고 푸단대학의 보고서가 같은 날 발표되면서 해당 주제에 대한 더욱 많은 글들이 주요 신문사와 지역 신문사에 투고되었다.[17] 처음 몇 주 동안 연극의 중요성을 옹호하는 사람들이 특히 많았고 그들의 주장은 단호하

---

17 이어지는 분석은 위에서 인용한 『인민일보』(중국공산당 중앙기관지), 야오원위안의 글을 처음 실은 상하이의 『문회보』, 지식인 문제에 더 중점을 둔 『광명일보』, 그리고 베이징시 당위원회의 기관지인 『베이징일보』에 한정된다.

고 열정적이었다. 어떤 사람들은 야오원위안이 계급 기준을 들먹이면서도 그것을 부패한 공무원과 청렴한 공무원을 구분하는 데 사용하지 않았다는 이유로 그를 '반동적'이라고[18] 공격하기도 했다.[19] 이러한 유형의 주장은 해서가 '덕의 본보기'라고 반복해서 주장했는데, 그러한 '덕의 본보기'는 해서와 같은 청렴한 공무원들이 '민중을 위해 봉사하고' '부패한 관리들과 싸웠던' 중국 문화 전통의 자부심이라고 여기고 있었다. 이러한 경우 우한을 옹호했던 이들은 정치적인 측면에 있어서도 무조건적이었다. 연극은 농업 합작사의 해체를 겨냥하고 있던 1960년대 초반의 정치적 경향성과는 아무런 관련이 없다고 주장했던 것이다. 이들은 오히려 우한의 연극이 "사회주의를 향한 위대한 열정"을 보여주고 있다고 주장했다.[20]

다른 한편에서 초기 소수를 차지하고 있던 우한에 대한 비판자들은 해서가 봉건적 통치의 도구에 불과하며, 우한이 해서에 관한 거짓된 형상을 만들어내고 있다고 비난했다.[21] 몇몇 기고문들은 『해서파관』이 "계급 모순을 은폐하는 봉건적 법률에 대한 찬사"

---

18 馬捷,「也談海瑞罷官」,『文匯報』, 1965年 11月 30日, 4면을 볼 것.

19 蔡成和,「怎樣更好地評價歷史人物和歷史劇-評新編歷史劇『海瑞 罷官』」,『文匯報』, 1965년 12月 1日, 4.

20 李华, 實夫,「海瑞有值得學習的地方」,『文匯報』, 1965年 12月 23日, 4; 王鴻德,「不要鋤掉《海瑞罷官》這朵花」,『文匯報』, 1965年 12月 25日, 4; 亦鳴,「評新編歷史劇《海瑞罷官》讀後」,『人民日報』, 1965年 12月 25日, 5; 朱相黑,「海瑞讓步使人民」,『文匯報』, 1965年 12月 28日, 4; 戴不凡,「《海瑞罷官》的主題思想」,『文匯報』, 1965年 12月 28日, 4; 李傳勇, 馬鴻生,「海瑞推動了歷史前進」,『文匯報』, 1965年 12月 28日, 4를 볼 것.

21 劉元高,「『海瑞罷官』必須批判」,『文匯報』, 1965年 12月 15日, 4; 方克立,「『海瑞罷官』歪曲了歷史真實」,『北京日報』, 1965年 12月 16日, 2; 楊金亭,「『海瑞罷官』是階級調和論的傳聲筒」,『北京日報』, 1965年 12月 16日, 3; 楊金龍,「對農民形象的歪曲」,『人民日報』, 1965年 12月 25日, 5를 볼 것.

이지만, 역사적으로 실존했던 해서라는 인물은 결코 "농민의 편에 서서" 결단을 내리지 않았을 것이라고 쓰고 있다.[22] 당시의 정치적 함의에 관해서 야오원위안의 지지자들은 처음 몇 주 동안 다소 신중했고 해당 주제에 대해 조심스러운 태도로 언급했다. 이후 좀 더 비판적인 관점을 제시했던 문헌학자 류다지에는 "『해서파관』이 정치 문제와 연관되어서는 안 되는 학술적인 문제일 뿐이라고 말하는 것은 별로 심각한 사안이 아니다"라고 썼다.[23]

　이러한 입장들 사이에는 폭넓은 중도층이 존재하고 있었다. 야오원위안이 음미할 만한 강력한 역사적 논쟁을 일으켰기 때문에, 우한에게 가장 호의적인 사람들마저 해서를 찬양한 것이 '어쩌면 과했을 수 있다'는 생각을 완전히 떨쳐버릴 수는 없었다. 다른 한편으로 대다수 중도층은 해서가 역사적 인물로 평가되어야 한다고 주장했다. 해서의 '긍정적 측면'은 '그 시대의 역사적 조건'과 연계되어 있는 것이지 '현재적 기준으로 평가'될 수는 없다는 것이다. [해서로부터 얻어내야 할—옮긴이] '역사적 교훈'(당시 자주 사용되던 표현)은 청렴한 관료들이 봉건 통치의 안정성을 선호했지만, 특정한 조건 속에서 그들 역시 농민에게 호의적일 수 있다는 것이다. 중도층 역시 현재의 정치적 관련성은 모두 배제했지만, 그들 중 몇몇은 해당 희극이 '무의식적'이긴 하지만 1960년대 초반 농업 합작사에 반대하는 특정한 흐름을 '어쩌면 반영하고 있을지 모

22　胡守鈞,「『海瑞罷官』為封建王法唱頌歌」,『文匯報』, 1965年 12月 17日, 4; 張益,「揭穿『海瑞罷官』的錯誤實質」,『文匯報』, 1965年 12月 20日, 4; 郭庠林, 陳紹聞,「『海瑞罷官』為誰服務」,『文匯報』, 1965年 12月 23日, 4; 王宏業,「向海瑞學習的目的何在？」, 1965年 12月 23日, 4; 徐連達, 陳匡時, 李春元,「"青天大老爺"真能"為民作主"嗎？」, 1965年 12月 25日, 4; 師文伍,「用封建"王法"掩蓋了階級矛盾」,『人民日報』, 1965年 12月 25日, 5.

23　劉大傑,「『海瑞罷官』的本質」,『文匯報』, 1965年 12月 23日, 4.

른다'는 점을 인정했다. 하지만 어떤 경우라도 우한의 온건 지지자와 극렬 지지자 모두 논쟁이 고요한 학술 논쟁을 동요시킬지도 모를 정치적 주장을 포함해서는 안 된다고 주장했다.[24]

논쟁 내내 야오원위안에게 비판적이었던 언급들이 정치적 주제를 배제하기 위해 역사적 영역을 강조했을 뿐만 아니라, 마르크스-레닌주의 철학에 의거한 범주를 통해 비정치적인 영역을 확보하려 했다는 점이 눈에 띈다. 예컨대 어떤 글은 우한의 농민에 대한 묘사가 현재적인 정치적 함의를 갖기에는 너무 수동적이었다는 야오원위안의 주장이 '기계론적'이라고 비판하고 있다.[25] 당시의 정치-철학적 어휘 사용에 있어 '기계론적'이라는 것은 '비변증법적', '형이상학적'이라는 것과 동일한 것이었다. 마르크스-레닌주의 철학에서 형이상학은 변증법에 반대되는 것이며, 당연하게도 훌륭한 마르크스-레닌주의자는 유물론자이면서 동시에 변증법적인 시각을 갖추어야 했다.

이것이 바로 야오원위안에 대한 비판자들이 그에게 자주 제기한 '형이상학적 유물론'(또는 기계적 유물론)이라는 비난의 의미였다. 당대 정치와의 관련성은 '순수한 형이상학'으로 이름 붙여졌는데, 그러한 연관성이 '역사적 변증법'의 요지를 파악하는 데 실패했기 때문이었다.[26] 이들의 주장에 따르면 우한은 어느 정도 '편향적'이지만 좋은 신념에서 활동하고 있었다. 자신의 태도를 바꾸고 '역사적 유물론자'의 관점을 굳건하게 취해야 할 사람은

---

24 강조점의 차이는 있지만 이러한 주장들은 林丙義의 「海瑞 與『海瑞罷官』」, 『文匯報』, 1965年 12月 3日, 4; 唐真, 「『海瑞罷官』的主題是什麼」, 『文匯報』, 1965年 12月 15日, 4; 郝昺衡, 「試論海瑞和『海瑞罷官』」, 1965年 12月 20日, 4; 王金祥, 「幾個疑問」, 『文匯報』, 1965年 12月 28日, 4에 실려 있다.

25 樵子, 「也談海瑞和『海瑞罷官』」, 『人民日報』, 1965年 12月, 5.

26 李振宇, 「『海瑞罷官是』一出較好的歷史劇」, 『北京日報』, 1965年 12月 9日, 3.

우한이 아니라 야오원위안이었다.[27] 우한의 강성 지지자들은 변증법적 유물론까지 동원해 농민을 수동적으로 묘사하는 것에는 아무런 잘못이 없으며, 피해자에 대한 해서의 자비와 부패한 관리에 대한 그의 꾸짖음은 여전히 배워야 할 중요한 교훈이라고 주장했다.[28]

우한을 옹호하기 위해 젠보잔의 '양보정책' 이론 역시 자주 인용되었다. 젠보잔은 이후 논쟁에 최소한으로만 개입했지만, 몇몇 논문들은 그것을 채택해 『해서파관』에 적용했다(그의 이론에 관한 전체적인 논의는 앞 장을 볼 것). 젠보잔의 이론에 근거해 이 논문들은 농민에 대한 수동적 묘사라는 '착오적 재현'과 해서의 행동에 대한 '기본적으로 충실한 묘사' 사이에 선을 그으면서 해서의 동기가 농민 혁명에 의한 양보에 의한 것이었다고 언급하고 있다. 이러한 이유로 저자들은 "역사적 유물론의 관점에서" 『해서파관』은 "우리 시대에 대한 중요한 함의를 갖는다"[29]라고 결론 내렸다. 본서에서 제시하고 있는 삼분법적 구분에 따르면, 이 논문들 또한 우한에 대한 온건한 지지를 표현한 글들만큼이나 중도적인 성격을 띠고 있었다고 할 수 있다.

---

27 姚全興, 「不能用形而上學代替辯證法。評新編歷史『海瑞罷官』」, 『光明日報』, 1965年 12月 15日, 3.

28 羽白, 「『海瑞罷官』基本上應該肯定」, 『文匯報』, 1965年 12月 17日, 4.

29 燕人, 「對歷史劇『海瑞罷官』的幾點看法-與姚文元同志商榷」, 『文匯報』, 1965年 12月 2日, 4. 영어 번역은 *Chinese Studies in History and Philosophy* 2, no.1(1968): 56-67에 수록. 논쟁 첫날들부터, 다른 논자들은 『해서파관』을 양보 이론의 관점에서 논의했다. 嚴北溟, 「對"讓步政策"也要"一分為二"」, 『文匯報』, 1965年 12月 16日, 4; 康健, 「關於"讓步政策"的淺見」, 『文匯報』, 1965年 12月 18日, 4; 王連升, 楊燕起, 「海瑞 與"淸官"」, 『北京日報』, 1965年 12月 18日, 3을 볼 것.

'좌파'

하지만 우리의 좌파, 중도, 우파라는 구분은 그렇게 정확하지 않다. 당시 중국의 이데올로기적 풍경에는 또 하나의 중요한 인물 유형이 있었다. 바로 '겉보기에는 좌파지만 실제로는 우파'인 인물, 혹은 단순히 따옴표로 묶은 '좌파'였다. 이 날카로운 정의는 논쟁과 당대 중국 정치에서 중요한 역할을 했던 인물의 특징을 드러나게 해준다. 물론, 당시의 정치적 뒤얽힘 속에서도 자주 지적된 바 있듯이, '좌파들'의 '진짜 얼굴'은 '겉모습' 아래 쉽게 드러나지 않았다.

'우한의 중대한 오류들'을 비판하는 몇몇 비판적인 글들이 발표되면서 상황은 더욱 복잡해졌다. 이 글들은 매우 교조적인 논리를 내세우고 있었지만, 실제로는 우한을 비판하는 자들이 아무런 잘못도 없는 대상을 목표로 삼고 있다는 것을 지적함으로써 지지자들이 우한을 보호하기 위해 쓴 것이었다. 이들 가짜 비판의 수는 적었지만 논쟁에서 매우 큰 영향을 끼쳤고, 펑전(彭眞)이 이끄는 선전기관의 최고위에서 조작된 것으로, 논쟁이 정치적 분열로까지 가닿지 않도록 연막을 치기 위해 만들어진 것이었다. 우연이 아닌 한 가지 대표적인 쟁점은 '도덕성'을 평가하는 계급 기준과 관련된 것으로, 이는 계급 기반 개념틀에서 가장 모호한 영역이었다. 중앙 문화 기관 당국이 의도적으로 추구한 즉각적인 결과는 논쟁의 흐름을 혼란스럽게 만드는 것이었다. 그러나 몇 달이 지나자, 이러한 책략들은 결국 그 기관과 주요 간부들이 신뢰를 잃고 권위를 상실하는 주요 요인 중 하나가 되었다. 진짜 비판과 가짜 비판을 즉시 구별해내는 것은 쉬운 일이 아니었다. 예를 들어, 12월 중순에 『인민일보』 편집부가 작성한 논쟁 전개에 관한 기사는,

『문회보』에 실린 푸단대의 논문과 유사한 방식으로 작성되었다. 이 기사는 우한의 '개혁주의'와 '계급 화해' 성향에 격렬히 반대한 더욱 급진적인 좌파와, 반대로 무조건적으로 그를 옹호한 지지자들 사이의 대립이라는 두 극단적인 입장을 강조했다.

기사에 따르면, 후자에 해당되는 "여론 학파"는 "『해서파관』 속 해서의 형상을 통해 정의를 실천하고 악에 맞서 싸우는 올곧은 정신을 찬양했으며, 민중의 희망을 표현하고 당대의 계급투쟁을 우회적으로 반영하였다"고 주장했다. 따라서 이 희곡은 "가난한 농민을 위해 헌신하고, 부패와 낭비에 반대하며, 과도한 세금과 부담을 줄이고, 가난한 사람들을 강제 동원에서 공정하게 보호하고, 정직하고 청렴하며 유능한 정부의 수립을 지지하는 해서의 정신"을 보여주었기 때문에 현실적인 교육적 의미를 지닌 것으로 간주되었다. 이러한 관점은 현실적으로 묘사되었는데, 우한을 전적으로 지지하는 글들이 오히려 본인보다도 더 강하게 주장하는 경우가 많았기 때문이다.

하지만 반대편의 견해 역시 날카로웠다.

일부 동지들은 희곡 『해서파관』이 봉건적 상부구조, 계급 화해 이론과 개혁주의, 그리고 국가와 법 문제에 대한 철저히 부르주아적인 관점을 광적으로 선전하고 찬양했다고 보고 있다. … 〔이 동지들에 따르면〕 『해서파관』의 사상적 기반은 우한 동지의 '도덕 계승 이론'이다. 우한 동지는 역사 속 인물들과 이야기, 일화들을 무대용으로 가공하고 재구성하여, 충성, 성실, 효도, 형제간 위계, 예의, 도덕, 청렴, 수치심 등 일련의 봉건 윤리를 선전하고 찬양하는 데 온 힘을 기울이고 있다. 그는 오늘날의 사람들이 이러한 윤리를 배우고, 고양하며, 찬미하기를 원하며, 봉건 지배계층의 도덕 규범이 민중의 이익

과 일치하며 계승될 수 있다고 자의적으로 믿도록 만들고자 한다.[30]

하지만 정확히 말해 이러한 '도덕 계승 이론'에 대한 가혹한 비판은 결코 '문학예술 영역에서의 우한 동지의 부르주아 역사관'에 대한 단호한 비판의 예라고 할 수는 없었다. 사실 그것은 우한의 가장 가까운 친구이자 오랜 공동 저자였던 덩퉈(鄧拓)가 쓴 글을 지칭한 것이었다. 당시 덩퉈는 베이징시 문화 업무를 책임지는 인물로서(이는 전국적으로도 매우 강력한 지위였다), 펑전의 가장 가까운 협력자였다. 펑전은 우한의 이념적 오류에 대한 이 '가혹한 비판'을 직접 요청했고 그 내용을 직접 수정하기도 했다. 이 글은 '샹양성(向阳生)'이라는 필명으로 서명되어 며칠 전 『베이징일보』에 실렸으며, 우한 동지가 잘못 '선전한' 도덕 계승 이론과 그것이 『해서파관』 전반에 스며들어 있다는 점을 '논의'하는 형식을 띠고 있었다.[31]

샹양성은 먼저 '우한 동지의 모든 저작을 공부할 시간이 없었다'며 사과했다. 그럼에도 그는, '위대한 공산당의 영도 아래 사회주의 시대를 살아가는 오늘날의 우리'가 왜 명나라의 청렴한 관리를 본받고 그 도덕성을 찬양해야 하는지를 '도무지 이해하기 어렵다'고 밝혔다. 그는 그 이유가 우한이 여러 자료를 바탕으로 구성한 희곡 속에 표현된 견해들의 '기초'를 이루는 도덕 계승 이론에 있다고 주장했으며, 그 이론이 근거한 다양한 문헌들을 상세히 열거하였다. 가장 중요한 자료들 중 일부는 1961년부터 1962년 사

---

30 人民日報編者, 「關於『海瑞罷官』問題各種意見的簡介」, 『人民日報』, 1965年 12月 15日, 5.

31 이 필명은 "태양을 향해 바라보는(向陽) 학생(生)"처럼 들렸는데, 이는 아마도 저자의 더 높은 원칙에 대한 충성을 드러낸 암시였을 것이다.

이에 베이징 당 위원회의 공식 기관지인『전선(前綫, Qianxian)』에 실린 글들로, 독립적인 수필 형식이거나『삼가촌(三家村)』시리즈의 일부로 발표된 것이었다.

우한의 가장 중대한 실수는 무엇이었을까? 그것은 그가 과거의 도덕성을 '비판적으로' 계승해야 한다고 자주 주장했음에도 불구하고, 실제로는 어떤 '계급 분석'도 수행하지 않았다는 점이었다. 해당 글의 필자는 이러한 태도가 '역사유물론에 전적으로 반하는 것'이라고 지적했다. 덩퉈는 마르크스-레닌주의는 '도덕은 계급적 성격을 가진다'는 점과, 서로 다른 사회 계급이 서로 다른 도덕을 지닌다는 점을 항상 강조해왔다고 주장했다.

이러한 결락은 더욱 중요한 것이었는데, 이는 덩퉈와 우한 모두 오랫동안 베이징은 물론 전국적으로도 정치적 영향력이 큰 선전 부문 간부 집단의 핵심 인사들이었기 때문이다. 덩퉈는 몇 년 전, 다른 필명을 사용해 우한(그리고 랴오모사(廖沫沙)[32])와 함께『삼가촌』을 공동 집필했다는 사실을 언급하지 않았다. 이 시리즈는 마오주의 정치에 대한 은근한 풍자와 대약진 운동을 '거대한 거짓말'이라 조롱한 것으로 잘 알려져 있다. 또한 덩퉈는 자신이 비판한 우한의 글들을 실었던『전선』잡지의 편집장이 바로 자신이었다는 사실도 언급하지 않았다.

덩퉈는『해서파관』을 그 어떠한 당시의 정치적 논쟁 가능성과도 연결하지 않았다. 모든 문제는 철저히 교조적인 문제로 제시되어야 했고, 이는 그가 완전히 숙달한 영역이었다. 덩퉈가 1950년

32　랴오모사(廖沫沙, 1907~1990)는 잘 알려진 작가이자 언론인이었으며, 1949년 이후 국가 문화기구에서 중요한 직책을 맡았다. 그는 베이징시 당위원회 선전부 부부장, 교육부장과 통일전선공작부 부장을 역임했으며, 베이징시 인민정치협상회의 부주석, 중국인민정치협상회의 위원을 지냈다.

대에 『인민일보』의 편집장이었으며, 1960년대 중반에는 이데올로기 분야의 핵심 인물이었다는 점은 결코 우연이 아니었다. 덩퉈의 산문 중 일부를 보면 우한의 교조적 오류가 얼마나 '중대'한 것으로 간주되었는지를 엿볼 수 있다. "지금 우리에게 필요한 것은 새로운 공산주의 도덕입니다. 오늘날 중국 인민은, 영광스럽고 정의로운 위대한 공산당의 위대한 영도 아래, 마오쩌둥 사상의 붉은 기치 아래에서, 사회주의 혁명과 건설이라는 전례 없는 위업을 향해 전진하고 있습니다. 사회주의는 공산주의의 초기 단계이며, 우리의 이상은 미래에 공산주의를 실현하는 것이고, 이는 프롤레타리아 계급이 반드시 짊어져야 할 가장 영광스럽고도 고된 역사적 과업입니다."[33]

이 전제는 당시 사회주의 국가들에서 표준적으로 받아들여졌던 역사유물론의 버전에 해당하며, 오늘날 중국 정부 담론에서도 여전히 핵심적인 요소로 남아 있다. 중국공산당은 이를 자신의 '역사적 과업'이라고 선언하는 것을 결코 멈춘 적이 없다. 더욱이 덩퉈의 비판에서 나타난 계급투쟁과 '도덕'에 대한 두 적대적 세계관 사이의 '생사를 건 투쟁'에 대한 '좌파적' 어조는 1960년대 중반 정치 용어의 전형을 보여준다. 덩퉈는 사회주의 및 공산주의 도덕 개념이 '부르주아 계급과 프롤레타리아 계급 간의 적대적 투쟁에서 비롯되며, 반드시 모든 낡은 부르주아 및 봉건 도덕에 대

---

33 向陽生[鄧拓], 「從『海瑞罷官』談到道德繼承論」, 『北京日報』, 1965年 12月 12日, 2-3. 우한의 용서할 수 없는 교조적 오류에 대한 덩퉈의 비판은, 같은 신문이 앞선 몇 년 동안 발표된 '도덕적 유산' 주제의 여러 글들을 요약하면서 더욱 강화되었다. 岳華, 「關於道德的階級性和繼承性問題的討論介紹」, 『北京日報』, 1965年 12月 18日, 3. 영어로 된 덩퉈에 관한 유일한 단행본에서, 샹양성(向陽生)이라는 이름으로 발표된 그 글은 큰 주목을 끌지 못했다. Timothy Cheek, *Propaganda and Culture in Mao Zedong's China: Deng Tuo and the Intelligentsia*(Oxford: Clarendon, 1997)을 볼 것.

해 사형을 선고해야 한다'고 썼다. 바로 여기에 우한의 이념적 오류의 핵심이 있었다.

우한 동지는 이 사형 선고를 선포하기를 원하지 않는다. 따라서 『해서파관』뿐만 아니라 그의 글 「도덕론」과 몇몇 학술 저작에서도 그는 봉건적… 그리고 부르주아 도덕을 선전했으며, 그것들이 '사회주의와 공산주의 도덕의 구성 요소'라고 주장해왔다. 이 모든 것이 우습지 않은가? 나는 왜 바로 이 시기(60년대 초)에 우한 동지가 도덕의 계승 이론을 선전하고, 역사적 관념론을 선전하며, 프롤레타리아 독재와 부르주아 독재의 차이를 흐리게 만들었는지 이해할 수 없다.

하지만 마지막 문장은 상투적인 비판의 어조에 더 가까우며, 60년대 초의 정치적 쟁점들이 이 비판의 주요 주제가 아니었음을 암시하고 있다. 우한이 '사형 선고 선포'에 동의하지 않았다는 점에 대해 심각한 질책을 하면서도, 글쓴이는 결국 '모든 착취 계급의 도덕 개념에 대한 토론과 근본적인 비판'을 통해 '프롤레타리아 도덕이 진보하고 발전할 수 있으며', '사상 및 정치 전선에서 사회주의 혁명이 진전을 이룰 수 있다'는 희망을 내비쳤다. 샹양성의 '융통성 없는' 교조적 비판은 이념적·도덕적 영역으로 쟁점을 국한시키려는 의도를 담고 있었지만, 훗날 그 필자가 우한의 적극적인 지지자 중 한 명이었다는 사실이 드러나면서 펑전 그룹의 주요 약점으로 작용하게 되었다.

12월 말, 중앙 언론은 우한에 대한 격렬한 비판을 담은 다른 글들을 잇달아 발표했는데, 이는 실질적으로 상황을 통제하고 논쟁을 교조적인 영역에 국한시키려는 목적이었다. 그중 한 편은 유명한 고위 문화 관료이자 '5인소조(五人小組)'의 일원이었던 저우

양(周揚)의 지도로 작성되었다. 팡치우(方秋)라는 필명으로 발표된 이 글은 우한의 희곡이 '어떠한 사회 사조를 대표하는가'를 폭로하려는 내용이었으며,[34] 그 어조가 매우 신랄해서 충격을 일으켰는데 이는 중국 독자들 사이에서만이 아니었다.[35] 한 분개한 미국 학자는 이 글을 우한의 적대자들에게 영감을 준 '지배적 정통 이데올로기'의 사례로 인용하면서, 이들이 제국 시대에 청렴한 관리가 존재했다는 사실 자체를 부정하고 있다고 지적했다.[36]

기사의 핵심은 사실상 청렴한 관리들에 대한 문제였지만, 팡치우의 격렬한 수사 아래 숨겨진 주장은 우한이나 제국 전통의 청렴한 관리들에 대한 광적인 공격은 아니었다. 팡치우는 다음과 같이 쓰고 있다. "이들(청렴한 관리)은 봉건 제도의 장기적 이익을 대표했지만, 특정한 역사적 조건에서는 봉건 지배를 강화하는 동시에 일정한 한도 내에서 일부 백성의 부담을 경감시키고, 일부 부패한 관리들의 폭정을 완화할 수도 있었다." 곧 보게 되겠지만, 우한은 「자아비판」에서 이러한 주장—즉 '봉건주의의 장기적 이익'과 '농민의 단기적 이익'—을 수용하게 된다. 팡치우는 청렴한 관리들에 대한 공정한 '역사적 판단'은 도덕적 기준만이 아니라, '계급의 근본적인 경계선'에 의거해야만 비로소 가능하다고 주장했다.

정치적 문제에 관한 언급을 회피했던 샹양성—덩퉈의 필명—과는 달리, 팡치우는 몇 가지 단서를 달긴 했지만, 이 희곡이 '자발적이든 비자발적이든, 의식적이든 무의식적이든' 일부 정치적 문제를 '반영했거나' 혹은 '반향했다'고 인정했다. 어쨌든『해서

---

34 方求, 「『海瑞罷官』代表一種什麼社會思潮?」, 『人民日報』, 12月 29日, 7.

35 팡치우의 글에 대한 중국 내의 반응에 관해서는 張湛彬, 『文革第一文字獄』, 140-41을 볼 것.

36 James Pusey, *Wu Han: Attacking the Present through the Past*, 64.

파관』이 드러내고 있다고 기사에서 언급된 '사회적 사조'는 본질적으로 학문적 문제였다. 팡치우는 이 희곡이 당시 일부 '부르주아 사학자들' 사이에서 유행하던 '과도한 고대 숭배' 현상의 표현이라고 썼다. 일부 기만적인 뉘앙스에도 불구하고, 팡치우의 글은 정치적인 측면에서는 우한에 대해 매우 온건하고 동정적인 태도를 보였다. 핵심은 논쟁을 역사관 이데올로기들 간의 논쟁 범위 내로 유지하려는 것이었다. 우한 역시 나름대로는 자신이 해서를 도덕적 인물로서 과도하게 찬양한 점을 인정하고, 자신의 입장을 바로잡고 계급적 관점을 취하겠다는 확고한 의지를 밝힐 준비가 되어 있었다.

나는 계급투쟁을 잊고 말았다

팡치우의 기사가 실린 날과 같은 날인 12월 29일, 『베이징일보(北京日報)』는 우한이 쓴 장문의 「자아비판」을 게재했다. 이 글은 다음 날 전국 언론에 재게재되었으며, 논쟁이 중대한 국면에 접어들었음을 알리는 신호였다.[37] 펑전의 "잘못은 바로잡고 옳은 것은 확인하라"는 조언에 따라,[38] 우한은 일부 교조적인 자기비판을 포함시켰지만, 결국에는 자신의 기존 입장을 기본적으로 재확인하는 데 그쳤다. 그는 먼저 자신이 현실과 너무 동떨어진 구식 학자였음을 인정하며, 선의에서 비롯된 행동이었다고 해명했다.

---

37 吳晗, 「關於《海瑞罷官》的自我批評」, 『北京日報』, 12月 29日, 3, 『人民日報』, 12月 30日, 5에 재게재. 나는 *Chinese Studies in History and Philosophy* 2, no.1(1968): 68-107에 실려 있는 영어 번역본에 약간의 수정을 가하여 인용하였다.

38 張湛彬, 『文革第一文字獄』, 137을 볼 것.

내가 이 희곡을 쓴 목적은 무엇이었는가? 당시에는 그것이 다소 모호하고 불분명했지만, 나는 그 시절 봉건 계급 내부의 갈등을 다룬다고 생각하고 있었다. 그러나 역사 연구와 역사극은 동시대의 정치에 봉사해야 한다. 이 희곡과 1959년과 1960년의 현실 사이에는 어떤 관련이 있는가?

나는 과거를 통해 현재에 봉사해야 한다는 원칙, 고대를 경시하고 현대를 중시해야 한다는 원칙을 완전히 망각했다. 이 작품은 순전히 고대 그 자체를 위한 것이었고, 희곡을 쓰기 위한 희곡일 뿐이었다. 나는 정치와 현실, 양쪽 모두와 괴리되어 있었다. 나는 프롤레타리아 사상이 아니라 부르주아 사상에 의해 이끌렸다. 프롤레타리아 문학과 예술은 반드시 동시대의 정치에 봉사해야 한다는 확고한 원칙을 완전히 잊고 있었다.

『해서파관』은 내가 「해서론(海瑞論)」을 쓴 지 1년 뒤에 완성된 것이다. 그 1년 동안 우리나라의 모든 인민은 앞으로 나아갔지만, 나는 뒤처졌고 한 걸음도 전진하지 못했다. 더 나아가, 「해서론」에 동시대에 대한 정치적 의미가 아주 조금이라도 담겨 있었다면, 『해서파관』에는 시대의 기운이 조금도 담겨 있지 않았다. 나는 단지 뒤처진 것이 아니라, 오히려 퇴보하고 말았다.

한마디로, 나는 계급투쟁을 잊고 말았다!

우한은 자신이 '해서의 역할을 과대평가했고' 그에게 '지나치게 웅대한 이미지'를 부여했다고 인정했다. 그가 쓴 바에 따르면, 문제는 '결국 계급 분석의 방법을 사용하지 못했다'는 것이었고, 이제 비판을 받은 덕분에 해서는 단지 '개혁주의자'에 불과하다는 것을 비로소 깨달았다고 했다. 해서는 '지방 관료로서의 권한을 이용해 농민들에게 불법적으로 빼앗긴 토지를 지주 계급에게서 되돌려주도록 강요함으로써 격렬한 계급 모순과 계급투쟁을 완화하려 했다'는 것이다. 이러한 고백은 충분히 자기비판적인 어조로 들렸다.

그러나 한편으로는, 단순한 '개혁주의자'이지 진정한 '혁명가'가 아니라는 점은, 적어도 급진적인 마르크스-레닌주의 교리에서는 중대한 정치적 죄였다. 또 한편으로는, 잘 알려져 있듯이 개념적으로 역사와 계급투쟁은 동일한 것이었다. 이런 의미에서, 우한이 서술한 바와 같이 몰수된 토지의 반환을 요구한 상소문은 '계급투쟁의 일종의 저급한 형식(階級鬥爭的一種低級形式)'으로 간주되어야 한다고 했기에, 그의 자아비판(mea culpa)의 엄중함은 곧 완화되었다. 따라서 이 '계급 분석'은 '부재'라기보다는 '불완전한' 것으로 이해되었다.

하지만 우한의 역사-정치적 논의에서 핵심은, 극 중에서 묘사된 상황들이 고급 계급투쟁인가, 아니면 저급 계급투쟁인가 하는 것이었다. 어쨌든, 해서의 정책과 제국 체제하의 청렴한 관리들이 채택한 정책은 역사적 진보를 촉진한 것으로 평가받아야 했다. 그들의 '선행'은 한편으로는 '봉건 지배 계급의 장기적인 이익'에 부합했고, 다른 한편으로는 억압받고 착취당한 광범위한 농민 대중의 '즉각적인 이익'에도 부합했기 때문이다. 이처럼 청렴한 관리들의 행위는 비록 '봉건제를 유지하기 위한 것'이었을지라도 '농민들에게 유익했으며,' 그래서 농민들은 그러한 선량한 관리들을 칭송하며 그들을 '청천(青天, 푸른 하늘)'이라 불렀던 것이다.

그들은 개인적인 배경과 기타 여러 이유로 인해 백성들에게 더 가까이 있었고, 민중의 고통을 이해하고 있었다. 그들은 비교적 정직하고 선견지명이 있었다. … 그들의 선행은 … 생산의 발전(生産的發

展)과 역사적 진보(歷史的進展)에도 이로웠다. 따라서 백성들은 그들을 '청천(靑天)'이라 부르며 존경했고, 그들은 역사 속에서 인정받고 기려져야 마땅하다. 어떤 측면에서는, 그들은 오늘날 우리가 본받아야 할 인물들이기도 하다.

생산 발전에 대한 언급도 중요했지만, 역사 진보에 대한 언급은 결정적인 것이었다. 계급투쟁이 '역사의 원동력'이었기에, 청렴한 관리들의 자비로움이 역사 발전을 촉진한 것이라면 그것은 계급투쟁에 필적하는 역할을 한 것이 아닌가? 일단 이러한 상호대체 가능성이 확보된다면, 해서는 가장 엄격한 혁명적 정통성의 기준 아래에서도 '청천(靑天)'으로 존경받을 수 있게 된다. 위에 인용된 구절은 원래 우한의 「해서론」에 쓰인 것이며, 그의 기본적인 관점을 보여주기 위해 여기 다시 인용된 것이다.

그러나 우한은 자신이 이전에 주장했던 해서의 미덕을 오늘날 본받아야 한다는 생각에 대해 자기비판적인 언급을 덧붙였다. 샹양성 동지가 지적한 바와 같이, 그리고 우한이 그에게 사상적으로 큰 도움을 받은 데 대해 감사하지 않을 수 없었던 것처럼, 프롤레타리아 도덕과 봉건 도덕 사이의 '근본적인 차이' 때문에 해서의 도덕적 미덕을 본받도록 권장한 것은 오류였다. 도덕의 '계급적 성격'을 완전히 인정하는 것이 결국 우한의 교조적 정당성을 보증하는 승인 도장이었다.[39]

논쟁의 중심축을 충분히 인식하고 있었던 우한은, 그럼에도 불구하고 당시의 정치적 함의에 관해서는 여전히 다소 방어적인 태

---

39 1월 중순, 우한은 '도덕적 유산' 문제에 관한 두 번째 자기비판을 발표했으나, 첫 번째에 비해 크게 추가된 내용은 없었다. 吳晗, 「是革命, 還是繼承」, 『北京日報』, 1月 12日, 3를 볼 것.

도를 보였다. 「자아비판」은 해서에 관해 자신이 1959년과 1960년 사이에 쓴 희곡과 글들에 대한 상세한 연대기적 정리로 시작되었다. 그는 이를 통해 암묵적으로 루산 회의와 자신의 글 사이에 어떤 관련도 없음을 입증하려 했던 것이다. 그러나 야오원위안이 이 문제를 직접 언급하지 않았음에도 불구하고, 이러한 서두는 불필요한 사과처럼 들렸으며, 연대기적 해명 역시 설득력이 떨어졌다. 실제로 그의 해서 관련 글들은 루산 회의 직전과 직후에 발표되었기 때문에, 발표 시기와 회의의 시점은 매우 가까웠다.

실제로 우한 자신조차도 1950년대 후반의 정치적 갈등과 자신의 글 사이에 아무런 관련이 없다고 부인한 데 대해 그다지 확신이 없었던 것으로 보인다. 그는 이어서 자신이 해서를 지나치게 미화했을지도 모른다고 인정하면서도, '루산에서 비판받은 우익 기회주의자들'(펑더화이를 우회적으로 지칭)을 정당화하려는 의도는 전혀 없었다고 밝혔다.[40] 오히려 그는 오직 '가짜 해서들', 즉 진짜 '기회주의자들'의 정체를 폭로하려는 데 목적이 있었다고 주장했다. 그는 펑더화이가 실각한 직후 발표한 1959년의 「해서론」을 끝맺으며, 「자아비판」의 긴 인용문과 함께 '우익 기회주의자들과 맞서 싸우는 해서의 정신'을 본받자고 촉구한 것이 아니었던가?[41] 1959년 글의 '우익 기회주의' 관련 인용문은 다음과 같다: "어떤 사람들은 자신이 해서라고 주장하며 스스로를 '야당'이라고 부른다. … 광범위한 대중은 반드시 그런 사람들을 골라내어 푸른 하늘 아래 드러내고, 그들에게 외칠 것이다: '너희는 더 이상 해서인 척하지 마라!' 대중이 우익 기회주의자들의 진짜 모습을 똑똑히

---

40 1959년 파면된 이후 펑더화이는 언론에서 이 표현을 제외하고는 결코 직접적으로 언급되지 않았다.

41 吳晗, 「論海瑞」, 『吳晗選集』(天津: 天津人民出版社, 1988), 347-70.

볼 수 있도록 해야 한다. 그들은 결코 해서가 아니다. 이러한 관점에서 볼 때, 해서를 연구하고, 그로부터 배우며, 그를 왜곡하는 어떤 시도에도 반대하는 것은 유익하고 필요하며, 오늘날에도 현실적인 의미를 가진다.”

해서를 역사 발전의 선구자이자 농민의 구세주로 만든 것 자체도 의문스러운 일이었지만, 며칠 뒤 여러 비판적 논설들이 지적했듯이 그를 우익 기회주의에 맞서는 투쟁의 모범으로까지 내세운 것은 지나친 관료적 기교였다. 그들이 반박한 바에 따르면, 위에서 인용된 단락은 훗날 문제가 생겼을 경우를 대비해 덧붙여진 것이 분명하며, 실제로 6년 뒤 그런 일이 일어났다.[42]

우한은 특히 현재 정치와의 관련성을 배제하고자 하는 데에 신경을 썼다. 계급 분석이나 역사 발전에 대한 미묘한 논의들은 부차적인 것이었다. 결론 부분에서 그는 논쟁 내내 지지자들이 중심 논거로 삼은 구분을 제기했다. 즉, 자신에게는 ‘사상적 경계심’이 부족했을 뿐, 그의 실수는 순전히 학문적인 차원의 문제였으며, 역사와 학술에 관련된 것이었을 뿐 정치적 입장에는 결코 문제가 없었다는 것이다. 그의 정치적 입장은 확고했고, 당에 대한 충성심도 변함이 없었다는 점을 강조했다. “내가 왜 이런 잘못을 저질렀는가? 이제 나는 깨닫는다. 한편으로, 당의 끊임없는 교육과 양육, 배려 속에서 지난 20년 동안 나의 정치적 입장은 확고했다. 그러나 다른 한편으로, 학문적 사유 속에서의 나의 계급적 입장은 여전히 낡고, 구태적이며, 부르주아적인 것이고, 심지어 봉건적인 요소들까지 들어 있다. 나는 주의 깊지 못했고 경계심도 없었다.

---

42 문화대혁명 이후 펑더화이가 복권된 뒤, 그 단락은 ‘불공정하다’라고 여겨져왔다. 張湛彬, 『文革第一文字獄』을 볼 것. 이 주제에 관한 중국 역사서술 속에 얼마나 많은 주관적 딜레마들이 흩어져 있는지는 주목할 만하다.

아무 문제가 없다고 생각했고, 자아-개조를 느슨하게 여겼다. 문제가 바로 거기에 있었고, 그래서 화를 자초했다."

해서라는 인물의 구성

우한의 「자아비판」에서 가장 설득력이 떨어지고 논란을 불러일으킨 부분은, 고대에 대한 동경에 빠진 학자로서의 자기 묘사와, 희곡과 루산 회의 사이에 아무런 관련이 없다는 주장을 담은 논거들이었다. 우한은 분명히 마오쩌둥이 12월 21일에 했던 "펑더화이가 해서다"라는 발언을 알고 있었음에도, 그로부터 불과 일주일 후에 「자아비판」을 발표했다. 이 글은 본질적으로 그러한 등식을 반박하는 데 목적이 있었지만, 그는 그것을 직접 언급할 수는 없었다.

사실, 1959년의 사건들은 『해서파관』의 구성에 깊은 영향을 끼쳤다. 마오쩌둥의 발언은 본질을 꿰뚫은 것이었지만, 자세히 들여다보면 '펑더화이가 해서가 되었다'고 말하는 편이 더 면밀한 통찰일 것이다. 다시 말해, 명나라 관리와 국방부장을 연결 짓는 이 등식은 변화무쌍하고 다소 우여곡절이 있었지만, 결국 일관된 방식으로 형성된 인물 묘사의 결과였다. 이 극이 어떻게 발전하게 되었는지 과정을 되짚어보면, 우한이 간접적이고 핵심적인 부분에서 말을 아끼긴 했지만 그가 언급한 정황들을 보다 명확히 이해할 수 있다.

문화대혁명의 서막에서 결정적인 역할을 했던 이 역사적 인물의 묘사에는 최소 세 단계가 있었다. 첫 번째는 루산 회의 직전에 우한이 해서 삶의 한 에피소드를 다룬 짧은 글을 발표한 것이었다. 두 번째는 회의 중과 직후에 우한이 집필한, 해서라는 역사적

인물에 대한 긴 편폭의 평전였다. 세 번째는 바로 희곡 자체로, 우한은 그 이듬해에 이를 집필하기 시작하여 1961년에 개정본을 발표했다.

해서가 황제를 꾸짖다

상황을 더욱 복잡하게 만든 것은, 해서를 긍정적으로 언급한 첫 번째 인물이 다름 아닌 마오쩌둥이었다는 사실이다. 그는 1959년 봄, 루산 회의를 준비하기 위해 상하이에서 열린 사전 회의 중 하나에서 해서를 언급했다. 당시 마오쩌둥은 대약진 운동의 전개와 그로 인한 어려움을 면밀히 주시하고 있었으며, 특히 허위 통계 현상을 어떻게 극복할 것인가에 대해 깊은 우려를 갖고 있었다. 그는 이 문제의 원인을 주로 지방 간부들이 상부에서 설정한 비현실적인 생산 목표에 복종하는 태도에서 비롯된 것으로 보았다. 상하이 연설에서 마오쩌둥은 어느 순간 해서를 예로 들며, 황제에게 올린 '상소문'에서 '아주 신랄하고 전혀 미사여구 없이' 비판한 관리였다고 소개했다. 그는 이어서 '오늘날 우리 동지들 중에 해서처럼 용기를 지닌 이가 몇이나 되는가?'[43]라고 결론지었다.

이 일화에 대한 몇몇 회고에 따르면, 당시 마오의 비서였던 후차오무(胡喬木)가 우한을 직접 찾아가 해서에 관한 글을 써줄 것을 요청했다는 이야기가 전해진다.[44] 후차오무의 의도는 아마도 마오쩌둥의 언급을 널리 알리는 것이었고, 이는 역사적 지식을 대

---

43 逢先知, 金沖及 主編, 『毛澤東傳』(北京: 中央文獻出版社, 2003), 2卷, 941에 인용되어 있다. 또한 李銳, 『盧山會議實錄』, 125를 볼 것.

44 후차모우는 1970년대 중반 덩샤오핑이 권력에 복귀하는 과정에서 핵심 인물이 되었다.

중화하여 정치적 의식을 고취시키려는 당시의 일반적인 경향과
도 부합하는 행보였다. 마오쩌둥 자신이 후차오무에게 직접 지시
했는지에 대한 명확한 증거는 없지만,[45] 그가 이를 반대하지는 않
았을 것으로 추정된다. 이 일화는 흔히 마오쩌둥의 전제성을 뒷받
침하는 또 하나의 사례로 인용되는데, 그는 한때 해서를 본받아야
할 인물로 언급했다가 몇 년 뒤에는 우한에 대한 공격을 전면적으
로 지지했기 때문이다.

자세히 들여다보면, 마오쩌둥이 해서를 처음 언급한 것은 역사
학적인 세부사항에 기대지 않고 자신의 생각을 명확히 전달하기
위한 일종의 사례(exemplum)로서였다. 실제로, 역사적 사실과는
별개로, 해서는 중국 대중 문화적 상상 속에서 특정한 자리를 차
지한 인물이었다. 그는 제국 이데올로기에 전형적인 '청천(靑天)'
인물들 중 하나였을 뿐 아니라, 황실에 대해 이례적으로 도발적인
태도를 보인 인물로 더 잘 알려져 있었으며, 그로 인해 일시적이
나마 유명한 파면을 당한 것이었다. 마오쩌둥이 상하이 연설에서
했던 발언을 보면, 해서는 상관의 환심을 사려 하지 않고 오히려
황제를 비판하는 상소문을 올린 인물로서, 일종의 전설적 존재로
간주되고 있었음을 알 수 있다.

마오쩌둥의 사고 흐름은 분명했다. 그는 허위 통계의 확산이 고
위 관료들이 하위 조직에 과도한 수확량을 요구한 데서 비롯되었
고, 하급 간부들이 이를 맞추기 위해 실제로는 도달할 수 없는 목
표를 달성한 것처럼 보고하는 데 급급했다는 점을 잘 알고 있었
다. 이러한 구조의 가장 해로운 결과 중 하나는, 일선 간부들이 농
민들에게 계획된 수확량을 무리하게 떠넘겼다는 점이다. 아이러

45　Mary G. Mazur, *Wu Han, Historian: Son of China's Times*(Plymouth,
　　UK: Lexington, 2009), 407. 저자는 후차오무 비서의 증언을 인용하고 있다.

니하게도, 이러한 자의적 결정들이 가능했던 이유는 바로 대약진 운동에 대한 집단적 열정 때문이었다. 왜냐하면 초기에는 많은 농민들이 간부들의 판단을 신뢰했기 때문이다. 하지만 이와 같은 대중의 열기는 정치 실험의 본질을 훼손시켰고, 결국 과장된 생산을 과시하는 보여주기식 전시로 전락하고 말았으며, 그것은 끝내 허상에 불과한 것으로 드러났다. 마오쩌둥은 대중 정치 활동을 보존하면서 가능한 한 빨리 통계 조작을 중단시키고, 조작에 가담한 이들을 '바로잡는' 것이 필수적임을 깨달았다.

간단히 말해, 하급 간부들은 상급자들이 듣기 꺼리는 내용도 직언할 수 있어야 한다는 것이다. 이러한 측면에서 해서는 그 어떠한 문헌학적 정확성과는 상관없이 중국 문화 전통 속에서 '전설적인' 사례였다. 마오쩌둥은 허위 통계를 이용한 관료적 과시 경쟁과 내부 투쟁이라는 왜곡된 메커니즘을 중단시키기 위해 1959년에 해서를 인용함으로써 기층 간부들이 상급자의 잘못된 결정에 직면했을 때 단호히 맞설 것을 호소하려고 했던 것이다.

이 시점에서 후차오무의 권유에 따라 우한이 논쟁에 뛰어들었고, 해서에 대한 글을 쓰기 시작했다. 그의 첫 번째 시도는 「해서가 황제를 꾸짖다(海瑞罵皇帝)」라는 제목의 짧은 글이었다.[46] 그러나 1965년 말 논쟁 중 행한 '자아비판'에서, 우한은 이 문제에 대해 명시적으로 언급할 수 없었다. 실제로 그의 방어 논리는 모순적이었는데, 그는 자신을 현실과 동떨어진 구식 학자로 묘사하며 정치적 사안에 대해서는 전혀 알지 못했다고 주장했다. 물론 이 글이 1959년 6월 중순, 즉 루산 회의 약 2주 전에 발표되었기 때문에 정치적 문제와는 무관하다는 인상을 줄 수도 있었지만, 사실

46　吳晗, 「海瑞罵皇帝」, 『人民日報』, 1959年 6月 16日, 8.

상 이 글은 회의 준비라는 광범위한 맥락에서 요청된 것이었다.

이 글은 겉보기에는 상당히 중립적으로 보인다. 그저 마오쩌둥이 인용했던 1566년 해서가 가정제에게 올린 상소문의 내용을 요약하고 있을 뿐이다. 이 상소문은 특정한 정부 정책을 다룬 것은 아니었지만, 신하가 군주에게 불만을 표하는 문서로서는 다소 과장된 어조를 지닌 유명한 글이다. 해서는 이 상소문을 올린 일로 인해 마땅히 질책을 받고 파면되었고, 가정제가 죽은 이후에야 복직되었다.

그러나 이 글을 자세히 읽어보면, 상소문은 사실상 군주의 덕이 쇠퇴한 것을 비판하는 이상적 모범 사례를 제시하는 내용으로, 이는 고대부터 유교 전통에서 흔히 볼 수 있는 방식이었다. 이 황제에 대한 꾸짖음은 실제로는 군정에 무관심했던 그의 역사적으로 잘 알려진 태도를 문제 삼은 것이었다. 황제가 신하들의 불만 보고에 대해 무뚝뚝하고 오만한 반응을 보였던 이유는, 그가 불로장생을 추구하며 밀교적 수행에 몰두하고 있었기 때문이었다. 해서는 상소문에서 황제가 참회하고 밀교적 집착을 버릴 것을 촉구했지만, 그 비판의 본질은 다소 모호하다. 핵심 문장은 아마도 다음과 같을 것이다. "현재의 문제는 군도의 바름이 없고, 신하의 직책이 분명하지 않다는 데 있습니다(目前的問題是君道不正, 臣職不明)."[47]

이러한 유형의 비판은 제국 시대 전통 속의 다른 곳에서도 찾아

---

[47] 이 메모의 핵심 부분은 Theodore De Baryand Richard Lufrano, eds., *Sources of Chinese Tradition*(New York: Columbia University Press, 2000), vol.2, 472-73에 번역되어 있다. 약간 현대화된 번역에서 이 구절은 다음과 같이 해석된다. "오늘날 가장 시급한 문제는 황제 정책의 부조리와 관료 책임의 결여이다(The most urgent problems today are the absurdity of imperial policies and the lack of official responsibilities)."

볼 수 있다. 예를 들어, 황제가 불로장생을 위한 신비한 묘약에 지나치게 몰두했다는 비판은, 유가들이 한나라 시대부터 자신들이 가장 즐겨 공격했던 최초의 법가 황제인 진시황제에게 제기하던 비난과 동일하다.

우한의 1959년 글은 이후 해서의 상소문 내용을 과장하고 왜곡했다는 이유로 날카롭게 비판받았다. 비판자들에 따르면 그 상소문은 군주에 대한 질책이라기보다는 제국 체제에 대한 단순한 복종의 표시로 보는 것이 타당하다는 것이다. 비판자들은 우한이 상소문에서 '황제를 꾸짖었다'는 점을 강조했지만, 그것은 어디까지나 '나쁜 황제'에 한정된 것이며, 황제라는 존재 자체의 정통성에는 아무런 도전도 하지 않았다고 주장했다. 더 나아가, 1959년의 정세를 고려할 때, 이 글은 우익 기회주의자들에게 당의 올바른 노선 자체를 비판할 수 있는 빌미를 제공하는 것이었다고도 주장되었다.[48] 첫 번째 비판은 분명하지만, 두 번째는 우한의 정치적 영향력을 과대평가한 측면이 있어 보인다. 하지만 핵심은 이 글 어디에서도, 마오쩌둥이 왜 해서를 인용했는지에 대한 정치적 맥락—즉, 농촌의 기층 간부들에게 상급자의 비현실적인 생산 목표에 무조건 따르지 말 것을 호소했던—과 그 의도가 전혀 드러나지 않는다는 점이다. 「해서가 황제를 꾸짖다」는 당시 마오쩌둥이 해서를 언급했던 주요 정치적 동기를 무시하고 있다. 이 글은 오히려 유교 전통의 고전적 우화, 즉 덕이 부족한 황제와 갈등하는 정직한 신하의 이야기에 초점을 맞춘다. 유교 사상에서 군주의 도(道)가 '바르지 않음'(君道不正)은 모든 악의 시작으로 간주되었기

---

48 戚本禹, 「『海瑞罵皇帝』和『海瑞罷官』的反動實質」, 『人民日報』, 1966年 4月 2日, 5; 關鋒和林傑, 「『海瑞罵皇帝』和『海瑞罷官』是反黨反社會主義的兩株大毒草」, 『人民日報』, 1966年 4月 5日, 5를 볼 것.

때문이다.

　우한의 상소문에 대한 글은 훗날 그의 희곡 주인공을 형상화하는 데 있어 최초의 밑그림으로 간주될 수 있다. 해서는 시작부터 당대의 정치적 상황과는 완전히 무관한 인물로 묘사된다. 그러나 실제로 해서는 시대의 불가피한 참여자였다. 마오쩌둥은 그를 의도적으로 언급했고, 사학자였던 우한은 그 참조의 의미를 강화하기 위해, 극도로 긴장된 정치적 시기에 글을 의뢰받은 것이다. 우한의 초기 시도는 해서를 '탈정치화'하는 것이었고, 이러한 큰 방향은 이후 인물 묘사 과정에서도 일관되게 유지되었다.

'해서론'

　우한은「자아비판」에서「해서가 황제를 꾸짖다」에 대해 거의 언급하지 않았는데, 이는 아마도 자신이 당-국가의 최고 권력층과 실제로 얼마나 가까웠는지를 밝히지 않고서는 1959년 봄 갑작스럽게 해서라는 인물에 관심을 가지게 된 경위를 설명할 수 없었기 때문일 것이다. 대신 그는 같은 해 9월에 발표한 보다 긴 논문인「해서론」을 인용했지만, 이 경우에도 자신을 '비정치적인' 학자로 묘사하는 것에 반하는 내용은 모두 생략했다. 이 글에는 앞서 언급한 우익 기회주의에 대한 비판 구절이 포함되어 있었으며, 우한은 이를 자신이 당에 충실했음을 보여주는 증거로 인용했다. 1965년 말 그러했던 것처럼 이 구절은 상황이 악화될 경우를 대비해 명백히 의도적으로 삽입되었다. 이 대목은 루산 회의에서 펑더화이가 '우익 기회주의'로 실각한 직후, 후차오무의 조언에 따

라 추가된 것으로 보인다.[49]

그러나 첫 번째 글은 후차오무의 요청으로 작성되었을 가능성이 높은 반면, 「해서론」은 우한이 자발적으로 집필한 것이고, 후차오무는 단지 해당 구절 첨가만 제안했을 것으로 추정된다. 인물형상의 세 번째이자 마지막 단계인 희곡 자체는 훨씬 더 직접적으로 우한이 주도한 것으로 보인다. 이러한 세부 사항은 루산 회의와 우한의 관계라는, 이야기에서 가장 민감한 부분을 더욱 복잡하게 만든다.

우한이 1959년 당시 벌어지고 있던 정치적 대립 상황을 인지하고 있었다는 것은 의심의 여지가 없다. 비록 회의에 직접 참석할 자격은 없었지만, 펑더화이와 마오쩌둥 사이의 대립 과정에서 해서의 이름이 여러 차례 언급되었다는 사실을 곧 알게 되었음은 분명하다.[50] 그는 또한 마오쩌둥이 자신이 본래 의도한 것과는 전혀 다른 목적으로 해서의 이름이 인용된 것을 보고 놀랐다는 점, 그리고 대약진 운동이라는 정치적 실험에 반대하는 측이 '해서 정신'을 언급한 데 대해 마오쩌둥이 그대로 넘어가지 않았다는 사실도 알고 있었을 가능성이 크다.

우연히도, 2장에서 언급했듯이, 루산 회의의 기록을 읽어보면―이 기록은 수년 전부터 공개되어 있었다―펑더화이에 대해 마오쩌둥이 행사한 무자비한 전제적 검열이라는 이미지는 오늘날 이 문제가 언급될 때 거의 의심 없이 받아들여지는 이미지와는 매우 다른 상황이었음이 드러난다. 이와 관련된 작은 예로, 논쟁이 가장 격렬했던 시점 중 하나에 벌어진 해서 사건에 대한 마

49　張湛彬, 『文革第一文字獄』, 31.

50　이 점에 관해 톰 피셔는 홍위병 간행물 자료들을 인용하고 있다. "'The Play's the Thing': Wu Han and Hai Rui Revisited," 28을 볼 것.

오쩌둥의 반응을 들 수 있다. 그는 이렇게 말했다. "해서가 이사했소(搬家了). 명나라 시절 해서는 좌파였소. … 지금 해서는 우파요. 나는 편향되게 듣고 믿습니다(偏听偏信). 한쪽 이야기만 듣지요. 해서는 좌파였소. 나는 좌파 해서가 좋소. 오늘날 마르크스주의 입장에서 우리의 결점을 비판하는 것은 옳소. 나는 좌파 해서를 지지하오."[51]

이 회의에서 해서에 대한 그의 암시가 정치적으로 어떤 의미를 내포하고 있었는지는, 우한에게 안도감을 주기보다는 오히려 불안감을 주었을 것으로 짐작할 수 있다. 몇 주 전만 해도 매우 비정치적인 방식으로 칭찬했던 그 인물이 루산 회의에서는 극도로 긴장된 상황 속에서 격렬한 논쟁의 중심에 선 인물로 다시 등장한 것이다. 「해서가 황제를 꾸짖다」에서 우한은 현재적 정치에 대한 어떤 언급도 철저히 배제하며, 기층 간부들이 상층부에 대해 자유로운 정신을 가질 수 있다는 가능성조차도 지워버렸다. 그러나 지금 해서는 훨씬 더 극적인 방식으로 재등장했고, 1949년 이후 중공 지도부 내부에서 벌어진 가장 심각한 정치적 대립 속에서 핵심적인 상징으로 떠올랐다.

「해서론」은 앞선 글과 마찬가지로, 그 글이 말하는 바뿐만 아니라 무엇을 생략하고 있는지도 함께 고려해야 한다. 즉, 바로 그 시기 해서이라는 이름이 매우 정치화되어, 마오쩌둥과 펑더화이 간의 대결에서 직접적인 역할을 했다는 사실이 누락되어 있는 것이다. 우한은 이에 대해 더욱 탈정치적인 방식으로 대응했다. 첫 번째 글에서 그는 해서를, 군주의 덕이 상실됨을 한탄하는 전형적인 유학자 관리로 복귀시켰다. 이제, 훨씬 더 격렬한 정치적 의미—

51　李銳,『盧山會議實錄』, 347.

즉 ‘우파 해서’와 ‘좌파 해서’ 사이의 분열—가 등장하자, 그는 그 인물을 현대 정치와 더욱 철저히 분리시킴으로써 대응했다.「해서론」에 등장하는 인물은 우도 좌도 아니었고, 현대 정치의 어떠한 분열도 초월한 존재였다. 우한의 표현에 따르면, 그는 단지 역사의 발전을 옹호하는 인물이었을 뿐이다.

회의 직후 발표된 이 글의 분량으로 볼 때, 이 글은 회의 도중이나 막바지에 쓰였을 가능성이 크다. 물론 ‘가짜 해서’의 ‘우익 기회주의’에 대한 맹비난 부분은 그 이후에 덧붙여진 것이 분명하다. 우한은 동시대적 의미를 지닌 정치적 논란과 완전히 분리된 인물을 묘사하는 데 있어 너무 멀리 나아갔고, 후차오무(胡乔木)는 그가 ‘우파 해서’와 연관될 위험이 있다고 지적했을 것이다. 하기에 후차오무는 우한에게 위에서 언급한 부분을 추가하라는 신중한 제안을 했고, 그 결과 ‘우익 기회주의에 대한 투쟁’을 찬양하는 해서의 모습에서는 우한 혼자서는 결코 쓸 수 없었을 법한, 더 높은 권위를 지닌 손길이 분명히 드러나게 되었다.

1959년 9월의 장문의 글에서 우한에게 직접적으로 그 책임이 귀속될 만한 인물 묘사는 마오쩌둥이 봄에 언급했던 해서와는 전혀 다른 모습을 보여준다. 해서는 더 이상 윗사람이 듣기 싫어하는 진실을 감히 말하는 관료의 전형이 결코 아니다. 그는 이제 농민과 역사를 위하는 ‘어진 관리’로 탈바꿈했다. 이전 글에서는 핵심적인 관심사가 상부에서 임의로 설정한 목표에 순종하지 말라는 하급 간부에 대한 훈계 혹은 비망록 인용의 정치적 이유를 제거하는 것이었다면,「해서론」에서는 동시대의 정치적 함의를 배제하려는 생략이 훨씬 더 체계적으로 이루어졌다고 할 수 있다.

부차적 문제로서의 파관

우한이 이 주제에 몰두하게 된 긴박함은 해서 캐릭터 구성의 세 번째이자 최종 단계의 시기를 통해 뒷받침된다. 우한은 루산 회의 직후『해서파관』을 집필하기 시작한 것으로 알려져 있으며, 다음 해 3월에는 초고를 완성했고 6월에는 두 번째 초고를 완성했다. 최종 원고는 1961년 8월에 발표되었고, 1962년 초에는 무대에 올려졌다. 이 세 가지 버전 사이의 차이는 1965~66년 논쟁이 일어났을 당시 면밀하고 논쟁적으로 분석되었다.

가장 큰 차이점은 최종판의 제목에 '罷官(파면)'이라는 표현이 포함되었다는 점이다. 반면 앞선 두 버전의 제목은 단순히「해서」였다.

1965~66년의 비판자들은 초고들과 최종판 사이의 시간적 간극에 주목하며, 이 제목의 추가는 1961년에야 가능했다고 지적했다. 왜냐하면 그 시점에 이르러서야 비로소 중국공산당 상층부 내에서 펑더화이의 복권을 지지하는 여론이 충분히 형성되었기 때문이라는 것이다. 그들은 이 사실을 우한이 당시의 정치적 갈등에 능동적으로 참여하고 있었다는 증거로 해석했다.

그러나 나는 오히려 이 제목의 추가가 해서라는 인물에게 내재할 수 있는 정치적 함의를 철저히 제거해나가는 마지막 단계였다고 본다. 루산에서의 정치적 긴장이 높았던 만큼, 우한은 그에 반비례하여 철저히 탈정치화된 해서를 묘사하려 했던 것이다. 그 결과『해서파관』에는 황제를 꾸짖는 내용이 전혀 없다. 심지어 생산력의 발전이라는 기술적 측면으로 제한하려는 온갖 조치를 취했음에도, 약간의 정치적 함의를 지닐 수 있었던 '역사의 발전'에 대한 암시조차 사라졌다. 그리고 물론, 앞선 글에서 권위자의 조언에 따라 삽입되었던 '우익 기회주의에 대한 투쟁의 기치로서의 해서'라는 모습도 완전히 사라졌다.

희곡 속 해서는 마침내 악한 관료들을 꾸짖는 청천(靑天)이자 감사하는 농민들의 은인으로 묘사되며, 농민들은 그에게 영원한 충성을 맹세한다. 이 인물의 전제가 더 이상 군주의 덕 결핍에 대한 유교적 슬픔이나 생산력 발전이라는 역사적 추진력이 아니라, 단순히 농민들의 정치적 무력함으로 설정되어 있다. 이처럼 모든 정치적 암시가 제거된 무대 위의 해서는 대약진 운동의 실험들이 아무런 가치가 없다는 관점과 완전히 일치한다. 이 관점에서 이 희곡은 단지 펑더화이의 견해를 반영하는 데 그치지 않고, 좀 더 본질적인 차원에서 1950년대 말 중국공산당 내부에서 분명히 드러난 농민을 위한 새로운 정치적 존재 가능성의 모색이 막다른 길에 봉착했음을 반영하고 있다.

그렇다면 왜 우한은 최종 버전의 제목에는 '파관'이라는 주제를 굳이 추가하면서도 정작 줄거리에서는 그것을 생략했을까? 결과적으로, 사라진 '파관'은 오히려 그 상징적 무게를 더욱 키웠다. 줄거리에서 파관이라는 언급을 피함으로써 해서라는 인물에 내재할 수 있는 모든 정치적 암시를 효과적으로 제거해놓고도, 정치적 뉘앙스를 다시 전면에 내세우려는 시도를 새 제목이 암시한 것은 아니었을까? 사실, 바로 이것이 1965~66년 논쟁에서 실제로 발생한 일이었다.

우리는 오직 추측에 의존할 수밖에 없다. 예를 들어, 루산 회의에서의 대립이 농민을 위한 새로운 정치적 존재 가능성의 창조 여부를 중심으로 전개되었고, 해서라는 인물에게서 정치적 의미를 제거하려는 우한의 동기가 그러한 가능성을 부정하려는 태도와 완전히 일치하는 것이었다면, 이 인물 구성은 루산 회의의 극적 결말까지 언급하지 않고서는 불완전했을 것이다. 아니, 더 정확히 말하면, 펑더화이의 파면이라는 정치적 의미를 회피하고 그것을 단순한 궁정 암투—즉, 정직한 관리가 부당하게 처벌된 사건—로 축소하지 않았더라면, 이 희곡은 궁극적으로 아무런 효과를 가지지 못했을 것이다.

왜냐하면 바로 이 지점에서 펑더화이는 완전히 해서가 되기 때문이다. 하지만 제목에 '파관'을 추가한 행위는 또한 그리고 필연적으로 과거로 향하는 효과도 불러일으켰다. 마오쩌둥의 발언이 강력히 강조했듯이, 이 제목은 루산 논쟁이 시작된 순간부터 펑더화이를 곧장 '청천'으로 만들어버렸다. 제목에 '파관'을 추가한 것은 일관된 선택이었지만, 그것이 줄거리에는 포함되지 않은 것은 우한이 이 문제에 지나치게 무게를 둘 경우 반발을 살 수 있다는 점을 인식하고 있었음을 보여준다. 결과적으로, 그는 그 문제를 노골적으로 제기하는 데까지는 나아가지 않았지만 그 위험을 감수하기로 결심했다. 이 마지막 한 획은 우한의 일종의 망설임, 혹은 주저함을 드러낸다. 실제로 그는 처음부터 자발적으로 '해서 사건'에 깊이 관여한 것이 아니었으며, 앞서 본 것처럼 최초의 반응은 해서와 자신을 정치적 싸움으로부터 최대한 멀리 두려는 것이었다.

우한 동지는 지나치게 겸손하다

해서라는 인물 구성에 관한 개괄은 이후 논쟁의 전개 과정을 좀 더 면밀히 살펴볼 수 있게 해준다. 위에서 언급한 대부분의 전개는 직접적으로 언급되지 않았더라도 논쟁에 참여한 이들에게는 잘 알려진 사실들이었기 때문이다. 「자아비판」은 해서에 대한 비판을 누그러뜨리거나 종식시키려는 의도로 최고위층에서 조율되어 발표된 것이었지만, 실제로는 정반대의 효과를 가져와 갈등을 더욱 첨예하게 만들었다. 우한은 희곡에서 어떤 동시대적 함의도 배제하려 했으나, 이 시도가 오히려 루산 회의의 논쟁을 더욱 부각시켜, 논란 중 가장 민감한 지점에 주의를 집중시키는 결과를 낳았다. 「자아비판」의 논리는 비판자들을 설득하지 못했고, 비판자들은 더욱 늘어났으며 그 어조도 더욱 격렬해졌다. 또한, 이 글은 우한을 옹호하는 이들에게도 큰 도움이 되지 못했는데, 지지자들은 우한보다도 더 강한 어조로 그의 작품을 옹호하면서도 그의 주장이 자주 모순된다고 느끼기도 했다.

1965년 12월 말에 발표된 「자아비판」은 전환점이 되었다. 이듬해 1월이 되자, 지식인 대중의 주관적 개입은 이전보다 훨씬 더 두드러졌고, 이는 이번 논쟁이 근본적인 정치적 성격을 지닌 사안이라는 자각에 의해 더욱 자극되었다. 게다가 당-국가 중앙 문화 기구를 주관하는 당국이 이 논쟁을 애초에 없던 일로 만들고 싶어 하면서도 종종 왜곡된 방식으로 영향력을 행사하고 있다는 수많은 징후는 비판자들을 더욱 완고하게 만들었고, 동시에 우한 지지자들의 완강한 반박을 불러일으켰다.

신문 보도들 가운데는 중국의 여러 도시에서 저명한 역사학자들이 주도한 토론회 및 세미나에 대한 자세한 보도가 포함되어 있었으며, 이 모임들은 우한의 「자아비판」에 대한 가장 의미 있고 영향력 있는 관점을 집중적으로 조명하고 요약하는 데 목적을 두었다. 1월까지 이 세미나 참석자들이 기고한 수많은 기사와 편지가 있었기에, 12월 논쟁 초기와 마찬가지로 이 보고들에 의존하는 것은 당시 상황을 간결하고 일관된 형태로 그려보는 데 여전히 유효하다.

그 최초의 토론회 중 하나는 12월 31일 상하이에서 열렸는데,

이는 「자아비판」이 발표된 바로 다음 날로, 논쟁의 격렬함을 보여
준다. 이 회의는 논쟁을 촉발시킨 야오원위안의 글을 게재한 『문
회보』의 주도로 개최되었으며,[52] 이 신문이 가장 비판적인 입장을
대변한 것은 의심의 여지가 없었다. 이 회의에 참석한 우한의 지
지자들은 특히 해서를 '반우파 투쟁 전사'의 전형으로 묘사한 점
과 관련하여 그의 논리를 방어하는 데 상당한 어려움을 겪었다.

　상하이 토론회에서 개회사를 맡은 연설자는 한순간 이렇게 외
쳤다. '우한은 어떻게 해서와 반우파 운동을 연관 지을 수 있었단
말인가?' 이 발언의 주인공은 상하이 사회과학원 역사연구소 부
소장이자 우한에게 가장 우호적이고 이해심 많은 지지자 중 한 명
이었던 저우위퉁이었다.[53] 일부 참석자들은 "연대기표를 기계적
으로 배열하면서 사상의 본질을 회피하는 방식으로는 문제를 해
결할 수 없다"[54]고 지적했다. 심지어 우한에게 가장 호의적인 이
들조차도 "해서와 반우파 투쟁 사이에 어떤 연관성이 있는지 알
수 없다"[55]고 인정할 정도였다.

　상하이에 모인 대다수의 다른 참석자들—대부분이 원로 사학자
들이었다—은 훨씬 더 공개적이고 논쟁적인 발언을 쏟아냈다. 그
들은 우한의 글을 자기확신, 교조적인 문구, 궤변, 사소한 부분에
대한 제한적 양보로 이루어졌으며, 무엇보다도 가장 핵심적인 정
치적 문제들을 회피했다고 비판했다. 논의의 주요 초점은 다음 세

52　「上海學術界部分人士座談吳晗的『關於『海瑞罷官』的自我批評』」, 『文匯報』,
　　1966年 1月 7日; 영어 번역은 *Chinese Studies in History and Philosophy
　　2*, no.3(1968): 42–59.

53　周予同, 「上海學術界部分人士座談吳晗的『關於『海瑞罷官』的自我批評』」.

54　魏建猷(역사학자, 상하이사범대학), 「上海學術界部分人士座談吳晗的『關於
　　『海瑞罷官』的自我批評』」에 인용되어 있다.

55　潭其驤(푸단대학), 「上海學術界部分人士座談吳晗的『關於『海瑞罷官』的自我
　　批評』」에 인용되어 있다.

가지였다. 해서가 '우익 기회주의에 대한 맞선 투쟁'의 영웅을 상징한다는 주장, 우한의 글쓰기 일정, '고대를 위한 고대, 연극을 위한 연극'이라는 명분으로 "현실과 유리되었다"는 해명.

류다지에는 「자아비판」 서두에 실린 창작 일정이 이 희곡이 정치와 무관하다는 것을 증명하려는 의도였지만 그러나 우한은 또 「해서론」이라는 글을 '우익 기회주의에 반대하기 위해' 썼다고 밝혔다는 점을 지적했다. 류다지에는 「해서론」을 토대로 쓴 희곡이 작가가 주장하는 것처럼 모호하고 혼란스러운 목적만을 갖고 있었다고 믿기는 어렵다고 평가했다. 또한 그는 우한이 몇 년 전 「사극에 관한 몇 가지 문제」라는 글에서 사극을 쓰는 목적은 "결코 죽은 자를 위한 것이 아니라 살아 있는 자를 위한 것"이라고 주장한 바 있다는 점도 상기시켰다. 우한은 당시 '선조들의 투쟁 경험과 교훈을 계승하여 오늘날의 사회주의 건설에 봉사하게 함으로써 과거를 오늘을 위해 활용한다'는 것이 사극의 본래 목적이라 강조했다. 하지만 「자아비판」에서는 『해서파관』을 집필하면서 "고금을 오늘에 활용하겠다"거나 "현실을 강조하고 고금을 부차시하겠다"는 생각은 전혀 하지 않았다며, 단지 "과거를 과거 자체로서 공부하고, 희곡을 희곡 자체로서 썼을 뿐"이라고 해명했다. 이에 대해 류다지에는 다음과 같이 결론지었다. "이것으로 어떻게 인민을 설득할 수 있단 말인가?"[56]

---

56 劉大杰, 「上海學術界部分人士座談吳晗的『關於『海瑞罷官』的自我批評』」에 인용되어 있다. 앞서 인용되어 있는 것처럼, 류다지에(劉大杰)는 12월 23일 『문회보』에 비판적인 글을 실은 바 있다. 우한의 「자아비판」을 비판한 여타의 글에 대해서는 徐德政, 張錫厚, 欒貴明, 「評吳晗同志『關於『海瑞罷官』的自我批評』」, 『北京日報』, 1965年 12月 31日; 戈鋒, 「『論海瑞』的錯誤僅僅是思想方法上的片面性嗎?」, 1965年 12月 31日, 3; 李東石, 「評吳晗同志的歷史觀」, 『北京日報』, 1966年 1月 8日, 3; 蔡尚思, 「這是什麼樣的 "自我批評"」, 『文匯報』, 1966年 1月 25日, 4. 우한의 두 번째 자기비판 또한 비판의 대상이 되었

또 다른 비평가는, 해서와 자신들을 동일시했던 우익 기회주의 자들에 반대하기 위해 이 희곡이 쓰였다는 주장은 설득력이 없을 뿐 아니라, 우한의 논거는 오히려 "그런 사람들에게 결국 해서가 필요했다는 사실을 보여준다"고 지적했다. 그들은 "스스로 해서 가 되지는 못했지만, 해서라는 이미지를 필요로 했던 것"이며, 따 라서 "해서에 관한 글들과 희곡은 스스로 나서지 못했던 우익 기 회주의자들의 필요를 충족시켜준 것으로, 그 사람들이 제 역할을 하지 못한 자리를 대신해준 셈"[57]이라는 것이었다. 여기서 우리 는 앞서 언급된, 논쟁의 참여자들이 결국 우익 기회주의자들이 해 서가 '되었다'는 점을 인식하고 있었음을 볼 수 있다. 그러나 비평 가들은 이에 대해 더 깊이 분석하지도, 해서라는 인물이 루산 회 의의 전개에 반응하여 어떻게 단계적으로 구성되었는지를 자세히 탐구하지도 않았다. 관련된 표현은 대부분 암호처럼 모호하거나 완곡하게 둘러 말해졌고(펑더화이의 이름은 단 한 번도 언급되지 않았 다), 이는 루산 회의에서 발생한 분열이 여전히 해결되지 않은 상 태였기 때문으로 보인다.

토론회 참석자 다수가 가장 신뢰하지 못했고 정치적으로도 부 적절하다고 본 점은 바로 역사 연구와 정치의 분리라는 주장, 혹 은 '확고한 정치적 입장'과 '뒤처진 학문적 사고' 사이의 내적 모순 이라는 주장이었다.[58] 우한이 희곡의 '탈정치적 결함'을 후회했다 고 밝힌 점에 대해, 일부는 "과거 그 자체를 위한 과거"를 연구하

다. 嚴問, 「評吳晗同志關於道德問題的"自我批評"」, 『北京日報』, 1966年 1月 14日, 3.

57 李俊民(학술출판사인 상해중화서국 편집장), 「上海學術界部分人士座談吳晗 的『關於『海瑞罷官』的自我批評』」에 인용되어 있다.

58 束世澄(역사학자, 화동사범대학), 「上海學術界部分人士座談吳晗的『關於『海 瑞罷官』的自我批評』」에 인용되어 있다.

는 학자들도 실제로 존재한다고 인정했다. 하지만 그것은 우한에게는 해당되지 않는다는 것이었다. 그는 오랫동안 역사극 창작은 "다음 세대에게 교훈을 주는 데 중점을 두어야 한다"[59]고 주장해왔기 때문이다.

결국 '계급투쟁을 잊었다'는 저자의 변명은, 역사 연구의 현대적 가치를 반복해서 강조해온 인물로서는 정치적 논점을 회피하려는 구실에 불과하다는 비판이 이어졌다. 여러 발표자들은 다음과 같이 지적했다. "우한은 계급투쟁을 잊지 않았을 뿐만 아니라, 명백히 그 투쟁에 참여한 사람이다. 단지 그가 속한 쪽은 프롤레타리아가 아니라 부르주아 계급일 뿐이다."[60] 또 다른 참석자는 이렇게 말했다. "우한은 겸손한 척하는 거지요… 그는 단 한 순간도 계급투쟁을 잊은 적이 없습니다."[61] 이러한 풍자의 기운은 분명했다. 며칠 뒤 실린 한 기사에서는 이렇게 정리되었다. "우한 동지는 정치와 현실에서 동떨어진 사람이 아니라, 오히려 날카로운 정치 감각을 지닌 인물이며 정치 투쟁이 무엇인지 누구보다도 잘 아는 사람이다."[62]

59　楊寬(역사학자, 상하이사회과학원), 「上海學術界部分人士座談吳晗的『關於『海瑞罷官』的自我批評』」에 인용되어 있다.

60　劉大杰, 束世澂, 「上海學術界部分人士座談吳晗的『關於『海瑞罷官』的自我批評』」에 인용되어 있다.

61　陳向平, 「上海學術界部分人士座談吳晗的『關於『海瑞罷官』的自我批評』」에 인용되어 있다.

62　史紹賓, 「評『關於『海瑞罷官』的自我批評》』的幾個問題」, 『光明日報』, 1966年 1月 9日; 영어 번역은 *Chinese Studies in History and Philosophy* 2, no.3(1968): 32-41.

독이 든 씨앗 혹은 향기로운 꽃?

1966년 1월까지 「자아비판」을 둘러싼 논쟁의 열기는 더욱 거세져, 극의 다른 주제들과 인물 해서에 대한 문제로까지 확산되었다. 이와 관련해 찬반 양측 모두 새로운 주장을 많이 내세우지는 않았지만, 입장은 점점 더 양극화되었다. 중도적인 온건파는 「자아비판」에 대해 큰 열의를 보이지 않았지만, 좌우 양측의 비판은 정치적·역사적 문제에 대해 점점 더 날카로워졌고, 우한의 열렬한 지지자들은 더욱 완고해졌다. 이로써 중도층은 얇아지고 좌우 양측은 더욱 강하게 목소리를 내게 되었다. 당시의 정치적 표현을 빌리자면, 『해서파관』을 '독초'라고 비판하는 이들과 '향기로운 꽃'이라 칭송하는 이들이 정면으로 맞서게 된 셈이다.

1966년 1월 중순, 우한과 광저우에서 열린 두 차례의 토론회 회의록이 발표되었는데, 여기에는 지역의 주요 대학 및 연구 기관 소속 역사학자와 학자들이 참석하였다. 이 기록들은 각 입장을 요약한 신뢰할 만한 자료이며, 이후 전국 언론에 발표된 다양한 글들 속에 드러난 뉘앙스들도 반영하고 있다. 참가자가 많았던 만큼, 두 보고서의 발언들은 찬반 입장으로 나뉘어 정리되었고, 이는 이 논쟁이 정치적·연극적·역사적 측면에서 얼마나 깊은 대립을 보여주는지를 강조하고 있다.

정치적인 측면에서 보면, 우한의 학자들은 자신들의 발언을 당시에 벌어지고 있던 농업협동조합의 운명과 루산 회의의 결과와 관련된 논쟁에 명확하게 연결시켜 표현하였다. 우한의 지지자들은 극이 특정 정치 논쟁과는 무관하다고 강하게 주장하며, 해서의 도덕적 성품이 지닌 애국적 가치를 강조하였다. 그들은 이렇게 말했다. "1960년대 초반 중국이 어려운 상황과 국제적 고립에 처했을 때, 제국주의자들과 현대 수정주의자들이 반중(反中) 합창에 동참하던 몇 해 전, 『해서파관』이 찬양한 강직함, 공정함, 불굴의 정신은 당시 실제 투쟁에서 영감을 주는 역할을 했다."[63] 반면, 비판자들은 이 연극이 인민공사의 해체를 위한 정치적 기획을 대표하며, '반중 정서'와 완전히 공조하고 있다고 주장했다. 그들은 "이 연극은 제국주의자들과 현대 수정주의자들이 반중 물결을 일으키고, 국내의 봉건 세력과 부르주아 계급이 '고립주의'와 '판결 뒤집기' 바람을 선동하며 맹렬한 공격을 퍼붓던 시점에 등장했다"[64]고 지적했다.

우한론 지지자들이 반복해서 내세운 논거 중 하나는 바로 '양보정책'이었는데 이것은 이론적으로 유일한 기준점이었다. 그들의 견해에 따르면 "해서는 혁명의 부산물이라 할 수 있는 양보정책을 시행하였고, 이는 역사 속 대중의 역할을 굴절적으로 반영한 것이었다."[65] 하지만 비판자들은, 해서의 농민에 대한 태도에 관한 역사적 기록이 극 중 인물의 허구성을 증명한다고 반박했다. 그들에 따르면 해서를 봉건 시대의 개혁가로 묘사하는 것은 순전히 환상에 불과하다.[66]

63　史文群整理, 「武漢學術界展開『海瑞罷官』的討論」, 『羊城晚報』, 1966年 1月 15日; 丁望 主編, 『吳晗與《海瑞罷官》事件』, 442-46에 다시 게재되었다. 영어 번역은, *Chinese Studies in History and Philosophy* 2, no.3(1968): 4-10.

64　史文群, 「武漢學術界展開『海瑞罷官』的討論」.

65　史文群, 「武漢學術界展開『海瑞罷官』的討論」. 1월에 실린 몇몇 글들은 양보 이론이 농민 반란의 '부산물'인 '새로운 지배 집단의 계급 정책'이라고 주장하면서 양보 이론에 대해 상당히 호의적이었다. 徐德嶙, 「對"讓步政策"的幾點看法」, 『文匯報』, 1966年 1月 13日, 4; 楊國宜, 張海鵬, 「究竟怎樣認識"讓步政策"」, 『文匯報』, 1966年 1月 17日, 4; 張延擧, 「海瑞實行了讓步的改良」, 『北京日報』, 1966年 1月 26日; 姚鐸銘, 「全面地理解"讓步政策"」, 『文匯報』, 1966年 1月 27日, 4를 볼 것.

66　史文群, 「武漢學術界展開『海瑞罷官』的討論」. 1월에 발표된 양보정책 이론에

정직한 관리의 역사적 문제를 둘러싼 1월의 논쟁은 12월보다 더 급진적이었지만, 주요 쟁점을 따라 형성된 대립 구도는 여전히 교착 상태에 있었다. 우한에 호의적인 글들은 해서를 "도덕성의 모범"이자 "역사적 진보의 추진자"로 계속 주장한 반면,[67] 야오원위안을 지지하는 쪽은 정직한 관리라는 개념 자체가 봉건시대의 실제 계급 관계를 가리는 "안개막"이라고 반박했다.[68]

그러나 극 중 계급 분석 문제를 둘러싼 입장 차이는 결국 훨씬 더 모호하고 구별하기 어려웠다. 이제 다수파가 된 비판자들은 우한의 희곡이 '계급 화해 이론'에 해당하며, 농민들의 불만은 결코 계급투쟁의 형태로 간주될 수 없다고 주장했다.[69] 반면, 우한을

관한 여타의 의견에 관해서는 肖鏃,「從"敎訓"談到"讓步政策"——同嚴北溟等先生商榷」,『文匯報』, 1966年 1月 13日, 4; 譚慧中,「"讓步政策"保存了農民戰爭的勝利果實嗎？— 與嚴北溟同志商榷」,『文匯報』, 1966年 1月 27日, 4를 볼 것.

67 習中文,「應該一分為二地看"清官"和"貪官"」,『文匯報』, 1966年 1月 6日, 4; 華山,「論肯定與讚揚」,『文匯報』, 1966年 1月 11日, 4; 吳君偉,「清官和貪官有別」,『文匯報』, 1966年 1月 14日, 4; 沈志,「對海瑞應當又批判又肯定」,『文匯報』, 1966年 1月 14日, 4; 華山,「為什麼要肯定"清官"、"好官"？」, 1966年 1月 17日, 4; 計紅緒,「要以階級觀點看待"清官"」,『文匯報』, 1966年 1月 28日, 4; 劉序琦,「給海瑞以公正的評價」,『文匯報』, 1966年 2月 4日, 4를 볼 것.

68 朱理章,「撥開迷霧看"清官"」,『文匯報』, 1966年 1月 6日, 4; 袁良義,「論"清"官不清」,『文匯報』, 1966年 1月 11日, 4; 商鴻逵,「由假海瑞談到真海瑞」,『文匯報』, 1966年 1月 11日, 4; 史軍,「顛倒了歷史的『海瑞罷官』」,『人民日報』, 1966年 1月 19日, 5; 韓國勁, 周勝昌,「海瑞"清官"生活真相」,『文匯報』, 1966年 2月 1日, 4; 韋格明,「海瑞"剛直不阿"的反動性」,『文匯報』, 1966年 2月 8日, 4를 볼 것.

69 唐長孺,「歷史唯物論, 還是階級調和論」,『文匯報』, 1966年 1月 14日, 4; 史哲,「告狀難道是農民革命鬥爭嗎？」,『文匯報』, 1966年 1月 18日, 4; 黃喜蔚,「這是階級的分歧」,『文匯報』, 1966年 1月 18日, 4; 瞿林東, 馮祖貽,「階級鬥爭的事實是抹煞不了的——評吳晗同志關於海瑞"退田"的辯解」,『北京日報』, 1966年 1月 26日; 牛子明,「哪個階級的立場？」,『文匯報』, 1966年 1月 28日, 4를 볼 것.

옹호하는 글들은 그가 계급 기준을 사용했으며 원칙적으로 비판자들과의 차이는 없다고 주장했다.[70]

가장 명확한 입장 차이를 보인 영역은 연극적인 측면이었다. 우한 지지자들은 해서라는 인물의 묘사가 '다소 과장되었다'는 점은 인정했지만, '역사극을 쓰는 데 있어 허용 가능한 수준'이라고 보았다. 역사극의 교육적 기능은 '사람들에게 역사적 인물의 특정한 행동을 직접 배우도록 강요하는 것이 아니라, 관객에게 어떤 연관된 사유를 불러일으키는 데 있다'고 강조했다. 이에 반해 비판자들은 '역사극에서 인물의 발전과 확대를 묘사하는 것이 허용될 수 있다'는 점은 인정하면서도, 이 경우 현실의 흔적이 없으며, 무대 위의 투쟁은 정치적 함의를 지니지 않고 단지 '선과 악의 투쟁'일 뿐이라고 주장했다. 해서와 악덕 관리는 단순히 선과 악의 상징이라는 것이다.[71]

광저우 회의에서의 대립은 우한(武漢)에서와 마찬가지로 첨예했다. 이곳에서는 세 가지 논쟁의 층위가 더욱 복잡하게 얽혀 있었지만, 입장 차이는 오히려 더 뚜렷했다. 우한 지지자들에게 해서는 "본받을 만한 훌륭한 자질을 많이 지닌 인물이며 … 위선적인 도덕주의자가 아니었고", 그의 "청렴함은 진실된 것이었다". 모든 정직한 관리와 마찬가지로, "전체적으로는 봉건 계급의 이익을 대변했지만", 해서는 "그 시기의 생산 발전에 객관적으로 이바지했고, 백성들에게 환영받았다"[72]고 주장했다.

---

70 平實, 「談『海瑞罷官』中王人物的階級關係——與姚文元等同志商権」, 『北京日報』, 1965年 12月 31日, 3; 張彬, 「並沒有原則分歧」, 『文匯報』, 1966年 1月 18日, 4를 볼 것.

71 史文群, 「武漢學術界展開『海瑞罷官』的討論」.

72 「廣州學術界對《海瑞罷官》的一些看法」, 『羊城晚報』, 1966年 1月 15日; 영어 번역은 *Chinese Studies in History and Philosophy* 2, no.3(1968):

반면, 비판자들은 해서를 역사적 인물로 묘사한 데 있어 일관성 부족에 초점을 맞췄다. 우한이 해서의 주요 동기로 제시한 "왕자라도 법을 어기면 백성과 다름없이 처벌받아야 한다"는 생각은 "지주 계급 국가 기구의 본질을 흐리는 것"[73]이라고 지적했다. 다른 한편으로 황제가 자신을 처형하려 하자 순순히 죽음을 받아들이려 했던 해서의 태도는, 우한이 주장한 바와 같은 "강직함과 소신"의 미덕이 아니라, "봉건 황제 권력에 대한 복종"에 지나지 않으며, "봉건제를 수호하기 위해 죽는 것은 전혀 가치 없는 죽음"이라고 비판했다. 한 논평자는 "우한은 봉건 시대의 역사학자보다도 더 나쁘다. 그는 해서를 단지 정직한 관리로 묘사한 데 그치지 않고, 심지어 그를 민중의 구세주로까지 그렸기 때문이다"라고 말했다.

광저우 회의에서의 가장 날카로운 비판은 연극적 주제에 집중되었다. 한 참가자는, 해서가 관할하던 지역이 극 중에서는 제국의 행정구역으로 묘사된 것이 아니라 "마치 인민전쟁 시기의 해방구와 유사한 것으로" 묘사되었고, "점령지를 반환하는 장면도 마치 토지개혁처럼" 그려졌다고 지적했다. 또 다른 참가자는 더 냉소적으로 말하기를, 주인공의 몇몇 특성은 "정통적인 봉건 도덕주의자"를 "의회제 국가의 정치인"으로까지 바꾸어놓았다고 평했다. 연극의 한 장면에서는 해서가 일종의 가족 회의를 소집하는데, 그 회의에서는 세 가지 노선—좌파(어머니), 중도파(아내), 우파(하인)—이 자유롭게 발언한다. 이는 "인간 사회의 삼강오륜(三綱五倫)을 기준으로 모든 것을 판단하던 봉건 가문의 가장"이라면

11-19.

73 지주 정권의 법의 본성에 관한 다른 논의에 관해서는 張晉藩, 「海瑞執行的王法究竟是什麽樣的法？」, 『文匯報』, 1966年 2月 4日, 4를 볼 것.

결코 상상할 수 없는 행동이라는 것이다.

역사, 정치 그리고 당 규율

1월에 이르러 우한의 「자아비판」에 대한 비판 기사들은 절정에 이르렀다. 찬반 양측의 글이 수적으로나 열정적으로나 주목할 만한 수준이었지만, 순수 역사학적 차원에서의 대립은 몇 가지 새로운 세부 사항이 추가되었을 뿐 이전의 입장을 확인해주는 데 그쳤다. 하지만 논쟁이 교착 상태에 이르게 된 문제들은 역사학적이라기보다 정치적인 성격이 더 강했으며, 정확히 말하자면 그 둘 사이의 일관성에 관한 것이었다.

야오원위안은 『해서파관』을 비판한 자신의 글에서 계급투쟁이라는 개념을 통해 역사학적 문제와 정치적 문제를 모두 토론하고 해결할 수 있기를 바란다는 결론으로 마무리했다. 그러나 논쟁이 격화되고 입장이 양극화되면서 가장 문제가 되는 쟁점이 드러났다. 바로 역사적 문제와 정치적 문제에 있어 동일한 개념적 틀을 사용할 수 있는가라는 질문이었다. 우한에 대한 비판자들은 이 점에 있어 점점 더 급진적인 태도를 보였지만, 그의 역사관과 정치적 입장이 동일한 계급적 성격을 지녔다고 설득력 있게 입증한 이는 없었다.

우한은 이 두 가지를 분리하려 했다. 그는 정치적으로는 당에 대한 확고한 충성과 올바른 입장을 지니고 있다고 주장하면서, 역사학적 측면에서는 결점("계급투쟁 개념을 다소 잊었다")을 인정했고, 그 점을 기꺼이 수정할 의지가 있다고 밝혔다. 이 주장은 가장 강렬한 비판을 불러왔지만, 그의 지지자들 중 일부조차도 이 주장을 완전히 납득하지는 못했다. 다른 한편으로 해서를 둘러싼 역사학적 논점이 치열하게 토론되었음에도 불구하고, 농민을 정치적으로 무력하게 그리고 명대의 청렴한 관리들을 자애로운 존재로 묘사한 것이 현대 정치에서 특정 계급적 입장을 의미한다고 계급론적 시각에서 실제로 입증한 비판자는 없었다. 오히려 우한 지지자들은 계급적 관점을 동원해, 제국시대 중국에서 농민이 정치적으로 무기력했으며 자비로운 관료들이 역사적으로 일정한 가치를 지녔음을 강조했고, 동시에 당에 대한 우한의 정치적 충성을 강조했다.

이러한 분석틀이 이론적 교착 상태로 굳어져가던 와중, 1월에 발표된 일련의 우한 비판 기사들은 논쟁의 판도를 결정지으려는 새로운 주장을 들고 나왔다. 그것은 바로 우한의 관점이 "반당적(反黨的)"이라는 주장이었다. 그러나 이 노선은 곧 우한을 옹호하는 강력한 반발을 불러일으켰고, 결과적으로 역사-정치 논쟁에 전환점을 가져오며 종결의 실마리를 제공하게 된다. 이와 같은 사건 전환은 좀 더 자세하게 읽어볼 가치가 있다.

예컨대 스사오빈(史紹賓)이라는 필명으로 쓰인 기사는 우한의 「자아비판」이 극의 정치적 함의를 완전히 배제하고 주제를 단지 '파면'으로 한정한 점을 강하게 문제 삼았다. 이 주장은 마오쩌둥이 12월에 구두로 한 발언—비공식적이지만 상하이에서는 다소 퍼진—과 명백히 맥을 같이하는 것이었다.[74] 스사오빈은 해서의 파면이라는 주제가 곧 "당과 인민을 반대하며, '백성을 위해 상소

---

74 상하이 당위원회는 이미 12월 초에 마오쩌둥의 '파면'에 관한 견해를 퍼뜨렸다. 그러나 전국적 차원에서 토론의 공식 지침은 이 해석을 형식적으로 배제했다. 「一九六五年九月到一九六六年五月文化戰線上兩條道路鬥爭大事記 in 中發 [66] 267 號附件二」, Song Yongyi, ed., *Chinese Cultural Revolution Database*(Hong Kong: University Center for China Studies, 2002), part I.에 재수록.

하다가 억울하게 파면당한' 척하는 반당·반인민 '영웅'들을 미화하는 것"이라고 주장했다.[75]

며칠 뒤에 발표된 한 선동적인 글은 한 걸음 더 나아가, "우한 동지가 당 노선에 대해 제기한 도전"을 받아들이는 것이 중요함을 역설했다.[76] 다음 날 발표된 다른 글들은 우한의 태도를 "프롤레타리아트와의 힘겨루기"라고 표현했고,[77] 또 다른 기사는 해서라는 인물을 "반당·반사회주의적 정치 도구"로 낙인찍으며 마무리했다.[78] 이 기사들의 정확한 출처는 확인하기 어렵다. 이들 다수는 앞서 살펴본 대다수 기사와 달리 개인 실명이 아닌 필명이나 집단 필자의 이름으로 서명되어 있었기 때문이다.[79] 이 글들은 대체로 당 내에서 조직되었거나 자생적으로 생겨난 급진적 집단들의 견해를 대변한 것으로 보인다.

이 기사들은 논쟁을 처음 시작한 상하이의 『문회보』가 아니라 대부분 전국 신문에 먼저 실렸다. 마오의 직접적인 지지가 있었는지도 단정하기는 어렵다. 해서의 파면 문제에 대한 그의 발언과 내용상 연결되는 부분이 있지만 구체적인 증거는 부족하다. 실제로 이후 확인되겠지만, 마오쩌둥 역시 이 논점을 펑전과의 충돌

---

75 史紹賓,「評《關於〈海瑞罷官〉的自我批評》的幾個問題」. 또한 澄宇,「『海瑞罷官』爲誰唱讚歌？」,『北京日報』, 1966年 1月 18日, 3을 볼 것.

76 思彤,「接受吳晗同志的挑戰」,『人民日報』, 1966年 1月 13日, 5.

77 趙衍孫,「吳晗同志是和無産階級進行較量」,『北京日報』, 1966年 1月 14日, 3; 王希曾, 楊壽堪,「爲什麼要歌頌"海瑞罵皇帝"」,『北京日報』, 1966年 1月 14日, 3.

78 馬澤民 王鋭生,「『海瑞』是吳晗同志反黨反社會主義的政治工具」,『光明日報』, 1966年 1月 29日; 羅思鼎,「拆穿"退田"的西洋鏡」,『文匯報』, 1966年 2月 8日, 4.

79 예를 들어, 필명인 스샤오빈(史紹賓)은 음운적 유사성을 통해 '마오쩌둥의 역사 속 병사'로 읽힐 수 있었다. 쏘퉁(思彤)은 왕뤄수이(王若水)의 필명이었는데, 그는 문화대혁명 이후 '소외' 문제로 전향하면서 상당히 유명해졌다.

에서 사용하게 된다. 그러나 그 상황에서는 이 논리가 매우 미약한 것으로 드러났고, 펑전은 몇 달 동안 이를 무시하며 자신의 입장을 유지할 수 있었다. 제5장은 마오쩌둥과 펑전의 입장 및 그들 각각의 약점과 강점이 복잡하게 바뀌는 과정을 다룰 것이다.

이제 문제를 더욱 급진화했던 1월 기사들에 초점을 맞춰보자. 이 시점에서 핵심은 바로 논쟁의 절정에서 '반당(反黨)'이라는 낙인이 결정적 논거로 제시되었지만, 결과적으로 그것이 교착상태에 봉착했다는 점이다. 그렇다면 왜 하필 그 시점에 '반당'을 결정적 판단 기준으로 적용하려 했을까? 당, 즉 '프롤레타리아 계급의 당'은 정치의 역사적 보증자였다. 역사유물론에 따르면 공산당은 계급투쟁의 역사적 발전이 낳은 정치적 결과물이었다. 따라서 우한에게 반당이라는 낙인을 찍는 것은 그 논쟁의 개념적 교착을 해결하는 방안처럼 보였다. 그것은 심각한 역사학적, 정치적 오류를 낙인찍는 것이었고, 우한의 계급관이 명나라 역사 전문가로서든, 당원으로서든 모두 틀렸다는 점을 입증하고자 했다. 또한 해서는 '프롤레타리아와 사회주의를 수호하기 위해 반격해야 할 도전'이라고 규정되었다. 하지만 이러한 해결책은 오히려 역사 발전의 정치적 귀결에 대한 시각에 내재된 모호성을 확대함으로써, 논쟁의 핵심적 모순을 우회했을 뿐이었다.

더 본질적으로, 1966년 1월의 급진적 기사들에서 '반당'이라는 표현은 일종의 징계 문제로 기능했다. 즉, 우한의 '프롤레타리아와 사회주의에 대한 도전'은 다소 암시적인 방식으로, 루산 회의의 최종 결정에 대한 당규율의 붕괴로 간주되었다. 우한은 자신이 해당 정치 논란과 무관하다고 단호히 부인했고, 소소한 학문적 결함이 있더라도 그것이 자신의 확고한 당 충성과 당 규율 준수를 부정할 수는 없다고 주장했다. 그러한 상황에서, 그렇다면 누가 옳고 그름을 구분할 수 있었을까? 다시 말해, 당시 1월 비판 기사들의 관점에서 결국 문제는 당-국가의 문화적 규율과 관련된 것이었는데, 그 문제를 판단할 권위는 누구에게 있었을까?

당시 공산당 최고 지도부에는 그러한 권위를 가진 기관이 존재했다. 그것은 몇 년 전 조직되었으며, 앞서 잠시 언급했던 '5인소조(五人小組)'였다. 공식 명칭은 "문화혁명5인소조(文化革命五人小組)"[80]로, 펑전(彭真)이 주도했으며 야오원위안의 비판 글이 발표된 이후 이 논쟁에서 중요한 역할을 수행해왔다.[81] 2월 초, 이 그룹은 상황에 결정적인 전환점을 가져오는 중요한 조치를 취하게 되는데, 바로 논쟁에 대해 엄격한 '비정치적' 제한을 가한 것이다.

펑전은 전년도 11월부터 우한에 대한 비판에 대해 점점 우려를 표명했고, 논쟁을 억제하거나 최소한 통제하려는 형식적, 비공식적 개입을 시도해왔다. 2월 초 '반당' 논거를 내세운 기사들이 발표되자, 펑전은 5인소조를 가동하여 논쟁을 규율할 공식적인 징계 기준 초안을 마련하도록 했다. 그 결과 만들어진 문건이 바로 통상 「2월 요강(二月提綱)」이라 불리는 보고서였다. 전체 제목은 「현단계 학술 토론 상황에 대한 요강 보고(關於目前學術討論的情況的提綱報告)」였다. 이 문건은 곧 중앙위원회가 채택한 공식 입장이 되었고, 이후 두 달간 논쟁을 엄격히 규제하게 된다.[82] 「2월 요강」

---

80 아이러니하게도, '5인소조'의 공식 명칭은 그 해체를 불러온 정치적 사건과 거의 동일하였다. 실제로 그것은 문화대혁명에 의해 전복된 첫 번째 당-국가 기구가 되었다.

81 '5인소조'의 인물들은 다음과 같다: 펑전; 선전부 수장 陸定一, 팡치우라는 필명으로 앞서 보았던 선임 문화 간부 周揚; 『광명일보』 편집자 吳冷西; 마오주의 '소수파'를 대표했던 康生.

82 「中共中央批轉文化革命五人小組關於當前學術討論的匯報提綱」. 1966년 2월 12일, Song Yongyi, *Chinese Cultural Revolution, Database*, part 1 에 재수록; 영어 판본은 J. Myers, J. Domes, and E. von Groeling, eds.,

의 핵심 목적은, 해서 논쟁과 관련하여 현재의 정치적 사안을 언급하는 기사의 언론 게재를 차단하는 것이었다.

펑전이 1966년 5월에 실각하게 된 공식적인 이유는, 그가 자의적으로 권력을 행사하여 우한을 보호하고, 모든 정치 비판에 대해 엄격한 검열을 가하는 공식 절차의 승인을 성급하게 밀어붙였기 때문이라는 것이었다.[83] 반면, 오늘날 중국 정부가 유포하는 해석에 따르면, 이 문건의 주요 목적은 우한에 대한 비판에 대해 대중 여론에서 분출된 강한 혐오 반응에 신속히 대응할 필요였다는 것이다.[84] 그러나 우리가 앞서 살펴본 바와 같이, 야오원위안의 비판에 대한 반응이 반드시 일치된 분노의 표현이었던 것은 아니었으며, 지식인들의 여론은 이 문제에 대해 깊이 갈라져 있었다. 가장 격앙된 반응을 보인 인물은 펑전과 당-국가 체제 내 문화 부문 고위 관료들이었는데, 이들은 애초부터 이러한 논쟁이 공론화되는 것 자체에 반대해왔다. 펑전이 「2월 요강」을 승인받는 과정에서 다소 강압적인 전술을 사용했을 가능성은 있지만, 그는 그 특이한 시점에 시의적절하게 개입함으로써 비로소 성공을 거둘 수 있었다. 펑전이 이 문건의 신속한 승인을 고집한 이유도 여기에 있다.

펑전은 1월 무렵, 우한의 정치적·역사학적 입장을 '반당적'이라고 비판하면서 논쟁의 이론적 교착 상태를 뚫으려 했던 급진적 비

Chinese Politics: Documents and Analysis(Columbia: University of South Carolina Press, 1986), vol. 1, 194–97.

83 The Chronology, appendix B of the Circular of 16 May, in Song Yongyi, ed., *Chinese Cultural Revolution Database*, part 1을 볼 것.

84 『문화대혁명사전』에 실린 '2월 요강' 항목에서는 다음과 같이 설명하고 있다. "야오원위안의 글이 발표된 후 중국 사회의 모든 영역, 특히 학문 및 교육 분야에서 야오원위안의 독단적이고 고압적인 비판에 대한 가장 격렬한 반응이 표출되었다." 巢峯, 『"文化大革命" 辭典』(香港: 港龍出版社, 1993).

판자들의 움직임에 대응하여 움직였다. 이는 앞서 언급했듯이, 본질적으로 징계의 문제였다. 펑전의 본질적인 목표는, 그가 1965년 11월부터 당의 규율이 전례 없이 붕괴되고 있다고 간주해온 해서 논쟁 자체를 마무리 짓는 데 있었다. 급진적 비판자들이 우한에 대해 징계 차원의 문제를 공개적으로 제기하자, 펑전은 곧바로 반격에 나섰다.

실상 당시 문화 분야에서 당원들의 행동을 규율하는 공식 기구는 바로 문화혁명 5인소조였으며, 펑전은 그 최고 책임자였다. 급진적 비판자들이 규율의 영역을 침범하자, 펑전은 자신의 권한을 전면적으로 행사했고, 이를 막을 뚜렷한 저항은 존재하지 않았다. 중앙위원회는 「2월 요강」을 신속하게 만장일치로 승인했으며, 마오쩌둥조차도 개인적으로는 펑전에게 동의하지 않았지만, 이 문건의 승인을 막을 수는 없었다. 이에 대한 자세한 내용은 제5장에서 살펴볼 것이다.

그러나 펑전의 강경한 대응 방식은 불과 두 달도 채 되지 않아 결정적인 약점을 드러냈다. 「2월 요강」은 규율 문제에 대한 상위 권위로서 반당 논거를 무력화시키는 데에는 성공했지만, 그 효과를 발휘하려면 논쟁 자체를 완전히 종식시켜야 했고, 이를 위해 모든 정치적 주장을 금지해야 했다. 마오쩌둥이 나중에 「2월 요강」을 비판하면서 내세운 주요하면서도 가장 효과적인 논점 중 하나는 그것이 실질적으로는 '검열'을 가장한 것이었다는 것이다.

당의 지도력 아래에서 행동하기

문화대혁명의 서막을 장식한 핵심 문건인 「2월 요강」은 처음 중앙당의 최고 기관인 중앙위원회에 제출되었고, 2월 12일 승인되어 모든 당 조직에서 따라야 할 기본 지침으로 공포되었다. 특히 '학술 논쟁 업무를 담당하는 동지들'과 '학술 연구에 종사하는 동지들'이 이 지침을 실천해야 함이 강조되었다. 이 문건은 5월 16일 자 통지가 승인될 때까지 형식적으로 유효했지만, 4장에서 보게 되듯 마오쩌둥은 3월 중순 이 문건을 두고 격렬한 논쟁을 일으켰다.

「2월 요강」은 먼저 '현 학술 비판의 정세와 성격'에 대한 예비적 정의로 시작된다. 이 문건에서 지정한 주요 논제는 '도덕 유산, 청렴한 관리, 온건 정책, 역사 인물에 대한 평가, 역사 연구의 관점과 방법'이었다. 요강은 이러한 논의가 '사상을 활기차게 만들고, 뚜껑을 열었으며, 큰 성과를 거두었다'고 평가했다. 그러나 이 문건은 동시대의 정치 문제에 대해서는 어떠한 언급도 피했고, 야오원위안의 비판문조차 한 번도 직접 언급하지 않았다. 반면, 문건의 전반적 어조는 이념적으로는 매우 강경했으며, 일부 대목에서는 전투적이기까지 했다. 한 중국 연구자는 이 문건의 어휘를 현행 공산당 문체 기준으로 분석하며, 그 안에 '좌익적' 표현이 다수 사용되었음을 지적하고 비판했다. 그는 당시의 분위기를 고려하면 이러한 어휘 선택은 이해할 만한 것이었다고 평가했는데, 그 이유는 진정한 급진 좌파들과의 대결이 주요 과제였기 때문이었다.[85] 실제로 '좌파'는 해서 논쟁에서 매우 활발하게 활동하고 있었기 때문에, 이 문건을 읽을 때도 그 좌파적 억양이 노린 효과를 염두에 두어야 한다. 예를 들어 「2월 요강」은 다음과 같은 극적인 어조를 사용하고 있다. "이 중대한 논쟁의 본질은 마르크스-레닌주의와 마오쩌둥 사상 대 부르주아 사상의 이념 영역에서의 투쟁

---

85 張湛彬, 『文革第一文字獄』, 154.

이며, 이는 프롤레타리아 독재와 사회주의 혁명의 실천 아래 학술 영역에서의 부르주아 및 기타 반동적·오류 사상을 청산하기 위한 투쟁이다. 이것은 프롤레타리아와 부르주아 계급 간의 생사존망을 건 투쟁이며, 사회주의와 자본주의 양 노선 간의 투쟁의 일부이다. 이 위대한 논쟁은 반드시 다른 학문 영역으로도 확산될 것이다."

이처럼 교조적인 언급이 지배적인 가운데, 이 문건의 핵심은 학문적 영역으로 논쟁의 범위를 엄격하게 제한하는 데 있었다. 다음 단락에서는 그 의도가 보다 명확히 드러난다. "이 투쟁은 반드시 지도하에 신중하고 진지하게, 그리고 강력하게 수행하여 부르주아 이데올로기를 타격하고 프롤레타리아 이데올로기 전선을 공고히 하며 확장시켜야 한다." 여기서 핵심어는 '지도하에(有領導的)'로, 이는 물론 당-국가의 이데올로기 관할권 내에서 진행되어야 함을 의미한다. 이 문건의 핵심 쟁점은 바로 당-국가와 그 문화기구의 통제를 벗어나 광범위하게 퍼져나간 논쟁을 어떻게 다시 공식 통제하에 되돌릴 것인가 하는 것이었다.

이 문건은 해서 문제를 둘러싸고 4개월간 지속되고 있던 논쟁에 대한 지침으로 받아들여졌다. 따라서 그 안의 모든 규정은 논쟁이 더 이상 진행되어서는 안 되는 방향을 제시함과 동시에, 따라야 할 올바른 길을 제시하는 것으로 읽혀야 한다. 몇몇 교조적 언급을 제외하면, 이 문건은 금지 사항과 규범들을 나열한 것에 불과했다. 예를 들어 '신중함(謹愼)'의 결여는 명백한 중대한 결점으로 간주되었고(이는 야오원위안의 글을 통해 상징적으로 드러났으나 문서에서는 언급되지 않았다) 이러한 결점은 보다 온건한 태도를 통해 극복되어야 하며, 동시에 책임감 있고 엄정한 지도하에 큰 이익을 가져올 수 있다고 강조되었다. 반면 '진지함'과 '열정'의 문제는 보다 덜 명확했는데, 이는 당시 논쟁의 질과 활기를 고려할 때도 마찬가지였다. 「2월 요강」은 이러한 측면에서도 보다 절제된 태도가 필요함을 시사했다.

요강은 다음과 같이 명시했다. 이 논쟁은 단순한 것이 아니라 "학문 영역에서 부르주아 사상을 철저히 청산하는 문제"로, 이는 '소련과 기타 사회주의 국가에서도 아직 해결되지 않은 문제'라고 평가했다. 이러한 투쟁은 당연히 '마오쩌둥 사상의 지도하에' 수행되어야 했다. 하지만 성급함과 경솔함은 이러한 전략적 계획을 위태롭게 만들 수 있었다. 이 문제들은 '지속적이며, 복잡하고, 해결하기 어려운 성격을 지닌 투쟁'으로서 '전략적으로는 적을 주시하되 전술적으로도 충분히 고려해야 한다'는 점에서 '점진적이고 체계적인 방식'으로 해결될 필요가 있었다.

따라서 또 하나의 중요한 규정은 '이러한 과업은 몇 달간의 투쟁이나 몇 편의 결정적인 글을 발표하거나 비판받는 특정 인물에 대한 정치적 결론을 내리는 것만으로는 결코 완수될 수 없다'는 점이었다. 단기적인 정치 결론은 가능하지도, 바람직하지도 않다는 것이다. 오히려 '개방 정책'이 필요하다고 언급하면서 '학술적 논쟁은 복잡한 문제이며 단기간 내에 명확히 이해되기 어려운 문제들을 포함한다'고 밝혔다. 어쨌든 이 논의는 반드시 '중대한 정치 문제를 파악하고, 우선 두 계급(프롤레타리아와 부르주아), 두 길(사회주의 길과 자본주의 길), 두 '주의'(마르크스-레닌주의와 반(反) 마르크스-레닌주의) 사이의 경계선을 명확히 그어야 하며, 학문 분야에서 근본적인 성격의 논쟁 문제들을 분명히 해야 한다'고 강조했다.

여기에서도, 계급·노선·주의(isms)와 같은 전통적인 교리적 언급을 넘어, 핵심 요점은 논쟁이 전적으로 학문적인 것임을 주장하는 데 있었다. '부르주아적 세계관으로 역사를 다루는 우한' 문제나 '정치적 오류를 범한 사람들' 같은 정치적 측면을 내포할 수 있는 문제들조차, 요강은 '언론의 토론은 정치적 문제로만 한정되지 않고, 관련된 학문적·이론적 문제들을 충분히 다루어야 한다'고 명시했다. 과학적 분석을 위해 '방대한 자료를 확보하여 학술 작업을 추진'할 것을 강력히 권장하기도 했다. '비교적 높은 수준의 글'을 준비할 것도 발표되었는데, 이는 이미 발표된 글들의 수준이 낮다고 간접적으로 비판한 것이었다.

주요 과제는 '정치적으로만이 아니라 학문적으로도 부르주아 지식인을 능가하는, 혁명적이고 투쟁적인 홍전(紅專: 혁명 의식(紅)과 전문 기술(專)을 모두 갖춘―옮긴이) 부대를 형성'하는 것이었다. 그렇게 해야만이 '프롤레타리아 사상을 고양하고, 낡은 지식인을 점차 개조하며, 혁명적 지식인의 수준을 향상시키고, 완고하게 오류나 반동적 관점을 고수하는 극소수 사람들을 고립시켜, 점차 반동적 학술 의견을 파괴'할 수 있었다. 하지만, 해서 논쟁을 이념투쟁의 대서사로 재구성하라는 강력한 요구 외에도, 실제 처방-금지는 '실명을 거론하는 언론 비판과 부정의 경우, 반드시 해당 지도기관의 승인을 얻어 신중히 진행해야 한다'는 것이었다.

첫 번째 수신자―비록 암시적이고도 회고적이었지만―는 야오원위안이었다. 그의 글은 우한을 '부주의하게' 언급했고, '지도기관의 승인'도 없었다. 유사한 행동의 일탈은 더 이상 용인되지 않을 것이었다. 반복해서 상기하고 있는 것을 통해서도 드러나듯 개요의 마지막 몇몇 부분에서는 '완고한 좌파(堅定的左派)'에 특별한 주의를 기울였고, 가능한 한 빨리 방향을 전환하라는 경고를 내렸다. 그 경고는 '도움'을 주겠다는 제스처로 가장했지만, 사실상 위협적이고도 냉소적인 힌트를 던졌다.

마지막 부분 중의 하나는 '좌파는 서로 도와야 한다'는 제목을

달고 있었다. 여기에는 '상호 원조'와 심지어 '좌파 학술노동자'들
이 결성해야 할 사상적 '협동조합'이라는 기묘한 처방이 포함되어
있었다. 그 길을 고치지 않으면 외부의 '도움'이 불가피해질 것이
라는 경고였다. '장기적인 행실을 볼 때(從長期表現來看)', '정풍(整
風)'—당시 정치적 맥락에서 확신과 강제의 경계를 모호하게 하는
용어—이 필요할 수도 있다고 다음과 같이 경고했다.

좌파 학술노동자들 사이에서 상호 원조 집단과 협동조합을 대규
모로 결성해야 한다. 협력과 집단토론을 바탕으로 적절한 방식의 상
호비판과 상호원조를 장려해야 한다. 좌파 학술노동자들이 부르주
아 전문가나 학자—폭군이 되는 것을 경계하고 이를 예방해야 한다.
투쟁 속에서 두각을 나타낸 뛰어난 청년 작가들을 중시하고 양성하
며 도움을 주어야 한다.

완고한 좌파 중에도(장기적인 행실로 볼 때) 자신의 낡은 생각을 철
저히 검토하지 않았거나 문제를 제대로 이해하지 못해 때때로 잘못
된 의견을 표출하고, 크고 작은 실수를 저지르는 이들이 있으므로,
소수의 사람들이 사용한 학습과 정풍(整风) 방법으로 적절한 시기에
이를 바로잡아야 하며, 그렇게 해서 그들의 면역력과 저항력을 높여
야 한다. 오류를 저지른 사람들이 그것을 고치거나 반드시 고치려는
결심이 있다면 괜찮다. 서로 지나치게 트집을 잡지 말라. 이는 부르
주아지에 대한 학술적 비판과 부인의 흐름을 방해할 뿐만 아니라 자
신의 미래에도 해로울 것이다.

'자신의 미래에 대한'이라는 말만큼 강력한 경고를 보낼 수 있는
말은 없었다. 또 다른 단락은 마오쩌둥이 몇 달 뒤 상세히 반박하
면서 유명해졌다. 다음 장에서 보겠지만, 이 단락에는 지난 몇 달

동안 논쟁이 진행된 방식에 대한 기본적인 평가(우한 비판자들이 학자-폭군처럼 행동했다는 평가)뿐 아니라 두 가지 이론적 명제가 들어 있었다. 우리는 이미 덩퉈의 글에서 그중 하나를 본 바 있다.

'진리를 앞에 두고 모든 사람은 평등하다'는 명제였다. 사실에 입각해 진리를 탐구해야 하며(實事求是), 진리 앞에서 모든 사람은 평등하다는 원칙(在眞理面前人人平等)을 견지해야 한다.

사람을 대할 때는 이치로 설득해야 하고, 항상 제멋대로 굴고 권력으로 사람을 억누르려 하는 학자-폭군(学阀)처럼 행동해서는 안 된다. 진리를 고수하고, 언제나 잘못을 고쳐야 한다.

한편으로 파괴하고 한편으로 건설해야 한다(要又破又立). 건설 없이는 진정하고 철저한 파괴가 있을 수 없다(沒有立, 就不可能達到眞正的,徹底的破).

우리는 5장에서 마오쩌둥의 반응을 보게 될 것이다. 여기서는 당시 중국의 정치투쟁이 이처럼 놀랄 만큼 높은 수준의 이론적 추상성을 띠었다는 점에 주목할 필요가 있다.

「요강」은 바람직한 정책의 집행을 담당하는 학술비판사무실(學術批判的辦公室) 설치를 발표하며 결론을 내리고 있다. 그리고 그것은 실제로 매우 효율적이었다. 동시대의 정치문제를 암시하는 글들은 모두 게재되지 않았던 것이다. 1966년 2~3월에 발표된 글 대부분이 우한을 지지하는 경향을 보였고, 비판적인 글들도 주로 '도덕적 유산' 같은 교조적인 문제로만 한정된 것은 전혀 놀라운 일이 아니었다. 실제로 요강이 강조했던 학술적 주제들은 이미 오랫동안 논의된 것들을 되풀이하는 데 불과했다. 여전히 인기 있는 주제는 명·청시대의 청백리와 간신의 경계선을 어디에 그을 것이냐 하는 것이었다. 같은 시기에 우한의 「자아비판」을 다룬 글들은 언론에서 거의 자취를 감추었다.

요강은 논쟁을 일시적으로 동결시켰지만, 단순한 학문적 규율의 문제를 넘어서 중국공산당의 이념적·조직적 구조의 핵심 기둥을 건드리는 난제를 한층 더 첨예화시켰다. 연극의 역사 서술과 정치적 딜레마를 어떻게 해결할지를 놓고 벌어진 논쟁이 교착 상태에 빠졌다는 것은 다가올 위기를 드러내는 것이었다. 그것은 혁명문화의 구조 속에 존재하고 있는 결정적으로 중요한 한 영역에 간극이 있음을 폭로한 것이었다. 실제로 이러한 이례적인 지적 논쟁이 국가 차원의 일대 사건으로 비화되어 수많은 목소리들을 불러온 것도 바로 이 때문이었다.

나는 이 논쟁에 참여했던 모든 이들이 역사유물론의 불안정화라는 위기에 직면한 불안을 공유하고 있었다고 본다. 우한의 옹호자들은 야오원위안의 논문이 가한 충격으로 흔들린 균형을 회복하고자 했다. 그리고 대다수는 역사유물론의 도덕적 일관성을 재구성하려 했다. 하지만 우한의 연극을 비판한 반대자들의 날카로운 비난도, 그들 스스로 역사적·정치적 문제를 충분히 평가하지 못했음에도 불구하고, 계급적 관점을 강화해 교착 상태를 돌파하려는 갈망을 드러냈다.

해서 논쟁의 주요 입장들을 정리하면서 나는 그 구체적 쟁점들은 다음 10년간 더 이상 지속되지 않았다는 점을 짚어두고 싶다. 농민 속에서 공산주의 정치를 어떻게 재구성할 것인가의 문제는 문화대혁명기의 중국 정치 논쟁에서 공장과 노동자 간의 정치적 관계나 '교육혁명' 등의 문제만큼 중요한 의제가 아니었다. 이 문제들은 최종장에서 다시 다룰 장기적 결과들과 함께 논의될 것이다. 사회주의에서 농민의 정치적 역할은 사실상 마오주의 정치의

가장 큰 미해결 문제로 남았고, 이후 '개혁'의 강력한 논거로 전환
되었다. 농촌에서 개혁은 우선 1980년대 인민공사를 해체하는 것
으로 나타났다. 이는 산업을 위한 방대하고 값싼 노동력 저장소를
형성하기 위한 전제 조건이었다.

그러나 단기적으로, 해서 논쟁의 실패는 결정적 결과를 초래했
다. 「2월 요강」은 논쟁을 봉쇄했지만, 역사유물론에서 드러난 개
념적 공백을 다시 메우는 데는 실패했다. 5인소조 그리고 당-국가
문화기구의 최고 지도부는 오로지 학문적 규율의 우월성을 단호
히 재확인하는 데만 주력했다. 그러나 이것은 오히려 5인소조의
제도적 권위를 심각하게 약화시켰다. 앞서 보았던 것처럼 5인소
조는 문화 영역에서 이념적 지도력을 독점적으로 행사할 능력을
갖추었다고 자처했지만, 실제로는 혁명문화의 핵심 주제들을 비
판적으로 재고하려는 논쟁의 압박을 저해했을 뿐이었다.

이 맥락에서 우리는 마오쩌둥의 이후 정치적 움직임을 해석할
것이다. 그는 이러한 비판적 잠재력이 전면적으로 발휘되기를 강
력히 원했지만, 그 주된 장애물은 바로 당-국가 문화기관의 최고
층에서 비롯된 것이었다. 5장에서 보게 될 것처럼, 몇 달이 지나지
않아 이 논쟁을 방해하려는 움직임이 오히려 문화기구의 지도력
을 약화시키고 있다는 것이 분명해지자, 마오쩌둥은 그들의 권위
를 축소하기 위한 일련의 대응조치를 취했다. 그것은 사회주의 정
치 문화에 대한 대대적 재검토를 추진하기 위한 전제 조건이었다.

2부

마오쩌둥의 불안과 결단

4 가능한 패배와 수정주의

다양한 문헌 증거들은 마오쩌둥이 해서 논쟁의 거의 모든 단계에서 핵심적인 역할을 했음을 분명히 보여준다. 그러나 이 시기의 정치적 목표와 논쟁의 초점을 서술하는 기존 문헌들은, 사실상 가장 혼란스럽고 결국에는 마오쩌둥의 '전제정치'로 귀결되는 해석만을 제시하고 있다. 2부에서는 두 가지 관점을 우리의 기준점으로 삼아 보다 명확한 그림을 그려보려 한다. 이 장의 본문은 문화대혁명 전반에 걸쳐 마오쩌둥이 반복해서 언급한 두 가지 평행하는 쟁점—혁명이 임박한 패배로 끝날 가능성, 그리고 수정주의에 대한 비판—에 대한 주요 발언들을 면밀히 검토한다. 다음 장에서는 1965년 가을부터 1966년 봄까지 이 연극이 불러일으킨 논쟁에서 마오쩌둥이 취한 주요 행보를 따라가볼 것이다.

패배의 가능성

이 문제에 대한 마오쩌둥의 발언들은 가장 문제적인 부분이다. 그는 전 국민이 정치 생활에 참여할 것을 독려하며 대중운동을 거듭 호소했다. 한데 이러한 호소는 명확한 흑백의 대비를 활용해 자본주의와 사회주의 간의 투쟁 결과를 결코 당연하게 보아서는 안 된다고 말하는 그의 거듭된 선언 속에서 울려 퍼지고 있었다. 실제로 그는 자본주의가 사회주의를 능가할 가능성을 결코 부정

한 적이 없었다.[1]

그러나 이러한 견해가 아무리 역설적으로 보일지라도, 마오쩌둥의 발언은 조기 항복을 의미하지도, 신념의 이름으로 순교를 호소하는 것도 아니었다. 그는 진정으로 대중운동의 방대한 수가 자본주의를 몰아낼 추진력을 제공할 것이라 기대했다. 그럼에도 그의 발언이 거듭 밝혔듯, 가장 가능성이 큰 결과, 혹은 자신이 '첫 번째로' 머릿속에 떠올렸다고 말한 '가능성'이 패배라는 점을 강조하고 있었다.

사회주의는 20세기 정치 지형에서 자본주의에 대한 예외, 유일한 대안이었다는 점을 상기할 필요가 있다. 그러나 마오쩌둥이 내다본 사회주의의 지평선에는 자본주의의 복귀, 즉 중국에서 임금 노예제의 지배로의 회귀가 오히려 규범으로 자리할 가능성이 도사리고 있었다. 이는 그를 노쇠한 전제군주로 묘사하는 오늘날의 내러티브와는 거리가 먼, 예리한 통찰을 담은 예측이었다. 또한 이 문제는 적어도 1960년대 초반부터 마오쩌둥이 고민해왔던 것으로, 그가 공산주의 정치의 주요 사명으로 본 과제—자본주의가 제기한 장애물을 돌파하는 것—과 얽혀 있었다.

실질적으로 이러한 발언들은 마오쩌둥 정치 경력의 마지막 국면에 따라붙은 일종의 후렴구로서, 그 혁명적 10년 동안 그가 설파하고 실천한 정치의 핵심 통찰을 담고 있었다. 그의 가장 명백한 발언 중 하나는 1966년 5월, 사건들이 중대한 전환점으로 나

1　나는 문화대혁명 연구를 시작한 이후로 몇 편의 논문에서 이 주제를 다루었다. 최근에는 "Egalitarian Inventions and Political Symptoms: A Reassessment of Mao's Statements on the 'Probable Defeat,' " *Crisis & Critique* 3, no. I (2016): 259-78을 발표했다. 그 이전의 논의는 "The Probable Defeat: Preliminary Notes on the Chinese Cultural Revolution," *Positions* 6, no.1(1998): 179-202에서 찾아볼 수 있다.

아가던 시기에 나왔다. 문화대혁명의 서곡이었던 해서 논쟁이 거의 막을 내리던 때였고, 마오쩌둥은 정책적 승리의 문턱에 서 있었다. 발언의 맥락은 중국의 몇 안 되는 국제적 동맹국 중 하나인 알바니아 노동당 대표단과의 회의였다. 마오쩌둥은 중국의 현 상황에 대해 이야기하고 있었다. 그의 생각이 갑자기 다른 방향으로 전환되었을 때, 청중들이 얼마나 당혹스러웠을지 짐작할 수 있다:

내 건강은 아주 좋지만, 결국 마르크스가 나를 초대할 것이다. 모든 것은 인간의 의지와는 무관하게 전개된다. … 당신은 언제쯤 수정주의가 베이징을 점령할지 아는가? 지금 우리를 지지하는 이들이 마치 마술처럼(搖身一變) 어느 순간 갑자기 수정주의자로 변할 것이다. 나는 이 가능성을 첫 번째로 둔다. … 우리 세대가 죽으면, 아주 가능성이 높은 것은 수정주의가 득세한다는 것이다. … 우리는 황혼 무렵에 있으니, 이제 숨이 붙어 있을 때, 자본주의 복고에 대해 손을 좀 써두야 한다(整一整). … 요컨대 두 가지 가능성을 생각해두어야 한다. 첫 번째는 반혁명적 독재, 반혁명적 복고다. 이 확률을 첫 번째로 두고 있으니 약간 걱정스럽다. 나도 때때로 괴롭다. 그렇지 않다고, 불안하지 않다고 하면 거짓말이다. 그러나 나는 깨어나서, 친구 몇 명을 불러서 회의를 열고, 조금 논의하고 해결책을 찾고 있다.[2]

1966년 4월과 5월 사이, 3장에서 언급했듯이 당 지도부는 「2월 요강」을 부인하려 하고 있었고, 이 문제는 다음 장에서 다시 다룰

---

2 逢先知, 金沖及 選編, 『毛澤東傳』(北京: 中央文獻出版社, 2003), 1410에 인용되어 있다. 마오쩌둥이 언급한 회의는 중앙위원회의 회의로, 1966년 「5·16 통지(通知)」를 발표하려던 참이었다.

것이다. 이는 마오쩌둥이 정치적 주도권을 되찾기 위해 감행한 과
감한 기동의 절정이었다. 마오쩌둥이 거듭 '불안'이라고 표현했던
정치적 불안의 핵심에는 분명히 자신의 패배 가능성이 자리 잡고
있었다. 그러나 그보다 더 직접적인 관심사는 다가오는 정치·문화
적 시대의 종말이라는 통찰을 어떻게 하면 긍정적인 정치적 명제
로 전환할 수 있느냐는 문제였다.

마오쩌둥이 아이러니하게도 '마르크스가 나를 초대할 날이 임
박했다'라고 표현한 것은 비애감을 더하고 있었다. 이와 마찬가
지로 "내가 죽으면 우익이 권력을 잡을 것"이라고 쓴 1966년 7월
의 장칭(江靑)에게 보낸 유명한 편지에서도 그러한 예감이 드러났
다.[3] 그러나 이러한 불안한 예감 자체는, 숨이 붙어 있는 동안 자
본주의와 '지금은 우리를 지지하지만' 갑자기 '마술처럼' 변신에
성공한 '수정주의자'로 돌변할 이들에게 '조금이라도 손을 봐두어
야 한다'는 실천적 문제보다는 덜 중요한 것이었다.

흥미로운 점은, 1966년부터 1967년까지 마오쩌둥이 알바니아
대표단을 만날 때마다 패배의 가능성 문제를 놀랄 만큼 자주 언급
했다는 사실이다. 우연히도, 마오쩌둥은 그 당시 중국만의 문제가
아니라, 공산주의 정치 전반에 걸친 핵심 쟁점에 대한 자신의 우
려를 공유하고 싶었던 것일지도 모른다. 예를 들어, 1967년 마오
쩌둥은 티라나(Tirana)에서 온 군사 대표단에게 자신의 입장을 명
확히 밝혔다. 그는 문화대혁명을 통해 마침내 '우리의 어두운 면
을 폭로'하도록 대중을 완전히 동원하는 방식을 찾았다는 점에서
상당히 낙관적인 어조를 취하면서도, "두 가지 가능성이 있다: 하
나는 수정주의가 우리를 전복시키는 것이고, 다른 하나는 우리가

---

3   「給江靑的信」,『建國以來毛澤東文稿』(北京: 文獻出版社, 1998), 12卷, 71-
     77.

수정주의를 전복시키는 것이다. 내가 왜 패배를 첫 번째 가능성으로 보는가? 그렇게 보는 것이 유익하기 때문이다. 그래야 적을 과소평가하지 않게 된다"[4]라고 말했다. 또 다른 알바니아 대표단과의 만남에서도 그는 "가장 가능성이 높은 것은 수정주의가 승리하고 우리가 패배한다는 것이다. 이러한 '가능한 패배'를 통해 모든 이들의 관심을 불러일으켜야 한다(用可能失敗去提醒大家)"[5]라고 강조했다.

사회주의의 불확실한 운명

마오쩌둥은 우리가 승리를 가장 가능성 높은 결과로 본다면, 실상을 제대로 보지 못하게 된다고 말하고 있었다. 상황을 정확히 판단하는 데 방해가 되는 환상을 먼저 걷어내지 않으면, 단순히 정치적 승리에서 또 다른 승리로 나아갈 수 있다는 생각은 현 상황의 본질적인 문제를 해결하는 데 오히려 방해가 된다는 것이었다. 즉, '모든 이들의 관심을 불러일으키는 것'이 필요했다. 반대로, 패배할 가능성이 매우 높은 국면에 서 있다는 인식이 특히 중요한 때가 되었다. 어쩌면 그것은 전례 없는 대규모의 패배가 될지도 모른다는 것이었다. 그리고 그것은 단지 전술적 차원에 국한된 것이 아니었다. 실제로 마오쩌둥이 적어도 지난 10년간 제기해온 문제는 혁명 정치 자체의 전략적 문제였다. 이 모든 것은 1956년 소련의 새로운 지도부가 스탈린을 비판하면서 시작되었다. 그것은 20세기 사회주의 국가 진영 전체를 뒤흔든 첫 번째 중대한 위기였다.

---

4   「和卡博, 巴廬庫同志的談話」, 『毛澤東思想萬歲』(北京: n.p., 1969), 663.

5   「對阿爾巴尼亞軍事代表團的講話」, 『毛澤東思想萬歲』, 673.

잘 알려져 있듯, 스탈린 문제는 중국공산당과 소련공산당 간의 점점 더 격렬하고 분열적인 논쟁을 촉발시켰다. 마오쩌둥은 이미 1930년대부터 소련공산당의 입장으로부터 일정한 독자성을 유지하려고 해왔지만, 흐루쇼프가 '스탈린의 범죄'를 폭로한 '비밀 연설'은 특히 그에게 큰 논쟁거리였다. 결국 마오쩌둥이 보기에 그것은 충분히 근본적이지 못했다. 당시 그는 이미 모든 사회주의 정부에게 가장 시급한 과제가 공산주의라는 기획 전체를 비판적으로 재검토하는 것이라고 보았다. 그리고 이러한 재검토의 중요한 이념적 중심축은 승리와 패배라는 문제였다. 이 문제는 그의 생애 마지막 20여 년 동안 정치적 사유의 중심 자리를 차지하게 된다.

지난 세기 말에 이르러, 우리는 20세기에 창립된 대부분의 공산당—특히 유럽의 공산당들—이 자기파괴적 충동에 휩쓸리는 모습을 너무나도 익숙하게 보았다. 그렇기 때문에 1950년대에서 1970년대까지 그들의 이념적 전망과 조직적 발자취에서 '승리'라는 문제가 얼마나 결정적이었는지를 과소평가하기 쉽다. 하지만 마오쩌둥이 예견한 것처럼 실제로는 그들은 '마술처럼' '승리한' 공산주의 관료에서 자본주의의 극단적 변호자로 돌변했다.[6]

가장 인상적인 것은 바로 '패배의 가능성'이 '승리의 확실성'이라는 개념과 충돌하는 불협화음이다. '승리의 확실성'은 1930년대 소련 정부가 공고히 서면서부터 역사유물론의 개념적 기둥으로 자리 잡은 것이다. 1936년, 스탈린은 "국민경제 전반에 걸친

---

6   이 문제를 완전히 시대에 뒤떨어진 것으로 보아서는 안 된다. 몇 년 전 중국사회과학원 학술지에 실린 영향력 있는 한 편의 글은 우리가 지금 "위대한 승리"를 목격하고 있다고 확신시켰다. Wang Weiguang, "The Great Victory of Marxism in China," *Social Sciences in China* 32, no.4(2011): 3–18을 볼 것.

사회주의 체제의 완전한 승리가 이제 사실로 되었다"[7]라는 의심할 여지 없는 낙관론을 내세웠다. 그러나 곧이어 벌어진 대숙청은 그 '완전한 승리'가 얼마나 비극적 모순을 품고 있었는지를 보여주는 불길한 징후였다.

다양한 조정과 수많은 미사여구에도 불구하고 스탈린의 직접 후계자들에게 사회주의 국가들의 기본적인 정당성은 최종 분석에 있어 승리가 역사적으로 보장되어 있다는 기준으로 측정될 수 있었다. 1950년대 후반부터 대부분의 공산당 이념에 부가된 '휴머니즘'이라는 정신적 보충물(supplément d'âme)도 이러한 입장의 본질을 바꾸지는 못했다. 흐루쇼프의 보고서로 촉발된 위기—혹은 차라리 그 정치적 본질을 부정하기 위한 방식으로서의—에도 불구하고 당시 공산당의 공식 이념은 사회주의가 어쨌든 공산주의의 역사적 전 단계라는 것을 자명한 것으로 받아들이고 있었다.

제20차 소련공산당 대회 직후, 마오쩌둥은 전혀 다른 길을 모색하기 시작했다. 20세기 공산당 역사에서 하나의 분수령이었던 이 시점 이후, 그는 '승리'에 관한 어떠한 수사에 관해서도 불협화음을 내비치면서, 국제 정치 위기의 심각성을 날카롭게 그리고 때로는 눈에 띌 정도로 불안하게 분석했다. 그는 사회주의의 결정적인 승리를 결코 인정하지 않았다. 심지어 그것이 공산주의의 '필연적'인 역사적 전제라는 생각조차 거부했다.

1957년의 「인민 내부의 모순을 올바르게 처리하는 문제에 대하여」에서부터, 마오쩌둥은 사회주의와 자본주의 중 "누가 승리할 것인가"라는 문제는 "아직 진정으로 해결되지 않았다"[8]고 강조했

---

7 Joseph Stalin, "On the Draft Constitution of the USSR"(1936), https://www.marxists.org/reference/archive/stalin/works/1936/11/25.htm.

8 Mao Zedong, "On the Correct Handling of Contradictions among

다. 새로운 사회주의의 운명을 결정할 새로운 지도(road map)가 필요하다는 것이었다. 마오쩌둥에게 사회주의가 공산주의의 필연적 역사적 전제라는 관념은 위험한 환상이었다. 대약진 운동 이후, 마오쩌둥은 혁명 정치와 사회주의 국가의 운명에 집요하게 주목했다. 1960년대 초, 그는 여러 차례 "사회주의 사회에서도 새로운 부르주아지가 발생할 수 있다"[9]고 지적했으며, "부르주아 복고의 위험"이 여전히 존재한다고 했다.[10] 마오쩌둥은 "부르주아 혁명조차도 수차례의 역전을 겪었다"고 언급하며, 따라서 사회주의 중국도 "반대 방향으로 갈 수 있다"[11]고 언급했다.

'자본주의 복고'라는 공식은, 역사적 진보를 전제로 하는 역사 유물론적 관점에서는 '퇴보'의 위험을 함축하고 있어 일견 호환 가능해 보인다. 하지만 나는 이 논쟁의 핵심이 단순히 당시 공산당 이데올로기를 지배하던 독특한 역사주의를 넘어선다고 생각한다. 실제로 다른 거의 모든 공산당들은 마오쩌둥의 발언을 터무니없다고 일축했다. 사회주의 국가가 자본주의 국가로 전락할 수 있다는 것, 심지어 평화적으로 그럴 수 있다는 주장(이 점은 소련공산당과의 논쟁에서도 강조되었다), 그리고 공산당이 '부르주아 정부'의 일부가 될 수 있다는 생각 자체는, 프라우다(Pravda)와 루니타(L'Unità) 양쪽에서 '광적인 극단주의'의 확실한 증거라고 반복적으로 비난받았다.

1960년대에 중국공산당이―분명히 마오쩌둥의 끊임없는 압력 아래에서―소련에서 자본주의 복고가 이미 일어났다고 선언했을

____

the People"(1957), https://www.marxists.org/reference/archive/mao/selected-works/volume-5/mswv558.htm.

9　「在擴大的中央工作會議的講話」, 『毛澤東思想萬歲』, 407.

10　『毛澤東思想萬歲』, 422.

11　「在八屆十中全會上的講話」, 『毛澤東思想萬歲』, 431.

때, 소련공산당과 그 위성 정당들은 이러한 '분열적인' 태도에 대해 거세게 비난했다. 그들은 이러한 입장이 '국제 공산주의 운동의 단결'과 '공산주의를 향한 승리의 전진'을 무책임하게 해친다고 주장했다. 그러나 더욱 놀라운 것은, 이러한 예측의 정확성이었다. 특히 오늘날과 비교해볼 때, 중국에서는 말할 것도 없거니와 그 당시 소련에서의 완전한 "자본주의 복고"를 위한 필수 조건이 거의 아무것도 갖추어지지 않았다는 점을 감안하면 더욱 그렇다.

역사유물론의 교의에서 승리―좀 더 정확히는 권력의 성공적 장악―는 단순한 정부 전복 이상의 의미를 지녔다. 그것은 무엇보다도 선진 계급과 반동 계급, 새로운 생산력과 낡은 생산양식, 서로 대립하는 이데올로기, 심지어는 서로 충돌하는 세계관들 사이의 역사적 모순의 수렴점이었다. 혁명적 문화는 사회주의가 자본주의를 완전히 무너뜨린 이후에도 공산주의로의 승리의 행진을 계속 이어갈 것이라는 역사적 보증을 지니고 있었다.

그러나 마오쩌둥은 이를 믿지 않았다. 그는 확실한 승리가 아니라 패배의 가능성이 수평선 위에 드리워져 있고, 그것을 반드시 다뤄야 한다고 계속해서 강조했다. 그의 시각으로 볼 때, 이제 대중 정치 활동에 나서야 할 때였다. 마오쩌둥의 이러한 발언은 혁명적 문화의 '보장된 승리'라는 근본 명제와 날카롭게 충돌하면서 은밀하게 받아들여지고 있었다. 이는 필연적으로 당시의 공유된 정치적 정서를 가혹하지만 투명하게 드러내주고 있었으며, 전체적인 이론적 기초 틀에 대한 철저한 재평가 필요성을 징후적으로 제기하고 있는 것이었다.

승리라는 환상

마오쩌둥의 마지막 20여 년 동안, 승리에 대한 그의 성찰은 분명히 오랜 기간 지속된 '인민전쟁'에서의 1949년 승리를 면밀히 재고찰한 데서 비롯되었으며, 궁극적으로 20세기 사회주의의 운명에 초점이 맞추어졌다. '정치의 윤리학'—혁명가들이 자신들의 성취를 바라보는 신념, 희망, 태도—또한 중요한 관심사였다. 1965년 여름, 앙드레 말로(André Malraux)와의 잘 알려진 인터뷰(『반회고록(Anti-Memoirs)』에 담긴)는 이 문제에 대한 마오쩌둥의 정신 상태를 잘 보여준다.

마오쩌둥은 '승리는 수많은 환상의 어머니다'라고 말했다. 그는 승리를 결코 안정의 지점으로 보지 않았다. 오히려 그것은 주관적으로 애매한 영역이자, 그에게 큰 불안을 주는 원천이었다. 그는 오랫동안 승리가 '자만과 오만'을 낳고 정치적 현실감을 상실할 위험을 내포한다고 자주 지적해왔다. 앞서 보았듯이 이것은 1956년 이후 소련공산당 및 스탈린 평가와의 불화에서도 하나의 핵심 쟁점이었다. 스탈린은 중대한 오류를 범했는데, 그중 일부는 "오만과 자만"[12]으로 인해 시정할 수도 없었기에 더더욱 중대했다. 게다가 스탈린은 승리의 확실성, 즉 결정적인 공고화를 믿었다. 그러나 마오쩌둥은 세상에 어떤 것도 결정적으로 공고화될 수 없다고 보았다.[13]

이러한 승리의 확실성을 과신과 연결시키는 마오쩌둥의 관점은 1963년의 교만과 겸손의 문제에 관한 글에서 더욱 분명히 드러난다. 이 글은 승리와 자만 사이의 밀접한 관계를 주목했다. 다음 발췌문은 문화대혁명 직전 수년 동안 그의 태도와 의도를 잘 보여

---

12 『建國以來毛澤東文稿』 6卷, 60.

13 「蘇聯 "政治經濟學" 讀書筆記」, 『毛澤東思想萬歲』, 337-40.

준다.

교만과 자만은 매우 다양한 형태와 상황에서 생성·발전한다. 하지만 일반적으로 승리의 상황에서 더 자주 발생한다. 이는 곤경에 처해 있을 때에는 자신의 결점을 더 잘 볼 수 있고, 따라서 조심스럽게 처신하기 때문이다. 객관적인 어려움 앞에서는 겸손하고 신중할 수밖에 없다. 그러나 승리의 경우에는, 너무나 많은 이들이 나서서 감사를 표하고 찬양을 보낸다. 심지어 적들조차 마음을 바꿔 경의를 표하고 아첨할 수 있다. 승리의 조건 속에서는, 쉽게 자만해지고, 머리가 공중에 떠 있는 것처럼 가벼워져서 '이제부터는 제국은 안정될 것이다'라고 생각하기 쉽다. 우리는 반드시, 승리의 상황에 처하면 처할수록 당이 교만과 자만의 공격에 노출된다는 점을 깊이 인식해야 한다.[14]

승리의 단점은 그것이 자만심을 낳는다는 것이다. '자만'을 느끼게 하고, 자부심에 사로잡히게 하며, 마치 자신의 정체성을 완벽하게 실현한 것처럼 착각하게 만든다. 마오쩌둥은 이 문제가 너무나도 긴급하고 중요하다고 여겨, 당 전체가 이 문서를 회람토록 했다. 이러한 경고가 중국공산당 내부에서 회람되었다는 것은 주목할 만하다. 승리에서 비롯되는 자만은 곧 정치적 현실감의 상실을 의미한다. 따라서 승리라는 환상, 승리가 낳는 자아의 비대화를 경계해야 한다.

말로와의 대화에서 마오쩌둥은 다시금 승리라는 환상에 관한 주제로 돌아갔다. 이번에는 1949년 이후 중국의 정치와 국가의

---

14 「談謙虛戒驕」, 『毛澤東思想萬歲』, 447-48.

상황이라는 구체적 조건에 초점을 맞추고 있었다. 그는 국민당에 대한 승리가 중요한 전환점이었지만, 그것을 결정적인 것으로 간주하는 것은 환상이라고 말했다. 그 승리는 군벌의 파괴, 일본의 침략, 그리고 부패하고 폭력적인 국민당 군사 독재 속에서 제국의 제도적 해체라는 수십 년간의 폭력을 거친 후 붕괴된 국가 제도를 다시 복원할 수 있게 해주었다.

다른 한편으로 마오쩌둥은 늘 그렇듯 변증법적 어법으로 승리가 '새로운 모순'을 가져왔다고 말했다. "진실은 이렇다. 승리 덕분에 생겨난 모순들은—다행히도!—예전의 모순들보다는 민중에게 덜 고통스러울 수는 있지만, 그 깊이는 똑같이 심오하다."[15] 마오쩌둥은 숙명론과 조급함이 뒤섞인 어조로 이렇게 말했던 것이다. 말로가 전한 버전은 문자 그대로의 기록문은 아닐지라도, 마오쩌둥의 불안과 그 통찰의 정확성을 충분히 포착하고 있다.

부패, 범죄, 그리고 깨끗한 손으로 관료가 되어 집안을 영광스럽게 하고자 하는 대학 졸업생들의 오만: 이러한 어리석음은 당 안팎을 막론하고 단지 증상일 뿐이다. 근본 원인은 역사적 조건에 있다. 그러나 정치적 조건 속에서도 불평등을 향해 나아가는 힘은 강력하다. 그들은 원하는 것을 얻으려면 대중으로부터 빼앗아야 한다. 생산수단의 사적 소유를 반드시 복구시키지는 않을 수도 있지만, 불평등을 재건할 것이다.[16]

---

15 『毛澤東思想萬歲』, 494.

16 『毛澤東思想萬歲』, 490, 494.

급박한 이론적 해명의 필요성

주관적인 차원에서 패배의 가능성을 예견하면서도 투쟁을 위한 대중의 정치적 동원을 고취하는 것은 문화대혁명 기간에도 마오쩌둥의 태도를 구성하는 핵심 요소였다. 이는 중국뿐 아니라 20세기 공산주의 기획 전반에도 마찬가지였다. 임박한 몰락의 그림자가 드리운 상황에서, 자본주의의 속박에서 벗어나기 위해 사회주의 국가들이 수십 년간 시도해온 실험의 의미는 마오쩌둥에게 큰 의문을 던졌다. 마오쩌둥의 대답은 모든 정치적 시도를 근본적으로 재평가하는 것이 가장 시급하다는 것이었다. 이른바 '실험 속의 실험'으로, 이론적 차원과 조직 실천 두 가지 측면 모두에서 전개될 것이었다.

문화대혁명은 자본주의적 지배의 재등장이 유력한 상황 속에서 사회주의적 '예외'에 내재되어 있는 지적, 정치적 패기를 통해 진정한 대중운동이라는 실험실을 재평가함으로써 그러한 목표를 추구하기 위한 것이었다. 오직 이러한 비판적 검토를 통해서만 자본주의의 굴레에서 벗어날 수 있다는 것이 마오쩌둥의 인식이었다. 마오쩌둥이 이 마지막 혁명적 10년 동안 이루고자 했던 것도 바로 이것이었다. 마오쩌둥이 1974년 말 언급했던, 그리고 이 책의 마지막 부분에서 다시 보게 될 '이론 학습' 운동—마오쩌둥이 발동했던 마지막 정치 운동—의 초점은 '나라 전체'가 참여하는 '프롤레타리아 독재'에 대한 재검토였다.

이미 1956년 소련공산당 20차 대회 이후, 마오쩌둥은 『인민일보』를 통해 「프롤레타리아 독재의 역사적 경험에 관하여」라는 일련의 사설을 직접 기획·편집하며 논쟁을 주도했었다.

혁명적 10년이 끝나갈 무렵에도, 20세기 공산주의의 개념적 기둥이라 할 수 있는 '프롤레타리아 독재'에 대한 이론적 재검토가 여전히 마오쩌둥의 정치적 관심의 중심에 있었다는 것은 중요한 사실이다. 마오쩌둥은 '프롤레타리아 독재'라는 통치 모델만으로 사회주의에서 공산주의로의 이행이 보장되지 않는다고 보았을 뿐만 아니라 더 나아가 '[그러한 문제를—옮긴이] 명확히 파악하지 못하는 것(不搞淸楚)'이 자본주의 복귀를 초래할 주요한 이론적 원인이 될 것이라고까지 지적했다.

반(反)-수정주의

마오쩌둥이 사회주의의 패배 가능성과 그에 수반되는 혁명가들이 직면한 도전을 반복해서 언급한 것은, 문화대혁명 10년 동안 그의 또 다른 주요 관심사였던 '수정주의를 반대하고 방지하라(反修防修)'를 면밀히 읽어내는 데 필요한 배경을 제공한다. 사회주의의 패배 가능성은 20세기 사회주의를 재평가하기 위한 대중운동의 절박함을 드러냈다면, 반-수정주의는 그 재평가의 길을 가로막는 장애물을 지목하고 있었다.

'수정주의를 반대하고 방지하라'는 구호는 언뜻 보기에는 형식적 구호처럼 보일 수도 있지만, 다시 들여다볼 필요가 있다. 마오쩌둥에게 '수정주의'는 두 가지 현상을 뜻했다. 하나는 사회주의가 철저한 정치적 재평가 없이 패배할 가능성, 다른 하나는 그 재평가를 실현하는 데 맞서 싸워야 할 장애물이었다. 나아가 혁명적 10년 동안 수정주의는 이중의 얼굴을 띠었다. 하나는 사회주의의 예외적 경로가 자본주의 노선(資本主義道路)의 영향 아래 놓인다는 것을 보여주는 지표, 즉 '자본주의 노선'의 동의어로 나타났다. 다른 하나는 공산주의 국가 조직 내부에서, 자본주의의 정상화에 대한 예방적 수단인 사회주의 노선의 특수성에 대한 정치적 재평가를 위한 대중운동을 가로막는 요소를 상징했다. [사회주의와 공산주의로의 길을 방해하는—옮긴이] 장애물을 설치하고 명확한 '자본주의로의 회귀'를 요구하는 세력들과 싸우면서, 그러한 장애물들을 극복하기 위한 대중적 정치 실험을 통해 새로운 길을 찾아야 한다는 것이 해당 슬로건의 함의였다.

수정주의라는 개념을 좀 더 폭넓게 이해하면 마오쩌둥의 의도가 한층 명확해진다. 수정주의, 혹은 그것에 대한 비판은 20세기 공산주의 역사에서 특정한 위치를 차지했다. 특히 1920년대 유럽과 1960년대 중국에서 두드러졌다.[17] 문헌학적 세부 사항을 차치하고서라도, 이 두 시기의 수정주의 비판은 혁명 진영 내부에서의 주요한 비판 대상이었다. 레닌의 비판은 카우츠키의 '기회주의'를 겨냥했고, 마오쩌둥은 먼저 소련의 '신수정주의자들'을 겨냥한 다음 중국 내부의 세력들을 향해 화살을 돌렸다. 각 논쟁에 있어 쟁점은 혁명 정치가 공유하고 있는 구체적인 문제와 결과, 그리고 정치적 발명이 만들어낸 앞선 시기의 전환점과 현재 상황에 의해 초래된 구체적인 임무의 재평가에 관한 것이었다.

공산주의 정치가 본질적으로 실험적이라는 점을 고려할 때, 기왕의 경험을 평가하는 것은 레닌과 마오쩌둥 모두에게 자신들의 정치적 목표를 파악하고 추구하기 위해 불가피한 과제였다. 새롭게 획득한 것 중 무엇을 유지·발전시켜야 하는가? 어떤 실수를 다시는 되풀이하지 말아야 하는가? 새로운 기회를 가로막는 장애물은 무엇인가? 아마도 가장 대답하기 어려운 질문은, 혁명가들이 드러낸 한계와 그로부터 교훈을 배우지 못한 약점에 있어 자본주

17　이 주제에 관한 논의에 대해서는 나의 "Notes on the Critique of Revisionism: Lenin, Mao and Us," *Crisis & Critique* 4, no.2(2017): 362-75를 볼 것.

의가 어떤 점에서 유리한 고지를 점했는가 하는 것이었을 것이다. 가장 시급한 정치적 결정을 위해서는 이런 문제들을 냉정히 평가할 필요가 있었다. 레닌의 반수정주의와 비교해보면, 마오쩌둥의 반수정주의에는 연속성과 새로움이 모두 존재했음을 알 수 있다.

레닌

카우츠키와의 논쟁에서 레닌은 주로 제1차 세계대전에 대한 상반된 견해를 놓고 충돌했다.[18] 카우츠키는 다소 우회적인 방식으로 전쟁을 정당화했으며, 이는 당시 대부분의 노동자당들이 보인 태도이기도 했다. 반면, 레닌은 제국주의 전쟁에 단호히 반대했으며, 오히려 그것을 정치적 행동의 필수 조건으로 보았다. 여기서 주목할 만한 것은, 레닌의 주요 논거 중 하나가 파리 코뮌의 재평가에 있었다는 점이다. 레닌은 마르크스와 엥겔스의 발자취를 따라, 그들이 코뮌에 대해 산발적으로 남긴 언급과 분석을 정리하고 새로운 이론을 만들어냈다. 이를 통해, 유럽의 대학살을 초래한 통치 방식과 수단의 변화 그리고 그러한 상황 속에서 혁명가들이 마주했던 과제에 대한 근본 이론을 발전시켰다.

레닌에게 있어 마르크스와 엥겔스의 코뮌에 대한 요체는 [국가의] 관료적·군사적 기구를 '분쇄(zerbrechen)'하는 것이 코뮌의 가장 근본적이지만 달성되지 못한 목표였다는 것이었다. 마르크스는 '코뮌의 첫 번째 법령은 상비군의 해체였으며, 대신에 무장한 인민을 세웠다'고 열정적으로 환영했다. 레닌은 마르크스가 국가에 대한 일반 이론에서 출발한 것이 아니라, 주로 19세기 후반 혁명적 사건들에 대한 반작용으로서의 정부 형태의 변화에 대한 구

---

18   Lenin, *State and Revolution*(1917), https://www.marxists.org/archive/lenin/
      works/1917/staterev/.

체적 분석에서 이런 결론을 얻었다고 강조했다.

마르크스는 「프랑스 내전」에서, 이전의 혁명 운동 이후 '국가권력의 순수한 억압적 성격이 더욱 명백해졌다'고 언급했다. 1848~49년 이후 국가권력은 '노동에 대한 자본의 국가적 권력'의 성격을 점점 더 띠게 되었다. 따라서 관료적·군사적 기구를 분쇄하는 것은 '모든 민중혁명의 전제 조건'이었다. 레닌은 제1차 세계대전이 초래한 '더럽고 피비린내 나는 수렁'에서 모든 유럽 국가의 관료적·군사적 기구가 빠져드는 모습을 보고, 이 분석이 완전히 입증되었다고 보았다.

레닌에게 카우츠키의 마르크스 이론 해석은 왜곡이었다. 더욱 혐오스러웠던 것은 카우츠키가 혁명가들 사이에서 정치적·지적 권위를 누리고 있었기 때문이며, 그의 논리가 당시에 사회주의 정당들 사이에서 유행하던 '사회적 쇼비니즘'의 성격을 띤 친전쟁 입장과 결탁하고 있었기 때문이었다. 카우츠키는 마르크스의 논지를 '망각'하고 '초제국주의'의 도래라는 환상을 만들어냈다. 레닌은 이를 주저 없이 "초멍청함"이라 불렀다. 카우츠키와 그를 따르는 이들은 '제국주의 전쟁의 본질을 은폐·정당화'한 사회주의의 '수치스러운 타락'을 '마르크스주의'의 언어 속에서 '국방'이라는 이름으로 위장하고 있었다.

대신 레닌은 혁명가들이 맡아야 할 과제가 파리 코뮌의 원래 목표를 되살리고 발전시키는 것이라고 보았다. 그것은 곧 국가의 관료적·군사적 기구를 '분쇄'하는 것이었다. 이 기구는 제국주의 전쟁 직전 수십 년간 더욱 강화되었고, 레닌이 보기에는 그러한 강화를 통해 전쟁이 유럽의 실제 정부로 자리 잡았다. 당시 군사-관료 기구는 모든 국가의 핵심이었다. 그것은 '모든 것을 자신에게 종속시키고, 모든 것을 억압'하고 있었다. 따라서 레닌에게 혁명의 근본 과제는 국가권력을 탈취하는 동시에 그 관료적·군사적 기구를 해체하는 것이었다. 그때서야 비로소 전쟁이 강요한 극단적 군사화 통치체제를 저지하고, 전혀 새로운 형태의 정부 실험을 시작할 수 있는 혁명운동을 조직할 수 있다고 보았다. 소비에트의 초기 추진력은 국가 기구를 사회의 독립된 실체로서 분해하고, 국가의 업무와 기능을 가장 평범한 민중에게 광범위하게 분산시키려는 데 있었다.

마오쩌둥

반세기 후, 마오쩌둥의 수정주의 비판은 레닌과 마찬가지로 동일한 이론적 지평에서 제기되었다. 그것은 유사한 문제의식을 따라 발전했고, 마찬가지로 내부의 장애물과 맞서 싸웠다. 그러나 문제의 구체적 내용은 달랐다. 1950년대 후반이 되자, 레닌의 논거의 기본 토대—과거 혁명적 경험에 대한 분석과 제국주의 전쟁이 불러온 정치적 과제—는 이제 얽히고 겹치며 새로운 맥락으로 옮겨 갔다. 제20차 소련공산당대회 이후 가장 시급했던 자기점검 과제는 10월 혁명 이후 수립된 모든 사회주의 국가들에 해당하는 것이 되었다. 이들 사회주의 국가는 그 자체로 혁명 조직들이 활동하는 당대의 지배적 조건을 이루고 있었다. 실질적으로 이들 사회주의 국가들이 당 조직과 이데올로기를 통해 바라본 주요 정치적 과제는 새로운, 분리된 국가 권력 기계를 유지·관리하는 것으로 전환되었으며, 이는 '분쇄'해야 할 대상으로서의 국가와는 전혀 달랐다.

레닌과 마오쩌둥이 수정주의를 비판할 때 공통으로 보여준 점은 이 비판이 매우 이론적이고, 때로는 심지어 놀라울 정도로 교조적인 어조를 띤다는 것이다. 수정주의는 혁명 정치의 지적 레퍼

토리에 얽혀 있었으며, 동일한 정치 문화의 개념, 화법, 기조, 속도와 리듬을 공유하고 있었다. 그래서 두 지도자 모두 수정주의를 반드시 이론적으로 제거해야 할 정치적 장애물로 간주했다. 이것이 그들이 보인 교조적 색채를 설명해준다. 수정주의는 그것이 겨냥한 대상과 매우 비슷한 얼굴을 하고 있었고, 종종 더 교조적인 구조를 띠었다. 뉘앙스에 예민했던 레닌은 한때 '모든 사회-쇼비니스트들은 마르크스주의자'라고 농담조로 말한 바 있다.

다른 한편으로 수정주의 비판에서 본질적인 것은 혁명적 이론적 논지를 '왜곡'하는 것에 맞서 수정주의의 그릇된 방향을 교정하는 것이었다. 이는 수정주의가 무엇을 말하든, 혹은 무엇을 무시하든 간에 논쟁을 통해 이루어졌다. 레닌과 마오쩌둥 모두에게 이것은 단순히 '배교에 맞서 신앙을 수호'하는 문제가 아니었다. 그것은 시급하고도 즉각적인 정치적 과제였다. 그 과제를 해결하기 위해 필수적인 것은 마지막으로 이루어진 중대한 정치적 창조물에 대한 올바른 평가였다. 10월 혁명의 경우 그것은 파리 코뮌이었고, 문화대혁명의 경우 그것은 10월 혁명과 그로부터 수립된 프롤레타리아 독재의 결과였다.

여기서도 자기점검이 요구되었다. 1956년 소련과의 최초 논쟁 이후 20년이 지난 1976년 무렵, 마오쩌둥은 수정주의 개념을 분석적 예측이자 대중 정치 동원의 목표로 간주했다. 사회주의와 자본주의의 줄다리기에서, 사회주의는 결코 유리한 위치를 차지하고 있지 않았다. 사실상 자본주의가 '가능성이 더 큰 승자'로 보였다. 따라서 사회주의를 비판적으로 재평가하고 대중 동원을 통한 새로운 정치적 창조를 배치하는 것만이 이러한 가능성에 대응할 수 있는 길이었다.

첫 번째 단계는 이러한 재평가를 주도하고 이후의 정치 실험을 이끌어갈 조직을 결정하는 것이었다. 공산당만이 그 법적 자격을 지닌 유일한 주체였다. 하지만 공산당 자체도 사회주의 통치 질서의 일부였고, 그 질서는 중대한 변화를 눈앞에 두고 있었지만 당 지도부는 어떠한 변화도 없다고 완강히 부인하고 있었다. 하기에 마오쩌둥을 사로잡았던 물음이자 그의 불안의 근원이 된 것은, 바로 이러한 상황에서 자본주의가 사회주의라는 예외를 '아마도' 패배시킬 것에 맞서 싸울 수 있는 새로운 정치적 조직 형태를 찾을 수 있는가 하는 점이었다.

그러나 마오쩌둥은 자신이 간절히 찾던 해답 대신, 결국 교착 상태를 맞이했다. 당이 재평가의 길을 가로막았던 것이다. 당은 이미 국가의 통치 기능을 담당했고, 그 최고 지도부는 사회주의 경험에 대한 재평가를 허용하려 하지 않거나, 그 시급함을 순전히 형식적인 구호로 돌려세우기만 했다. 이것이 바로 마오쩌둥이 마지막 20년간 수정주의의 진원지가 당-국가의 엘리트층이라고 주장했던 이유다. 공산주의 내부의 주된 장애물은 바로 그것의 조직 원리 그 자체였던 셈이다. 마오쩌둥이 당면 과제를 수행하기 위해 필요로 했던 것은 새로운 길이었다.

5 문화적 초자아의 축소

패배의 가능성에 직면해 있었고, 투쟁과 수정주의 방지가 문화대혁명 직전 마오쩌둥의 주요 관심사였다면, 왜 그가 야오원위안의 글에서 시작된 논쟁을 전폭적으로 지지했는지는 명확하지 않다. 이 점에서 배후 음모에 대한 추측이 무성하다. 예를 들어, 우한은 비록 역사학계의 비주류 교수는 아니었지만, 관료제에서 너무 높지 않은 위치에 있었기 때문에 제도에 대한 강력한 옹호를 불러일으키지 않을 정도의 적절한 논쟁 표적이었다는 설이 있다.[1] 또 다른 주장으로는 펑전이 논쟁의 진정한 목표가 자신을 전복시키는 것이라는 사실을 깨닫지 못해 함정에 빠졌다는 것이다.[2]

하지만 제1부에서 보았듯이, 당-국가의 최고위층은 몇 달 동안 우한을 완강히 옹호했다. 펑전은 이 논쟁의 이해관계가 정치적으로 지극히 중대하다는 것을 즉각 깨달았던 것이다. 오늘날의 공식 서사에서는 전제적 교설의 이름으로 문화대혁명이 지식인들을 우선적인 목표로 삼았다고 이야기한다. 그러나 실제로 첫 표적은 국가 문화기구의 최고 권력자들이었고, 논쟁의 주요 참가자들은 대부분 역사 교사들이었다는 사실을 통해 드러나듯 그들에 대한 비판은 바로 기층의 지적 환경(intellectual milieu)에서 나온 것이었다.

---

1   Hong Yung Lee, *The Politics of the Chinese Cultural Revolution: A Case Study*(Berkeley: University of California Press, 1978), 34.

2   王年一, 『大動亂的年代』, 38; 張湛彬, 『文革第一文字獄』, 60.

이미 언급했듯이 당시 중국의 당-국가 체제에서 문화기구의 중요성과 해서 논쟁에서 그것이 발휘한 영향력은 매우 컸다. 마오쩌둥 자신이 중대한 정치 문제라고 여겼던 것들—그가 '가능한 패배'라는 징후적 표현으로 요약했던—에 대해 가장 강력하고도 애매한 반대를 마주한 곳이 바로 국가 문화기구(교육, 언론, 출판 등)의 사무실이었다.

마오쩌둥과 사회주의 국가의 중앙 문화기구

마오쩌둥은 확실히 완고했고, 첫 표적의 선택은 그의 우려와 일치했다. 하지만 사태의 전개는 첫 장면에서 적극적으로 활동했던 수많은 행위자들의 발언과 대응에 달려 있었다. 다른 한편 마오쩌둥이 중대한 정치 문제라고 간주한 사안들에 대한 그의 견해는 당-국가의 최고위층으로부터 둔탁한 적대감에 부딪혔다.

앙드레 말로가 마오쩌둥과의 유명한 만남에서 묘사한 한 장면은, 물론 어느 정도 시적 허용의 산물이겠지만, 이런 분위기를 잘 포착하고 있다. 1965년 여름, 중대한 사건의 전야가 빠르게 다가오던 때였다. 담화가 진행된 공식 회의실에서는 몇몇 최고위 중국 지도자들이 불상처럼 냉담하게 앉아 있었다. 어느 순간, 마오쩌둥은 "나는 혼자입니다"라고 말했다. 말로는 "주석님, 당신은 종종 혼자였잖습니까"[3]라고 대답했고, 마오쩌둥은 "그래요, 나는 대중과 함께 혼자입니다"라고 말했다. 하지만 당-국가라는 천상의 후견 아래에서 일종의 신으로 여겨지면서 동시에 "대중과 함께" 있는 것이 어떻게 가능한가?

---

3 Andr. Malraux, *Antimemorie*(Milan: Bompiani, 1968), 494.

1965년 중반, 마오쩌둥은 이를 해소할 몇 가지 수단을 갖고 있었다. 야오원위안은 결코 큰 권위자가 아니었고, 우한에 대한 비판 자체도 결정적인 요소는 아니었다. 그러나 그의 시선은 명확한 방향을 가리키고 있었다. 국가 최고 문화기구의 이념적, 억압적 권위였다. 문화대혁명 초기에 마오쩌둥의 목표는 사회주의하에서 정치와 국가의 근본적 방향을 논의하는 새로운 장을 열어, 이 권위를 철저히 제한하려는 것이었다. 그는 위험하지만 자신에게는 불가결한 기본 정치 문제의 재고를 시도하고 있었다. 당시 상황으로서는 국가 제도에 뿌리내린 문화 체계의 (겉보기에는) 안정성과 응집력 속에서 그러한 프로젝트는 결코 등장할 수 없었다. 사회주의 국가 기계장치를 작동시키던 문화적 지렛대들은 승리의 확실성이라는 역사유물론적 강철로 단련된 것이었다.

마오쩌둥은 그 문화 체제에 대한 불만을 표현할 기회를 결코 놓치지 않았다. 궁극적으로 그 시기 이 문제에 관한 그의 모든 발언은 사실상 대단히 논쟁적이었다. 그는 학교와 전반적인 교육, 출판사와 언론에 불만을 품고 있었다. 청년 시절, 그는 1919년의 신문화운동에서 진보적인 교육가였고, 1960년대 중국의 교육 체계는 젊은이들의 지적 재능을 낭비하는 교육적 형식주의로 인해 억눌려 있다고 보았다.[4] 적어도 1964년에 이르러 그는 거의 소련 1950년대 초의 체계를 그대로 베껴 온 학교 프로그램과 교육과정을 철저히 개혁해야 한다고 주장했다.

마오쩌둥은 학교 교육 기간을 과감히 단축해 교육을 농업, 산업, 군 복무, 정치 등 여러 형태의 사회 활동과 결합시키자고 제안

---

4   신문화운동 기간 그의 교육에 관한 저술은 Mao Zedong, *Inventare una scuola: Scritti giovanili sull'educazione*, ed. Fabio Lanza and Alessandro Russo(Rome: Manifestolibri, 1996)에 수록되어 있다.

하기도 했다. 아래에서 보겠지만, 그는 이러한 사회적으로 구조화된 활동들을 서로 연결해 전문화의 한계와 그로 인한 사회적 위계질서를 극복해야 한다고 보았다. 마오쩌둥의 견해로는 1960년대 중반의 중국 교육체계는 이러한 변화와는 전혀 무관한 것이었다. 프랑스 대사였던 말로가 마오쩌둥과의 대화에서 중국 학교 교육의 성공을 열정적으로 칭찬했을 때, 마오쩌둥은 외교적으로 그가 본 것은 '일부의 모습'이라고 대답했다.

야오원위안의 글 출판을 지지함으로써, 마오쩌둥은 문화적 상황에 대한 비판적 태도를 일관되게 유지했다. 그러나 이번에는 논쟁이 당-국가 문화기계의 응집력에 대한 공개 토론으로까지 번져 갔다. 몇 달 만에 이 논쟁은 문화기구의 이념적 권위를 공개적으로 실추시키는 결과를 가져왔다. 3장에서 보았듯이 이러한 과정을 통해 예기치 못한 지식인 여론의 개입과 펑전이 주창한 다소 예측 가능한 자기방어의 경직된 노선이 결합되면서, 그 기구의 본질적 약점이 드러났고 자연스럽게 그 최고 지도부의 약점도 드러나게 되었다.

해서 논쟁에 대한 마오쩌둥의 최초 반응

초기 단계에서 마오쩌둥은 별다른 성과를 거두지 못했다. 발표된 해서 비판문은 겉으로 보기에 견고한 제도적 건물에 균열을 일으켰다. 그 기구의 대표적 인물 중 하나가 원칙적인 문제로 비판받았고, 국가 문화기구의 정치적·이념적 무오류성이라는 이미지가 손상되었다. 하지만 곧바로 자기방어적 반응이 나타났다. 당-국가의 고위 문화 당국은 이 논쟁이 단지 역사학적 관점의 차이에 불과하다고 선언했다. 그들은 특히 이러한 관점들이 서로를 전면적으로 배제하지 않으며, 무엇보다도 당대의 정치적 함의를 전혀 갖고 있지 않다는 점을 강조했다.

겉으로 보이는 것과 달리, 마오쩌둥이 전적으로 의지할 수 있었던 것은 기관 내에서 권위가 거의 없는 이들이었다. 앞서 언급했듯이, 우한의 희곡에 대한 비판을 제안했고, 실제로 야오원위안에게 글을 쓰도록 주선했던 것은 장칭과 장춘차오였다. 마오쩌둥은 야오원위안의 초고를 꼼꼼히 읽었고, 아마도 몇몇 수정을 제안했지만 그것을 출판할 방법을 찾는 일은 전적으로 이 추진자들에게 맡겼을 것이다. 그리고 이것은 당연한 일이 아니었다. 중국 역사학자들의 재구성에 따르면, 마오쩌둥은 신중하고, 때로는 다소 머뭇거리면서도 매우 직접적으로 움직였던 것으로 보인다. 그는 장칭에게 이 글을 캉성과 저우언라이 같은 고위 지도자들에게 보여주라고 권했다. 장칭은 만약 그렇게 한다면 덩샤오핑과 류샤오치에게도 보여주어야 할 텐데, 그들은 출판을 막을 것이라고 반대했다. 요컨대 이 글은 사전에 승인받는 과정을 피함으로써만 출판될 수 있었던 것이다.

그러나 마오쩌둥은 당-국가의 최고 지도자들 간의 관계를 규제하는 일련의 다소 형식적인 절차를 존중했다. 아마도 야오원위안의 글 초고를 읽었을 1965년 9월에 소집된 중앙위원회 업무회의에서 마오쩌둥은 직접 펑전에게 우한을 비판할 수 있는지 물었다. 펑전은 '우한은 어떤 문제에서는 비판될 수 있다(吳含有些問題可以批判)'고 답했다. 중국 역사학자들은 이 에피소드를 종종 베이징 시장의 전술적 기지를 칭찬하기 위해 언급해왔다. 그들은 이 답변이 '다른 문제들에 대해서는 우한을 비판할 수 없다는 의미였다'

고 설명한다.[5] 그러나 보통은 펑전의 강점 중 하나로 여겨졌던 이러한 관료적 노련함이 이번에는 정반대의 효과를 가져왔다. 주관적 긴장이 클수록 말과 행동의 일치가 중요해지기 때문이다.

이후 마오쩌둥은 야오원위안의 글이 『문회보』에 발표된 며칠 뒤인 11월 중순에 개입했다. 그는 다른 신문들에서도 이 글을 재출판할 수 있도록 금지령을 해제하려 했다. 이미 이 출판으로 인해 중앙 문화 당국은 비상 경계 태세에 들어갔다. 하지만 마오쩌둥이 개입했을 때 비로소 그가 이 시도를 지지하고 있다는 사실이 드러났다. 펑전이 다른 신문들의 재출판을 완강히 거부하자, 마오쩌둥은 최소한 한 출판사에서라도 소책자 형태로 재출판하자고 제안했다. 그러나 당 중앙 편집국, 즉 신화사(新華社)는 이 배포를 완강히 반대했다. 앞서 보았듯이 이 교착 상태는 저우언라이의 중재로 겨우 해결되었는데, 그는 『인민일보(人民日報)』에 야오원위안의 글을 재출판할 수 있도록 허락을 받아냈다. 그리하여 마오쩌둥의 직접적인 영향력은 여전히 미미했지만 이 문제는 이미 국가적 문제로 부상해 있었다.

마오쩌둥이 이 논쟁에서 처음으로 중요하게 언급한 발언은 '펑더화이는 해서다'였다. 이 유명한 등식과 그 결과에 대해서는 이미 논의했으므로, 이제는 그 맥락과 시간 순서를 살펴보려 한다. 마오쩌둥은 이 발언을 항저우에서 열린 중앙위원회 업무회의에서 했다(이러한 회의들은 특정한 중요한 정치적 조치와 이론적 문제를 논의하기 위해 당 지도자들이 해마다 여러 차례 소집하던 임시 회의였다).[6] 이 회

5　張湛彬, 『文革第一文字獄』, 134 참조.

6　1965년부터 1966년까지 마오쩌둥은 남부 중국의 이곳저곳을 돌아다니면서 베이징으로부터 멀리 떨어진 곳에 살고 있었다. 그것은 1949년 이후 그가 수도로부터 벗어나 생활을 한 가장 오랜 기간이었다.

의에서 야오원위안의 글이 발표된 지 여섯 주가 넘은 12월 21일 마오쩌둥은 평소 스타일대로 당대의 문화·정치적 정황에 대한 주제를 자신이 중요하다고 여겼던 이론적 문제와 뒤섞어 길게 설명했다.

마오쩌둥은 야오원위안의 글에 관해 약간만 언급했지만, 구체적인 주제를 다루고 있었다. 그는 특정 주제에 관해 기고문이 매우 훌륭하다고 말하면서도 '파면(罷官)'이라는 핵심을 건드리지 못했다고 언급했다. 혹자는 처음부터 마오쩌둥이 야오원위안의 원고를 읽고 수정까지 했음에도 왜 파면을 강조하라고 제안하지 않았는지 궁금할 수 있다. 야오원위안은 해서에 관한 희곡이 1950년대 말과 1960년대 초 농촌 정책에 대한 상반된 견해와 관련이 있다고 언급했지만, 루산 회의의 구체적인 결과였던 펑더화이의 파면 문제는 언급하지 않았다.

아마 처음에는 야오원위안과 마오쩌둥 모두 '파면'에 초점을 맞추지 않았을 것이다. 파면은 제목에만 있었을 뿐 줄거리에는 없었다. 그렇다면 그것은 나중에 '발견된' 핵심이었고, 마오쩌둥은 농담 삼아 저작권을 캉성에게 돌렸다(캉성이 원고를 읽지 않았다는 사실은 앞서 인용한 마오쩌둥과 장칭의 대화에서 짐작할 수 있다). 그러나 마오쩌둥의 '파면이 핵심'이라는 발언의 정치적 결과를 평가함에 있어 무대 뒤의 이야기로부터 다시 한번 거리를 두는 것이 낫다. 오히려 1965년 12월 말 야오원위안의 기고문을 둘러싼 논쟁의 전개 속에서 이 발언을 읽어야 한다. 정치적 긴장이 극도로 고조된 순간에는 발언의 정확한 시점이 결정적이다. 다시 말해 같은 발언이라도 시점이 일주일, 심지어 하루만 달라도 그 의미는 완전히 달라지기 때문이다.

3장에서 살펴본 것처럼 그 몇 주간의 주된 현상은 바로 '역사 서술의 비정치화' 경향이었다. 이는 문화부문 수뇌부가 주도한 경향으로, 문제를 단지 '도덕적 문제'를 다룬 역사적 관점의 차이로만 제시하면서, 현실 정치와는 무관하다고 주장했고 그들은 이 문제를 그저 진부한 교조적 정통성 위반으로 치부했다. 앞서 논의한 '권위의 요청'에 따라 쓰여진 논설들은 이러한 관점 차이를 '부르주아와 프롤레타리아 도덕의 사활을 건 투쟁'으로 규정하면서도, 실제 정치 문제는 완전히 배제했다. 샹양성은 마오쩌둥의 항저우 연설 일주일 전에 '도덕적 계승'이라는 제목의 글을 발표했다. 마오쩌둥은 이 필명이 펑전의 최측근 덩튀라는 사실을 분명히 알고 있었다.

지난 몇 주 동안의 상황을 고려해볼 때, 마오쩌둥은 이 견해 차이의 핵심이 전적으로 정치적이라는 점을 강조했다고 볼 수 있다. 왜냐하면 이는 역사라는 주제를 정치와 무관하게 다루려는 시도와, 문화기구가 모든 수단을 동원해 내세우던 진부한 교조적 논변 사이의 대비를 부각시켰기 때문이다. 당시 중국 정치에서 가장 해결되지 않은 첨예한 쟁점을 공개적으로 언급하면서, 마오쩌둥은 1959년 루산 회의에서의 충돌에 대한 평가가 여전히 논쟁적이라는 점을 상기시켰다. 그는 그 회의에서 내려진 결정들이 문제를 해결하지 못했다고 지적했다. 사실 그러한 문제들은 오히려 정치적 지형에서 더 큰 혼란을 낳았고 외견상으로는 더 큰 의견 불일치를 초래했다. 앞서 살펴본 것처럼, 이러한 배경 속에서 펑더화이는 루산 회의를 통해 '해서'가 되었던 것이다. 만약 그 회의에서 충돌이 없었다면, 파면도 없었을 것이고, 그로 인한 긴장도 없었을 것이며, 우한이 그런 희곡을 쓸 이유도 없었을 것이다.

마오쩌둥의 핵심 발언은 간접적으로나마 야오원위안의 기고문에 내재된 약점을 부각시키기도 했다. 논쟁이 전개되면서, 동일한 역사·정치 개념의 네트워크, 무엇보다 계급 논리가 매우 대립적인 방식으로, 심지어 비정치적인 방식으로도 사용될 수 있음이 증명되고 있었다. 물론 마오쩌둥은 이런 식으로 직접 이 문제를 제기할 수 없었다. 그리고 계급투쟁 개념은 여전히 그에게 핵심 개념으로 남아 있었다. 그럼에도 불구하고, 마오쩌둥이 계급에 대한 참조 없이 두 파면의 동일함을 굳이 언급하면서도 그러한 차이의 정치적 성질을 강조하기 위해 아무런 역사적-정치적 논증도 내세우지 않았다는 사실은 중요하다.

마오쩌둥의 발언은 해서 논쟁을 다시 정치화하려는 의도를 가진 것이었지만, 3장에서 살펴보았듯이 그럼에도 펑전의 반응—그는 1966년 1월 초 첫 비판 기고문에 대응하면서 파면 문제를 공개적으로 언급했다—에 비춰보면 복잡한 효과를 낳았다. 앞서 언급했듯이, 해서 논쟁을 배경으로 하여 루산 파면 문제를 언급하는 것은 즉각 문화부 수뇌부가 주장하듯 '규율' 문제로 전환되었다. 펑전은 파면 문제가 문화 분야의 당 규율에 대한 문제로서 자유로운 논쟁의 대상이 될 수 없다고 주장했다. 해당 문제는 자신이 이끄는 5인소조가 전적으로 다룰 권한을 갖고 있는 문제였다. 이것이 마오쩌둥과 펑전 간의 갈등을 점점 고조시켰던 핵심이었다. 불과 두 달도 안 되는 기간 동안 힘의 균형은 복잡하고 유동적으로 변화했다.

펑전의 반응

펑전은 마오쩌둥의 '펑더화이가 곧 해서다'라는 주장에 대해 눈에 띌 정도로 단호하게 대응했다. 12월 22일 마오쩌둥이 항저우에서 연설한 다음 날 두 사람은 만났다. 펑전은 우한과 펑더화이 사이에 어떠한 조직적인 연계도 입증된 바가 없으므로, 이 파면 사건을 핵심 쟁점으로 간주할 이유가 없다고 이의를 제기했다. 그는 마오쩌둥과의 또 다른 비공식 대화에서도 우한을 옹호하는 입장을 재확인했다. 그러나 우한이 펑더화이를 직접 대리해 행동했을 가능성은 낮았을 뿐만 아니라, 앞서 언급했던 것처럼 그렇게까지 할 필요도 없었다.

1966년 1월 초 펑전은 상하이시 당위원회 회의를 소집했다. 그는 우한이 '좌파'이며 논쟁은 "학문적인 범위 내에 머물러야 한다"[7]고 강하게 주장했다. 이러한 입장은 3장에서 분석한 「2월 요강」에 공식적으로 반영되었다. 2월 초 마오쩌둥은 이 초안의 초고를 받았다. 이 초안은 이미 5인소조의 승인을 받았고 중앙위원회의 비준만 남은 상태였다. 마오쩌둥은 펑전과 직접 만나 자신의 반대 입장을 전달하려 했지만 아무런 수정도 이끌어내지 못했다.

이 주제에 관한 중국의 공식 저작들은 하나같이 모든 것이 마오쩌둥의 뜻에 달려 있었다고 주장하지만, 이는 당시 마오쩌둥이 분명히 소수파에 불과했다는 점에서 오해를 더욱 부추기는 결과만 낳는다. 그럼에도 마오쩌둥에 대한 가장 방대한 전기를 집필한 중국 저자들은 마오쩌둥과 펑전의 관계가 실제로 어떠했는지를 기록해야 했고 그 몇 달간의 상황을 다음과 같이 묘사하고 있다. "마오쩌둥 주석은 당과 전국에서 매우 높은 위신을 누리고 있었고 민주 집중제가 심각하게 훼손된 상황이었기 때문에 당내 생활은 매우 불규칙해졌으며, 마오쩌둥 주석의 개인적 지도력이 점차 집단적 지도체제를 대체하게 되었다."[8]

중앙 당 기관들이 이 초안을 승인한 방식은 마오쩌둥이 공개적

---

7 張湛彬,『文革第一文字獄』, 38; 王年一,『大動亂的年代』, 76.
8 逢先知, 金沖及 選編,『毛澤東傳』(北京: 中央文獻出版社, 2003), 1406.

인 저항과 실질적인 반대에 직면했다는 사실을 다시 한번 보여준다. 오히려 문제는 마오쩌둥이 어떻게 그처럼 불리한 입장을 그 후 몇 달 동안 뒤집을 수 있었느냐는 점이다. 그가 지녔다고 여겨지는 '상당한 위신'은 지금까지 거의 아무런 실효성을 발휘하지 못했으며, 이른바 개인적 지도력(일반적으로 독재 지배를 의미하는 표현)은 1965년 11월 야오원위안의 논문을 다시 인쇄·배포하려 했을 때조차 단 한 곳의 출판사도 설득하지 못했다. 1966년 2월 초 시점에서 마오쩌둥은 중앙위원회가 전폭적으로 지지하고 비준을 앞두고 있던 평전의 초안 같은 문서를 바꿀 수 있는 가능성이 더욱 줄어들었다.

이 초안을 논의하기 위해 마오쩌둥과 평전이 만난 회의는 주목할 만하다. 이 부분에서도 현재의 중국 역사 서술은 다소 왜곡되어 있다. 예를 들어, 문화대혁명을 다룬 가장 잘 알려진 저서 중 하나에서 가오가오(高皋)와 옌자치(嚴家其)는 초안이 우한에 있는 마오쩌둥에게 전보로 전달된 뒤 평전이 이끄는 5인소조 대표단이 마오쩌둥과 이 문서를 논의하기 위해 그를 찾아갔다고 기록하고 있다. 당시 회의 분위기는 아마도 다음과 같았을 것이다.

마오쩌둥은 다시 한번 분명하게 말했다. "『해서파관』의 핵심은 '파면'이다. 이것은 루산 회의와 펑더화이의 우경 기회주의와 관련된 문제다." 그는 평전을 향해 두 번이나 물었다. "우한이 당에 반대하고 사회주의에 반대한 것은 아니었는가." 평전은 직접적인 답을 하지 않았다. 이처럼 이 회의는 결코 우호적인 분위기에서 진행되지 않았다.

이 주제에 관한 이 책과 여타 중국 서적들에서 문헌 자료가 거의 인용되지 않는다는 점 외에도 저자들은 회의 분위기를 위와 같이 묘사한 뒤 주저 없이 다음과 같이 덧붙이고 있다.

> 마오쩌둥의 발언과 자신이 이해한 회의 내용을 바탕으로 펑전은 선전부 부부장 쉬리췬과 후성(5인소조 비서처의 일원이자, 의도적으로 발탁한 저명 역사학자)에게 초안에 첨부할 주석을 작성하도록 지시했다. … 이튿날 아침 펑전은 그 설명문을 베이징에 전보로 보냈고 같은 날 정치국 상무위원회의 승인을 받은 후 초안은 중앙위원회의 공식 문건이 되어 전당에 배포되었다.[9]

회의의 세부 사항에 대한 여타 중국 역사학자들의 기록도 마찬가지로 모호하다. 어쨌든 펑전은 자신이 하려던 일을 그대로 실행했다. 실제로 그는 마오쩌둥과 반대되는 입장을 취할 수 있었고, 앞서 언급한 이유들로 인해 당시 주석의 입지는 매우 약했기 때문에 그것은 그리 어려운 일이 아니었다. 우한의 '반당' 태도와 관련해서는 마오쩌둥이 아니라 펑전과 그의 5인소조가 당원들의 문화 분야에 대한 최고 권위를 대표하고 있었으며, 여기에는 마오쩌둥 자신도 포함되어 있었다. 따라서 펑전은 파면이라는 핵심 쟁점을 전혀 고려하지 않을 수 있었고, 실제로 그는 12월 말부터 그렇게 해왔다. 마오쩌둥은 적어도 일시적으로는 이에 따를 수밖에 없었다.

펑전은 또 하나의 핵심 쟁점인 좌파에 대한 '정풍' 문제에 대해 마오쩌둥의 반대 의견에도 아랑곳하지 않았다. 초안은 '오랜 기간의 형태'를 고려하여 '완고한 좌파를 정리할 필요가 있다'고 명확히 명시하고 있었다. 다시 말해 가까운 시일 내에 좌파 성향의 당

---

9 高皋, 嚴家其, 『"文化大革命"十年史』(天津: 天津人民出版社, 1986), 72.

원들에게 책임을 묻겠다는 의도를 노골적으로 드러낸 것이다. 펑전은 훗날 자신은 마오쩌둥 주석이 초안에 반대하지 않는다고 믿었다고 말했다. 반면 마오쩌둥 자신은 결코 이 초안을 공식적으로 승인한 적이 없다고 주장했다. 절차적 세부 사항이 어찌 되었든, 당시 마오쩌둥은 펑전을 제어할 수단이 전혀 없었다. 왜냐하면 펑전과 5인소조는 당시 당 내에서 가장 높고 논쟁의 여지가 없는 권위를 지니고 있었기 때문이며, 따라서 초안은 중앙위원회에서 신속히 승인되었고 정식 당 노선으로서 회람되었다.

펑전은 자신이 결정적인 전투에서 이겼다고 확신했다. 그 후 2달 동안 당-국가 문화기구의 중앙 기관들은 초안에서 규정한 방침들이 철저히 시행되도록 전력을 다해 움직였다. 5인소조 사무국은 예고된 정풍을 앞두고 '완고한 좌파'의 '장기적 행태'에 대한 일련의 검증 작업을 시작했다. 심지어 11월에 야오원위안의 논문이 어떻게 선전부의 사전 승인 없이 상하이에서 출판될 수 있었는지를 조사하는 작업도 시작되었다.

성공의 정점에 있었던 펑전은 심지어 펑더화이까지 이 일에 끌어들이려 했다. 그는 3월에 펑더화이를 직접 찾아가, 우한이 자신과 조직적 연계가 없었다는 점을 밝히는 선언을 해달라고 요청했다. 아마도 그 대가로 펑더화이의 전면 복권을 지지하겠다는 뜻을 내비친 것으로 보인다. 펑더화이는 그것을 간절히 원하고 있었지만, 당시 벌어지고 있던 충돌의 심각성을 분명히 인식하고 있었기 때문에 관여를 거부했다.[10] 이 일화는 마오쩌둥의 반대파들이 당시 얼마나 자유롭게 움직일 수 있었으며, 그들이 얼마나 강력했는지를 잘 보여준다.

---

10 1966년, 펑더화이는 내륙 지역의 군사 및 경제 강화 사업인 이른바 '제3선(第三線)' 프로젝트의 책임자로서 쓰촨에 있었다.

염라대왕을 타도하라

마오쩌둥은 초안이 공포된 지 몇 주 후 다시 주도권을 되찾았
다. 그렇다고 해도 상황은 여전히 펑전의 통제하에 있었기 때문에
그가 어떤 압력을 행사했다고 말할 수는 없다.[11] 그러나 3월 하순
에 접어들면서 마오쩌둥은 초안에 대해 전면적인 반대 입장을 표
명하기 시작했고, 마침내 최고 지도부 내에 이 문제에 대한 논의
를 다시 열어놓는 데 성공했다. 물론 그는 자신의 위신과 결단력
을 총동원했지만, 설득력과 영향력이 실제로 효과를 발휘할 수 있
었던 것은 당시 상황 전개 자체에서 기인한 것이었다. 그가 개입
한 결정적인 계기는 초안이 『해서파관』 논쟁에 미친 실질적인 영
향 때문이었다.

왜냐하면 논쟁이 전혀 가라앉지 않았기 때문이다. 지역 및 중앙
언론은 여전히 이 문제의 정치적 쟁점을 다룬 기사와 편지를 받고
있었지만, 이는 모두 펑전의 지시에 따라 검열되었다. 실제로 '파
면'이라는 단어를 언급하거나 정치적 차이를 논의한 글은 한 편도
인쇄되지 않았다. 결과적으로 초안은 표면적으로 내세운 목적과
는 정반대의 역할을 하게 되었다. 펑전은 이 초안이 '공개 토론'을
장려하기 위한 것이라고 말했지만, 실제로는 '유관 기관'의 사전
승인을 받지 않은 모든 글을 억압하는 수단이 되었다. 그리하여
언론에는 승인된 글만이 실렸다. 그러나 게재되지 못한 다른 글들
은 중앙 기관 내에서 회람되었다. 당 지도부는 논쟁에 대한 체계
적인 보고를 접할 수 있었고 11월 이후 장춘차오와 『문회보』 기자

---

11   張湛彬, 『文革第一文字獄』, 137.

들이 주도한 논쟁이 그 대표적인 사례 중 하나였다.

3월 말에 이르러 초안이 '당의 영도 아래' 부르주아 계급에 대한 전략적 사상 투쟁을 조율하기 위한 핵심 문건이라는 주장은 더 이상 유지될 수 없게 되었다. 마오쩌둥의 비판은 초안이 표방한 자유로운 공개 토론을 보장하기는커녕 오히려 강압적인 검열을 가하고 있다는 것이었다. 이는 스스로를 '부르주아 세계관에 맞선 사생결단의 투쟁'의 선봉이라고 선언한 공식 문건으로서는 결코 사소한 결함이 아니었다.

마오쩌둥은 논쟁에 대한 제한을 끝내고 완전한 언론의 자유를 허용해야 한다고 주장했다. 이는 3월 17일부터 20일까지 항저우에서 열린 정치국 회의에서의 연설 기록에서 명확히 드러난다. 이 회의에서는『해서파관』논쟁과 직접 관련 없는 다양한 사안들도 논의되었지만, 마오쩌둥은 펑전의 검열 조치에 정면으로 맞섰다.[12] 그는 다음과 같이 주장했다. "젊은이들이 왕법(王法)을 어기는 것을 두려워할 필요가 없다. 그들의 원고가 출판되지 못하게 막아서는 안 된다.[13] 선전부는 좋은 일을 하지 않았다. … 다른 사람들의 적극성을 억눌렀고, 혁명이 일어나는 것을 허용하지 않았다."[14] 최고 지도자들에게는 다음과 같이 말하고 있다. "당 중앙 정치국과 각 성·시의 동지들이 돌아가면, 자유로운 의견 표현을 적극 장려해야 한다. 4월, 5월, 6월, 7월에는 전국적으로 언론의 대자유가 있어야 한다. … 이 위대한 문화대혁명은 반드시 수행

---

12 毛澤東,「在政治局擴大會議上的講話」,『毛澤東思想萬歲』, 634-40. 이 두 번째 발언에서는 상세한 기록이 남아 있는데, 마오쩌둥은 학문 및 교육 문제, 중국 산업 체제의 상황, 소련공산당 제23차 대회에 참가하지 않기로 한 결정, 그리고 소련으로부터 계속 독립을 유지해야 한다는 점에 대해서도 언급했다.

13 毛澤東,「在政治局擴大會議上的講話」,『毛澤東思想萬歲』, 640.

14 張湛彬,『文革第一文字獄』, 179.

되어야 하며, 수정주의에 반대해야 한다. 우리가 떠난 후에(我們走了), 다음 세대가 과연 수정주의를 막을 수 있을지 나는 의심스럽다.”[15]

이는 물론 마오쩌둥이 가장 우려하던 문제 중 하나였다. 패배의 가능성이 짙어지고 있었지만, 그럼에도 불구하고, 아니 오히려 그렇기 때문에 더욱 폭넓은 언론의 자유가 허용되어야 했다. 3월 28일부터 30일 사이에 마오쩌둥은 또 다른 회의를 소집해 다시 한 번 초안과 펑전이 문제를 처리하는 방식에 대해 비판을 표명했다.[16] 마오쩌둥의 발언 내용은 그의 요청에 따라 곧 중앙 지도자들의 더 큰 회의에서 보고되었고, 그의 목표는 초안에 대한 논의를 다시 여는 것이었다.

마오쩌둥은 특히 상하이에서 야오원위안의 글이 무단으로 게재된 것에 대해 5인소조가 벌인 ‘조사’에 강하게 이의를 제기했다. 펑전은 해당 글이 인쇄되기 전 유관 기관에 사전 보고되지 않았기 때문에 중앙 선전부가 책임 소재를 조사하라고 지시한 것이라고 주장했다. 그러나 마오쩌둥은 그의 말을 단호하게 끊어버렸다.

우한은 중앙 선전부의 승인을 받을 필요가 없이 많은 글을 발표했다. 그런데 왜 야오원위안의 글만 사전 허가를 받아야 했는가? … 좌파의 글은 발표를 막고, 우파는 감싸는 자들은 바로 대학파벌(大學閥)이다. 중앙 선전부는 염라대왕전(閻王殿)이다. 염왕전을 무너뜨려야 하고 염라대왕 수하의 도깨비들은 해방되어야 한다. 파벌을 타도하고 좌파를 해방하라.[17]

---

15   張湛彬, 『文革第一文字獄』.

16   첨석자들 중에는 캉성, 장칭, 장춘차오가 포함되어 있었다.

17   「打倒閻王, 解放小鬼: 與康生同志的談話」, 『毛澤東思想萬歲』, 640-41.

이 이미지는 훗날 꽤 유명해지는데, 그 배경에는 문학적 요소가 있다. 염라대왕은 불교에서 유래한 인물로, 절대적인 공포와 인간 행위에 대한 최고 심판을 상징한다. 그러나 전통 중국 이야기 속에서는 비극적이면서도 희극적인 방식으로 묘사되었다. 또한 염라대왕은 모든 사람을 조금씩 괴롭히기도 하지만, 특히 지식인들—곧 유학자들—에 대한 폭정으로 잘 알려져 있었다. 그는 과거 제도를 통해 관료를 선발하던 제국 시대에 지식인들에게 기괴한 고통을 가하는 존재로 그려졌다. 이 주제를 깊이 연구한 일본 학자 미야자키 이치사다(宮崎市定)는 과거 제도를 진정한 의미의 '시험 지옥'[18]으로 묘사하며 유머러스하게 그려낸 바 있다.

염라대왕이라는 이미지는 일종의 기묘한 문화적 초자아로서 지식인들에 대한 강압적인 이념적, 관료적 규율을 상징했다. 마오쩌둥은 이를 자신의 논쟁적 발언에서 자주 사용하던 '문학적-대중적' 표현 방식으로 언급했다. 염라대왕전은 당대의 특정한 제도적 현실, 즉 중앙 선전부를 지칭하는 것이기도 했다. 중앙 선전부는

---

18 Miyazaki Ichisada, *China's Examination Hell: The Civil Service Examinations of Imperial China*, trans. Conrad Schirokauer(New York: Weatherhill, 1976). 나는 이 책의 이탈리아어 판본인 *L'inferno degli esami*(Torino: Bollati Boringhieri, 1986)을 편집하고 이 책의 서문을 썼다. 풍자 문학의 풍부한 "증언" 그리고 일본 역사학자가 이 거대한 관료 의식을 재치 있게 묘사하는 데 자주 인용했던 바로 그 자료에 따르면, 장원 급제를 꿈꾸던 과거 응시자들은 며칠 동안 좁은 시험실에 고립되어 가장 기이한 규칙에 따라 난해한 글을 짓는 동안 온갖 종류의 유령들에게 시달렸다. 시험 도중에 나타난 이 유령들은 중국 민간 이야기 속 전형적인 인물들이었으며, 모두 염라대왕을 섬기는 하인들이었다. 그들은 주로 음탕한 행실과 같은 응시자들의 과거 잘못을 벌주었고, 그 결과 응시자들은 잔혹한 장난과 두려운 환영으로 인해 극히 제한된 합격자, 즉 미래의 관료 명단에서 제외되곤 했다. 때로는 유령들이 응시자를 겁에 질려 죽게 만들기도 했다.

국가의 문화기구—언론, 출판, 대중 매체, 교육 등—의 중심축이었으며, 이들 모두는 사회주의 체제에서 결정적인 역할을 수행하고 있었다.

염라대왕전에 자리 잡고 있던 대학파벌은 사회주의 체제에서 '대학 담론'이 갖는 특별한 제도적 특권의 표현이었다. 1966년 봄과 여름, 문화대혁명의 다음 장면인 최초의 대중운동이 바로 대학에서 벌어진 것은 이 서막이 1960년대 중국 국가의 신경 중추에 해당하는 부문에 위기를 불러일으킨 것과 밀접한 관련이 있었다. 문화 기계, 대학의 기능, 그리고 그러한 정치 문화에서 역사학이 누리고 있던 특권적 지위는 심지어 조직적인 측면에서도 사회주의 국가 체제를 구성하고 있었다. 실제로 초안의 효력은 그러한 규율적 역할을 더욱 강화하고 있었다.

연기된 초안

3월 말까지 마오쩌둥의 노력은 「요강」의 타당성에 대한 논의를 다시 열어놓는 데 성공했다. 그러나 이 문서는 중앙위원회가 공식적으로 채택한 것이었기 때문에, 그 문제는 다시 중앙위원회에서 다루어져야 했다. 이에 따라 4월 초부터 5월 중순까지 당 중앙 기관의 일련의 공식 회의가 개최되었고, 이 회의들은 최고 지도부가 주재했다.[19] 이 회의에서 도출한 정치적 합의—아래에서 살펴볼 5월 16일 자 통지문—는 잘 알려져 있다. 하지만 이 합의에 이르기까지의 논의 과정에 대해서는 거의 알려져 있지 않다. 몇 가지 이유로 인해 1966년 3월 중순부터 5월 중순까지의 기간은 문서화가

19　하지만 마오쩌둥이 직접 참여한 것은 아니었다. 그는 여러 달 동안 베이징을 떠나 있었고, 그가 돌아온 것은 이듬해 7월이었다.

부족한 시기다. 회의 참가자들의 연설은 간접적으로만 전해지고 있으며 중국 역사학자들의 기록도 단편적인 수준에 불과하다.[20]

현재까지 활용할 수 있는 주요 '사료'는『최초의 저항: 문화대혁명 전야의 펑전』이라는 역사 소설이다.[21] 1990년대 초 중국공산당 중앙 당교에서 출판된 이 책은 대부분의 관련 중국 서적과 마찬가지로 자료 출처가 명확하게 제시되지 않은 '영웅전(hagiography)'의 형태를 띤다. 등장 인물들의 대사가 따옴표 안에 제시되어 있지만, 이를 문자 그대로의 기록으로 받아들일 수는 없다. 오히려 이 책은 당교 작가들이 존경 받는 선배와 그 측근들을 공식 정부 서사에 따라 그려낸 초상화에 가깝다. 결코 문화적 걸작이라고 보기는 어렵지만, 그 이야기 속에는 당시 정치 엘리트 내부의 인간관계 양식—혹은 오늘날 선전 당국이 모범 사례로 칭송하려는 인간관계 양식—이 일정 부분 투영되어 있다고 할 수 있다.

여러 기록에 따르면 마오쩌둥의 반대에 대한 펑전의 최초 반응은 자신의 입장을 굳건히 고수하는 것이었다. 그는「요강」이 결함은 있더라도 자유롭고 개방적인 토론의 장을 조성하는 데 목적이 있었다고 주장했다. 마오파 소수 그룹은 이 논의에 매우 적극적으로 참여했다. 4월 초 장춘차오는「5인소조의 '요강'에 대한 몇 가지 의견」이라는 글을 발표하고 배포했다. 그는 4개월이 넘는 이 논쟁의 전개 과정을 직접 관찰하고 기록해온 경험을 바탕으로 펑

---

20 그 회의들의 일부 의제는 여전히 기밀로 분류되어 있는데, 아마도 그것들이 중화인민공화국의 외교 정책과 관련된 민감한 사안들이었기 때문일 것이다.「요강」을 둘러싼 충돌 외에도 핵심적인 군사 문제들에 관한 이견이 논의된 것으로 보이며, 이는 최종 결정에서 서로 수렴되었다. 소련 및 다른 공산당들과의 관계, 그리고 베트남에서의 미국 군사적 확대에 대한 대응 태도와 같은 매우 논쟁적인 사안들 역시 당시의 결정과 정치적 분위기에 영향을 미쳤다.

21 師東兵,『最初的抗爭: 彭真在"文化大革命"前夕』(北京: 中共中央黨校出版社, 1993). 저자의 이름은 분명 필명이다.

전이 가한 제약을 비판했다.[22] 이어서 4월 9일부터 12일까지 중앙위원회 서기처 회의에서 논의가 계속됐다. 이 자리에서 펑전은 다시 한번 「요강」은 기본적으로 타당하며, 부족한 점은 보완할 수 있다고 주장했다. 마오쩌둥과 가까운 두 지도자인 캉성과 천보다는 펑전의 주장을 상세하게 비판했다. 이들의 발언 원문은 전해지지 않지만, 각각 5인소조의 정책(캉성은 소조 구성원이었으나 소수 의견이었다)이 주제였고, 펑전의 과거 정치적 입장―아마도 베이징 시장 시절 활동―에 관한 내용이었던 것으로 보인다.

분명히 펑전을 지지하는 의미 있는 반론은 거의 없었다. 이는 아마도 펑전이 「요강」을 완강히 옹호하면서 내세운 논리가 그의 지지자들에게도 여지를 거의 남기지 않았기 때문일 것이다. 그의 지지자들은 당 내에서 가장 영향력 있는 지도자들 중 일부였으며, 그중에는 류샤오치와 덩샤오핑도 포함되어 있었다. 이들 역시 펑전과 비슷한 생각을 가지고 있었고 실제로 일부 회의를 주재하기도 했다. 그러나 불과 몇 주 만에 그 논의의 결말은 「요강」의 철회와 펑전의 파면이었다. 이후 덩샤오핑은 그러한 결과가 초래된 것은 마오쩌둥에 대한 양보 때문이었으며, '그에게 반대하기 힘들었다'고 말했지만 그러한 설명을 그대로 받아들이기는 어렵다. 류샤오치와 덩샤오핑은 펑전을 방어할 수 있는 충분한 정치적 권한을 가지고 있었다. 그럼에도 그들이 펑전을 지켜내지 못했다는 사실은, 중재를 뒷받침할 설득력 있는 근거가 없었음을 보여주는 것일 수 있다. 펑전의 완고한 방어 논리가 결국 그들에게도 발 디딜 여지를 주지 않았던 것으로 보인다.

실제로 회의가 진행되면서 「요강」에 대한 펑전의 완고한 옹호

---

22 張湛彬, 『文革第一文字獄』, 181-82. 장춘차오의 텍스트는 자주 인용되지만 불행하게도 간접적으로만 알려져 있을 뿐이다.

가 효과를 발휘하지 못하고 있다는 점이 분명해졌다. 중앙위원회에서 나온 발언들의 내용은 직접적으로 알려져 있지 않지만, 이후의 당내 갈등 전개와 펑전의 움직임을 통해 많은 점을 유추할 수 있다. 앞서 살펴본 바와 같이, 비판은 「요강」의 집필 주체였던 5인소조와 베이징 시장 직책의 정책들에까지 이어졌다. 이 두 사안은 모두 펑전이 책임을 맡고 있었기에 명백히 맞물려 있는 것이었다. 비판은 베이징시 당위원회가 5인소조의 주요한 제도적 기반이었으며, 몇 년 전 이 그룹이 『삼가촌』이라는 글을 발표했다는 사실을 포함하고 있었다. 3장에서 언급했던 것처럼 이 글은 우한, 덩튀, 랴오모사가 공동 집필한 유망한 글로, 대약진 운동 실험을 풍자한 내용이었다. 당연히 덩튀가 해서 사건에서 맡았던 역할도 혹독하게 비판받았다.

「요강」에서 펑전은 '강경 좌파'의 '장기적인 행태'를 청산하겠다고 위협한 바 있다. 그러나 이제 그는 곤란한 처지가 되었는데, 최근 5인소조 지도뿐만 아니라 베이징 시장으로서의 '장기적인' 활동에 대해서도 비판을 받고 있었기 때문이다. 우한은 베이징 부시장 중 한 명이었으며, 펑전이 논쟁 초기부터 그를 감싸왔던 것에 대한 비판은 상당한 근거를 갖추고 있었다. 덩튀—필명 샹양성—는 앞서 본 바와 같이 1965년 12월 '도덕 유산론'을 겨냥한 '타협 없는 계급 비판'의 저자로, 이는 우한을 보호하기 위해 날조된 대표적인 허위 비판 중 하나였다. 그는 또한 베이징시 당위원회 문화 부문 책임자로서 펑전의 가장 가까운 협력자였고 지난 몇 개월 동안 5인소조가 우한을 옹호하기 위해 벌인 여러 책략의 실행을 주도한 인물이기도 했다.

이러한 비판의 압박 속에서 「요강」을 끝까지 옹호하는 것이 더 이상 불가능해지자, 펑전은 그야말로 180도 전술을 바꾸었다. 그

는 베이징시 당위원회 회의를 소집해「요강」의 집행을 중단한다
고 발표했다. 나아가 위원회가 직접『삼가촌』에 대한 비판을 시작
해야 한다고 결정했고 덩튀에게는 중앙위원회에 제출할 자기비판
문을 작성하라고 공식적으로 지시했다. 아래 내용은『최초의 저
항』이라는 '소설'에서 펑전의 '초기 저항'을 묘사한 부분이다. 회
의에서 펑전은 '『삼가촌』에 대한 비판은 피할 수 없다. 그렇지 않
으면 손실이 더 커질 것이다'라고 말했다. 그리고 그는 자신의 사
무실에 정치 문제의 수위를 조절해 여론에 '맞춘' 비판문 작성을
지시했다. 덩튀의 자기비판 역시 시급한 과제였다.『최초의 저항』
은 기술하고 있는 것처럼 이것이 바로 자신의 '2인자'의 운명을 논
의한 핵심 회의에서 펑전이 남긴 발언의 취지였다.

덩튀 동지는 〔펑전은 그의 면전에서 말하고 있었다〕 지난 몇 년 동안
당을 위해 많은 일을 해왔지만, 모든 일에 대해 '하나가 둘로 나누
어진다(一分爲二)'의 태도를 지니다 보니, 단점과 실수도 많았다. 그
는 중앙위원회와 마오쩌둥 주석의 지시를 제대로 따르지 않았고 마
오쩌둥 사상을 충분히 선전하지도 못했다. 이 점들이 명백한 오류가
아니겠는가? 나는 덩튀 동지가 이 문제들에 대해 철저한 자기 성찰
을 하고 중앙위원회에 수준 높은 자기비판문을 제출하기를 바란다.
이어 펑전은 자신의 비서를 불러 다음과 같이 지시했다. "오늘밤
안으로 당신과 사무처 동지들이 덩튀 동지의 잘못과, 그에 대해 시
당위원회 서기처가 어떤 도움과 비판, 관심을 기울이고 있는지를 서
술하는 보고서를 하나 작성하시오. 정치적 사안을 다루지 않도록 각
별히 주의하고 '반당, 반사회주의'와 같은 단어는 절대 사용하지 마

시오”[23]

소설은 덩퉈가 회의실 뒤편 소파에 누워 완전히 침묵한 채로 펑전의 말을 듣고 있는 모습을 그리고 있다. 그날 밤 펑전은 자신의 비서에게 다음과 같이 물었다.

“덩퉈 동지가 자기비판문을 썼는가?”
“아닙니다.” 비서가 대답했다. “몇 차례 물었지만 아직 쓰지 않았다고 합니다.”
펑전은 눈에 띄게 불쾌한 기색을 보였지만 관용적인 태도를 유지하며 크게 말했다. “아마 당신이 잘 기억하지 못하는 것일 거요. 덩퉈는 자신의 잘못을 깊이 인식하고 있어. 이 문제에 대해 혼란스러워하지 않기를 동지들에게 권합니다. 우리가 그들을 적극적으로 비판하는 것은 그들을 돕기 위한 것입니다. 우리는 돕기 위해 비판하는 것입니다.”[24]

여기서 ‘그들’은 덩퉈, 우한, 랴오모사를 가리킨다.[25] 펑전은 가장 가까운 측근들을 버림으로써 자신의 방어선을 더욱 공고히 하려 했던 것으로 보인다. 그러나 이러한 전술은 ‘도움을 받아야 할’ 이들과 맺어온 장기적 동맹 관계는 말할 것도 없고, 지난 반년 동안 그가 보여온 언행과도 정면으로 모순되었다. 다른 한편으로 펑전은 자신의 사무국에 마오주의 비판자들을 겨냥한 자료를 준비

---

23 師東兵, 『最初的抗爭: 彭真在“文化大革命”前夕』, 265.

24 師東兵, 『最初的抗爭: 彭真在“文化大革命”前夕』, 274.

25 덩퉈는 몇 주 후 자살했다. 그러한 비극적인 행위의 동기는 결코 자명하지 않지만, 그를 공격했던 이들뿐만 아니라 ‘도와주겠다’고 나선 이들이 가한 강한 압박이 악화 요인으로 작용했을 것이다.

하라고 지시했는데, 역사 소설은 이를 '좌파에 맞선 결연한 저항'
으로 회상하고 있다. 실제로는 이러한 움직임이 펑전의 전술을 한
층 더 모순적으로 보이게 했고, 그의 입지를 결정적으로 약화시켰
다. 결국 4월 하순, 중앙위원회는 펑전의 사태 수습 방식을 부인
하고, 제기된 모든 비판을 반영해「요강」을 폐기하고 펑전이 이끌
던 5인소조와 베이징시 당위원회를 해체하기로 결정했다.

위원회의 이러한 결정은 이른바「5·16 통지」라고도 불리는 통
지문으로 정리되었다. 이것은 문화대혁명에 대한 최초의 광범위
한 정치적 선언문이었다. 행정 문서처럼 건조하게 들리는 이 제목
은 마오쩌둥이 직접 정한 것이었고, 회의에 참석한 거의 모든 사
람들을 당황하게 했다.[26] 실상「5·16 통지」는 야오원위안의 글 발
표 후 이어진 논쟁을 정리하고 사태를 새로운 국면으로 이끄는 정
치 문건의 장황한 요약이었다. 천보다가 초안을 작성했고 이후 여
러 차례 수정이 이루어졌다. 마오쩌둥은 4월 말에 자신의 의견을
덧붙였는데, 나중에 그는 자신이 '기름과 식초를 더했을 뿐(加油加
醋)'이라고 표현했다. 그러나 실제로 마오쩌둥의 편집은 핵심 내
용을 모두 포함하고 있었고 전체 분량의 약 3분의 1에 달했다. 따
라서 최종 초안은 당시 마오쩌둥의 생각을 상당 부분 반영한 것이
라고 할 수 있다.

도깨비들을 풀어주다

이 유명한 문서를 살펴보기 전에 우리는「5·16 통지」의 목적을
더 잘 이해하기 위해 그 몇 주 동안 마오쩌둥이 행한 연설을 좀 더

26　王年一,『大動亂的年代』, 12.

깊이 들여다보아야 한다. 「5·16 통지」를 수정한 후 그는 당시 상황을 다음과 같이 요약하고 있다.

> 펑전은 자신의 세계관에 따라 당을 개조하려 했지만, 사태는 정반대로 전개되었고, 결국 그는 스스로 자신의 몰락을 초래하는 조건을 만들어냈다. 이것은 필연의 차원에서 벌어진 사실이며, 우연 속에서 드러나 점차 수렁으로 빠져들었다. …
>
> 만약 중앙 차원에서 누군가 음모를 꾸미고 있다면, 나는 지방 차원에서 들고 일어날 것을 호소한다. 손오공이 옥황상제를 보호하는 천궁 내부에서 혼란을 일으키듯이 말이다. …
>
> 현상은 눈에 보이지만 본질은 숨겨져 있다. 그러나 본질은 현상을 통해 드러날 수 있다. 펑전의 본질은 30년 동안 숨겨져 있었다.[27]

마오쩌둥의 논쟁적인 공격은 두 가지 차원에서 전개되었다. 그는 잘 알려진 철학적인 접근(변증법적으로 자신의 대립물로 변화한 '사물들', '우연' 속에서 드러나는 '필연성', 펑전의 '본질' 그리고 그것이 드러나는 '현상')과 문학적인 인용을 모두 활용했다. 천궁과 옥황상제는 오승은(吳承恩)이 저술한 고전 소설 『서유기』에서 등장한다. 이 판타지 소설의 주인공은 손오공으로, 마오쩌둥은 1960년대 초에 그에게 헌정하는 시를 쓰기도 했다. 손오공은 하늘에 혼란을 일으키

27　毛澤東, 「批判彭真」, 1966年 4月 28日, 『毛澤東思想萬歲』, 641. 그는 이전의 한 발언(『毛澤東思想萬歲』, 640-41)에서 다음과 같이 말했다. "펑전, 베이징 당위원회, 그리고 중앙 선전부는 계속 나쁜 사람들[壞人]을 보호하고 있다. 베이징 당위원회, 중앙 선전부, 그리고 5인소조는 해체되어야 한다. 작년 9월 나는 몇몇 동지들에게 물었다. 만약 수정주의가 중앙에서 나타난다면 어떻게 해야 하는가? 이것은 '가능하다[很可能的]'는 것이며, 또한 가장 위험한 일이다. 우리는 좌파를 보호해야 하며, 문화대혁명의 과정에서 좌파의 전선을 형성해야 한다."

는 '요술 원숭이'로, 현실 정치의 장애물을 가리는 '음습한 안개'를 걷어낼 수 있다.

3월과 4월에 마오쩌둥은 염라대왕전과 옥황상제의 궁전을 '전복'시켜야 한다고 주장했다. 그의 메시지는 또한 작은 도깨비들, 요술 원숭이들, 그리고 기층 간부들의 해방을 촉구했으며, 이들이 들고일어나 '천궁에 혼란을 일으키고', '중앙의 음모'를 종식시켜야 한다고 했다. 이러한 문화적 비유들이 전달한 의도와 기대는 매우 분명했다. 이 시기 마오쩌둥의 발언은 두 가지 긴급한 주제로 요약할 수 있다. 첫째, 특정 권위자들을 파면하는 것이 필요하다는 것, 둘째, 중국에서 무제한의 정치적 목소리에 문을 열어야 한다는 것이다. 정치 다원화와 권위자 파면에 관한 논의는 6장에서 다룰 것이다.

이 두 문제는 마오쩌둥에게 있어 밀접하게 연계되어 있었다. 병렬적인 이중 은유는 두 과정이 서로 보완적일 수 있으며 또 그래야 한다는 그의 확신을 보여준다. 염라대왕을 전복하는 것과 작은 도깨비들을 해방하는 것은 서로 의존적인 것이다. 마오쩌둥은 진정으로 대중운동의 장에서 가장 시급한 정치적 문제—혁명당의 운명—에 대해 열린 토론을 원한다면, 국가의 문화기구가 행사하는 무조건적인 감독 권한을 해체하는 것이 필수적이라는 확신을 갖게 된 것이 분명하다. 실제로 문화대혁명 서막의 절정은 바로 염라대왕전의 전복이었다.

이는 의심할 여지 없이 천궁의 일부 왕, 총독, 왕자, 대신 및 기타 고위 인사들의 축출로 이어졌다. 그러나 이러한 지도부 교체에 앞서 파면의 대상은 무엇보다도 중국 국가 기구의 핵심 기관의 권위였다. 염라대왕전은 엄격한 이념적 규율을 감독하고 집행하던 각 부처의 관료 체계를 가리킨다. 이 기구를 이끄는 이들은 마오쩌둥이 결정적인 혁명 과제로 여긴 일을 선제적으로 가로막고 있었다. 그러한 혁명 과제는 바로 사회주의 자체가 전면적인 패배에 직면한 상황에서 중국공산당의 정치적 정당성을 평가하려는 제한 없는 대중운동이었다.

이러한 이유로 마오쩌둥은 설사 무질서한 행동이 나타날 수도 있음에도 불구하고 작은 도깨비들—이론상으로는 중국의 모든 사람이 규율의 통제를 받는 존재였지만—에게 완전한 연설의 자유를 허용하는 것이 불가결하다고 생각했다. 이 모든 것은 필연적으로 모호한 신호와 궁정 권위와의 충돌로 이어질 수밖에 없었다. 어쨌든 작은 도깨비들은 그 권위의 중심에서 멀어지지 않는다면 자신의 목소리를 낼 수 없었다. 마오쩌둥은 다음과 같이 말했다. "너희들이 염라대왕전에 있다면 작은 도깨비들은 찾아오지 않는다(你們是閻王殿, 小鬼不上門)."[28] 마오쩌둥은 또한 야오원위안 역시 작은 도깨비이며 천궁이 그의 말을 전혀 들으려 하지 않는다고 말했다. '작은 도깨비들을 풀어주는 것'은 당-국가의 통제 밖에서 조직된 무한한 수의 정치적 주체들에게 문을 열어주는 것을 포함하는 것이었다.

통지

1966년 봄 마오쩌둥의 주요 발언들을 개괄해보면 문화대혁명 서막의 결말을 이해하는 데 더 많은 단서를 얻을 수 있다. 「5·16 통지」는 문화대혁명의 첫 정치적 포문을 연 문서였고, 그 이름은 매우 '간결하게' 붙여졌다. 이 문서는 1966년 5월 16일에 발표되

---

28 『建國以來毛澤東文稿』(北京: 文獻出版社, 1998), 12卷, 31.

었으며, 3월 말 마오쩌둥의 주도로 시작된 당 최고위층 회의의 결과물이었다.[29] 제목은 의도적으로 축소되었지만, 문서의 의도는 매우 분명했다. 즉 천궁의 권위를 제한하고, 중대한 시점에 언론의 자유를 전면적으로 보장한다는 것이었다.

「5·16 통지」의 어조는 매우 비판적이었고 '적'에게 어떠한 양보도 하지 않았다. 중국의 역사학자들은 이러한 점을 종종 마오쩌둥의 전제적이고 모험주의적인 태도 탓으로 돌린다. 하지만 이들 역사학자들은 「요강」의 언어를 '극단적'이라고 묘사하는 데 있어 주저함이 없으며, 또한 좌파에 대항하기 위해 그것이 필요했다는 점에서 정당화하는 데도 주저하지 않았다. 실제로 펑전은 매우 경직된 교조적 엄격함을 보였고, 염라대왕전에서 나온 수많은 글들 역시 마찬가지였다. 이들은 논쟁의 범위를 형식적 차원으로만 제한하고, 이념적 규율의 고삐를 더욱 조이기 위해 그렇게 한 것이었다.

하기에 「5·16 통지」의 한 가지 목적은 반대파의 움직임을 반드시 세부적으로 반박함으로써 정치적 논쟁의 장을 다시 정의하는 것이었다. 마오쩌둥과 그의 소수파 지지자들은 「요강」이 초혁명적 언어로 포장된 강박적인 규율 중심의 성격을 가지고 있다는 것을 폭로하는 데 주력했다. 당의 중앙 기구들이 국가의 문화기구가 초래한 이념적, 조직적 교착 상태를 명확히 인식하는 것은 마오쩌둥에게 훨씬 더 중요한 사안이었다. 그는 아마도 이러한 현실에 대한 공감대 형성이 어떤 대중 정치 실험을 수행하기 위한 전제조건이라고 보았을지도 모른다.

「5·16 통지」는 이후 중앙위원회의 문건, 즉 전 당을 위한 공식

29　「中國共産黨中央委員會通知及原件附件二」(1966.5.16.), Chinese Cultural Revolution Database, part Ⅰ.

지침으로 채택되었으며, 당시 몇 달 동안의 핵심 쟁점들, 즉『해서파관』에 대한 비판과 그것에 관한 논쟁, 2월의「요강」으로 이어진 펑전의 일련의 조치들을 상세히 다루고 있다. 마오쩌둥은 이 문서의 핵심 사항들에 중요한 추가 내용을 덧붙였으며, 이는「5·16 통지」논리의 실제 구조를 이루고 있기 때문에 우리는 이를 폭넓게 인용할 것이다.[30]

「5·16 통지」가「요강」의 입장을 뒤집었다는 점은 서두에서부터 분명히 드러났다. 중앙위원회의 문건으로 공식 승인된 이 문서는 이중 파면 선언으로부터 시작했다. 우선 가장 중요한 것은 불과 네 달 전에 같은 중앙위원회가 승인했던「요강」의 효력을 '철회(撤消)'한다고 선언한 것이다. 이에 더해 마오쩌둥이 추가한 한 항목에는「요강」을 작성하고, 그 적용을 강제했던 펑전 주재 기구인 '5인소조'를 '해산(역시 '撤消'이라는 단어를 사용)'한다고 발표했다. 한마디로 말해 그날의 지침은 '파면(撤消이라는 단어를 파면으로 번역할 수도 있다)'이었다. 이는 당-국가의 최고 문화 권위를 무력화시키고 그 마지막 정치적 책략을 폐기한 것이었다.

「5·16 통지」는 열 개 단락에 걸쳐 펑전의 정치적 오류를 면밀히 분석했고, 그중 첫 번째 것은 '적과 우리 사이의 관계'를 뒤집었다는 점이었다. 그는 우한을 옹호하고『해서파관』에 대한 비판의 정치적 측면에 대한 논의를 막았다.「5·16 통지」는 다음과 같이 지적하고 있다. "당 전체가 용감하게 노동자, 농민, 군인 그리고 프롤레타리아 문화를 위한 자신들과 같은 광범위한 대중을 동원해 계속 전진하도록 고무하는 대신,「요강」은 운동을 우경화로 이끌기 위해 온 힘을 다하고 있다."「요강」은 '혼란스럽고 모순되며 위

---

30 「5·16 통지」에 대한 마오쩌둥의 추가 사항은『建國以來毛澤東文稿』, 12卷, 38-45에 수록되어 있다.

선적인 언어'를 채택해 '문화와 이데올로기 분야에서 벌어지고 있는 격렬한 계급투쟁'을 흐리게 만들었다. 요컨대 「요강」은 '이번 대투쟁의 목표가 우한을 비판하고 부정하는 데 있다는 사실'을 가려버린 것이었다.

마오쩌둥이 추가한 두 번째 주요 수정은 비판이 우선적으로는 문화기구를 향하고 있었지만 그것이 당-국가의 특정 부문에만 국한되지 않는다는 점이었다. 위에서 인용한 구절 다음에는 마오쩌둥의 친필로 다음 문장이 적혀 있었다. "이번 대투쟁의 목표는 우한뿐만 아니라 반당적, 반사회주의적 부르주아 계급의 수많은 대표자들을 비판하고 부정하는 것이다(그들 중 일부는 당 중앙위원회, 정부, 그리고 중앙 및 성·시·자치구 등 각급 기관에 퍼져 있다)."

「5·16 통지」의 이 구절이 파면을 의도적으로 불확정적인 방식으로 제시하고 있다는 점이 주목할 만하다. 그것은 단지 '수많은' 개인들뿐만 아니라, 이론적으로는 당이나 국가의 어느 수준에서든 권력을 가진 누구라도 해당될 수 있는 것이었다. 당 혹은 국가의 모든 수준에서 권력의 자리에 있는 누구든지(우한이 그저 특별한 사례에 그치는 것이 아니었다) 파면 대상이 될 수 있었다. 이러한 무제한적인 파면의 범위는 「5·16 통지」의 핵심적인 주관적 주제를 구성하고 있었다. 권력을 가진 자는 누구든 그에 해당되었고, 마오쩌둥 자신도 예외가 아니었다. 실제로 그는 1966년 7월 장칭에게 보낸 편지에서 자신을 둘러싼 개인숭배에도 불구하고, 혹은 그 때문에 오히려 자신의 권위가 결국 사건들에 의해 산산이 부서질 운명이라는 점을 인정하기도 했다. 이는 불과 몇 년 후 실제로 벌어진 일이기도 했다. 「5·16 통지」의 다음 단락에서는 이러한 파면의 불확정성이 점점 더 강조되며 마지막 페이지에서 절정에 이른다. 다시 말해 「5·16 통지」는 당-국가 체제 안에서 어떤 수준의 권력을 가진 누구도 기존의 권위에 기대어 이 정치 상황을 다룰 수 없음을 선언한 것이다. 아래에서 살펴보겠지만, 「5·16 통지」의 이러한 측면은 마오쩌둥의 가장 가까운 동맹들뿐만 아니라 그의 반대자들 사이에서도 큰 불안을 야기했다.

「요강」의 중대한 오류 중 하나는 '문화 분야의 정치투쟁을 순전히 학문적 논쟁으로 돌려버린 것'이었다. 앞서 보았듯이 펑전의 강점이자 약점은 바로 역사학의 반(反)정치적 활용이었다. 「5·16 통지」는 「요강」의 '대개방(放)' 발표를 포함하고 있었지만, 실제로 그것은 논쟁을 순수한 역사 해석의 범위로 제한하고 정치적 비판을 검열하기 위한 '기만적인 술책'이었다. 「5·16 통지」는 마오쩌둥의 과거 발언을 인용하며 이렇게 적고 있다. "대개방이란 모든 인민이 자유롭게 의견을 표현하고, 용기 내어 말하고, 비판하고 토론할 수 있도록 하는 것이다." 그러나 실제로 펑전이 말한 대개방은 옥황상제의 천궁에 국한되는 것이었다.

「5·16 통지」는 「요강」이 정치적 비판에 대한 평가를 학문적 기준의 평가에 종속시키면서 학문성의 기준을 높게 설정함으로써 사실상 검열의 도구로 삼았다고 이의를 제기했다. 「요강」은 오직 '전문적이고 학문적인 관점에서 진정으로 그리고 폭넓게 [상대방을] 능가할 수 있음'을 보여줄 수 있는 글만을 게재할 수 있다고 규정했다. 하지만 실제로 야오원위안의 초기 공세부터 시작해서 우한을 비판한 글들의 학문적 수준은 결코 낮지 않았다.

후자의 문제와 연결된 것은 과연 누가 누구를 억압하고 있는가라는 질문이었다. 「요강」은 해서 논쟁에서 우한을 비판한 '좌파 학술 노동자'들이 '학벌 폭군(學閥)'처럼 행동했다고 선언했다. 우리가 4장에서 보았듯이 이 도깨비들을 '권력을 휘둘러 제멋대로 행동하고 타인을 압도하려는' 학계의 군벌로 낙인찍으면서 그들이 부르주아 전문가들의 악습에 물들지 않도록 교정하겠다고 천명한 것은 길들여지지 않은 하급자들에게 즉각적인 보복이 따를 수 있음을 냉소적인 어투로 경고한 포성처럼 들렸다.

「5·16 통지」를 통한 반박은 마오쩌둥의 또 다른 첨언이었다. 도대체 누가 '폭군처럼 제멋대로' 행동하고 있다는 것인가? '권력자들'은 어디에 있는가? 마오쩌둥은 염라대왕과 옥황상제 모두를 끌어들이며 논쟁의 수위를 점점 높여가면서 이러한 비난을 뒤집었다. 그의 논지는 '당내에서 자본주의 노선을 걷는 당권파(黨內走資本主義道路的黨權派)'를 겨냥한 것이었다. 이 표현은 이후 10년 동안 널리 사용된다.

실제로 당에서 권력을 쥐고 자본주의 노선을 걷는 자들과, 당에 침투하여 부르주아 문화 폭군을 비호하는 부르주아 계급의 대표자들이야말로 당의 이름을 찬탈한 진정한 당 내의 폭군들이다. 그들은 공부하지 않고, 문자 그대로 〔그들은〕 책도 읽지 않고 신문도 보지 않으며(不看書不看報) 〔그런데 '공부를 하지 않기' 때문에 반대파들을 공격한다는 것은 정치적으로 논쟁적인 문제이다〕 대중과 접촉하지 않고, 무지하며, 그저 '제멋대로 행동하고' 권력으로 사람들을 억누르려 하는 데만 의존한다.'

「요강」이 우한을 비판한 이들을 학벌 폭군으로 낙인찍고 이에 대응하기 위한 일련의 징계 조치를 규정하는 동안, 5인소조와 그 참모들은 좌파와의 본격적인 결산을 위한 문건과 자료들을 모으며 분주히 움직이고 있었다. 이에 대해 「5·16 통지」는 다음과 같이 반박하고 있다. '그들은 좌익 세력을 공격하기 위해 온갖 구실을 들이대고, '정풍운동'을 통해 추가적인 공격을 가하려 했고, 좌파의 대오를 흩뜨리려는 헛된 시도를 했다.' 그들은 심지어 '당에 침투한 부르주아 대표자, 수정주의자, 변절자들에게 '진정한 좌파'라는 칭호를 부여하고 보호하기까지 했다. 이를 통해 부르주아 및 우익 세력의 오만을 조장하고, 프롤레타리아 좌파의 정신을 억누르려 한 것이다.'

「요강」은 해서 논쟁이 '지도하에 … 신중하게 … 조심스럽게 … 관련된 지도기관의 승인 하에' 진행되어야 한다고 규정했다. 그러나 「5·16 통지」는 이에 전혀 동의하지 않았으며, 이것이 모두 '프롤레타리아 좌파에 대해 제약을 가하기 위한 것'이며, 좌파의 손발을 묶기 위해 '금기와 계율을 만들어낸 것'이라고 반박했다. 마오쩌둥은 여기에 덧붙여 「요강」의 작성자들이 도깨비들에게는 온갖 사전 금지를 가하면서도, 오히려 '수년 동안 신문, 라디오, 잡지, 소설, 교과서, 학술회의, 문학작품, 영화, 연극, 민요, 단편소설, 음악, 무용 등 각종 매체를 파고든 온갖 악령들에게는 완전한 행동의 자유를 부여했다'고 지적했다. 이 뚜렷한 대조는 「요강」의 작성자들이 실제로 어느 편에 서 있는지를 보여준다'고 말했다.

「5·16 통지」는 전면적인 반격이었다. 그 논쟁적 강조점은 '우귀사신(牛鬼蛇神)'이 '작가 일반'이 아니라(현재 판본에서 말하는 것처럼), 바로 당-국가의 최고 문화 권력자들이라는 데에 있었다.[31] 「5·16 통지」가 공격한 부르주아 학술 권위자들은 당-국가 문화기구의 핵심 엘리트였으며, 이 악령들은 염라대왕전에서 군림하는 권신들이었다.

---

31 당나라 시에서 유래한 뚜렷한 문학적 배경을 가진 속담으로, 본래는 허망함과 부조리를 가리키는 표현이다.

정치와 철학

철학과 정치가 뒤얽혀 있기 때문에 우리는 「5·16 통지」의 두 가지 논점을 고찰해 보아야 한다. 그것은 정치에서의 진리와 평등의 관계(4항) 그리고 파괴와 건설의 관계(6항)이다. 이 두 항목에서 마오쩌둥은 「요강」에서 펑전이 제기한 두 가지 주장을 반박하면서 중요한 내용을 추가했다. 여기서 주목할 만한 것은 그러한 철학적 쟁점들이 격렬한 정치적 갈등 속에 얽혀 있었다는 점이다. 하지만 이러한 정치와 철학의 복합적 얽힘이야말로 다시 고찰해볼 만한 것이다.

펑전은 진리에 관해 다음과 같이 말했다. '진리 앞에서 모두가 평등하다(眞理對面人人平等).' 그는 이미 몇 달째 이 주장을 펼쳐왔고 우리가 보았듯 샹양성이라는 필명을 쓴 덩튀 같은 측근들도 이를 인용해왔다. 이에 대한 「5·16 통지」의 반박은 「요강」이 실수를 범했다는 것이다. 다시 말해 「요강」이 '부르주아를 보호하고 프롤레타리아에 반대하기 위해' '진리의 계급성(眞理的階級性)'을 거부했다는 것이다.

참으로 난해한 문제다. 그러나 어떻게 펑전이 틀렸다고 할 수 있을까? 어떻게 우리는 '진리의 계급성'을 믿을 수 있을까? 철학과 정치가 얽힌 이 복잡한 문제는 평소보다 훨씬 더 깊은 성찰을 요구한다. 수년 동안 학계의 논쟁은 진리에 관한 철학적 문제를 사실상 배제하고 그것을 단순한 말장난으로 축소시켰다.[32]

「요강」과 「5·16 통지」 모두 특정한 정치적 목표를 가지고 있었다. 펑전의 목표는 해서 논쟁에서 동시대의 정치에 대한 어떤 함

---

32 알랭 바디우는 '진리' 문제를 철학적으로 재구성하는 자신의 작업에서 이러한 흐름에 저항하는 행보를 이어왔다. 그의 3부작 『존재와 사건』의 마지막 권인 *L'immanence des Vérités*(Paris: Fayard, 2018)를 볼 것.

의도 제한하려는 것이었지만, 마오쩌둥의 목표는 그 정치적 성격을 명확히 강조하려는 것이었다. 그러나 두 문서에서 철학적 측면은 단순히 정치적 의도 위에 덧붙여진 것이 아니었다. 문화대혁명에 관한 여러 역사 기술에서는 이데올로기 논쟁을 연기와 거울에 불과한 것으로 보지만, 실제로는 양측의 입장이 순전히 이론적 차원에서 어떻게 전개되고 충돌했는지가 사건 전개에 있어 핵심적인 역할을 했다.

'진리 앞에서 모두가 평등하다'는 펑전의 주장을 자세히 살펴보면 그는 진리를 하나의 '객체'—독일 철학자들의 표현대로 하자면 Gegenstand—로 간주하고 있었음을 알 수 있다. 진리는 인간 주체들 '앞에' 놓여 있으며 그들이 서로 '평등'하다는 것은 바로 이 '객관적' 성격을 스스로 받아들이는 데에서 비롯된다. 실제로「요강」이 옹호한 것은 진리 자체라기보다는 정치적 함의를 모두 제거한 역사 인식, 즉 객관성이었다.

우리는 이미 비정치적인 역사 서술을 옹호하는 입장이 어떻게 염라대왕전의 곤경을 악화시켰는지를 살펴본 바 있다. '진리 앞에서 모두가 평등하다'는 말은 곧 '서로 다른 정치적 입장, 특히 동시대적 입장과 무관하게 모두가 역사적 객관성의 동일한 기준에 적응해야 한다'는 말과 다르지 않았다. 그러나 적지 않은 참가자들은 우한의 입장을 순수하고 의심할 여지가 없는 학식으로 포장한 그 역사적 객관성 자체를 반복적으로 비판한 바 있다.

진리의 계급성을 언급함으로써「5·16 통지」의 반박은 해결 불가능한 교착 상태로 귀결되는, 정치-철학적으로 얽힌 복잡한 난제를 형성했다. 우리는 당시의 정치 언어와 문화 속에서 계급투쟁이 곧 정치의 동의어였음을 이미 보았다. 그러나 이러한 관점은 결국 진정한 정치적 진리를 역사, 곧 계급투쟁의 역사 속에 위치시키는 시각으로 귀결되었다. 마오쩌둥은 정치의 지적 가치를 되살리려는 의도에서 철학에 도움을 요청했다. 하지만 정치와 철학을 결합한 논거 위에 어떤 주장이 세워질 때마다, 그 지적 갱신의 효과는 오히려 정치적 상황 속에서 고유한 문제의식을 지워버리는 결과를 낳았다. 마오쩌둥이 설정한 철학과 정치의 관계는 본래의 철학적 명제와 철학과 정치를 '봉합'해버리는 명제 사이에서 동요했다. 몇 해 전 철학적 문제를 논의한 유명한 대화에서 마오쩌둥은 다음과 같이 말했는데, 「5·16 통지」의 이 구절은 분명 그 발언을 반영하고 있었다. "계급투쟁이 있어야 비로소 철학이 있다(有階級鬥爭才有哲學). … 철학을 공부하는 사람들은 철학이 제일이라고 생각한다(以爲哲學第一). 이것은 잘못이다. 계급투쟁이 가장 중요하다(階級鬥爭第一)."[33]

이 명제에는 주목할 만한 두 가지 측면이 있다. 철학이 정치(계급투쟁)보다 앞설 수 없으며, 철학의 선행 조건(바디우의 용어를 빌리자면 그것의 '조건' 중 하나)으로서 정치가 먼저라는 주장은 철학 자체를 위해서도 건전한 사고방식이다. 하지만 마오쩌둥이 끝내 해결하지 못한 문제는 철학과 정치가 융합되고 봉합되어버리는 상황을 어떻게 피할 것인가 하는 것이었다. 이 봉합은 결과적으로 철학을 훼손할 뿐만 아니라 정치마저 훼손하는 반철학적이고 반정치적인 결과를 낳는다. 다시 말해 철학보다 정치가 우선한다는 마오쩌둥의 주장은 오늘날에도 여전히 유효한 하나의 지적 요구—'철학의 정치적 조건'—에 문을 열어준다. 하지만 그것은 필연적으로 철학과 정치의 봉합을 향해 나아가며, 결국 그것은 변증법적 유물론과 역사유물론에 관한 스탈린주의적 세계관과 동일한 형태

---

33 「關於哲學問題的講話」, 『毛澤東思想萬歲』, 1964年 8月 18日.

로 귀결된다. 그리하여 '계급투쟁'이라는 범주는 철학, 정치, 역사라는 세 요소를 떼어낼 수 없는 하나의 그물망 속에 얽어놓는다.

마오쩌둥이 편집 과정에서 추가한 대부분의 내용은 평등이 진리의 객관성에 따라야 한다는 펑전의 주장을 반박하는 데 초점이 맞춰져 있었다. 마오쩌둥은 이것을 궤변으로 보았고, 정치적 분열을 감추기 위한 시도라고 간주했다. 그래서 그는 펑전의 '진리 앞에서 모두가 평등하다'는 주장에 맞서 진리를 정치적 주체성, 즉 계급투쟁과 동일시했다. 마오쩌둥은 투쟁하고 있는 계급이 평등하지 않으며 진리 앞에서라도 수정주의자와 혁명가는 결코 평등할 수 없다고 말했다.

> 프롤레타리아와 부르주아 간의 투쟁 같은 기본 문제에서조차 우리가 어느 정도의 평등을 허용할 수 있겠는가? … 수십 년 동안 구(舊)사회민주당, 그리고 최근 몇 년 동안의 신(新)수정주의자들은 프롤레타리아에게 부르주아와의 어떠한 평등도 인정하지 않았다. … 그들은 반혁명·반공·반민중적 요소들이다. 그들이 우리와 벌이는 투쟁은 생사를 건 투쟁이며, 결코 평등의 문제가 아니다. 따라서 우리 역시 그들과의 투쟁은 생사를 건 투쟁일 수밖에 없으며, 그들과 우리의 관계는 어떤 경우에도 평등한 관계일 수 없다. … 착취계급과 피착취계급 사이에는 소위 평등, 평화공존, 그리고 인의도덕 같은 관계가 존재할 수 없다.

계급이 곧 정치적 주체성의 본질이라는 강렬한 상기가 정치적 논쟁을 다시 활성화했지만, 그것은 또한 우리가 이 책의 다음 장에서 자세히 논의하게 될 매우 복잡한 사건의 과정에서 일련의 부작용을 낳고 말았다. 이어질 부분에서 보게 될 것처럼, 계급이 주요 정치적 기준으로 작용하면서 더욱 혼란스러운 반정치적 결과들을 초래했던 것이다.

「5·16 통지」에서 또 다른 정치-철학적 쟁점은 마오쩌둥이 편집 과정에서 추가한 내용인 파괴와 건설이었다. 마오쩌둥이 몇 달 동안 주장해왔듯이 펑전은 「요강」에서 '건설 없이 진정하고도 완전한 파괴는 있을 수 없다'고 썼다. 이에 대한 「5·16 통지」의 반박은 마르크스주의가 '부르주아 이데올로기를 파괴하기 위한 투쟁'을 통해 실제로 건설되었다는 것이다. 따라서 펑전의 주장은 '프롤레타리아의 혁명 수행을 금지하는 것'과 마찬가지였다. 이와 관련하여 마오쩌둥은 다음과 같은 이론적 주장을 추가했다. '파괴 없이 건설 없다(不破不立). 파괴는 비판과 혁명을 가리킨다. 파괴하기 위해서는 논리적으로 말해야 하며(講道理) 이것은 건설을 내포한다. 파괴를 앞에 놓으면 그 안에 건설도 포함되어 있다(破字當頭, 立也其中了).'

여기서도 철학적 차원과 정치적 차원이 교차한다. 그러나 '진리'에 관한 테제와 달리 여기에는 논쟁을 봉합하는 역사적-정치적 범주가 없다는 점에 주목해야 한다. 이 대립은 분명 원칙의 문제였지만, 무엇을 우선시할 것인가에 대한 질문은 서문과 직접적으로 관련된 구체적이고 급진적인 차이들, 즉 「요강」과 「5·16 통지」의 대조에서 어떤 파괴와 건설이 문제였는가로 귀결된다. 펑전은 건설을 우선에 두었다. 그는 기존의 사회주의 정부 질서를 보호하는 것이 잠재적인 정치적 주체성의 전제 조건이라고 주장했다. 반면 마오쩌둥은 그가 임박했다고 여긴 시대적이고 대격변적인 위기에 맞설 수 있는 새로운 사고와 정치적 조직의 형태를 촉진하고자 했다. 따라서 구체적인 파괴가 필요했다. 그 과제는 사람들이 그 위기를 정치적으로 사고하는 것을 가로막는 이념적, 조직적 장애물, 즉 문제의 근원을 상당히 제거하는 것이었다. 이것이 그가 말한 '도깨비들을 풀어놓아 그들이 그것을 생각하게 하라'는 의미였으며, 따라서 이는 또한 건설을 수반하는 것이기도 했다.

하기에 파괴는 염라대왕과 옥황상제 그리고 천궁 안에 있는 우귀사신들을 파면하는 것과 같은 목표를 지니고 있는 것이었다. 그들의 이데올로기적 권위를 문제시하지 않거나 혹은 그들의 특권을 없애버리지 않는다면 정치와 관련된 그러한 문화적 유령들은 마오쩌둥이 가장 시급하다고 생각한 사회주의의 이데올로기적, 제도적 지평에 대한 재검토를 계속해서 좌절시킬 것이었다. 그러므로 앞서 논의했던 것처럼 마오쩌둥에게 있어 핵심 문제는 수정주의에 맞서는 것이었다. 「5·16 통지」는 '수정주의 노선'에 대한 투쟁이 '우리 당과 국가의 운명, 그리고 미래의 모습에 결정적인 영향력을 행사할 근본적인 주요 문제'라고 선언했다. 정통 교리의 위반을 떠나, 수정주의는 중국 사회주의의 운명에 관한 거대하면서도 임박한 변화 그리고 평등주의적 정치의 새로운 가능성을 위한 실험에 주요한 방해물이 되는 것이었다.

「5·16 통지」 속의 파면

「통지」의 마지막 항목은 파면 문제를 다루고 있다. 마오쩌둥은 이 부분을 길게 수정하며 학계 권위자들과 '자본주의 노선을 따르는 권력자들'에 대한 비판을 전폭적으로 지지했다. 그는 '그들을 파면하거나 다른 직책으로 전보시키는 것이 시급하며' 무엇보다도 '그들에게 문화대혁명을 이끌도록 맡겨서는 안 된다'고 강조했다. 이는 분명 펑전을 겨냥한 것이었지만, 그뿐만은 아니었다. '당, 정부, 군대, 그리고 여러 문화 부문에 침투한 부르주아 계급의 대변자들은 반혁명 수정주의자 집단이다. 조건이 성숙하면 그들은 권력을 장악해 프롤레타리아 독재를 부르주아 독재로 전환시킬 것이다. 이들 중 일부는 이미 우리가 확인했지만, 그렇지 않은 자들도 있다. 예를 들어 흐루쇼프 같은 인물처럼, 아직도 우리의 신임을 받고 있는 자들이 우리의 후계자로 길러지고 있으며, 지금도 우리 곁에 있다(睡在我們旁邊, 문자 그대로 해석하면 우리 곁에서 자고 있다).'

수정주의의 화신을 넘어 이 '흐루쇼프 같은 인물'은 도대체 누구를 가리키는 것인가? 이 회의의 분위기에 관해 알려진 몇 안 되는 세부 사항 중 하나는 마오쩌둥이 추가한 이 단락이 회의 참석자들, 특히 그의 측근들에게 엄청난 인상을 남겼다는 사실이다. 예컨대 린뱌오는 이 발언을 "극도로 소름 끼치고 충격적이었다(驚心動魄)"[34]고 말했다. 이후 장춘차오는 당시 이 문장이 누구를 지칭하는지 전혀 알지 못했다고 회고했다.[35] 이 충격은 말하자면 「5·16 통지」 속의 '파면'이라는 개념이 모호하게 처리된 데서 기인하는 것이었다. 중앙위원회 회의에 참석한 80명의 인사들 중 누구도 '우리 곁에서 잠자고 있는 흐루쇼프 같은 자들'이 누구인지 알 수 없었는데, 마오쩌둥의 발언이 의도적으로 핵심 사안을 모호하고 불확실한 채로 남겨두었기 때문이다.

해서 논쟁에서 우리는 파면의 적어도 세 가지 측면을 보았다. 초기 해서 논쟁의 핵심에 관한 마오쩌둥과 펑전 사이의 대립은 루산 회의에서의 농민 주체성에 관한 정치적 견해 차이와 직접적으로 연결되어 있었다. 동시에 그것은 당-국가 내부의 관계를 다스리는 징계 조치이기도 했다. 1966년 4월 마오쩌둥이 염라대왕전

---

34 王年一, 『大動亂的年代』, 10.
35 王年一, 『大動亂的年代』, 15.

을 향해 쏘아붙인 논쟁적 비판은 국가의 문화기구를 파면하려는 의도를 담고 있었고, 이는 그 이데올로기적 권위를 분명히 약화시키기 위한 조치였다.

서막에서 파면이 갖는 주요한 참신함은 그것이 다중화와 맺는 관계에 있었다. 마오쩌둥에게 염라대왕전을 타도하는 것은 정치적 목소리들이 증식하는 데 필요한 전제 조건이었다. 수정주의를 반격할 수 있는 길은 오직 당의 기능을 과감하게 축소하고, 그 문화기구의 권위자들을 파면하는 것이었다. 하지만 동시에 마오쩌둥은 염라대왕의 사전 통제를 받지 않는 수많은 도깨비들의 목소리를 풀어놓는다면 옥황상제의 궁전(즉, 기존 질서)에는 필연적으로 혼란이 초래된다는 점도 인식하고 있었다.

야오원위안과 논쟁을 정치적으로 만든 모든 이들은 도깨비들이었다. 그들은 당-국가 주변부에 위치한 자리에서 어떤 논지를 주장하고 있었으며, 따라서 당-국가의 이데올로기적·조직적 권위에 전적으로 종속되어 있지는 않았다. 반면 평전은 당만이 정치적 성격의 선언을 공식적으로 내릴 수 있는 유일한 주체라는 원칙을 끝까지 옹호했고, 그 원칙에 반하여 사고하고 행동하려는 자에게는 반드시 '정풍'이 필요했다.

그러므로 문화대혁명 서막에서 파면은 주로 당이 조직의 유일한 장소이자 정치적 선언을 발화할 수 있는 유일한 장소라는 점과 관련되어 있었다. 이는 20세기 사회주의 정치 문화에서 논박할 수 없는 '진리'로 여겨졌다는 점을 기억해야 한다. 각국에서 당의 구조가 어떠했든, 정치적 선언, 의미, 주장, 논지, 분석, 처방 등은 오직 당 내부에서만 정치적 정당성을 가질 수 있었다. 당 바깥에서는, 많아야 비정치적인 의견이 존재할 수 있을 뿐이었으며, 그것이 정치적 성격을 갖기 위해서는 당의 이데올로기적·조직적 기반 위에서 정당화되어야만 했다.

의회 체제에서 권력 행사에 참여하지 않는 사람들에 의해 허용된 유일한 정치적 형태의 선언은 과거에도 그랬고 지금도 여전히 투표용지에 체크 표시를 하는 것에 불과하다. 반면 사회주의 체제에서는 선거를 통한 동의는 거의 형식적 수준에 불과하고 그보다도 염라대왕전의 문화적, 나아가 '학문적' 우월성을 당당히 인정하도록 강제하는 것이 당-국가의 중심 과제였다. 서막의 결말을 장식한 염라대왕전의 전복은 특별한 정치적 의미를 지니고 있었는데, 그것은 바로 다중화의 긴급함이었다.

그러나 서막이 끝나갈 무렵, 파면은 또한 구조적인 불변항, 즉 모든 형태의 국가 권력에 내재된 현상으로 남아 있었다. 그 자체로 전혀 새로운 것이 아니었던 것이다. 장관이나 지도자들을 파면하고 다른 자리로 전보시키는 일 또한 새로운 일이 아니었으며, 이는 모든 기록된 통치 형태에서 항상 존재해온 일이었다.[36] 새로운 점은 20세기 사회주의 정치 문화 속에서 당의 통제를 벗어난

---

36 1966년 5월 중국공산당 중앙위원회가 파면한 4명의 최고 지도자 가운데, '해서 논쟁'과 직접적으로 관련이 있었던 인물은 펑전과 중앙 선전부장이었던 루딩이 두 사람뿐이었다. 루딩이는 '염라대왕전(閻羅殿)'의 최고 권위자였다. 그러나 나머지 두 사람, 뤄루이칭과 양상쿤의 파면은 그 이전 몇 달간의 사건과는 무관했으며, 이미 12월에 중앙 지도부 내 다른 갈등의 결과로 결정된 사안이었다. 그럼에도 불구하고 이들 파면은 공식적으로 '펑·뤄·루·양 반당 집단'(彭-羅-陸-楊反黨集團)에 대한 비판과 연결되었고, 이는 앞선 몇 달간 전개된 갈등의 고유한 쟁점을 흐려놓았다. 펑전과 뤄루이칭과의 갈등은 아마 군사 정책과 관련된 것이었는데, 당시 미국의 베트남 전쟁 확대에 비추어 특히 논쟁적이었다. 뤄루이칭은 중앙군사위원회 총참모부 참모장이었으나 1965년 말 린뱌오(林彪)로 교체되었다. 또 다른 장정(長征) 참전 베테랑인 양상쿤은 모호한 간첩 사건에 연루되어 마오쩌둥에 대항했다는 혐의를 받았다. 정치적 분열의 불투명성을 차치하더라도, 뤄루이칭와 양상쿤의 축출은 궁정 내부의 일로서, 어떤 도깨비의 출현과는 명백히 무관한 일이었다.

무제한적인 정치적 목소리들이 장려되었다는 점이다.

정부의 내부적 파면 및 대중의 정치적 발명과 관련된 외부적 파면은 구분할 수 있는 것일까? 확실히 이는 단단히 묶인 매듭과 같은 문제이지만, 이 질문은 분명 평등주의적 정치와 정부의 구조적 작동 사이의 단절을 어떻게 개별화할 수 있는지를 묻고 있다. 정부적 주체성과 평등주의적 발명이라는 두 차원 사이에 논리적 차이가 존재하는가? 그에 대한 하나의 가능한 대답은 우리가 3부에서 되돌아가게 될 다중화와 파면의 구분에 담긴 세부적인 차이들 속에서 발견될 수 있을 것이다.

쿠데타의 역사와 마오쩌둥의 절대적 권위

정부 내부의 파면에만 초점을 맞춘다면 이러한 경향 중 하나는 「5·16 통지」 직후 곧바로 나타났다. 실제로 그것은 가장 극적인 형태, 즉 쿠데타로 나타났다. 「통지」가 승인된 지 불과 이틀 후, 린뱌오는 일련의 중앙위원회 회의에서 장문의 연설을 했다. 그는 도깨비들의 해방에 관해서도, 해서 논쟁에 관해서도 언급하지 않았다. 대신 린뱌오는 당시 정세를 두 가지 중대한 긴급 과제를 중심으로 설명했다. '반혁명적 음모'—임박한 쿠데타—와 '마오쩌둥 사상'의 절대적 권위를 확립하는 것이었다.[37]

린뱌오의 관점은 근본적인 문제의 증상이었으며 이를 해결하려는 그의 시도였다. 그러나 그는 상황이 제기한 문제를 모호하게 함으로써 최악의 방향으로 나아가고 있었다. 린뱌오는 「5·16 통

37　林彪,「在擴大工作會議上的講話」, 1966年 5月 18日, Song Yongyi, ed., *Chinese Cultural Revolution Database*(Hong Kong: University Center for China Studies, 2002), part 3에 재수록.

지」의 내용을 '반혁명적 전복을 방지'하기 위한 것으로 해석했지만, 자신만의 역사 철학—정치의 핵심 문제로서의 쿠데타—을 상세히 설명함으로써 문제를 더욱 악화시켰다. 린뱌오는 자신의 발언을 당시 상황에 국한시키지 않았다. 대신 그는 중국 역사 전체와 당시의 세계적 상황에서 가져온 예시를 들어 장황하게 언급했다. 그의 연설을 가볍게 패러디하자면, '모든 역사는 쿠데타의 역사'라고 할 수 있다. 린뱌오의 논리는 정치를 역사의 가정된 법칙에 기반한다고 보는 곤경의 또 다른 징표였다. 마찬가지로 근본적인 교착 상태를 보여주는 것은 그가 주장한 또 다른 주요 논점, 즉 '마오쩌둥 주석의 천재성'이었다. 그는 마오쩌둥 주석의 말이 '우리의 행동 기준이 될 것이며 … 마오쩌둥 사상으로 … 해결할 수 없는 문제는 없을 것이며, … 마오쩌둥 주석의 모든 문장은 진리이자 그의 한 문장은 우리의 만 문장보다 낫다'라고 말했다.

이후 계속 악화되어 5년 후 재난적인 결과를 초래한 마오쩌둥과의 불화가 린뱌오의 연설로까지 이어진다는 것은 잘 알려져 있다. 린뱌오의 주장에 어느 정도 일관성이 있다는 점을 제외하고 여기서 이 문제를 다룰 수는 없다. 앞서 언급했듯이 「5·16 통지」에 대한 그의 반응은 충격적인 것이었다. 그의 반응을 이끌어낸 것은 파면의 불확실성이 가장 강조된 지점들, 특히 '흐루쇼프와 같은 사람들'에 대한 언급이었다. 린뱌오는 연설에서 자신의 불안을 달래려 했을 수도 있다. 사실상 그는 역사를 쿠데타의 역사로 보는 독특한 관점 안에 자신의 불안을 위치시키고 모든 제도적 불확실성을 보충하기 위해 마오쩌둥의 절대적 권위에 의존했다.

하지만 마오쩌둥은 린뱌오의 견해를 받아들일 수 없었다. 그는 자신의 권위는 물론이거니와, 인간 조건의 불안정성을 안정시킬 수 있는 절대적 권위는 어디에도 없다고 믿었다. 1971년 린뱌오 사망 이후 유포된, 이제는 널리 알려진 편지가 이를 잘 보여주고 있다. 마오쩌둥은 '[우리] 친구의 역설'이 자신을 '깊이 불안하게 했다'고 썼다. 그는 주요 문제가 쿠데타 시도를 방지하는 것이라는 생각에 동의하지 않았다. 그것은 '수정주의에 대한 투쟁'을 통해 마오쩌둥이 의미한 바가 아니었다. 오히려 마오쩌둥의 분석에서 참신했던 것은 자본주의의 '평화로운 복원' 가능성이었다.

게다가 마오쩌둥은 자신의 천재성에 대한 절대적 권위를 찬양하는 것을 터무니없다고 여겼다. '나는 내가 쓴 소책자들이 그런 마법의 힘을 가지고 있다고 생각한 적이 없다. 이제 그가 그것들을 부풀리기 시작하니 온 나라가 그를 따를 것이다. 마치 참외장수 왕씨 부인(the marrow-monger wife Wang)[38]이 자기 물건의 품질을 자랑하는 모습과 같다.' 마오쩌둥은 이러한 과찬이 변증법적으로 반대 방향으로 변할 것이라고 논평했다. '그들은 나를 하늘 높이 치켜세우지만, 결국 모든 것은 반대로 변한다. 높을수록 더욱 세게 떨어진다. 나는 모든 살과 뼈가 산산조각 나는 추락을 각오하고 있다. 상관 없다. 물질은 파괴되지 않았고 조각날 뿐이다.'

마오쩌둥이 스스로 그러한 숭배에 효과적으로 대항할 수 없다고 말했던 것처럼, 그의 언급에는 비록 독특한 슬픔이 깃들어 있는 것이 사실이지만, 이는 의심의 여지 없이 유물론적 신념이다. '나는 그들이 그렇게 하도록 내버려둘 수밖에 없었다. … 그리고 그들이 나에게 끼치는 영향 때문에 그렇게 했다.' 불행히도 얼마 지나지 않아 '모든 좌파가 그렇게 말하고 있다.' 그러나 자신의 비

---

38 이 표현은 마오쩌둥이 장칭에게 보낸 편지 「毛澤東致江青的信」에 나오는 것으로, 중국어 원문은 "王婆賣瓜, 自賣自誇"다. 본래 뜻은 '왕씨 아줌마가 참외를 팔며 제 물건을 자랑한다'는 뜻이다. 한데 마오쩌둥의 편지를 영어로 번역하는 과정에서 'marrow-monger', 즉 '골수 장수'로 뒤바뀌었다.-역주

판을 공개적으로 드러내는 것은 '그들에게 찬물을 끼얹고 우파를 돕는 꼴이 될 것이다.' 따라서 그는 린뱌오의 연설을 중앙위원회 회의의 공식 문서 중 하나로 배포하는 데 동의했지만 그는 결코 그러한 문건에 동의하지 않았다. '내 인생에서 처음으로 중요한 문제에서 나의 더 나은 판단을 거스르고 내 의지와는 무관하게 말하도록 했던 것이다.'

마오쩌둥이 자신의 더 나은 판단을 거슬러야 한다고 느낀 결정, 혹은 차라리 비-결정은 그에게 큰 대가를 치르게 했다. 그는 1970~71년 린뱌오와 극도로 파괴적인 정치적 싸움을 벌이게 되었던 것이다. 마오쩌둥이 1966년에 린뱌오의 입장을 강제로 지지했던 것은 단순히 권력 정치의 결과만은 아니었다. 물론 이 시간은 마오쩌둥이 '좌파와 우파'에서 더욱 고립되었음을 분명히 보여준다. 또한 이 사건은 린뱌오가 마오쩌둥의 동의 없이 자율적으로 행동할 수 있었고 다른 경우에도 그랬음을 보여준다. 이는 마오쩌둥 주석의 절대적 권위에 대한 린뱌오의 선언에도 불구하고—혹은 오히려 그 덕분에—가능했다. 그러나 마오쩌둥이 '내 의지와 상관없이' 양보하게 만든 더 근본적인 이유가 있었을 가능성이 있다. 그 연설에서 린뱌오는 파면에 대해서만 다루었다. 그러나 마오쩌둥은 다원화의 실험적 가능성에 특히 관심이 있었으며, 궁극적으로 이 둘이 양립 가능하다고 생각했다. 다시 말해 마오쩌둥은 '우리 친구'가 편파적이긴 하지만 적대적이지 않았다고 여겼을 수 있는 것이다.[39]

---

39 마오쩌둥은 제한을 두는 조건으로 린뱌오의 연설을 출판하는 데 동의했다. 이 연설은 '내부용' 당 문건으로 인쇄되었기 때문에 언론에 공개되지는 않았다. 그러나 당내에서는 널리 유포되었고, 당시 혁명가들의 여론을 형성하는 데 깊은 영향을 끼쳤다. 그럼에도 불구하고 일간지에 게재되지 않은 사실은 그 영향력을 제약했을 뿐 아니라, 어쩌면 린뱌오의 입장에 대한 이견을 드러낸 것일 수도

위대한 학교(A Great School)[40]

몇 주 전, 1966년 5월 알바니아 외교관들과의 회담 당시 마오쩌둥은 린뱌오에게 보낸 서신에서 한 가지 야심찬 정치 실험을 구상했다. 이 실험은 이후 몇 개월과 몇 년에 걸쳐 '5·7 지시'라는 이름으로 유명해지게 된다. 이 서신의 수신자는 마오쩌둥이 그와의 우정을 얼마나 소중하게 여겼는지를 보여주는 신호였으며, 중대한 문제들에 있어 상호적인 관계이기를 바랐다는 뜻이기도 했다. 그리고 며칠 후 마오쩌둥이 린뱌오의 연설에 크게 불쾌해한 이유도 바로 여기에 있었다.

펑전의 실각을 초래한 회의들과 같은 시기에 작성되었지만, 마오쩌둥의 서신은 염라대왕과 도깨비들 간의 관계에 대해서는 언급하지 않았다. 오히려 그것은 인민해방군이 '학교'를 재구성하는 데 있어 어떤 역할을 할 수 있는지를 다룬 초안 형식의 청사진이었다. 이는 육체노동과 정신노동 사이의 큰 사회적 격차를 좁히고 학교라는 개념 자체를 재고하기 위한 거대한 구상이었다.

군대가 교육 실험과 관계가 있다는 발상은 군사화가 극단으로 치닫고 국가 교육 시스템이 쇠퇴하는 시대에 우리의 생각과는 너무도 동떨어져 있기 때문에 쉽게 얼버무리기 쉽다. 하기에 거의 필연적으로 마오쩌둥의 불가해한 전제정치의 또 다른 징후로 무

있었다.

40 저자는 학교에 관한 마오쩌둥의 혁신적 구상을 'a great school'이라는 용어로 표현하고 있다. 한데 마오쩌둥은 자신의 구상을 '大學校'라고 쓰고 있는바, 이를 그대로 한국어로 번역하면 '대학교'가 된다. 이는 자칫 마오쩌둥의 의도를 일반적 차원의 '대학교'로 축소해버릴 위험이 있다. 하기에 본서에서는 'a great school'을 '위대한 학교'로 번역했다.-역주

시해버리게 된다. 1960년대 중국을 지배했을지도 모를 전국적인 군사 동원이 이 실험의 결과였다는 것은 현재의 공식적인 서술에서 자명한 것으로 여겨진다. 하지만 폭넓은 실험을 촉발시킨 문서는 훨씬 더 면밀한 독해를 해볼 만한 가치가 있다. 이 문서는 논의의 핵심 사안들이 얼마나 선견지명이 있었는지, 그리고 그것이 당시에 실제로 벌어지고 있던 상황과 얼마나 밀접하게 연결되어 있었는지를 보여준다.

출발점은 세계대전이 발발할 경우 군대가 어떤 역할을 해야 하는가에 관한 문제였다. 그 시기가 냉전의 정점이었다는 점에서 당시의 긴장이 얼마나 극심했는지를 상상할 필요가 있다. 미국의 베트남에 대한 군사적 침략이 잔혹하게 격화되고 있었음에도 불구하고, 마오쩌둥은 비군사적인 비전을 고수했다. 불가피하게도 영향력 있는 중국공산당 지도자들 중에는 베트남에 대한 공동 개입을 위해 소련공산당에 재접근하는 것을 바람직하다고 여긴 이들도 있었을 것이다. 그러나 마오쩌둥은 이러한 선택지에 단호하게 반대했다. 그는 소련공산당의 수정주의를 지속적으로 비판하는 한편, 베트남의 민족해방전쟁에 대한 독자적인 지원을 주장했다. 새로운 군사 상황에 적응하기 위한 인민해방군의 전문화 문제 역시 지도부 내부의 중요한 의견 충돌 지점 중 하나였다.[41]

마오쩌둥의 이러한 구상에는 뚜렷하게 비군사적인 측면이 존재했다. 그는 심지어 제3차 세계대전이 일어난다 하더라도 '우리 군대는 위대한 학교(a great school, 大學校)가 될 수 있다'고 썼다. 마오쩌둥이 구상한 군대는 단순한 군사 조직에 그치는 것이 아니었다. 그것은 다양한 시민 활동에 참여하는 집단이어야 했다. 그는

---

41 이는 또한 앞서 언급한 전문주의 성향의 총참모장 뤄루이칭의 축출을 설명해준다.

인민전쟁의 정치적 전통을 되살리며, 군대 내에서 전문적 역할과 비전문적 역할이 결합되어 국가의 주요 사업들을 수행하는 모범적인 봉사 집단이 되어야 한다고 주장했다. 마오쩌둥은 '전투 외에도, 인민해방군은 일본과의 8년간의 세계대전 시기처럼 다양한 여타의 활동들을 수행해야 한다.'고 썼다. 중요한 것은 마오쩌둥이 이러한 변화를 가리키기 위해 '학교' 또는 '대학교(大學校)'라는 표현을 사용했다는 사실이다. '이 위대한 학교에서는 정치, 군사문제 그리고 문화가 학습되어야 한다. 병사들은 부업으로 농업 생산에도 종사할 수 있다. 중소 규모의 작업장을 세워 자급자족용 물품뿐 아니라 국가에 등가 교환 양식에 따라 판매할 수 있는 물품을 생산할 수 있다.'

이 발언의 정확성에 주목할 필요가 있다. 이 실험은 대담하긴 했지만 흔히 마오주의 정치에 제기되는 비판처럼 모종의 '원시 공산주의'를 지향한 것은 아니었다. '등가 가치에 따른 교환'은 마르크스주의 용어로 시장에서의 상품 교환을 의미한다. 제10장에서 우리는 마오쩌둥이 사회주의하에서 불가피한 상품 교환을 어떻게 다루고자 했는지를 살펴볼 것이다. 여기서는 단지 그가 이 문제를 결코 가볍게 여기지 않았다는 점만 지적해 두면 충분하다.

병사들은 '군중 사업'에도 참여해야 했다—정치 운동에 참가하고, 농장과 공장에서 일하며, '부르주아 문화를 비판하는 혁명 투쟁'에도 참여함으로써 '군대와 인민이 하나가 되도록' 해야 했다. 병사들은 '군사 임무를 수행하는 동시에 군사, 농업, 공업, 군중(정치) 관련 과목들을 학습'해야 했다. 수백만의 군인들이 모든 종류의 시민 활동에 참여하는 것을 포함하는 프로그램을 활용해 모든 군대에 내재되어 있는 군국주의를 견뎌내면서, 마오쩌둥은 군사-민간 활동의 상호 교환을 다른 모든 사회적으로 유용한 과업의 모델로 삼았다.

린뱌오에게 보낸 편지에서는 다음과 같이 언급하고 있다.

〔병사들과〕 마찬가지로 노동자들은 주로 산업 노동을 수행하는 것 외에도 군사 문제, 정치, 문화를 학습해야 하며, 사회주의 교육 운동 〔문화대혁명 이전의 주요 정치 운동〕과 부르주아지 비판에 참여해야 한다. 여건이 허락하는 지역에서는 농업 노동에도 헌신해야 하며, 〔당시 산업과 농업 통합의 모범이었던〕 다칭 유전에서도 마찬가지다.

인민공사에서도 농업 노동(임업, 양식업, 목축, 부업을 포함한)을 수행하는 것 외에도 군사 문제, 정치, 문화에 대한 학습이 필요하다. 여건과 시간이 허락되는 한, 소규모 집단 공장을 설립하고 부르주아지를 비판해야 한다.

학생들 또한 예외가 아니다. 공부는 그들의 주요 과업이지만, 다른 것도 배워야 한다. 즉 단지 문화만 배우는 것이 아니라, 산업, 농업, 군사 문제도 학습하고 부르주아지에 대한 비판도 해야 한다. 학습 기간은 단축되어야 하며, 교육은 혁신되어야 하고, 학교가 계속해서 부르주아 지식인들의 지배를 받도록 내버려두어서는 안 된다. 조건이 적절할 경우, 상업, 서비스업, 당 및 정부 기관에서 일하는 이들도 같은 방식으로 해야 한다.

여기서 주목할 만한 점은 이 계획의 통찰력이다. 대담하지만 순진한 유토피아주의는 아니었고, 훗날 무정부 상태로 여겨졌던 그러한 청사진은 더더욱 아니었다. 마오쩌둥은 이러한 교차 활동이 '적절하게 조정되어야 하며, 주된 과업과 부차적인 과업을 구분해야 한다'고 명시했다. 농업, 공업, 군중 사업 중에서 각 부대는 한두 가지 활동만을 선택해야 하며 세 가지 모두를 동시에 수행해서는 안 된다고 했다.

요컨대 세계대전이 발발하더라도 마오쩌둥은 사회적 장벽과 위계를 극복하기 위한 '위대한 학교'의 구상을 제기했던 것이다. 다기능 군대라는 발상은 사회적으로 중요한 시민 과업들 사이의 전문화된 경계를 허무는 유사한 과정을 촉발하는 출발점이었다. 매년 몇 달 동안은 모두가 이전에 해본 적 없는 일에 종사해야 했다. 공장 노동자는 농부가 되고, 농부는 공장 노동자가 되어야 했으며, 군인들은 공장과 농장 양쪽에서 일해야 했고, 학생, 교사, 국가 공무원들도 마찬가지였다. 가장 중요한 것은 육체 노동에 종사하는 사람들—임업, 목축, 양식업에 종사하는 이들—까지도 학습할 수 있는 시간이 반드시 보장되어야 한다는 점이었다. 마오쩌둥은 세부 사항에 집착하는 성향이 있었다.

하지만 혹자는 왜 이 실험이 '위대한 학교'라는 이름으로 불렸는지 궁금할 수 있다. 이는 단순한 비유가 아니었다. 마오쩌둥은 젊은 시절 교육자로서 공부했으며, 학교라는 단어의 의미에 관해 고민했다. 창사 사범대학의 학생이었던 시절부터 학교는 시험해야 할 일련의 발명품을 가리키는 이름이었다. 그것은 현대 민족-국가의 발전을 목표로 하는 기관 이상의 의미를 지녔다. 마오쩌둥은 학교를 전문적인 관점으로 보지 않았다. 그는 학교를 그 자체의 '관료적 합리성'을 부여받은 국가 기계의 하위 체계로 보지 않았던 것이다. 오히려 학교는 반복적인 실험을 통해 구체적인 형태를 찾아내는, 교훈적 창의성을 위한 장소들의 회로를 구성하는 것이었다.

분명 학교는 또한 지식의 전수를 위한 조직화된 기관을 의미했다. 그러나 마오쩌둥은 항상 그러한 전수가 마음을 여는 조건이라고 생각했다. 잘 알려져 있듯 그는 교육이 정치, 즉 '프롤레타리아 정치' 아래에 놓여야 한다고 주장했는데, 이는 오늘날 당연하게도 자명하지 않은 것처럼 보일 것이다. 마오쩌둥의 '위대한 학교'는 마르크스 이후 현대 정치에서 싹트기 시작한 거대한 새 설계와 동일한 것이어야 했다. 교육을 정치 지도 아래 두는 것은 노동 분업과 사회적 위계 질서를 해체하는 문을 여는 것이었다.

그렇다면 그것은 어떤 종류의 학교여야 했는가? 여러 측면에서 이 사업과 관련이 없는 사안에 대한 참조는 적절한 교육적 혹은 심지어 교훈적 측면을 명확히 하는 데 도움을 주는데, 왜냐하면 그것은 '학교'라는 범주가 결코 당연한 것이 아니라는 점을 가리키고 있기 때문이다. 뒤르켐의 탁월한 저서『프랑스의 교육적 진화(L'évolution pédagogique en France)』가 보여주듯이 학교는 교육 체계의 자발적 발전의 결과로 생겨난 것이 아니었다. 학교는 역사적으로 매우 다양한 상황에서 특정한 정치적, 지적 발명품들의 자극을 받아 존재해왔던 것이다. 샤를마뉴의 팔라틴 학교(Palatine School), 중세 대학, 또는 프랑스 혁명의 에콜 상트랄(Écoles centrales)은 내용, 방법, 제도적 지속 기간에서 명백한 차이를 가지고 있음에도 불구하고, 뒤르켐에게는 '전례를 찾을 수 없는' 학문적 발명이었다. 그가 보여주었듯이 각 학교에서의 교수 형태와 그 조직은 체계적인 지식 전수와 그러한 지식을 그때까지 알려지지 않은 사고의 영역으로 개방하는 불안정한 교차로에서 스스로를 발견한 결과였다. 각 시대에 있어 지식의 '백과사전적' 지식의 전수와 미지의 것—뒤르켐이 철학적으로 '진리'라고 이름 붙인 것—을 향한 움직임을 위한 이 교차로는 특별하면서도 반복 불가능한 형태로 세공되었다. 모든 학교는 해당 시대의 지적 문제에 관한 특별한 역할을 담당했다. 뒤르켐이 열정적으로 주장했듯이 학교라는 범주를 일관되게 만든 것은 분명 교실, 시험, 성적이

아니었다.[42]

1966년 5월 마오쩌둥이 제안한 것은 학교를 하나의 범주로서 재창조하고, 불평등과 사회적 위계질서를 줄이기 위해 고안된 정치의 창출에 다름 아니었다. 교실, 시험, 성적, 졸업장, 심지어 규율 코드조차 학교의 근본적인 기준을 구성하지 않았다. '학교'의 존재 자체를 촉진하고 형성하도록 설계된 지적 발명의 핵심 기준은 무엇보다도 정치였다. 따라서 이는 직업 간 사회적 장벽을 해체하고, 모든 사람에게 평등한 잠재력을 무수히 제공하는 것을 목표로 했다. 이 모든 것이 현대 교육 시스템의 전 세계적 위기 직전에 일어났다는 것을 기억해야 한다.

우리는 문화대혁명에 대한 진지한 연구를 방해하는 정치와 국가 문제에서의 혼란을 넘어 빛을 비추어 새로운 시각에서 '위대한 학교' 프로젝트를 재평가해야 한다. 잊지 말아야 할 것은 프랑스 혁명에 대한 상세한 연구에 한 세기가 걸렸다는 사실이다. 교육 분야에만 국한해서 말한다면, 국민공회(the Convention)가 창설한 에콜 상트랄이 비록 몇 년밖에 지속되지 않았고 그 후 한 세기 동안 교육적 무질서의 정점으로 여겨졌지만, 사실 20세기 학교의 진정한 씨앗이었음을 깨달은 뒤르켐의 통찰력이 필요한 것이다. 문화대혁명 시기 '위대한 학교'의 가치를 오늘날 재평가하기 위해 그만큼 오래 기다릴 필요가 없기를 희망해본다.

---

42 뒤르켐의 학교 개념에 관한 나의 논의는 "Schools as Subjective Singularities: The Inventions of Schools in Durkheim's *L'évolution Pédagogique en France,*" *Journal of Historical Sociology* 19, no.3(2006): 308-37을 볼 것.

마오쩌둥은 계획을 세워 두었던 것일까?

중국의 역사학자들이 비록 문화대혁명을 대재앙이자 마오쩌둥의 결정적인 실수로 간주하는 공식적인 입장을 확고하게 지지하고 있지만, 그들이 마오쩌둥의 문화대혁명 초기의 역할을 평가하는 최종적인 결정권자는 아니다. 마오쩌둥이 명백한 사전 결정 혹은 좀 더 낮은 수위에서 전략적으로 구상된 시나리오를 가지고 있었다고 볼 수는 없기 때문이다. 예컨대 문화대혁명에 관한 가장 대중적인 '공식적' 역사서 『대동란의 시대』의 저자 왕녠이는 마오쩌둥의 목표가 '당 지도자들 사이의 수정주의를 타도하는 것'이었지만 구체적인 계획은 가지고 있지 않았다고 쓴다.

대다수의 역사학자들과 왕녠이가 보기에 마오쩌둥은 자신의 행동이 초래할 결과를 고려하지 않았다. 실제로 그는 그것을 고려하고 싶어 하지 않았다. 그들이 그려내고 있는 마오쩌둥의 초상은 모험주의적인 독재자의 극단이다. 왕녠이는 "마오쩌둥은 명확한 계획에 관해 생각하지 않았으며, 그렇게 할 수도 없었다. 그는 심지어 명확하게 계획에 관해 생각할 필요도 없다고 생각했다. 왜냐하면 그는 항상 계급투쟁이 '오직 주어진 상황을 토대로 하여 수행될 수 있다[因勢利導]'는 입장을 견지했기 때문이다"[43]라고 쓴다.

결론에서 왕녠이는 1966년까지 마오쩌둥이 스스로 '극좌적 정

---

43 王年一, 『大動亂的年代』, 26. 고전 중국어의 간결함(因勢利導, 현대 중국어에서 관용적으로 쓰이게 된 고대 성어(成語))는 다양한 뉘앙스를 담고 있지만, 그 의미는 비교적 명확하다. 정치(정치는 계급투쟁이라는 이름으로 불렸다)는 오직 "상황"(勢, 이는 또한 경향·작용하는 힘·그 전개를 의미한다)에 "의거하여"(因) "효율적으로"(利) "수행될"(導) 수 있다는 것이다. 몇 년 앞선 문헌에서 인용된 이 구절은 마오쩌둥의 확고한 신념 가운데 하나를 전달하는 것이었는데, 이는 1920년대 이래 "계급투쟁"의 "역사 법칙"이라는 명목으로 전통적 비판의 대상이 되어왔으며, 결국 왕녠이 역시 이러한 비판을 수용하고 있다.

치 프로그램'으로 판단한 방향으로 나아가고 있었으며, 이것이 「5·16 통지」가 되었다고 본다. 하지만 마오쩌둥은 '그것을 수행하기 위해 필요한 것이 무엇인지 명확히 말하지 않았다. … 따라서 이는 완전히 상세한 정치 프로그램이 아니었다.' 왕녠이는 이러한 공백을 '10년의 혼란'으로 이어지는 프로그램적 모험주의의 징표로 본다. 궁극적으로 공식적인 중국 역사학자들에게 있어 정교한 프로그램의 부재는 마오쩌둥을 늙고 예측 불가능한 폭군이자 수억 명의 사람들을 10년간의 순수한 비이성으로 몰아넣은 유치한 극단주의자로 묘사하는 초상에 쉽사리 들어맞게 된다.

우리는 또 다른 경로를 따라왔다. 우연하게도 이것은 왕녠이 자신이 마오쩌둥의 견해(비록 이것을 좌익적 모험주의로 일축하긴 했지만)을 인용하면서 스스로 주장한 것이기도 하다. 즉 '주어진 상황의 특수성에 근거해 정치를 수행해야 할' 필요성이다. 실제로 특정한 사회적, 역사적 상황의 주관적 특수성에 집중할 때에만 그 내재된 논리를 정치적으로 인식 가능하게 만들 수 있다. 다시 말해, 그것은 평등주의 정치의 실현을 방해하는 구조적 요소들을 식별하고, 그것들을 긍정적인 자원으로 전환하는 문제인 것이다.

이러한 관점은 우리가 해서 논쟁을 면밀히 읽어내는 데 도움을 주었으며, 문화대혁명의 서막에서 우연성과 필연성의 결합을 탐색할 수 있는 중요한 요소들을 제공해주었다. 우리는 한편으로 그 사건들의 불확실성과 예측 불가능성을 보았고, 다른 한편으로는 전개되는 상황의 핵심적인 지점들에 대한 마오쩌둥의 사고와 행동이 그의 내적 논리를 어떻게 드러냈는지를 살펴보았다. 11월 야오원위안의 글이 발표되고 그것이 초래한 예기치 못한 결과들은 곧 그 상황의 중요한 구조적 요소들을 전면에 부각시켰다. 논쟁이 빠르게 확산되고 1월에 이르러 교착 상태에 빠지게 되자, 사회주의 국가의 이데올로기적 틀을 지탱하던 역사-정치적 지렛대의 내재적 불안정성이 드러났고, 곧바로 국가 중심 문화기구의 권위가 흔들리기 시작했다. 마오쩌둥은 처음에는 주변부에서 개입했지만, 그의 신중한 의견이 제시되기도 전에 이미 강한 저항에 직면했다. 「2월 요강」은 이 논쟁을 단지 억누르는 방식으로 대응했는데, 이 조치는 긴장된 교착 상태를 초래했고, 5인소조를 불신임하는 결과를 낳았을 뿐만 아니라, 더욱 중요하게는 염라대왕전을 불신에 빠뜨리는 계기가 되었다.

3월 말이 되자 마오쩌둥은 문화 지도 기구의 초기 동요 조짐을 포착했고 그 권한을 제약하기로 분명하게 결정했다. 이는 어떤 사전 계획된 의미에서의 '계획'이었다기보다는, 해서 논쟁과 그 교착 상태에 대한 반응이었다. 그리하여 '염라대왕전 타도'는 마오쩌둥의 핵심 목표 중 하나가 되었다. 그는 중앙 문화기구의 권한을 축소하는 것이 사회주의 운명 일반 그리고 특히 당의 정치적 정당성이라는 중대한 문제들을 대중 스스로 성찰하게 만드는 것이 대중운동을 촉발하기 위한 전제 조건이라는 확신을 점점 더 강하게 가지게 되었다. 우리는 이 논쟁이 정치적이면서 동시에 역사학적 결말에 도달하지 않았음(그리고 도달할 수 없었음)을 이미 보았다. 그러나 앞서 살펴본 전개 과정을 고려할 때 그것은 결국 「5·16 통지」와 당-국가 문화 정책을 담당한 최고위 관리들의 파면으로 귀결되었고, 이는 곧 염라대왕전의 이데올로기적 무오류성을 축소하는 결과를 의미했다.

우리는 또한 이 논쟁이 사회주의 국가 전체의 안정성에서 문화기구가 수행하는 중대한 역할을 적나라하게 드러냈다는 점을 살펴보았다. 이후 펼쳐진 문화대혁명 대중운동의 폭발적 등장을 이해하기 위해서는 또 하나의 독특한 특징을 고려해야 한다. 알튀세르가 '이데올로기적 문화기구(Ideological State Apparatuses, ISAs)'라고 부른 것들과 달리, 그는 그것들을 다원적 중심을 갖는 구조로 보았으며 통일된 지휘는 오직 최후의 순간에만 이루어진다고 보았다. 하지만 사회주의하의 당-국가 문화기구는 고도로 중앙집중화된 것이었다.[44] '염라대왕전'의 공식명칭이 '중앙선전부(中央宣傳部)'였다는 것은 결코 우연이 아니다. 더욱이 알튀세르에게 ISAs는 억압적 국가 기구(Repressive State Apparatuses, RSAs)와는 기능상 구별되는 것이지만, 사회주의 체제에서의 문화기구들은 RSAs와 유사한 방식으로 이데올로기적 규율을 강제했다. 다시 말해 당-국가는 이데올로기적이고 억압적인 이중 권력을 행사했던 것이다. 마오쩌둥이 '염라대왕'이라는 은유를 통해 가리킨 사회주의 문화기구들이 '사상의 경찰'로 기능했다는 이미지는 충분한 근거를 갖고 있는 것이었다.

문화대혁명 초기 대중 단계에서 학생들의 정치적 행동주의는 '우연과 필연'의 산물이었다. 5인소조의 해체와 중앙선전부 정책의 공식적인 부정은 중앙문화기구 전반의 권위에 영향을 끼쳤다. 「5·16 통지」 직후 몇 주 동안 이러한 기구들의 억압적 능력이 약화된 것은 도깨비들, 학교, 대학의 해방을 가능케 했거나 적어도 그것을 방해하지 않은 요인 중 하나였다. 비록 학생들이 어떤 역할을 할 것인가에 대해 정확한 예견이나 구체적인 기대가 있었던 것은 아니었지만 이것은 마오쩌둥이 원했던 것이었다. 앞서 보았던 것처럼, 마오쩌둥은 5월 초 알바니아 외교관들에게 차세대가 수정주의를 막아낼 수 있을지 회의적이라고 털어놓기도 했다.

44　Louis Althusser, "Ideology and State Ideological Apparatuses"(1970), https://www.marxists.org/reference/archive/althusser/1970/ideology.htm.

그러나 학생들의 행동주의는 곧 교육 문제를 넘어서는 수준에 이르렀다. 1966년 여름부터 대학과 고등학교에서 시작된 정치 운동은 단순히 '5·7 지시'의 실행에 그치지 않았다. 다음 장에서 보게 될 것처럼, 곧바로 제기된 핵심 문제는 새로운 형태의 정치 조직을 어떻게 실험할 것인가였다.

3부

계급 정치에 대한 정치적 시험

6 조직을 시험하기

5장에서 마오쩌둥의 개입을 살펴보았던 것은 몇 달 동안 중앙 국가 문화기구 지도자들이 자신들의 권력을 통해 보여주었던 모호하면서도 근본적으로 검열적인 본성으로부터 출발하여 그 내부적 취약성을 강조하기 위함이었다. 마오쩌둥은 당시 벌어졌던 역사적이면서도 연극적인 논쟁을 통해 형성되었던 정치적 가능성의 장을 열어둔 채로 유지하거나, 혹은 염라대왕의 모습으로 구현된 문화적 초자아에 대한 요구를 축소함으로써 주요 장애물들을 약화하려 했다.

이후 1966년 5월 25일 그 유명한 '첫 번째 대자보'라는 독특한 사건으로부터 꼬마 도깨비가 태어났는데, 그 대자보를 통해 공산당이 가지고 있는 배타적인 조직적 우선성 밖에서 정치적 권력이 만들어질 수 있는가라는 혁명적 문화의 핵심 문제가 등장하기 시작했다. 마오쩌둥은 즉각 이 사건에 결정적인 중요성을 부여했다.

우려의 수렴

1966년 중반부터 1967년 초까지 독립적인 집단인 홍위병(이 명칭이 모두를 포괄하기에는 적합하지 않은 약칭임은 차차 알게 될 것이다)의 급격한 등장과 폭발은 그들이 나중에 보여주게 되는 급격한 자기-파괴적 붕괴만큼이나 수수께끼 같은 현상이다. 그 사건의 추동력과 전개는 전례 없는 것이었다. 문제는 무엇이 최초에는 수십만 명의 사람들을 그리고 이후에는 수백만 명의 중국 시민들을 결국 당-국가 체제로부터 독립된 자기-조직적 집단을 만들어낸 직접적인 형태의 정치적 행동주의로 나아가게 만들었냐는 것이다.

이에 대한 가장 흔한 설명 방식은 '카리스마'라는 용어를 사용하는 것이다. 순진한 학생 무리가 마오쩌둥의 엄청난 명망에 빠져들어 넋이 나가버리고, 그러한 명망이 약화되면서 분파주의가 등장하게 되었다는 것이다. 하지만 마오이즘에 대한 '개인적 숭배'는 수년간 고정된 현상이었다. 또한 마오주의에 대한 '개인적 숭배'가 1966년 중반에 약화되고 있었다거나 마오쩌둥이 그것을 강화하기 위해 모든 노력을 기울였다고 말하는 것도 정확하지 않다.『해서파관』을 논의했던 부분에서 언급했던 것처럼, 마오쩌둥 사상, '동방홍(東方紅)'에 대한 의례적 숭배 등, '마오주의적' 레토릭은 이미 확립된 상태였다. 실제로 그러한 숭배는 마오쩌둥의 입장과는 완전히 상반되는 입장을 지지하기 위해 공식 선전 기구에 의해 이용된 것이었다. 그러나 그 반복적인 선전은 어떠한 형태의 대중 정치 활동도 만들어내지 못했고, 애초에 그런 의도도 없었다.

1966년 중반까지 중국 대학생들이 만든 독립 조직의 급격한 등장에 있어 마오쩌둥의 명망이 일정 부분 역할을 했다는 것은 분명하다. 하지만 광범위한 학생 운동과 마오쩌둥 자신의 관점 사이의 실제적인 연관 관계는 그의 카리스마보다는 마오쩌둥이 때때로 표출했던 가능한 패배에 관한 정치적 우려에서 비롯된 것이었다. 내가 앞서 지적했던 것처럼 그러한 언급은 [가능한 패배를 수용하는—옮긴이] 항복이기는커녕, 마오쩌둥이 보기에 '모든 사람들의 주의를 불러일으킬' 정치적 운동이 필요한 당시 상황에 대한 합리적 관점을 보여주는 징후였다.

바로 이 '불안감에 의한 동원'을 통해 대학생들의 운동이 마오쩌둥의 입장과 융합될 수 있는 기반이 형성되었다. 애초 마오쩌둥이 학생들에게 아무런 호소도 하지 않았다는 사실에 주목할 필요가 있다. 실상 앞선 몇 달 동안 마오쩌둥은 오히려 기존에 존재하고 있었던 중국의 학교와 대학 시스템으로부터 정치적 영감을 받을 수 있다는 것에 대해 강력한 의구심을 지니고 있었다. 심지어 그는 5월 초 나누었던 알바니아 외교관과의 대화에서(5장을 볼 것) 젊은 세대가 수정주의 사조를 만들어낼 수 있다고 말하기도 했다.

하지만 1966년 중반에 이르러 학생들 사이에서 불꽃이 일어났고, 마오쩌둥 스스로도 그것을 기대하지는 않았지만 거침없이 학생들을 지지했다. 어쨌든 학생들 사이에서 발생했던 그 불꽃은 사전에 마오쩌둥으로부터 아무런 명령도 받지 않았던 것만큼이나 전혀 예상치 못한 것이었다. 나는 가능한 패배에 대한 마오쩌둥의 경고에 의해 촉발된 우려가 몇 가지 이유로 대학생들 사이에서 극도로 비옥한 토양을 만들어냈다고 본다.

학생들은 숭배할 만한 영웅을 찾고 있던 순진한 아이들일 뿐이었다. 그들은 지적인 차원에서 당시의 정치적 긴장과 논쟁에 사로잡혀 있었다. 그들은 상당히 해박한 정치적 문화를 가지고 있었을 뿐만 아니라 당시 중국공산당의 이념적 변천에도 정통해 있었다. 거의 대부분 『해서파관』과 관련된 논쟁에 주목했으며—특히 인문학 전공자들의 경우—모두가 「5·16 통지」가 「2월 요강」의 내용을 폐기하고 당-국가 문화기구가 가진 이념적, 정치적 권위를 신뢰할 수 없다고 선언했음을 알고 있었다.

중국과 소련은 이들 학생들의 정치적, 문화적 교육에 있어서도 갈라지고 있었다. 많은 이들이 갈수록 날카로워지고 있던 논쟁적 문건들을 읽고 있었는데, 새로운 당 기구들은 중국공산당이 소련공산당 및 그 위성 정당과 벌이고 있던 10여 년에 걸친 논쟁에 관한 문건들을 대대적으로 발행하고 있었다. 그러한 문건들의 핵심 주제는 당시 소련에서 수정주의가 널리 퍼지고 있고 모스크바와 연계된 다수의 공산당에서 그러한 성향이 증대되고 있다는 것이었다. 「5·16 통지」가 강조했던 위협('후르쇼프와 같은 인간이 … 우리 옆에서 잠자고 있다'), 즉 중국에서 나타날지도 모르는 수정주의는 곧 중국공산당의 정치적 존재 그리고 20세기 공산주의 사업 전체에 종지부를 찍는 것과 다름없었다.

새로운 점은 「5·16 통지」 이후 당시 상황에 관해 마오쩌둥이 촉발했던 문화대혁명의 운명에 관한 '불안감에 의한 동원'이 대중적인 차원으로 확산되었다는 것이다. 마오쩌둥은 홍위병을 조직할 것을 명령하지 않았고 그럴 만한 위치에 있지도 않았다. 그는 다만 무조건적인 지지를 보냈을 뿐이다. 하지만 수정주의의 도래 그리고 다른 곳처럼 중국에서도 공산주의를 향한 혁명 과업이 위험에 처할 수 있다는 우려가 정치적 동원의 주요 원천이었다. 그러한 불안감은 학생 운동을 추동시키는 핵심 동력이었다. 그것은 학생 운동을 촉발시켰고 새로운 시대의 도래에 직면한 중국공산당의 지도적 역할을 시험할 수 있는 독립적인 형태의 자기-조직을 실험할 정치적 추진력을 제공했던 것이다.

나는 1966년 중반 중국 학생들의 행동주의의 원천이었던 '정치적 괴로움'의 추가적 요소가 현대 중국의 문화적, 정치적 기초가 위기에 처해 있다는 인식이었다고 생각한다. 공산주의 사업은 반세기 전 제국의 몰락으로 파멸된 '중국'이라는 관념을 재건하기 위한 것이었다. '공산당 없이는 신중국도 없다(沒有共産黨, 沒有新

中國)'[1]라는 유명한 슬로건은 곧 중국공산당의 수정주의적 전환, 국제공산주의 운동의 몰락, 그리고 혁명 문화의 말살이 중국의 '새로움'을 해체시켜버릴 수도 있다는 의미를 함축하고 있었다.

하기에 가능한 패배는 동시다발적으로 다양한 차원에서 [혁명을 위한—옮긴이] 에너지를 실어 나르는 원동력으로 작용했다. 중국의 대학생들은 중국공산당, 국제 공산주의 운동, 그리고 나아가 '현대 중국'의 미래에 초점을 맞춘 권위 있는 정치적 통찰—여기서 마오쩌둥의 지위는 분명히 중대한 영향을 끼쳤다—에 무관심할 수 없었다. 대규모 학생 운동은 분명 그와 같은 주제를 정치적으로 다루기 위한 불안과 결단을 보여주는 신호였다. 당장 시급한 문제는 공산주의 정치의 절박한 운명이었기에 새로운 형태의 정치 조직에 관한 실험이 가장 다급한 사안이었다. 하지만 그런데도 그와 같은 주관적인 추동력이 어떻게 독립적인 조직의 거의 끝도 없는 확산으로 귀결되었는지는 여전히 불분명하다.

「5·16 통지」에 따른 상황의 전개는 『해서파관』을 둘러싼 논쟁에서처럼 '우연'에서 비롯된 '필연'의 결과로 보아야 한다. 베이징대학의 첫 번째 대자보 그리고 대학 홍위병 조직의 등장과 같은 새로운 사건은 바로 예기치 못한 변수였다. 당시 상황에 있어 필요했던 것은 당-국가 기구의 이데올로기 및 기율 기구가 그러한 독립 조직을 저지하고 억압하는 데 필요한 해결책이었다.

학생 운동은 또한 다른 영역으로부터도 동력을 얻고 있었다. 한편에서는 '조반파'가 대학 내의 혼란을 분쇄하기 위해 당이 파견한 공무원들과 충돌하고 있었고, 다른 한편에서 '보황파'는 당의 공무원들을 지지하고 있었다. 실상 독립적인 학생 조직은 자세한

---

1 이것은 1940년대 유명한 혁명가의 한 소절이다.

설계에 의해 일어난 것이 아니라 예기치 못한 불꽃에 의해 촉발된 것이었고, 그들은 당-국가 체제에 의해 자행된 탄압적 조치에 대응하여 계속 확산되었다.

「5·16 통지」가 발표되고 몇 주 지나지 않아 6월 초 베이징대학에서 첫 번째 대자보가 등장했을 때 마오쩌둥은 그것을 승인했다. 이 최초의 선언이 베이징대학에 국한된 불꽃이었다는 점에 주목해볼 필요가 있다. 하지만 마오쩌둥은 그것이 자신이 기대했지만 그 미래를 예측할 수는 없었던 것임을 포착하면서 그것의 중요성을 인지하고 있었다. 그리고 그의 전폭적인 지지는 그것에 더 큰 동력을 불어넣었다. 그가 베이징대학의 대자보를 일러 '20세기 중국의 파리 코뮌 선언문'이라고 불렀을 때 그의 언급은 그것에 내재된 전례 없는 성격을 강조한 것이었다.

베이징대학 대자보에 관해 마오쩌둥이 취한 태도는 그 선언문에서 그가 완전히 새로운 무언가를 보았음을 분명하게 드러내고 있다. 1871년 파리 코뮌의 성립이 처음으로 국가 통치 기구를 장악하려는 노동자들의 의지를 드러낸 사건이었던 것과 마찬가지로, 6월 베이징대학 대자보의 등장 역시 당시 상황 속에서 당-국가로부터 독립적인 정치적 입장을 취하려는 소수 교사들과 학생들의 의지를 처음으로 보여준 사건이었다. 앞서 마오쩌둥의 언급처럼 이것은 염라대왕의 궁전이 무너지고, 이제 속박에서 풀려난 작은 도깨비들이 자신들의 신념을 선언하기 위해 소리를 지르고 독립을 쟁취하기로 결정한 사건이었다.

두 개의 정치적 과정과 그 관계

5장에서 나는 염라대왕의 궁전을 무너뜨리고 작은 도깨비들을 풀어준 것이 해체와 다원화—마오쩌둥이 온전히 양립할 수 있다고 생각했던—라는 두 개의 정치적 과정의 공존을 나타낸다고 언급한 바 있다. 여기서 나는 문화대혁명 연구의 이론적 적합성을 정립하기 위해 이러한 구분을 좀 더 명확하게 만들고자—이것이 지난 몇 년간 내가 작업해왔던 것이기도 하다[2]—노력할 것이다. 오늘날 '정치'라는 개념은 일반적으로 타자를 통치함에 있어 특정한 목적을 추구하는 이들의 모든 행동, 선언, 의도의 실행을 포괄하는 개념으로 인식된다. 이러한 '권력의 향유'라는 개념은 베버의 '소명으로서의 정치'[3]라는 개념 정의에 호응하면서, 집단 생활의 다양한 층위에서 우월적 지위를 차지하려는 충동으로 이해된다.[4]

그러나 정치란 '초월적인 소명'에 대한 응답, 즉 피지배자들에게 권력을 행사하라는 소명 이상의 다른 내재적인 형태를 취할 수도 있다. 실제로 사회 속에는 불연속의 순간들이 존재하고 있으며, 이러한 순간들은 예기치 않게 평등주의적 발명이나 현저히 다른 신념을 가진 사람들 사이의 새로운 관계를 모색하는 실험들을 만들어낼 수 있다. 소명으로서의 정치는 분명 규칙이지만 평등

---

2 이러한 관점의 초보적 정식화에 관해서는 나의 "The Probable Defeat: Preliminary Notes on Cultural Revolution," *Positions* 6, no.1(1998): 179~202에서 찾아볼 수 있다. 최근의 재평가에는 "Mummifying the Working Class: The Cultural Revolution and the Fates of the Political Parties of the 20th Century," *China Quarterly* 227(2016): 653~73이 있다.

3 Max Weber, "Politics as Vocation"(1919), in *Weber's Rationalism and Modern Society*, trans. and ed. Tony Waters and Dagmar Waters(New York: Palgrave Macmillan, 2015).

4 나는 "The Sixties and Us," in *The Idea of Communism 3*: The Seoul Conference, ed. Alex Taek Gwang Lee and Slavoj Žižek(London: Verso, 2016), 136~78에서 '지배적 충동(governmental drive)'에 관한 광범위한 논의를 제시한 바 있다.

으로서의 정치는 예외다. 전자가 타자의 운명을 결정하는 즐거움이라면, 후자는 특정한 실험이라고 할 수 있는데, 왜냐하면 인간의 조건 속에서 무엇이 '평등'인가를 아무도 모르기 때문이다. 따라서 내 작업의 가설은 다원화가 예외에 해당되는 것처럼, 해체가 규칙에 해당될 수도 있다는 것이다. 10년에 걸친 문화대혁명 기간 동안, 특히 최초 2년 동안, 평등이라는 예외상태와 통치라는 규칙은 매우 논쟁적이면서도 혼란스러운 관계를 형성할 수밖에 없었다.

해체

이 개념은 정치 사회학의 고전적 개념화와 상당히 일치하기 때문에 어떤 의미에서는 다원화라는 개념에 비하여 덜 논쟁적이라고 할 수 있다. 통치자 그리고/또는 잠재적-통치자 사이의 경쟁에서 흔히 나타나는 전형적인 결과라고 할 수 있는 해체는 자연스러운 의식적 흐름인바, 이는 모든 수준에서 권위를 통해 타인의 삶을 통치하는 자들을 다소 폭력적으로 전복시키는 행위 과정에 항상 존재하는 현상이다. 새로운 경쟁자에 대한 기존 권위의 저항 그리고 관료적 위계 속에서 자신들이 우위를 차지하려는 새로운 경쟁자들 사이의 경쟁은 항상 반복되는 것이기도 하다.

이러한 관점은 소명으로서의 정치(*Politik als Beruf*)의 본질로 정의한 '권력을 공유하거나 권력 분배에 영향을 미치려는 노력'이라는 견해와 유사하다. 해체의 과정은 베버가 제시한 소명으로서의 정치와 일치하는데, 그것은 타자를 지배하는 위치에 있거나 그곳에 있기를 희망하는 이들의 주장, 행동, 야망과 관계된 것이기 때문이다. 또한 해체는 모든 통치 정신의 전형적 목표이자 주된 결과이기도 하다. 다시 말해 행위자는 바뀌지만, 해체는 어떠한 형태의 통치 환경 속에서도 일반적인 운영 법칙으로 남아 있기에 그것은 구조적인 현상인 것이다. 이에 더해 지위가 높을수록 '권력을 향한' 투쟁의 폭력성도 더욱 커지게 된다.

해체는 문화대혁명 기간 복잡한 역할을 수행했다. 그것은 탈권이라는 민감한 주제를 포함하고 있었고 계급투쟁의 결과였으며 더욱 높은 차원의 역사적 정당성을 주장하고 있었다. 이에 더해 특히 당시 중국의 상황 속에서 해체는 이데올로기적, 정치적 노선 투쟁의 결과로 인식되었던 혁명 조직의 리더십 문제를 건드리고 있었다. 그리고 이러한 요소들이 소명으로서의 정치라는, 운명론적 성격의 베버식 개념에 '과학적' 근거를 더해주었다. 하지만 앞으로 보게 될 것처럼 혁명적 계급주의에 관한 전체적인 역사-정치적 개념틀은 모호하면서도 궁극적으로 모순적인 역할을 수행하게 된다. 계급에 기반을 둔 정치관은 '계급의 적'은 '제거되어야 한다'와 같은 기존 정치적 담론의 엄격하게 제한된 범위 내에서만 사태의 진전을 만들어낼 수 있었다. 하지만 당시 상황의 주관적 새로움은 혁명적 계급주의를 넘어서고 있었을 뿐만 아니라, 혁명적 계급주의는 오히려 주된 정치적 장애물이 되어 가고 있었다.

다원화

이 범주는 사회적 개념화에는 덜 기대고 있으며 비록 잠정적인 것이기는 하지만 필수적이면서도 새로운 이론적 접근에 기대고 있다. 해체는 이른바 타자의 지배에 필요한 우월적 지위를 향한 욕망이라고 할 수 있는 지배적 주관성의 영역에서 나타나는 '반복 충동'의 일종인 모종의 규칙이라고 할 수 있고, 그곳에는 평등주의적 예외상태가 존재하고 있다. 사회적 위계 질서의 네트워크를 유지하는 데 일정 정도 순종하거나 심지어 동조하기도 하는 피통

치자들은 때때로 일반적인 위계적 종속 관행과 정부 내부의 구조
적 역학으로부터 거리를 두면서 자신의 정치적 존재를 스스로 조
직하고 평등주의적 관계 형태를 창출할 수 있는 능력을 갖추고
있다.

그러한 능력은 항상 미약하고 사회적 조건 속에서 새롭게 발명
되어야 하는 것이지만, 평등주의적 발명과 통치라는 자동 기제 사
이의 거리는 문화대혁명 기간 매우 복잡한 것이었다. 설사 평등주
의적 발명이 정치 집단의 다원화를 포함하고 있었다고 하더라도,
사건의 발단에서부터 수천 개의 정치 조직을 만들어냈던 전례 없
는 거대한 규모의 현상—우리는 이것을 초다원화라고 부를 수 있
을지도 모른다—은 설명이 필요하다. 실제로 이러한 독립적인 대
중 조직들은 정치적 의미에서 어떻게 평등에 관한 실험을 진행했
던 것일까?

그러한 현상의 독특성을 설명하는 데 필요한 기본적인 시각을
제공하는 독특한 단서가 존재한다. 그리고 그것은 평등이라는 개
념의 주춧돌을 형성하는 고전적이면서도 역사적인 지점에 기반
을 두고 있는 것이기도 하다. 생-쥐스트(Saint-Just)는 '정당한 권
력(puissance légitime)'과 같은 것은 존재하지 않는다는 점에서
평등은 개인이 다른 사람들과 '동일한 권력(puissance)'을 주장
할 수 있는 것은 아니라는 점을 적절하게 지적한 바 있다. 차라리
'평등의 정신'은 "모든 개인이 주권을 동일하게 나눠 가진다(une
portion égale de la souveraineté)"는 것을 의미한다.[5]

---

5   생-쥐스트는 합법적인 권력은 존재하지 않으며, 오직 '선(善)에 관한 이론'만
이 있다고 분명하게 말한다. 그에게 있어 '선'은 근본적인 정치적 범주이다. "L'
esprit de l'égalité n'est point que l'homme puisse dire à l'homme: je
suis aussi puissant que toi. Il n'y a point de puissance légitime; ni les
lois ni Dieu même ne sont des puissances, mais seulement la théorie

주권을 '동일하게' 나눠 가진다는 것은 모든 개인이 새로운 형태의 집단 조직을 만들어낼 가능성을 가진다는 급진적인 관념으로 이어진다. 그러므로 조직 발명의 다양성은 평등주의적 발명을 가늠하는 주요 기준이거나, 혹은 차라리 측정할 수 없는 척도다. 정치적 평등성은 필연적으로 독창적인 과정들의 집합체일 수밖에 없으며 누구도 그것을 어떻게 만들어낼 것인가에 관한 사전 지식을 가지고 있기 않기 때문에, 그러한 과정의 발명은 사회적 조건의 일상적이면서도 위계적인 상례를 억제할 수 있는 조직 형태에 대한 수많은 실험으로부터 도출되어야 하기 때문이다.

1966년 늦은 봄까지 중국에서 진행된 독립 조직의 무제한적 다양성의 창출을 만들어낸 원동력은 혁명적 분투의 조직적 핵심에서 결정적인 지도적 역할을 수행하는 공산당—당시 공산당은 나름대로 모든 평등주의적 정치의 패러다임 바로 그 자체였다—이라고 하는 기존 정치 권력의 본질을 시험해야 한다는 긴급성에서 비롯된 것이었다. [이러한 관점에서 보았을 때—옮긴이] 홍위병은 평등성을 다시 시험하는 평등주의적 실험의 한 형태로 등장한 것이었다. 홍위병의 이러한 성격은 그 참신성의 내핵이면서도 본질적 취약성의 주요 원인이기도 했다.

문화대혁명이 진행됐던 10년 중 첫 두 해 동안의 핵심 이슈는 통치 조건에 대한 평등주의적 발명의 관계였다. 어떤 경우라도 후자는 전자로부터 비롯될 수 없는 것인바, 전자는 본질적으로 특정한 사회적 조건에서 점점 확대되는 의례적 위계의 네트워크이기

---

de ce qui est bien. L'esprit de l'égalité est que chaque individu soit une portion égale de la souverainet." Louis Antoine Léon de Saint-Just, *L'esprit de la réolution et de la constitution de la France*(1791) (Paris: Editions 10/18, 2003), 25.

때문이다. 평등주의적 주체성은 정치적 주체성의 다양성 속에서 주권을 급진적으로 분산시키는데, 이는 베버식 의미에서의 '권력의 획득과 배분'이라는 과업과 이질적인 다수의 정치적 주체성 속에서 이루어지는 것이다. 실상 모든 통치 주체는 자신의 '정당한 권력'의 우위를 주장해야 한다는 긴급성에 의해 규제되지만, 평등주의적 주체는 모든 '권력의 정당성'을 해체시킨다.

실제로 이러한 관점에서 핵심 이슈는 새로운 평등주의적 실험이 통치 주체의 내재적 자동성으로부터 떨어져 나오면서 마주하게 되는 어려움이다. 이러한 자동성은 권력의 자리를 차지하거나 차지하려는 자들을 전복하는 것뿐만 아니라, 해체 과정과 양립할 수 없는 모든 평등주의적 발명을 억압하는 것을 요구한다.

시기 구분에 관한 가설

해체와 다원화라는 두 과정에 대한 구분은 문화대혁명에 대한 새로운 시기 구분을 가능케 한다. 모든 대중적인 정치 사건과 마찬가지로 문화대혁명 내부에는 일련의 불연속성이 존재하고 있는데, 그러한 불연속성은 즉각적으로 드러나지 않는 이행적 상태라고 할 수 있다. 그리고 그 상태는 파편적이면서도 '점선'으로 구성된 형태로 발전하다가, 갑작스러운 시나리오의 변화, 창발적인 시도 그리고 예기치 못한 교착 상태를 수반하는 매우 짧은 시기들로 이어지게 된다.

혁명의 10년은 두 개의 주요 시기로 구성되어 있다. 첫 번째 시기는 1966년의 늦은 봄에서부터 1968년에 이르는 시기로 가장 결정적인 사건들이 발생한 기간이다. 그리고 두 번째 시기는 오랜 시간에 걸쳐 진행된 종결부 혹은 '꼬리' 부분으로 1976년 여름까지 이어졌다. 이번 장에서 우리는 다원화의 국면이라고 할 수 있는 핵심 시기에 집중할 것이다. 1968년 여름이 되어서야 비로소 당-국가 밖에 존재하고 있던 독립적인 정치 조직이 등장하게 된다. 이로부터 8년 후인 1976년 마오주의 그룹의 지도자들이 체포되면서, 특히 공장과 학교에서 진행되었던 본래의 실험이 중단되었고, 다원화의 국면에서 발생했던 사건들의 중요성과 영향을 어떻게 평가할 것인가는 미해결된 문제로 남아 격렬한 논쟁의 주제가 되었다.

문화대혁명이 발발한 후 첫 번째 2년간 등장했던 본래적 참신성은 정치 조직의 무제한적 탄생이었다. 공산당이 그것을 승인하든 그렇지 않든 간에 궁극적으로 누구든지 그/그녀 자신의 정치조직을 수립할 수 있었다.[6] 홍위병으로 알려진 그러한 독립 조직은 본래 대학과 중고등학교에서 등장했는데, 이후 몇 달 동안 여타 모든 기구에 속해 있는 공장 노동자 및 직원들 사이에서도 급속하게 확산되었다. 이러한 조직들 중 몇몇은 독립적인 출판 기구를 보유하고 있었고, 그것을 통해 신문, 평론, 논문집, 연설문, 대자보, 심지어 통상 내부적으로 유통되던 당-국가의 문서까지도 출판했다. 이때가 바로 출판의 자유가 중국에서 가장 널리 퍼졌던 순간이었다.[7]

6　수많은 독립적인 조직들의 존재는 유럽에서도 1960년대 말 정치적 상황의 특징이었다. 예컨대 이탈리아에서는 의회 외 집단(nonparliamentary)과 일반적으로 독립적인 포럼들이 학교에서 공장에 이르기까지, 심지어 정신의학 분야에까지 걸쳐 다양한 영역에서 대거 생겨났다. 의회 정당들은 이러한 조직들을 명백히 경멸적인 의미로 "gruppuscoli extraparlamentari"(의회 외 소집단)라고 불렀다.

7　이러한 독립 신문들, 즉 사전적인 정부 통제를 받지 않는 신문들의 수는 그러한 현상의 규모를 보여주는 지표로 간주될 수 있다. 베이징대학교 도서관에만 해도 이와 같은 종류의 정기 간행물이 약 1만 종에 달한다. 극히 짧은 기간만

핵심적인 시기라고 할 수 있는 1966년에서 1968년 사이의 다원화 단계는 두 가지의 주요 단계, 즉 성장 국면과 쇠퇴 국면으로 구분되며, 각 단계에서의 주요한 정치적 쟁점은 상이했다. 1966년 6월에서 1967년 1월에 이르는 첫 번째 국면에서 결정적인 분기점은 조직 실험이 어느 정도로 확장될 수 있는가라는 다원화의 범위에 관한 문제에 집중되었다. 반면 두 번째 국면에서의 분기점은 다원화가 아니라 라이벌 조직의 제거에 관한 것이었다. 이러한 사건들이 보여준 가장 기이한 측면은 그러한 예기치 못한 급작스러운 장면의 전환이었다.

대략 1966년 하반기까지에 이르기까지 세계관의 분열 및 그와 관련된 정치적 사건의 주요 동기는 정치 조직의 확산이 어느 정도까지 가능할 것인가의 문제였다. 이 성장 국면에서의 모든 논쟁은 결국 스스로 승인한(self-authorizing) 독립 조직의 존재를 지지할 것인가 아니면 다양한 방법을 통해 그 존재를 지연시키거나, 혹은 기본적인 제한을 가할 것인가 사이의 충돌이었다. 당시 모든 미묘한 입장 차와 중간적인 입장은 이와 같은 세계관 분열의 단층선을 따라 갈라지고 있었던 것이다.

1967년 초 서로 충돌하는 두 개의 과정이 시작되었다. 쟁점은 더 이상 자기 조직화에 대한 찬성과 반대에 관한 것이 아니었다. 1967년 봄부터 1968년 초여름에 이르기까지 타협적인 투쟁들이 점차 늘어나고 있었지만, 이 투쟁은 사실 거울에 비친 자신의 모습과도 같이 서로 똑 닮은 선언들과 대응들 사이의 다툼이었다. 다시 말해 각 조직은 무엇보다도 서로 자신의 라이벌 조직을 파괴해야 한다고 주장하고 있었던 것이다. 이와 같은 갑작스러운 변화

존재했던 것들을 제외하더라도, 중국 전역에는 여전히 수천 개의 조직들이 있었다.

를 떠받치고 있었던 것은 '탈권'이라는 주제였다. 여러 조직들은 어떤 지도 그룹이 권력을 장악해야 하고 어떤 지도 그룹이 권력을 내놓아야 하는가를 둘러싸고 서로 충돌하고 있었다. 각 조직은 자신이 진정한 혁명 조직으로서 궁극적으로 권력을 쥐어야 한다고 주장했고, 모든 라이벌 분파의 제거를 기본적인 전제 조건으로 삼고 있었다.

나는 홍위병의 등장과 쇠락의 주요 요인이 자신들의 정치적 존재를 정당화하려는 주관적 에너지(다원화 과정)와 정부 내부의 관료적 경쟁 역학(해체의 과정) 사이의 분리 혹은 비분리의 정도였다고 생각한다. 이러한 관점에서, 나는 독립 조직들의 존재에 있어 급격한 성장의 시기를 포함한 성장 국면을 쇠퇴 및 감소 국면과 구별해야 한다고 생각한다.

앞서 언급했던 것처럼 다원화와 해체라는 관점상의 차이가 독립 조직의 성장과 대규모 정치 실험의 확장을 이끌었다. 하지만 해체의 과정이 다원화에 과도한 압력을 가했고, 확장된 규모의 실험이 막다른 골목에 이르게 되면서 독립 조직들은 쇠퇴의 국면에 접어들게 되었다. 이러한 쇠퇴에 관한 가장 명확한 표현은 '당파성(派性)'이라는 개념이었다. 이러한 쇠락은 당시 실제적인 정치적 내용을 점차 결여해가고 있던 싸움을 통해 더욱 분명하게 드러나게 되었다. 1967년 봄부터 1968년 여름에 이르기까지 약 1년의 시간 동안 독립 조직들은 전혀 참신한 세계관을 제시하지 못했고 결국 소멸하고 말았다.

독립 조직의 확장

홍위병 조직의 숫자가 수천에 이르렀던 확장의 국면에는 최소한 세 개의 주요 순간이 존재한다. 그리고 그 각각의 순간은 대규모 정치 실험에서 결정적인 한 걸음을 내딛는 것이었으며, 특정한 장애물을 극복하고 독특한 실험적 주제와 씨름하고 있었다. 아래 내용은 그에 관한 예비적 목록이다.

당 중앙이 '정치적으로 선도적인' 학생들에게 파견한 '공작대'가 실패한 것으로 보였지만 실상 학생들을 적절하게 통제하고 있던 1966년 6월, 베이징대학 대자보의 출현과 함께 확장의 국면이 시작되었다. 이 대중운동의 과정 속에서 당 지도부의 역할은 가장 핵심적인 쟁점이었다. 두 번째 국면이었던 같은 해 8월과 9월, 독립 조직이 급격하게 늘어난다. 정치적 행동주의에 필요한 전제 조건인 '우수한 계급 출신'이 맡고 있던 역할은 애매했고, 그것과 관련해 학생들마저 서로 충돌하고 있었으며 결국 무조건적인 다원화로 결론이 났다. 세 번째 시기는 상하이 노동자들 사이에서 최초의 '혁명조반파' 조직이 결성된 10월부터 도시의 행정 기관인 시위원회가 붕괴한 '1월 폭풍'까지 이어졌다. 당시 실험의 중심 주제는 '노동자 계급'의 정치적 가치—혹은 역할—와 그것의 당에 대한 관계였다.

주목할 만한 점은 확장의 국면에서 새롭게 등장한 조직의 주요 활동이 결국 당-국가의 사전 승인 없이, 정치와 국가 자체에 대한 근본적인 문제를 제기할 수 있는 독립적인 정치 기구인 자신의 존재를 선언하고 방어하는 것이었다는 사실이다. 베이징대학의 첫 번째 대자보가 바로 그러했다. 이 대자보는 녜위안즈[8]와 여러 젊

---

8   녜위안즈는 1937년 항일전쟁에 참여했고 1938년에 당원이 되었다. 1946년부터 헤이룽장성에서 정치 간부로 활동했으며, 1964년에는 베이징대학교 철학과 당지부 서기가 되었다. 오랜 당원 경력을 지니고 있었지만, 이 대자보를 작성하고 교사와 학생 집단과 함께 서명하는 과정에서 그녀는 의도적으로 당 조직의 틀 밖에서 행동하였다. 문화대혁명 이후 그녀는 수년간 투옥되었으며, 이후

은 선생들이 작성한 것이고 학생들의 지지를 받았으며, 문화대혁
명의 진정한 대중 국면을 촉발시켰다.9 대자보의 핵심 주제는 '꼬
마 또깨비' 집단이 스스로의 독자적인 정치적 주장을 제기하고 나
아가 자신들의 독립적인 정치적 존재를 조직할 수 있는 권리를 주
장했다는 것이다. 그들은 자기-조직 능력을 방해했다는 이유로 총
장과 베이징대학 당 비서를 '검은 노선(黑線)'이라고 비난했는데,
당시의 언어를 사용하면 총장과 당 비서는 '혁명을 일으킬 수 있
는' 대중의 권리를 제한했다는 비난을 받았던 것이다.10

이와 같은 정치적 선언의 핵심 내용은 결국 자율적으로 스스로
를 조직하고 그 비판의 논리를 형성할 수 있는 능력에 관한 것이
었지만, 겉으로 드러난 동어반복적인 내용을 넘어서서 그것들을
분석해야 한다. 실상 분쟁의 대의야말로 가장 중요한 문제였다.
모든 참가자가 사용해 각자의 입장 차이를 거의 구별할 수 없게
만든 그 정치 문화 특유의 몇 가지 공식적인 표현('계급', '혁명', '프
롤레타리아', '마오쩌둥 사상' 등)을 제외하면, 진정한 분기점은 계급
정당 외부에서 무제한적인 형태의 정치 조직의 존재가 허용될 수
있는가의 여부에 있었다.

하기에 1966년 여름에서 가을에 이르는 기간 논쟁의 내핵은 존

회고록을 출간하였다. 聶元梓, 『回憶錄』(Hong Kong: Time International,
2005).

9   인홍뱌오(印紅標)는 이 대자보가 교사와 학생 집단의 독자적인 주도에 의해 나
온 결과임을 보여주었다. 그의 치밀하고 폭넓은 연구에는 대자보 작성자들과
다른 목격자들에 대한 인터뷰가 포함되어 있었다. 설득력 있는 다양한 자료들
을 바탕으로, 그는 비록 녜위안즈가 자신의 인터뷰에서 그와 반대되는 발언을
했음에도 불구하고, 이 대자보가 외부의 간섭 없이 작성되었다는 결론에 도달
하였다. 印紅標, 「文革的 第一張馬列主義大字報」, 『文化大革命:事实与研究』
(香港: 香港中文大學, 1996), 3-16.

10   Song Yongyi, ed., *Chinese Cultural Revolution Database*(Hong Kong:
University Center for China Studies, 2002), part VI에 재수록되어 있다.

재의 조직적 조건이라는 근본적인 문제를 겨냥한 정치적 시험대였다. 그리고 이 문제는 비단 중국에만 해당되는 것이 아니었다. 1960년대와 1970년대에는 전 세계에 걸쳐 수많은 풀뿌리 정치 운동과 '노동자-계급 정당' 및 그 실제적인 유효성에 관한 논쟁이 벌어지고 있었다. 실상 문화대혁명의 첫 번째 달에 나타난 독립 조직들은 정치 연합의 기본적인 자유에 대한 재확인에 그치는 것이 아니라 중국공산당에 대한 대중적인 정치 실험이었다. 자본주의가 사회적으로 존재하지 않는 것으로 내몰았던 거대한 임금 노동자 대중의 정치적 존재를 보장해주고 있었다는 점에서, 공산당이 사회주의 국가의 통치 기구라는 개념 자체는 자신이 의심할 바 없이 이전의 어떤 결사에 관한 자유보다도 우월하다고 주장하고 있었다. 오랜 시간에 걸쳐 복잡한 과정을 통해 문화대혁명이 증명했던 것은, 지나칠 정도의 대중적인 정치적 창의성 없이는 그와 같은 '역사적 보장'은 허구라는 점이었다.

하지만 1960년대 중반 그러한 주제는 자명한 것이 아니었다. 오히려 반대로 그것은 극도로 모호한 것이었다. 공산당은 역사-정치적 개념들에 관한 명확하게 정의된 역사-정치적 개념들의 네트워크에서 핵심적인 위치를 차지하고 있었다. 그것은—몇 가지 정통 교리를 읊어보자—계급투쟁의 역사, '생산력과 생산관계의 변증법', '민족적 조건' 등에 의해 결정되었고, 베트남 전쟁과 같은 극도로 복잡하게 뒤얽힌 문제는 차치하고서라도, 냉전 시대의 특수한 환경에 의해 심지어 '중층 결정'되기도 하는 것이었다. 이러한 조건을 고려하면, 중국공산당의 유효성을 시험하겠다는 정치적 실험이라는 생각 자체가 불필요할 뿐만 아니라 극도로 위험한 것이기도 했다. 다시 말해 그러한 틈을 활용하여 계급의 적, 제국주의 등등이 유리한 위치를 차지할 수도 있는 것이었다.

내부와 외부의 차이

실상 1966년 여름 초반 중앙 당 지도부 대다수의 반응은 독립적인 학생 조직의 형성을 방해하거나 그것을 당-국가의 통제하에 두고 엄격히 관리하는 것이었다. 즉각적으로 이 문제의 중요성을 깨달았기 때문에 류샤오치, 덩샤오핑과 같은 초고위급 정부 지도자들은 당시 진행 중이었던 다원화를 억지하기 위해 자신들의 권위를 동원했다. 그들의 직접적인 명령하에 수천 명의 선임급 정부 공무원들이 '공작대'라는 이름의 집단으로 조직되었고 질서를 다시 세우기 위해 수도에 위치한 가장 큰 규모의 대학들에 파견되었다. 이들 공작대의 핵심적인 주장은 '내부와 외부에는 구별이 있다(內外有別)'는 것이었는데, 이 내부와 외부는 곧 당-국가의 내부와 외부를 가리키는 것이었다. 정치적 권위의 행사는 분명 내부적 특권이었는바, 그것은 모든 외부적인 것이 복종해야 하는 것이었다.[11] 공산당은 자신이 가장 진보된 형태의 정치 조직이자 역사적으로 정치적 결사의 자유를 초월했다고 주장했고, 더욱이 외부의 간섭을 일절 용납하지 않았다.

실제로 공작대는 독립적인 학생 조직의 형성을 방지하기 위해 파견되었다. 처음에 그들은 공산주의 청년단이라는 좀 더 전통적인 조직으로 학생들의 행동주의를 지도하려고 했지만, 그러한 계획은 성공적이지 못했다. 왜냐하면 학생들은 공산주의 청년단의 단원들이 정치적으로 독립적인 주체가 아니었음을 알고 있었기

---

11 공작대에 관해서는 高皋, 嚴家其, 『"文化大革命"十年史』, 18-38; Hong Yung Lee, *The Politics of the Chinese Cultural Revolution: A Case Study*, 26-63을 볼 것.

때문이다. 이들 공작대에 속한 많은 수의 사람들은 초기 홍위병 조직에 기대고 있었고, 초기 홍위병 조직의 지도자들은 대부분 고위 공직자의 자제들(高干子女)이었다. 곧 보게 될 것처럼, 이후 '보수파'라고 불린 초기 홍위병들은 학생들로 하여금 정치적 행동에 참여하도록 했지만, 그들의 참여는 계급 출신이라는 억지스러운 기준에 끼워 맞춘 것이었고, 상황을 통제하에 놓기 위한 예비 조치에 불과했다. 이와 동시에 학생들 사이에서 새로운 정치 집단들이 등장하기 시작했다. 이 정치 집단들은 새로운 홍위병 집단의 맹아로서 이후 '조반파'로 불리게 되는데, 이들은 보수파와 공작대의 권위에 도전하면서 매우 중요한 결정을 발표하고 그들과 공개적인 충돌을 일으키게 된다.

상황을 감당할 수 없었던 공작대는 가장 급진적인 학생 활동가들을 통째로 정치적으로 의심스러운 존재로 낙인찍고 말았다. 막강한 권력과 상당한 특권을 부여받은 수천 명의 공무원들로 구성된 공작대였지만, 그들은 학생들의 행동주의를 제대로 통제할 수 없었다. 몇 주에 걸친 열띤 논쟁을 통해 젊은 대학생들이 공개적으로 고위 당직자와 충돌했다는 것이 알려지면서 학생들은 용기를 얻게 되었고 당-국가는 더욱 그 권위를 실추할 수밖에 없었다. 대학 캠퍼스 내에서 학생들의 고위 공직자들에 대한 비판과 그들과의 충돌을 지원하기 위해 당에 의해 공작대가 파견되었다고 생각한 학생들은 초기에는 그들을 환영했다. 하지만 공작대는 이내 자신들이 공개적이고도 반복적으로 비판당하고 있다는 사실을 깨닫게 되었다. 점점 더 많은 학생들은 공작대가 자신들의 의도와 정치적 열정을 영혼 없는 의례적 선전 활동의 반복으로 격하시키고 있다고 비난했다.

당 지도부에 의해 파견된 공무원들은 강력한 규율로 학생들에게 대응했다. 젊고 참을성 없는 비판자들을 침묵시키기 위해 즉 각적으로 행동을 취했고 수천 명에 달하는 베이징의 학생들을 '우파'로 낙인찍었다.[12] 1957년의 사례에서 확인할 수 있었듯 당시 중국에서 우파(右派分子)로 낙인찍히는 것은 정치적·직업적 파국을 의미했고, 우리는 그것이 그/그녀의 가족과 사회적 관계에까지 확대될 수 있었음을 기억해야 한다.[13]

그렇게 공작대는 효과적으로 학생들을 제지하기 위해 노력했다. 하지만 그들은 자신들을 향한 비판이 더욱 공격적이고 통제할 수 없을 정도로 증대되었기 때문에 자신들이 막다른 골목에 몰려 있다는 것을 깨닫게 되었다. 광범위한 강압적 조치가 효과적이기 위해서는 대규모 억압이 필수적이었다. 하지만 가장 특권적인 집단이었던 대학생들을 우파로 낙인찍은 것은 결국 무모한 시도로 판명되었고, 마오쩌둥은 그에 대해 "겉으로는 좌이지만 그 실질은 우파적인 것(形左實右)"이라고 언급했다.[14] 이는 내부와 외부의 경계가 흐려질 수 있는 가능성에 직면하게 되었을 때 중국공산당 지도부 전체(비단 류샤오치와 덩샤오핑만이 아닌)를 에워쌌던 공포감이 현실화된 것이었다. 분명 공작대를 꾸렸던 지도부는 계급-기반의 정치관과 엄격하게 일치하는—이것이 핵심이다—우월한 조직 원칙의 이름으로 자신들의 행동을 정당화하고 있었다.

류샤오치와 덩샤오핑은 공작대의 임무가 혁명 운동을 이끄는

---

12 Hung Yong Lee, *The Politics of the Chinese Cultural Revolution*; 高皋、嚴家其,『"文化大革命"十年史』.

13 이후 공작대가 철수했을 때 학생 조직들의 격렬한 움직임에서 핵심적인 쟁점 중 하나는 자신들에 대해 조작된 경찰 기록을 정부가 완전히 말소해달라는 요구였다. 이러한 기록들은 결국 1966년 말에 폐기되었다.

14 1966년 8월 5일 「사령부를 포격하라. 나의 대자보(炮打司令部. 我的一張大字報)」라는 제목이 붙은 마오쩌둥의 대자보는『建國以來毛澤東文稿』(北京: 文獻出版社, 1998), 12卷, 90-92에 실려 있다.

것이라고 언급했지만, 이내 그들의 진짜 임무가 대학 내에 질서를 재정립하는 것임이 분명해졌다. '내부와 외부를 명확하게 구분하라'는 구호는 당 외부의 존재들에 대해서는 엄격한 규율이 적용될 뿐이며, 비정파적인 꼬마 도깨비 혹은 반혁명분자는 최대한 빠른 시간 내에 분쇄될 것임을 의미하고 있었다. 공작대가 취한 조치들은 극도로 혁명적인 정치적 언설들로 쓰여 있었지만, [학생들의 행동주의에 대해—옮긴이] 매우 비판적인 어조를 취하고 있었다. 하지만 공작대의 말과 행동 사이의 불일치는 곧 대중 정치 활동과의 충돌을 통해 명백하게 드러나게 된다. 그 결과 공작대는 학생들에 대한 당의 우월성을 회복시키는 데 실패했을 뿐만 아니라, 매우 빠른 속도로 신뢰를 상실하게 되었다. 실제로 독립적인 학생 조직을 진압하고 해체하려는 그들의 노력은 학생들의 저항에의 결의를 더욱 강화시켰을 뿐이었다.

총리였던 류샤오치는 덩샤오핑의 전폭적인 지지와 함께 직접 공작대를 이끌었고, 공작대는 하위간부에서부터 고위간부로 구성되었으며, 칭화대학교에서는 다름 아닌 류샤오치의 부인 왕광메이가 신분을 숨기고 그들을 이끌었다. 하지만 이 일은 중국 정부 상층부에서 교착 상태를 초래하고 말았다.[15] 막스 베버의 잘 알려진 (그리고 자명하다고 할 수 있는) 정의처럼 만약 권위가 질서를 부여할 수 있는 능력이라면, 앞서 언급한 무자비한 처벌 수단을 사용했음에도 불구하고 1966년 7월에 이르기까지 공작대가 베이징대학에서 통제력을 확보하는 데 실패했다는 것은 곧 당-국가의 지도 엘리트의 권위가 붕괴에 이르렀음을 의미하는 것이었다. 이

15　가오가오(高皋), 옌자치(嚴家其)는 류샤오치가 그 작전을 어떻게 수행했는지, 그리고 콰이다푸와 같은 학생들에게 대해 개인적으로 품고 있던 반감을 상세히 설명하고 있다. 高皋, 嚴家其, 『"文化大革命"十年史』, 23-35.

러한 실패로 인해 류샤오치와 덩샤오핑은 1966년 8월에 이르러 그들의 최고 지위를 사실상 상실하게 되었다.

다원화와 계급 출신

대중운동이 최고조에 달했던 기간 동안, '계급'이라는 개념을 어떻게 정치적으로 이해하고 활용할 것인가가 주요 문제였다. 앞서 살펴봤던 것처럼, 『해서파관』을 둘러싼 논쟁에 있어 여러 논쟁 참여자들은 계급이라는 개념을 완전히 반대되는 의도에서 사용하고 있었다. 문화대혁명 초기 대중운동의 국면에서 계급은 종종 대중의 정치 참여를 방해하는 모호한 논거로 사용되었다.

1966년 후반에 이르는 기간 내내 당 안팎에서 다원화에 대한 찬성과 반대가 정치적 논쟁에 기름을 붓고 있었다. 그해 8월 다원화가 점차 심화되고 있던 국면에서 강령적 문건인 「16개조」가 결정·공포되었다. 이 문건의 근본 주제는 결국 "위대한 문화대혁명에서 대중은 자신 스스로를 교육할 수 있을 뿐이며, 자신 스스로를 해방할 수 있을 뿐이다. 그 누구도 이를 대신할 수 있는 방법은 없다"[16]라는 것이었다. 이는 곧 당-국가 외부에 존재하는 정치 조직의 존재가 완전히 수용될 수 있을 뿐만 아니라 매우 긍정적인 참신함으로서 환영받아야 한다는 것을 의미하고 있었다.

하지만 대중의 자기-조직이 원칙적으로 정당하다는 사실은 근본적인 모순을 해결하기는커녕 더욱 악화시키고 복잡하게 만들고 있었다. 누가 보더라도 공산당의 역할은 위기에 처해 있었다.

---

16 「中國共產黨中央委員關於無產階級文化大革命的決定」,(1966年 8月 8日 채택), 中国文化大革命文库 part I에 수록. 또한 '인민일보 사론'인 「學習十六條, 熟悉十六條, 運用十六條」, 『人民日報』, 1966年 8月 13日을 볼 것.

쟁점은 당 밖에서 자율적으로 형성된 조직이 얼마나 멀리까지 퍼져나갈 수 있는가였다. 누가 독립적인 정치 조직을 건설하고 그것에 참여할 수 있는가를 결정하는 데 필요한 기준이 설정되어야 하는가? 예를 들어, 국가가 긍정적으로 인정한 특정 사회 집단에 속한다는 의미에서 계급이라는 기준을 유효한 것으로 생각해야 하는가?

이 질문에 대한 답은 이미 결론이 난 것으로 보였는데, 왜냐하면 계급이라는 기준은 국가 조직의 정초적 요소 중의 하나였기 때문이다. 사회주의는 인민에 대한 엄격한 분류를 시행하고 있었고, 그 자체의 역사적 논리는 노동자, 농민을 위한 일종의 급진적 평등 정책에 놓여 있었다고 할 수 있었다(미국식의 평등 정책은 사회주의적 계급 모델을 어떤 방식으로든 모방한 것이라고 가정할 수 있다).

하지만 사회적 불평등이 일시적으로 줄어들었다고 할지라도 계급-기반의 정치는 국가 질서의 도구로 남아 있었다. 비록 유물론적이고 역사적이며 과학적인 개념이었지만, 계급은 실제로 사회주의 국가에서 모든 정부 권력 구조와 유사하게 가능했으며, 위계적으로 구조화된 사회의 다양한 부분을 승인함으로써 사회의 집단적 삶을 의례적으로 규율하는 기준으로 활용되었다. 그러나 원칙적으로 그러한 위계적 구조화의 상태는 정상 상태가 뒤집힌 상태이고, 미래의 어느 시점에서 사회주의적 계급론의 궁극적인 논리가 모든 계급과 국가 자체마저 사멸시킬 것이라는 주장에까지 이르렀다는 사실은 사회주의에 내재된 본질적인 규율 기능을 결코 약화시키지 않았으며, 오히려 그 허구적 특성을 더욱 강화시켜 놓았을 뿐이었다.

문화대혁명 초기의 정치적 충돌로부터 알게 된 것은 계급-기반의 정치가 손쉽게 반정치적인 기준으로 뒤바뀔 수 있다는 사실이었다. 사실 대중적 국면 초기부터 대다수의 논쟁적인 정치 주제들은 계급주의적 관점을 포함할 수밖에 없었을 뿐만 아니라, 더욱 중요한 것은 다원화 과정에 대한 주요 방해물—당시 가장 핵심 쟁점이었던—이라는 문제가, 비록 복잡다단한 방식이기는 하지만, 계급이라는 기준으로 설정되었다는 사실이었다. 예를 들어, 앞서 언급했던 것처럼, 수도 베이징의 대학과 중고등학교의 초기 홍위병 조직에서 좋은 계급 배경은 운동 참여를 결정하는 근본적인 조건으로 설정되었다.[17] 이제 막 등장하기 시작한 지배 엘리트에 의해 장악되어 있던 이들 조직은 혁명 간부의 자녀들은 물론이고, 노동자, 농민 가족 출신의 학생들만 받아들이고 있었다.

초기 대다수 '보수파' 홍위병 조직들은 심지어 부모의 정치적 태도를 기준으로 삼아 새로운 조직에의 참여를 결정했다. 예컨대 1957년 우익분자로 판명된 부모, 혹은 좋지 못한 '정치적 평판'을 갖춘 부모를 둔 학생은 조직에 가입할 수 없었다. 하지만 대다수의 대학생들은 '나쁜' 혹은 '불완전한' 계급 배경을 가진 이들이었고, 도시 중산층, 쁘띠 부르주아의 자녀들 혹은 일정 정도 명백하게 정치적으로 '후진적'이라고 낙인찍힌 부모를 가진 학생들이 그러한 범주에 포함되어 있었다. 학생들의 정치적 행동주의가 확산되어갈수록 많은 수의 활동가들이 열정적으로 운동에 참여했지만, 자신이 애초부터 새로운 조직에서 배제되어 있었다는 것을 알게 되었다. 사실 계급주의적 기준은 새로운 조직에서 이제 막 등장하고 있던 당 간부들의 헤게모니를 확보하고 당 지도자들을 향

---

17 몇몇 조직은 '보수파'로 불렸고, 다른 조직은 '노홍위병(老紅衛兵)'으로 불렸다. 몇 가지 차이점이 있기는 했지만, 이러한 조직들은 공통적으로 신입 회원을 받아들이는 데 있어 계급적 한계를 규정하는 데 집착했다. 8월에서 9월 사이에 새로 등장한 조직들은 스스로를 '조반파(造反派)'라고 규정했다.

한 모든 비판을 모면하기 위해 채용된 것이었다.

독립 조직에 참여하는 데 필요한 정치적 기준에 대한 다툼은 더욱 격렬해졌고, 학생들 사이에서 정치적 동원이 증대되면서 보수적인 홍위병이 부과한 계급 제한에 대한 비판을 잠재우기가 더욱 어려워졌다. 보수적 홍위병 중 몇몇은 계급주의에 관한 매우 아둔한 관점을 공개적으로 제기하기 시작했는데, 그것은 이른바 혈통론(血統論)이었다. 이것은 '혁명가는 혁명가 아들을 낳고, 반동분자는 반동분자를 낳는다'는 말로 요약되었다. 당연하게도 이는 마르크스주의 이론과는 아무런 상관도 없는 퇴보적인 것(매우 유치하지만 아이들은 맹렬하게 추동할 수 있는)이었다. 하지만 그러한 생각은 한동안 상당한 영향력을 행사했고, 사회주의 국가에서 계급주의적 기준이 여론에 끼칠 수 있는 영향에 관한 불길한 징후를 보여주는 것이었다.

이처럼 상식에서 벗어난 '생물학적 계급주의'는 학생 집단 사이의 수많은 충돌 이후 패퇴되었는데, 그 주요 원인은 '혈통론'과 같은 이데올로기적 속임수가 정치적 행동주의의 폭발을 제한할 수 없었기 때문이었다. 애초부터 학생들 사이에 널리 퍼져 있던 여러 복잡한 문제에 더해, 마오주의 그룹은 그와 같은 불합리함을 비판하는 데 특히 집요한 태도를 보여주었다. 처음 몇 달 동안 장칭의 입장이 널리 회자되었다. 그녀는 '혈통론'의 구호를 뒤집어서, 만약 부모가 혁명가라면 아이들은 그들을 모범으로 삼아 따라야 하지만, 만약 부모가 반동분자라면, 오히려 그것이 아이들로 하여금 '혁명가'가 되는 데 더 나은 조건이 된다고 주장했다.[18] 그러나 정

---

18 장칭이 수정을 제안한 중국어 구호는 다음과 같다: '父母革命兒接班, 父母反動兒背叛.' 「江青, 王任重, 康生對 北京中學生的講話」, 1966年 8月 6日, 『江青文稿』, vol. I, 387-94(388쪽에 인용되어 있다). 이것은 1930년대부터의 장

치적 측면에서 신뢰를 잃었음에도 불구하고, 혈통론의 영향은 이후 몇 년 동안 계속해서 중국의 이데올로기적 분위기에 해로운 영향을 끼쳤다.[19]

홍위병 보수파 조직은 '부르주아 요소'에 대한 불필요한 폭력을 자행했다. 그들은 1949년 이후 별다른 정치적 부담감 없이 잘 지내고 있던 가족들을 '부르주아 요소'로 지목했다. 그리고 그들 중 몇몇은 예술가와 작가로서 얼치기 정치인들의 선동을 위한 손쉬운 목표물이 되었다. 심지어 인민위원회 소속 경찰들은 종종 부르주아 요소로 지목된 가족들의 주소를 학생들에게 제공해주기도 했다. 현재 남아 있는 홍위병들에 의해 자행된 맹목적인 파괴행위는 그러한 사건으로 비롯된 것이기도 하다.[20]

계급 목표에 관한 모든 것이 애매모호한 상태로 남아 있는 상황 속에서 '미래주의자'에서 '깡패'에 이르기까지, 어떤 이름으로 불릴지 모를 사람들에 의해 일련의 퍼포먼스가 벌어졌다. 그것은 이른바 '사구타파(四舊打破)'라는 운동의 일부로, 오래된 문화, 이데올로기, 관습, 습관을 타파하는 것이었다. 이 운동은 거리와 상점의 이름을 '혁명적인 것'으로 바꾸는 것에서 '오래된 부르주아

칭의 글과 연설을 모은 3권짜리 책이며, 베이징의 Utopia Bookshop(烏托邦書店)에서 출판되었다. 이 책은 본 저자가 2007년 구입하였다.

19 가장 특이한 사례는 위뤄커(遇羅克)의 경우였다. 그는 1966년에 혈통론을 반박하는 데 결정적인 역할을 했던 유명한 팸플릿을 쓴 중학생(옮긴이: 위뤄커는 1942년생으로 그가 「출신론(出身論)」을 썼을 때는 이미 24세 정도가 되었을 때다. 저자의 착오인 것으로 보인다)이었으나, 이후 몇 년 동안 '반혁명 음모'에 연루되었다는 허위 혐위로 기소되었고, 마침내 1970년 사형이 집행되었다. Yiching Wu, *The Cultural Revolution at the Margins: Chinese Socialism in Crisis*(Cambridge, MA: Harvard University Press, 2014), 67-92.

20 Hong Yung Lee, *The Politics of the Chinese Cultural Revolution*; 高皋、嚴家其, 『"文化大革命"十年史』 참조.

적 요소'를 갖춘 집이나 역사적 기념물을 파괴하는 것에 이르기까지 광범위한 영역에서 진행되었다. 아마도 이러한 행위들 중 가장 '창의적'이었던 것은 소비에트 대사관이 자리 잡고 있던 거리의 이름을 '반수로(反修路, 즉, 수정주의에 반대하는 길)'로 바꾼 것이었다.

전체적으로 보아 '사구타파'는 모호한 목표를 가진 캠페인이었고, 실제적인 문제로부터 주위를 돌려 학생들의 관심을 아무 상관도 없는 대상으로 돌리려고 했던 당 고위층의 지지를 받은 것으로 보인다. 분명한 계급의 적으로 학생들의 행동주의를 유도함으로써 극단적인 다원화를 반대하고 있던 이들은 좀 더 손쉽게 상황을 통제할 수 있었던 것이다.[21]

마지막으로 다원화를 가장 중요한 문제로 놓고, 문화대혁명 기간 동안 등장했던 가장 유명하면서도 웅장한 장면, 즉 1966년 홍위병들의 톈안먼 집회를 살펴보자. 마오쩌둥이 전국에서 모여든

---

21 리훙융은 전체적인 '사구타파(四舊打破)' 운동이 학생들의 증흥적인 운동이 아니었으며 당 중앙에 의해 전반적으로 조율된 것이었음을 지적했다(*The Politics of the Chinese Cultural Revolution*). 그리고 가오가오, 옌자치는 이러한 분석을 확인해주었다(『"文化大革命"十年史』). 당시 '문화대혁명 소조'의 구성원이었던 치번위는 자신의 회고록에서 당시 운동(橫掃 一切 牛鬼蛇神)을 촉발했던 1966년 6월 1일의 사설은 마오쩌둥이나 '문화대혁명 소조'를 고려해 작성한 것은 아니었으며, 어떠한 경우에도 당시 마오주의자들의 정치적 의도에 호응한 것은 아니었다고 밝힌 바 있다. 『戚本禹回憶錄』, 6장 3절을 볼 것. April 2019, https://www.marxists.org/chinese/reference-books/qibenyu/3-06.htm. 2019년 4월 접속. 그러나 당시 '보수적' 홍위병의 초기 집단이 주도한 '사구타파' 운동은 몇 주 동안 학생들 사이에서 광범위한 지지를 얻었다. 상황은 극도로 모호했다. 마오주의자들이 마주친 곤란은 대중운동에 반대하지 않으면서도 그들의 방식과 목표를 공유하지 않는 방법을 찾는 것이었다. 바바라 미틀러(Barbara Mittler)는 치번위(戚本禹) 자신이 박물관과 도서관을 통해 예술 작품과 고서를 구출하는 일을 조율하는 데 헌신했다는 사실을 상기시키며, 이 상황을 다층적으로 묘사하고 있다. Barbara Mittler, "'Enjoying the Four Olds!' Oral Histories from a 'Cultural Desert,'" *Transcultural Studies* I(2013): 177–215를 볼 것.

수백만의 젊은이들과 함께 이 집회에 참여했기 때문에 해당 집회는 '카리스마', '개인 숭배' 등과 같은 렌즈를 통해 해석되기 쉽다. 하지만 선명하게 드러나는 카리스마적 측면을 넘어서 보면, 수백만에 달하는 학생들의 집회 참여에 대해 계급적 제한을 둘 수 없었다는 사실을 고려할 때 이 집회에 가진 좀 더 깊은 층위의 의미는 제한 없는 다원화에 있었다고 할 수 있다. 톈안먼 광장의 집회가 여러 차례 반복되면서 가족의 사회적, 정치적 지위에 대한 정치적 제한 없이 누구라도 집회에 참여할 수 있다는 것이 분명해졌다.

집회에서 마오쩌둥은 '마오쩌둥 주석 만세(毛主席萬歲)'라는 그 수를 헤아릴 수 없는 외침에 응하여 '동지들 만세(同志們萬歲)'라고 짧게 언급했을 뿐 연설은 하지 않았다. 마오쩌둥은 "여러분은 국가의 중대사에 관해 주의를 기울여야 하고 문화대혁명을 끝까지 밀어붙여야 한다"는 언급을 덧붙였을 뿐인데, 그것은 해당 집회의 정치적 의미가 무제한적인 다원화이자 누구에게 열려 있는 참여 그 자체였기 때문이다.[22] 톈안먼 광장의 집회가 얼마나 카리스마적이었던 간에, 그것은 다원화에 대한 마오쩌둥의 순수한 지원을 이끌어냈고 이미 결정된 계급적 기준이라는 미명하에 임의적으로 부과되었던 제한들을 부숴버리는 결정적인 요소들 중의 하나였다. 1966년 8월까지 마오쩌둥의 입장은 명확했다: "스스로 혁명을 행하라(搞革命要靠自己)."[23]

모든 역사적 유사성을 신중하게 받아들여야 하는 것은 맞지만, 이 단계의 문화대혁명은 프랑스 혁명에서 등장했던 유사한 전환

---

22 『建國以來毛澤東文稿』, 12卷, 99.

23 이 공식은 1966년 8월 저우언라이에 의해 인용되었으며, 같은 해 9월 18일 『인민일보』에 게재되면서 강조되었다. 『建國以來毛澤東文稿』, 12卷, 108 참조.

점을 떠올리게 하는바, 그것은 바로 '은 마르크(silver mark)'[24]에 관한 로베스피에르의 연설이다. 프랑스 혁명 당시 혁명가들 사이에서 은 마르크에 상당하는 세금을 납부한 사람들에게만 혁명 참여 자격을 부여해야 하는가라는 문제가 제기된 적이 있다. 마르크스가 언급했던 것처럼 상품의 일반적 등가물로서의 돈의 역할은 현대라는 부르주아 시대에 도래한 '사회적' 참신함이었고, 그것은 여러 전통적 유대 관계와의 관계를 끊어낸 것이었다. 하기에 '은 마르크'가 혁명적 정치에 관한 기준이 아닐 수도 있다는 것을 당연하게 여겨선 안 된다.

하지만 로베스피에르는 단호했다. 혁명가는 은 마르크에 따른 제한을 거부해야 하는데, 혁명에의 참여는 온전히 "가장 깊고도 진실된"[25] 신념에만 기댄 것이었기 때문이다. 로베스피에르가 오직 경제적 불평등에 대해서만 언급한 것이 아니라는 것을 기억할 필요가 있다(그는 심지어 그 문제에 대해 운명론적인 태도를 취하고 있었다). 더욱 중요한 것은 그가 불평등을 정치적 주체라는 용어로 언급했다는 사실이다. 로베스피에르의 입장은 차라리 평등주의적 주체성이 기존 정부의 상황 속에서 인정받는 특정한 사회적 지위—돈으로 세금을 낼 수 있는 사람들—에 속하는 것이 아니라, 어떤 개인이라도 내릴 수 있는 결정에 달려 있다고 선언한 것으로 이해하는 편이 낫다.

---

24 1790년 1월 25일 막시밀리앙 로베스피에르는 국민의회(Assemblée nationale)에서 연설을 했다. 이 연설 제목이 바로 '은 마르크에 관하여(On the Silver Mark)' 또는 '마르크 당장(Marc d'argent)'이다. 이 연설에서 로베스피에르는 '은 마르크'라는 재산 기준에 근거해 투표권을 부여해야 한다는 주장을 반박하고 모든 사람이 평등하게 투표권을 부여받아야 한다고 주장했다.-역주

25 "Sur le marc d'argent"(April 1791), in Maximilien Robespierre, *Pour le bonheur et la libert: Discours*(Paris: La Fabrique, 2000), 72–93.

비록 프랑스 혁명과 1966년 중국의 상황은 완전히 다르고 비교할 수 없는 것이지만, 다원화의 과정은 유사한 주관적 딜레마에 부딪혔다고 할 수 있다. 계급에 기반을 둔 문화대혁명 초기의 기준—이것 역시 기존 정부의 상황 속에서 인정받은 특정한 사회적 조건에 해당되는 것이다—이 대중의 정치적 행동주의의 장애물이 되었던 그러한 특정한 상황 속에서 각각의 개인에게 정치적 평등성이라는 원칙은 어떻게 적용되어야 하는가?

독립 조직의 쇠락

강력한 장벽을 극복하고 다원화에 성공한 후, 그 거대한 창의적 대중 에너지로 이루어진 운동이 어떻게 자기파괴적인 충동으로 변하게 되었는지는 특히 주목할 만한 수수께끼다. 1966년 늦봄 학생들에 의해 시작된 이후 몇 달 동안 노동자들과 도시 사람들에 의해 수립된, 말 그대로 수만 개에 이르는 독립적인 정치 조직들은 무한히 확산할 것만 같았지만 1967년 봄과 여름에 이르러 극적인 교착 상태에 봉착하게 되었다. 이후 1년이 채 되지 않는 시간 동안 그들은 실제 적대 세력과 맞서기보다는, 자신들 스스로 '탈권'이라고 여겼던, 완전히 상상 속의 정치적 승리를 차지하려는 파벌들 사이의 충돌 속에서 자신들의 에너지를 소진해버렸다. 1968년 여름에 이르러 그들이 만들어냈던 정치적 참신성을 완전히 소진해버린 광란이 극에 달했을 때, 그 조직들은 지난 2년 동안 자신들을 자극했던 독립성을 모두 상실해버렸고 결국 해산하게 되었다. (8장에서 나는 이러한 과정의 '결정적 장면'을 자세하게 살펴볼 것이다.)

이 독립 조직들은 특정한 시점에 이르기까지 일련의 과정을 거쳐 확산되었는데, 나는 그러한 과정 속에 내재되어 있던 특정한 정치적 논리를 재구성해보려고 한다. 그러한 대중 동원의 본질은 결국 중국공산당의 핵심적인 정치적 가치를 시험하는 것이었다. 그리고 1967년의 1월 폭풍은 그러한 실험의 가장 뜨거운 쟁점을 노출시켰다. 이 전환점에 대한 분석(7장을 볼 것)이 당시 현상을 바라보는 새로운 관점의 윤곽을 그려내는 데 있어 결정적이지만, 여기서 나는 몇 가지 예비적인 가설을 제시해보려 한다.

사실 1월 폭풍 이후 전국적인 정치적 상황은 갑자기 변했다. 이후 몇 달 동안 대다수의 독립 조직들은 약화되었고 결국 계속되는 내부적 충돌로 인해 모든 힘을 소진해버렸다. 여전히 몇몇 자세한 사항들에 관해서는 세심한 조사가 필요하지만, 전반적인 결과는 새로운 조직들의 정치적 빈곤화로 인해 극복할 수 없는 교착 상태에 이르렀다는 것이다. 1967년 봄에서 1968년 여름에 이르는 기간 동안 중국 정치의 핵심은 더 이상 다원화의 확대를 둘러싼 논쟁이 아니라 '분파주의'라는 기이한 현상이었다.

거의 중국 전역에서 지난 몇 달 동안 생겨난 수천 개의 조직이 두 개의 분파, 다시 말해 서로 대립하는 대중 조직 사이의 끝없는 충돌에 말려들었다. 그것은 급진적인 변화였는데, 무제한의 다양성에서 두 개의 분파로 나누어진 것이다. 그러나 그것은 '둘'이 '하나'로 바뀌어야 했던 상황이었는데, 각각의 경쟁자가 공개적으로 선언한 의도는 상대방을 소멸시키는 것이었기 때문이다. 그리고 결국 그렇게 되었다.

궁극적으로 공장, 학교, 대학 캠퍼스, 관공서, 병원을 막론한 모든 도시와 단위에 걸쳐 두 파벌, 혹은 파벌 집단들 사이에서 심각한 분열이 발생했다. 대부분의 경우에는 그러한 두 개의 파벌은 모든 행동가들이 소속되어 있던 이전의 독립 조직 내부의 종파적 분열로부터 유래한 것이었다. 어떤 경우 베이징의 학생들이 '천파(天派)'와 '지파(地派)'로 분열되었던 것처럼, 여러 조직들이 하나의 도시에서 커다란 두 개의 조직을 형성하기도 했다. 이와 같은 분파의 정리와 통합 과정에서 특히 학생들 간의 충돌을 악화시킨 연합 조직이 만들어지기 시작했다. 새롭게 탄생한 거의 모든 정치적 단체들은 이러한 유형의 구조적 분열을 경험했다.

파벌주의는 본질적으로는 모호했지만 현상적으로는 명확했다. 그것은 무수한 독립 조직들의 무한한 다원성을 단 두 가지 선택지 간의 정면 충돌로 축소시켰으며, 초기에는 얼마나 많은 차이점을 가졌든 간에 시간이 지나면서 형식적이고 정치적 내용이 결여된 상태로 변해갔다. 혹자는 문화대혁명 당시의 가장 격렬했던 충돌, 특히 파벌 간의 갈등이 과도한 정치 활성화, 즉 대참사로 이어진 일종의 초정치화(hyper politicization)의 결과였다고 손쉽게 생각할 수도 있을 것이다. 하지만 좀 더 자세하게 조사해보면 분파주의를 전면에 부각시킨 것은 홍위병들의 정치적 고갈이라는 특이한 과정이었다. 각자가 허상에 가까운 권력의 우위를 추구하면서, 두 파벌 간의 모든 가능한 의견 차이는 이분법적인 입장 차이로 축소되었고, 정치적 창발성을 위한 맹아적 온상은 그 참신함을 완전히 상실해버렸다.

1966년 여름에서 1967년 초에 이르는 기간 동안 드러났던 것처럼, 그들은 더 이상 자율적으로 조직을 형성하고 그러한 자율성에 관한 결정을 방해하는 그 누구와도 싸움을 벌였던 독립적인 정치체가 아니었다. 오히려 1967년 봄에서 1968년 여름에 이르는 기간 동안 각 조직은 상대방 조직의 소멸을 자신의 주된 존재 이유로 삼고 있었다. 그러한 분파주의가 정점에 달했을 때, 각 조직은 자신이 당의 세대 교체를 위한 핵심 세포가 되어야 한다고 주장했고, 라이벌 조직을 그러한 목표를 성취하는 데 있어 주요 장애물로 삼았다.

홍위병의 정치적 쇠락은 매우 급속도로 이루어졌지만, 외부적인 제약 조건 때문이 아니라 상당한 정도로 내부적 원인에 의한 것이었다. 실상 점증하고 있던 상호 적대성은 진정한 정치적인 교착상태를 드러내고 있었다. 또한 서로 대립하고 있던 파벌들 사이의 주된 쟁점은 두 가지 측면을 가지고 있었다. '혁명 대중', 즉 여러 독립 조직들이 어떻게 새로운 지도 집단에 참여할 것인가 그리고 어떻게 이전 지도자들의 역할 및 태도의 변화를 포함해 그들의 지위를 복귀시킬 것인가가 그것이다. 분명 '폭풍' 기간 동안 각 간부들의 태도 역시 제각각이었다. 좀 더 높은 지위의 간부들은 좀 더 적대적이었고, 낮은 지위의 간부들은 좀 더 동정적이었다. 하지만 궁극적으로 당-국가의 권력 체계 전체가 흔들리고 있었다.

사실 통치 질서를 어떻게 다시 조직할 것인가의 문제는 지역 차원에서조차 단순한 행정상의 문제가 아니라 오히려 치명적인 정치적 문제였다. '대중 스스로 자신을 해방하라'는 원칙을 고려할 때, 문제의 핵심은 지속적인 자기-조직의 등장과 다양한 층위의 통치 질서 속에서 권위의 위치를 재조정하는 과정을 어떻게 서로 조화시킬 것인가의 문제였다.

앞서 언급했던 개념을 통해 말하자면 문제는 어떻게 다원화와 해체를 절합시킬 것인가였다. 처음에 마오쩌둥은 두 과정의 병립에 관해 낙관적인 입장을 가지고 있었다. 1967년 말했던 것처럼, 그는 대규모의 대중운동을 통해 "일종의 형식, 일종의 방식"이 마침내 "우리의 어두운 면을 드러내줄 것(揭发我们的黑暗面)"이라고 기대했다.[26] '우리'라는 말을 통해 그가 가리키고 있는 것은 공산당 자신의 어두운 측면, 즉 타자를 지배하려는 욕망의 어두운 측면이다. 실제로 정치 실험은 전체적으로 당-국가의 여러 어두운 면을 드러냈지만, 결국 그것은 탈권과 같은 개념적 보호막 아래에서 행해진 해체와 다원화의 단순한 결합은 마오쩌둥이 바라마지 않았던 당 내부의 급진적인 혁신이 아닌 주관적 교착상태를 발생시킬 뿐이라는 것을 증명해주었다.

1966년 후반의 실험적 추진력은 몇 달 동안 정부 기구 내부의 관료적 내분을 가장 잔혹하고 기괴한 형태로 모방한 충돌들로 분해되어버렸다. 우리의 탐구에서 파벌주의는 다원화 과정과 해체 과정이 중첩되는 데에 뿌리를 둔 것으로 볼 수 있다. 전자는 평등주의적 실험의 특수한 현상학이며, 후자는 통치 주체성들 간의 관계를 자동적으로 규정하는 메커니즘이다.

분파적 갈등에 관한 사회학적 관점

파벌주의적 현상의 주요한 애매모호함 중의 하나는 그 규칙성에 있다. 다시 말해 두 파벌로의 분열은 뒤르켐적 의미에서 '사회적 사실'로서, 저항할 수 없는 강제력을 지닌 현상이라고 할 수 있는 것이다.[27] 그럼에도 불구하고 지금까지 사회학적 개념화는 해

---

26 1967년 2월 8일 알바니아 대표단과의 대화에서 나온 이 대목은 공식적으로 『인민일보』에 게재되었으며, 『建國以來毛澤東文稿』 12권 220쪽에 수록되었다. 주목할 점은 이 날짜가 다원화 과정의 두 단계를 가르는 분수령에 해당된다는 것이다. 마오쩌둥은 비교적 낙관적이었지만 승리주의적이지는 않았다. 같은 대화에서 그는 당시 자주 그러했듯 문화대혁명의 패배 가능성을 거듭 강조했다. 전문은 『毛澤東思想萬歲』(北京: n.p., 1969)(여기에는 1967년 2월로 날짜가 표기되어 있다).

27 Émile Durkheim, *The Rules of Sociological Method* (1895), ed. Steven

당 현상의 본질을 충분히 밝혀낼 수 없었다. 파벌주의를 설명하는 방식 중의 하나는 그것을 경제적, 정치적 자원에 대한 불평등한 접근으로부터 발생한 분열로 해석함으로써 주어진 사회적 조건에 대한 반응으로 설명하는 것이었다.[28] 하지만 이러한 '사회적' 접근은 설사 그러한 현상의 특정한 측면을 묘사할 수 있다고 할지라도 그 본질적인 정치적 교착상태를 건드리지는 못한다. 여타의 연구를 통해 널리 알려진 것처럼 이러한 접근 방식의 주요한 한계는 서로 반대되는 파벌의 활동가들이 종종 비슷한 사회적, 문화적 프로필을 가지고 있었다는 점에서 비롯된다.[29]

몇 해 전 린 화이트(Lynn White)는 파벌주의에 관한 또 다른 해석을 시도한 적이 있다. 그는 사회주의 국가의 정책을 "분류, 감시, 동원"으로 집약하면서, 파벌주의에 따른 분열은 "사회주의 국가 정책의 의도치 않은 결과"라고 분석했다.[30] 화이트에 따르면 문화대혁명 시기 서로 대립하는 파벌 사이에서 발생한 폭력은 국가 정책의 구조에 그 뿌리를 두고 있는바, 그러한 국가 정책은 그

Lukes(New York: Free Press, 1982).

28 Stanley Rosen, *Red Guard Factionalism and the Cultural Revolution in Guangzhou*(Boulder, CO: Westview, 1982).

29 엘리자베스 페리(Elizabeth Perry)와 리쉰(Li Xun)은 상하이에서 서로 격렬하게 대립했던 노동자와 조직 지도자들의 사례를 보여주고 있다. *Proletarian Power: Shanghai in the Cultural Revolution*(New York: Routledge, 1997)를 볼 것.

30 Lynn T. White III, *Policies of Chaos: The Organizational Causes of Violence in China's Cultural Revolution*(Princeton, NJ: Princeton University Press, 1989)을 볼 것. 또한 그의 종합적 논문인 "The Cultural Revolution as an Unintended Result of Administrative Policies," in Joseph C. W. Wong and David Zweig, eds., *New Perspectives on the Cultural Revolution*(Cambridge, MA: Harvard University Press, 1989), 83-104을 볼 것.

실절적 내용을 상실한 채 '계급' 혹은 '올바른 정치적 행동'과 같은 범주를 사용하는 형식적인 사회적 규율로 변질된다.

내가 이 책에서 탐색한 분열에 관한 분석적 시각은 화이트의 그 것과는 상이하지만, 당시 중국 국가의 조직적, 이데올로기적 구조가 파벌주의의 근원에 있었다는 그의 관점은 중요한 점을 파악하고 있다고 할 수 있다. 몇 달 동안 정치적 활력을 유지한 후, 학생들 그리고 새롭게 등장한 독립적인 정치 조직들은 그러한 구도를 붕괴시키는 데 완전히 실패했다. 1~2년 사이에 그들의 정치적 참신성은 증발되어버렸던 것이다. 1967년에서 1968년 사이에 등장한 분파주의는 과잉 정치화의 결과이기는커녕, 실상 당-국가의 관료적 모델에 의해 시행된 '탈정치화'의 결과였다.

핵심적인 문제 중의 하나는 적절한 시대 구분에 관한 것이다. 다시 말해 파벌주의가 애초부터 계속해서 독립 조직들을 동반한 현상이었는가가 문제인데, 이 문제에 관해 몇몇 소수의 연구들이 그렇게 주장하는 경향이 있다. 이것이 바로 의심의 여지 없이 베이징 홍위병에 관한 가장 폭넓은 연구라고 할 수 있는 앤드류 왈더(Andrew Walder)의 『파열된 반란(Fractured Rebellion)』의 주제이다.[31] 이 책은 파벌 사이의 분열을 문화대혁명 기간 내내 나타난 단일한 현상으로 파악하고 있다.

비록 왈더는 1967년 이후의 분열이 "1966년의 파벌 분열과 연계되어 있지 않고 다른 원인을 가지고 있다"[32]라고 주장하지만, 그럼에도 파벌주의를 문화대혁명 기간 전체를 해석하는 중요한 범주로 사용하고 있다. 그는 여러 차례에 걸쳐 "[1967년에서 1968년

---

31 Andrew Walder, *Fractured Rebellion: The Beijing Red Guard Movement*(Cambridge, MA: Harvard University Press, 2009).

32 Walder, *Fractured Rebellion*, 205.

사이의] 파벌 분열은 1966년의 파벌과 … 연계되어 있지 않다"[33]는 점을 인정하고 있다. 하지만 그는 또한 어떤 경우에라도 홍위병 조직은 "그 탄생에서부터 분열되어 있었으며"[34] 1967년 이후 "파벌이 다시 생겨났다"[35]고 주장하고 있다. 다시 말해 왈더는 한편으로는 1967년에서 1968년에 걸쳐 발생한 독립 조직들 사이의 충돌은 1966년의 분열에 의한 결과가 아니라고 주장하면서도, 다른 한편에서는 1966년에서 1968년에 걸쳐 파벌주의가 본질적으로 동일한 현상이었다고 주장하고 있는 것이다. 이와 같은 주장과 다르게 나는 1966년의 분열과 1967년에서 1968년 사이의 분열이 서로 다른 동기와 핵심 문제에 의해 결정된 별개의 현상이라고 주장하려 한다.

실상 왈더의 분석은 뒤섞인 결론을 도출한다. 1967년 초에서 1968년 중반에 이르는 독립 조직들의 쇠퇴가 시작된 상황을 분석한 결론 부분에서 저자는 이 상황의 한 가지 핵심적인 측면을 포착하고 있다. 왈더는 "이 새로운 분열의 단초는 국가 기관에서 권력을 장악하려는 경쟁이었다"[36]라고 언급한다. 하지만 1966년 후반 발생한 분열은 동일한 이해관계를 두고 발생한 것이 아니었다. 당시 몇 달 동안 서로 경쟁하고 있던 홍위병 집단들 사이의 충돌은 본질적으로 권력 장악이 아니라 각자의 독립적인 존재를 추구하는 것과 관련된 것이었다.

1966년 여름과 가을 사이 독립 조직의 존재를 둘러싼 격렬한 논쟁이 벌어졌다. 실제로 그 논쟁의 과정은 길고도 고통스러운 것이

33　Walder, *Fractured Rebellion*, 219.

34　Walder, *Fractured Rebellion*, chapter 4.

35　Walder, *Fractured Rebellion*, chapter 8.

36　Walder, *Fractured Rebellion*, 205.

었다. 당시의 결정적인 분열은 본질적으로 상이한 정치적 선택을 포함하고 있었으며 정치 실험의 본질을 건드리고 있었다. 반대로 1967년부터 발생한 파벌들 간의 충돌은 결국 탈권이라는 서로 대립적인 입장에 관한 것이었다. 그러므로 1966년 하반기의 분열과 1967년에서 1968년에 이르는 기간의 분열을 동일한 종류의 분파적 충돌이라고 분석하게 되면, 독립적인 조직들이 품고 있었던 본래의 정치적 가치를 가려버리게 되고, 결국 당시의 모든 사건들은 일괄적으로 관료주의적 충돌에 휘말린 대중적 참여로 뭉뚱그려지게 된다.[37]

조엘 안드레아스(Joel Andreas)는 칭화대학 분파에 관한 자신의 사회학적 분석에서 그러한 결론을 이끌어내고 있다. 안드레아스는 당시의 분열이 '문화 자본'(전통적, 문화적 엘리트들의)과 '정치 자본'(1949년 이후 등장한 새로운 엘리트) 사이의 충돌에 뿌리를 두고 있다고 주장하면서 좀 더 정제된 '사회적' 해석을 제안한다. 피에르 부르디외(Pierre Bourdieu)식 사회학의 유형론이 이러한 분석에 이론적 일관성을 부여해주고 있다고 볼 수 있다. 하지만 안드레아스는 칭화대학에 존재했던 두 파벌, 즉 '징강산파'와 '4·14 분파'— 우리는 8장에서 보게 될 그 충돌의 폭력성을 보게 될 것이다—가 두 가지 형태의 '자본'에 의해 명확하게 구분되지 않는다는 점을 인정하고 있다. 왜냐하면 그들 중 한 분파는 그러한 자본에 대해 굉장히 비판적이었던 반면, 다른 분파는 문화적, 정치적 자본 모두를 확고하게 지지하고 있었기 때문이다.[38] 이에 더해 그는 '자

---

37 Joel Andreas, *The Rise of the Red Engineers: The Cultural Revolution and the Origins of China's New Class*(Stanford, CA: Stanford University Press, 2009).

38 Andreas, *The Rise of the Red Engineers*, 128.

본’의 유형에 따른 분류가 칭화대학 부속 고등학교에 단지 몇 달에 걸친 기간 동안에만 적용될 수 있으며, 그것이 실제적으로 홍위병 운동에 충격을 주었던 것은 사실이지만 이후 상황의 발전에 있어서는 별로 중요하지 않았다고 쓰고 있다.

어찌 됐든 안드레아스에게 있어 홍위병 운동은 중국 엘리트들 사이의 일시적인 충돌의 결과이며, 그들은 결국 합의에 도달해 오늘날 권력을 잡은 ‘신계급’의 구성 동맹을 형성하게 되었다. 그는 문화대혁명 기간 발생했던 분파적 분열이 “엘리트 통합의 장기적 과정의 일부”[39]라고 결론 내린다.

이러한 관점 대신 나는 독립 조직 본래의 문제의식—새로운 형태의 정치 조직을 실험하는 것—에서부터 출발할 때 비로소 그들의 참신성, 교착상태, 쇠락을 포착할 수 있음을 주장하고자 한다. 그리고 이러한 측면에서 정확한 시기 구분은 불가결하다. 7장에서 살펴볼 1966년 하반기에 발생한 중요한 정치적 분열인 공작대를 둘러싼 논쟁, 계급 출신에 관한 분쟁, 혹은 상하이에서 발생한 조판파와 적위대 간의 충돌은 그 내용과 폭력성 또는 지속성의 측면에서 1967년에서 1968년 사이에 등장한 분파주의적 분열의 형성과 심화에 비할 바가 되지 못한다. 여기서 핵심적인 차이점은 1966년 하반기에 발생한 충돌이 본질적으로 정치적인 성격의 것이었다는 사실이다. 당시 충돌의 쟁점은 평등주의적 실험의 지속에 관한 것이었다. 반대로 1967년에서 1968년 사이의 충돌은 점차 정부 기관들 사이의 경쟁이라는 매커니즘으로 흡수되어갔다.

앤드류 왈더의 최근작에 대해 마지막으로 몇 마디 남길 필요가 있겠다.[40] 문화대혁명의 분파주의에 관해 지금까지 수행된 가장

---

39 Andreas, *The Rise of the Red Engineers,* 128.
40 Andrew Walder, *Agents of Disorder: Inside China’s Cultural*

광범위한 사회학적 연구인 그의 저서『혼란의 대리인(Agents of Disorder)』을 통해 우리는 해당 주제를 다시 생각해볼 수 있게 되었다. 저자는 또 다른 저서(『파열된 반란』)의 관점을 유지하면서도, 중국 전역에 걸친 분파 투쟁을 포괄적으로 포착하기 위해 분석의 범위를 크게 확장하고 있다. 이 책에서 왈더는 자신이 신뢰할 만하다고 판단한 1970년대 후반부터 발행된 지방 정부의 연감에 기반해 분파주의적 시기를 특징짓는 일련의 사건들에 관해 상당한 양적 연구를 제시하고 있으며, 각 지역에 대한 상세한 고찰과 일관된 시기 구분을 보여주고 있다. 날짜와 지역으로 정렬된 데이터들은 주로 파벌 혹은 군부 사이의 폭력적 충돌, 혁명 위원회의 ‘탈권’과 수립, 군의 개입, 사상자에 관한 통계 그리고 분파에 따라 ‘적’으로 분류되었던 개인들에 관한 목록을 작성하고 그들 사이의 연관 관계를 밝히고 있다.

　이와 같은 분석은 주로 통계적인 것이며 개별 분파의 특정한 입장은 연구하지 않고 있다. 하지만 그러한 양적 조사는 해당 현상의 본질적 측면을 밝혀주고 있다. 파벌들 사이의 이데올로기적, 정치적 차이를 조사하지 않은 이유는 아마도 그러한 차이가 마치 거울상같이 서로 반대되는 것처럼 보이지만 사실 동일한 것이었고, 점차 기회주의적 선택에 의해 결정되었기 때문이다. 하지만 당시 행위자들이 상대편을 표현했던 정치적 언급들을 파고드는 것 역시 흥미로운 작업이 될 것이다.

　왈더는 또한 파벌과 그 상대편의 형성에 내재된 우발적 성격을 강조하는 이론적 가설을 정교화하고 있다. 그의 주장에 따르면 당시의 분열은 조반파, 시민 그리고 군간부 사이에서 발생한 상호작

Revolution(Cambridge, MA: Harvard University Press, 2019).

용의 결과이며, 그들은 1967년 초 국가 권위의 붕괴라는 독특한 상황 속에서 등장한 '무질서의 핵심 대리인'이었던 것이다. 당시의 분열은 특정한 소속감에 토대를 둔 것이 아니었고 확정된 이해관계의 반영도 아니었으며, 1966년 후반의 정치적 동원에서 표현된 모순으로부터 유래한 것도 아니었다. 여타의 저작에서와 마찬가지로 왈더는 분파주의에 대한 1차적 연구에서 비롯된 '사회적 해석'으로는 해당 현상을 제대로 분석할 수 없다고 주장하고 있다.

1967년 1월에서 1968년 가을에 초점을 맞추고 있는 왈더의 분석은 두 가지 주요 사안을 보여주고 있다. 첫 번째, 기존 연구에 의해 충분히 조사되지 않은 것으로 분파적 분열의 발생과 심화에 있어 군이 행한 역할이다. 두 번째는 특히 가장 격렬하고 파괴적인 순간이었던 2년에 걸친 분파주의의 시기 동안 모든 대중적 사건의 가장 중요한 문제는 '탈권'이었다는 사실이다.

해당 저서의 상세한 통계 가운데, 당시 발생했던 '비정상적' 죽음의 숫자—저자가 약 160만 명에 이를 것으로 추정하는—에 관한 분석은 그야말로 부족한 점이 없다. 이 고통스러운 주제는 아마도 그러한 죽음에 연루된 오류 혹은 과잉에 대한 반성과 새로운 성찰을 불러일으킬 것이다(예컨대 1960년대 초반 대기근에 대한 매우 상이한 추정치를 생각해볼 수 있다). 하지만 그것을 정량적인 측면에서 설명하는 것이 가능하더라도 근본적인 수수께끼를 해결하지는 못할 것이다. 우리가 폭력적인 죽음 충동이라고밖에 부를 수 없는 것의 본질적 원천은 무엇이었을까? 그것이 특정한 사회적 상황을 반영한 것이 아니라, 그 특이한 시기에 발생한 새로운 대립에 의존했다는 것이 확실하다면, 어떤 무자비한 힘이 모든 행위자들을 절망적으로 파괴적인 방향으로 이끌어갔던 것일까?

내가 제기하고 있는 문제는 크게 두 가지다. 만약 분파주의가 독특한 현상이고, 그 특성이 1967년 1월 이후, 즉 1월 폭풍이 절정에 달했던 때에야 비로소 형성된 것이라면 상하이의 사건은 무슨 역할을 했던 것일까? 더군다나 이전의 대규모 동원과 비교하여 1967년 이후의 분파는 새로운 토대와 새로운 목적을 기반으로 등장했지만, 그것이 결국 이전 6개월 동안 정치 무대를 가득 메웠던 동일한 경험적 개인들, 즉 대부분 동일한 행위자들로 구성되었다는 것은 무엇을 의미하는 것일까?

앞선 저작에서와 마찬가지로, 『혼란의 대리인』에서 왈더는 문화대혁명 기간 분파 간의 분열이 동일한 현상이었다고 주장하면서 그 안에 내재되어 있는 불연속성 사이에서 계속 오락가락하고 있는 것으로 보인다. 그는 분파 분열의 씨앗이 첫 번째 독립 조직의 성립에 이미 내재되어 있었다고 주장하고 있다. 결론적으로 그는 그러한 초기 조직의 '세포적' 구조야말로 이후 나타난 분열의 예비적 토대였다고 보고 있는 것이다. 내가 다원화 혹은 과잉 다원화라고 부른 것은 왈더가 보기에 그 본질적 구조 때문에 파벌주의로 발전할 수밖에 없었던 것이다.

하지만 만약 1967년 이후의 파벌들이 행위자들 사이에서 발생한 우연적 상호관계의 산물이라면, 앞선 시기와의 구조적 연속성에 관한 기준을 다시 소개하는 것은 해당 주제를 명확하게 하는 데 별다른 도움이 되지 않는다. 왈더는 1967년 이전의 상황에 대해서는 그다지 상세하게 연구하고 있지 않은데, 그것은 각 지역의 연감들이 그 이후의 사건들만을 기록하고 있기 때문이다(이러한 기록의 시대 구분은 좀 더 깊게 논의할 가치가 있다). 그러나 두 시기를 비교해보면(저자가 이 시기를 철저히 알고 있음은 분명하지만), 양적 데이터의 수준에서 단지 미미한 유사성만이 드러날 것이다. 실제로 파벌들은 이전의 갈등에서 비롯된 것이 아닐 뿐만 아니라 전혀 다른 문제의식을 가지고 있었다.

실제로 1966년 하반기에 등장한 독립 조직들은 극단적으로 파편화되어 있었지만, 그들 존재의 목적은 탈권이 아니었다. 다른 한편으로 첫 번째 독립 조직의 파편화는 그 이후 나타난 분파적 대립의 구조적 모델을 만들어내지 않았다. 왜냐하면 첫 번째의 경우 다원화는 무제한적이었기 때문이다. 반대로 두 번째 경우 모든 것은 가차 없이 동일한 패턴에 연계되어 있었다. 다시 말해 첫 번째 독립적인 조직들은 무제한적으로 다원화되었던 반면, 1967년 이후의 파벌 혹은 파벌들 사이의 연합은 모든 곳에서 오직 두 파벌뿐이었고, 무엇보다도 그들의 핵심적인 목표는 오직 적의 섬멸을 통해 '유일자'가 되는 것이었다.

다원화의 격렬한 흐름은 새로운 정치 조직 형태의 가능성을 확립하는 것을 매개로 삼고 있었다. 모든 대립의 핵심은 이러한 가능성에 대해 지지하느냐, 반대하느냐, 혹은 회의적이냐 하는 태도 자체의 문제였다. 다음 장에서 논의하게 될 가설은 그러한 주관적 에너지가 치명적인 충동으로 전화하는 과정에서 핵심적인 전환점이 존재했으며, 그러한 전환점은 곧 이전의 에너지를 그 반대로 전환시키는 변증법적 전환을 촉발한 막다른 골목이었다는 것이다.

이러한 막다른 골목을 식별하기 위해서는 1월 폭풍으로 알려진 상하이에서의 사건에 분석의 초점을 맞춰야 한다. 만약 '탈권'이 경쟁자들 간의 서로 일치하면서도 대립되고, 하기에 상호파괴적인 이해관계를 만들어낸다면, 그 범주를 주의 깊게 조사해볼 필요가 있다. 그토록 파괴적이고 장기간에 걸쳐 광범위하게 발생한 대중 폭동의 시기를 '탈권'이라는 이름으로 부르는 일은 지금까지 없었다. '탈권'이 실제로 어떤 의미였는가는 자명한 문제일 수 없다.

다음 장에서는 1967년 상하이에서 발생한 탈권의 특이한 우여곡절을 살펴볼 것이다. 6개월간 지속된 격렬한 대중운동과 그로 인해 꾸준이 진행되었던 당-국가 권위의 마비상태로 인해 혁명적 문화의 지평은 이미 이데올로기적으로 그리고 조직적으로 불안정해졌고, 그러한 과정 속에서 혁명적 문화라는 범주는 중심적인 위치를 차지하고 있었다. 1월의 몇 주 동안 상하이에서 벌어진 사건은 돌이킬 수 없는 전환점을 만들어냈다. 조반파와 문화대혁명 중앙위원회로 구성된 정치적 동원의 핵심 행위자들은 더듬거리면서 그러한 막대른 골목으로부터 탈출할 수 있는 길을 찾으려 했다. 망설임과 대안을 포함해 당시 마오쩌둥이 내렸던 결단은 결정적인 역할을 했다. 다음 장에서 살펴보게 될 것처럼, 이 단계를 적절하게 평가하기 위해서는 좀 더 자세한 연구가 필요하다.

7 노동 계급과 그 세계관의 파열

노동자들을 기다리는 학생들

대학에서 시작된 문화대혁명의 대중적 국면은 1966년 여름에 이르러 광범위한 노동자들의 행동주의를 불러일으켰다. 이러한 전개는 논리적으로 필연적일 수밖에 없는 것이었다. 학생들의 행동주의는 곧바로 정치 조직의 새로운 형태에 관한 실험에 초점을 맞추고 있었고 공산당의 권력 독점에 대한 의문을 제기하고 있었으며, 노동자에 대한 당의 관계가 그 조직적 우월성의 핵심이었기 때문에 노동자 정치의 문제는 필연적으로 등장할 수밖에 없었던 것이다. 어찌됐든 중국공산당은 노동 계급의 전위이자 우월한 역사적, 정치적 대표자였다. 그러한 정치적 가치를 다루고 있는 야심찬 대중 정치 실험은 노동자들의 태도를 결정적인 실험적 토대로 삼았다. 이러한 측면에서 학생 동원은 노동자들이 그러한 실험의 현장에 등장할 것임을 예고하는 것이기도 했다.

이러한 차원에서 문화대혁명은 중국과는 완전히 다른 국가에서 발생하게 될 현상들을 예견하고 있는 것이기도 했다. 널리 알려진 바와 같이 이탈리아와 프랑스에서도 학생 운동은 노동자의 행동주의를 자극했다. 1960년대 대학(과 학생들), 공장(과 노동자들), 당 시스템(특히 공산주의자들)은 서로 연계되어 있었고 여전히 좀 더 자세한 연구를 필요로 하는 영역이다. 여기서 우리는 20세기의 근대적 대학과 노동자 정치 그리고 정당이 보기보다 더욱 유사하다는 점을 기억할 필요가 있다. 세계적인 차원에서 대학과 정당의 위기가 1960년대라는 시대적 상황에 뿌리내리고 있다는 점은 결코 우연이 아니다. 결국 대중 정당과 근대적 대학(그리고 국립학교 시스템)은 동일한 시대에 속해 있었던 것이다. 그들은 19세기 말 서로 깊게 연계된 과정을 통해 형성되었고 1960년대의 연결된 위기에 빠지게 되었던 것이다.[1]

대학생들이 새로운 형태의 조직에 관한 실험을 시작했던 1966년 여름에 이르러 노동자와 당의 관계라는 문제는 필연적으로 중심적인 지위를 차지하게 되었다. 어떤 의미에서 봉기하고 있던 학생들은 봉기하는 노동자들을 '기다리고' 있었던 셈이다. 1966년 마지막 달에 노동자들이 정치 무대에 등장했고, 문화대혁명의 새로운 정치적 주체성과 핵심 혁명 개념 간의 대결은 최고조에 이르게 되었다. 이번 장에서 보게 될 것처럼 이후 진행된 정치적 실험은 계급에 관한 좀 더 깊은 차원의 개념을 포함할 수밖에 없었고, 그것은 가장 기본적인 역사적-정치적 개념이자(무엇이 '노동 계급'의 정치적 단결을 만들어내는가?), 더욱 근본적으로는 탈권에 관한 역사적-정치적 개념이기도 했다. 또한 그것은 혁명적 문화에 있어 궁극적으로 모종의 정치적 주도권에 관한 나침반의 역할을 하기도 했다.

1966년 후반에서 1967년 초반에 이르는, 상하이에서의 노동자 행동주의에 관한 이번 장의 내용 중에서 가장 즉각적으로 드러나는 측면은 노동자들의 두드러진 정치적 문화 수준이다. 중국에서

1 　나는 이 과정을 "Destinies of University," *Polygraph* 21(2009): 41-75에서 분석한 바 있다. 그리고 좀 더 최근에는 "Parlomurs: A Dialogue on Corruption in Education,"in *What Is Education?*, ed. Adam Bartlett and Justin Clemens(Edinburgh: Edinburgh University Press, 2017), 185-238에서 분석했다.

2년이 채 되지 않는 시간 동안 진행되었던 정치 교육 운동은 확고하면서도 예리한 논의가 가능한 정치적으로 세련된 노동자 세대를 만들어냈다. 하지만 이러한 조건에도 불구하고 노동자들에 대한 행동주의적 동원이 그들의 정치적 문화와 어떤 관계를 맺는가의 문제는 논쟁적 상황의 핵심이자 실질적인 중심이었으며, 그로 인해 정치적으로 격동적이었던 10년 동안 중요한 사건들이 촉발되었다.

독립적인 노동자 조직?

1966년 가을은 문화대혁명의 전체 핵심 시기임은 물론 전체적인 10년 동안에 있어서도 결정적인 전환점이 되었다. 당시 제기된 문제는 학생들뿐만 아니라 노동자들 역시 독립적인 정치 조직을 만들어낼 수 있는가였다. 이 주제가 정치적 실험의 결정적인 부분이었다. 비록 애매한 역할밖에 하지 못했지만 노동자와 관련된 문제였기에 계급 개념에 대한 참조는 분명 불가피한 것이었다. 심지어 '노동자 계급'이라는 개념은 독립적인 노동자 조직을 반대하는 논거로까지 활용되기도 했다.

이 문제는 이전 몇 달 동안 '보수적' 홍위병들이 혈통 이론을 둘러싸고 벌인 음울한 공상보다 훨씬 더 현실적인 이론적, 조직적 참조망과 관련되어 있었다. 비록 논쟁은 격렬했지만 논점은 결국 한 가지 정치적 주제로 모아졌다. 사회주의 체제 속의 노동자의 정치적 역할과 중국공산당에 대한 노동자들의 관계가 그것이다. 그해 가을 상하이에서 노동자 계급으로 구성된 최초의 독립적인 정치 조직이 그 모습을 드러냈다. 8월 이전 공포된 「16개조」는 노동자들의 독립적인 정치 조직을 배제하고 있지는 않았지만, 해당 문제를 명시적으로 다루고 있지도 않았다. 그리고 이후 두 달에 걸쳐 당 중앙은 독립적인 노동자 조직의 가능성을 배제하기도 인정하기도 하는 모순적인 지시를 내놓았다. 이데올로기와 조직 사이의 교차점에 딜레마가 놓여 있었던 셈이다. 원칙적으로 중국 공산당의 역사적 임무는 노동 계급의 모든 가능한 이해관계를 대변하는 것이었기에, 당 외부의 독립적인 노동자 조직은 생각할 수 없는 것이었다. 학생들로 구성된 풀뿌리 조직이 그와 같은 논쟁을 제기하기 시작한 것이라면, 노동자 조직의 발아는 그 논쟁을 더욱 격렬하게 만들 수밖에 없었다.

상하이 노동자 혁명조반파 총사령부

같은 해 11월 최초의 노동자 집단이 상하이 노동자 혁명조반파 총사령부의 성립을 선포했을 때 중국공산당 지도부는 혼란에 빠졌다. 중앙문혁소조(中央文革小組)에 속해 있던 마오주의자들조차 처음에는 명확한 입장을 표명할 수 없었다. 상하이 당 위원회장 천피셴과 상하이 시장이었던 차오디치우는 자신들 나름대로 상하이 노동자 혁명조반파 총사령부의 성립을 반대했으며 그 불법성을 반복해서 선언했다.

이에 상하이 노동자 혁명조반파 총사령부는 기차를 타고 베이징으로 가는 파견대를 꾸렸다. 당시 베이징의 톈안먼 광장은 무제한적인 다원화의 상징이었고 대규모의 시위가 벌어지고 있었다. 그들은 상하이 노동자 혁명조반파가 혁명적인 정치 조직이며 자신들의 운동이 상하이의 당 지도자들이 강경하게 주장하고 있는 것과는 달리 반혁명적인 운동이 아니라는 것을 주장할 요량이었다.

첫 번째 파견대는 그리 멀리 가지 못했다. 상하이로 들어가는 관문이었던 안팅역에서 당 지도부는 2천 명의 시위대를 동원해 기차를 세웠고 이틀을 기다리게 했다. 노동자들은 기차에서 내리는 것을 거부했고 당 지도부 역시 물러서지 않았다. 분명 상하이 당 지도부의 요청이 있었겠지만, 중앙문혁소조는 기차에 있던 노동자들에게 긴급 전보를 보냈다. 천보다가 초안을 잡고 사인했던 이 전보에서 노동자들의 요구는 전혀 인정받지 못했다.

공식적인 말들을 반복하고 있던 그 전보는 그저 모두에게 침착할 것과 '혁명 노선을 확고히 하고 생산력을 향상시키기 위해' 제자리로 돌아갈 것을 요구했지만, 의도적으로 당시 상황의 핵심이라고 할 수 있는 상하이 노동자 혁명조반파 총사령부에 관한 문제는 언급하기를 꺼리고 있었다.[2] 상하이 노동자 혁명조반파 총사령부 발기인 중의 한 명인 왕훙원이 대변하고 있던 시위대의 대답은 그 전보가 '잘못되었다'[3]는 것이었다! 시위대는 자신들의 문제를 논의하고 당 중앙의 지도자들에게 직접 자신들의 사례를 보여주기 위해 베이징으로 가야 한다고 고집했다.

이러한 상황은 전례가 없는 것이었다. 프롤레타리아 독재에 기반을 둔 사회주의 국가에서 노동자들이 스스로 자신들을 조직할 수 있다는, 매우 정치적인 문제에 관해 비타협적인 태도를 견지

---

2 「陳伯達在上海安亭火車站的工人的電報」, 『陳伯達言論集』, vol. I, 214(烏托邦書店에서 3권짜리 책으로 출판되었고, 본 저자가 2007년에 구입하였다).

3 李遜, 『革命造反年代: 上海文革運動史稿』(Hong Kong: Oxford University Press, 2015), vol. I, 318. 또한 Jiang Hongsheng, "The Paris Commune in Shanghai: The Masses, the State, and Dynamics of 'Continuous Revolution'"(PhD dissertation, Duke University, 2010), 261, https://dukespace.lib.duke.edu/dspace/bitstream/handle/10161/2356/D_Jiang_Hongsheng_a_201005.pdf(2018년 4월 접속)을 볼 것. 이 두 저작 모두 풍부한 자료에 근거해 상하이 사건을 자세히 다루고 있으나 상반된 시각에서 접근하고 있다. Jiang의 저작은 정치적 가치를 재확인하려는 관대한 시도이며, 李의 저작은 정부의 판단이라는 틀 안에서 서술하고 있다.

하면서 스스로를 혁명적인 공산주의자로 선언하고 있었던 것이다. 그들의 입장은 기존 마오주의 집단의 정치 조직을 포함해 모든 형태의 기존 정치 조직에 대한 도전이었다. 학생들의 독립 조직과 마찬가지로, 혁명조반파 노동자들이 제기한 정치적 선언의 핵심은 자율적으로 핵심적인 정치적 문제에 관한 선언을 만들어 낼 수 있는 독립적인 정치 조직을 독자적으로 승인할 수 있다는 것이었다.

앞서 학생 조직에 관해 언급했던 것과 마찬가지로 당시의 핵심적인 주제는 계속해서 반복되고 있었다. 자신들의 독립적 조직의 존재를 선언하고 방어하는 것이 당시 진행 중이던 정치 실험에의 참가를 위한 필수 조건이었다. 마찬가지로 실험의 핵심 사안은 무제한적인 다원화였다. 반대로 '조반파' 조직의 존재를 비난하는 것은 모든 정치적 실험을 거부하는 것이었고 중국공산당의 배타적 본성을 확인시켜주는 것이었다.

상하이 당 위원회를 비롯해 그 누구도 어떻게 문제를 해결해야 할지 알지 못했고, 당 위원회는 단호한 태도를 유지했다. 중앙문혁소조의 생각조차 상당히 모호했다. 천보다의 전보는 사실적인 차원에서 아무런 문제도 없었지만, 그것은 분명 당시 상황의 독특성에 관해 아무런 '진실'도 전달하지 못하고 있었다. 하지만 베이징의 마오주의 집단 중 그 누구도 반대를 표하거나 대안을 제시하지 못하고 있었다. 심지어 마오쩌둥 스스로도 아무런 의견을 내놓고 있지 않았다. 사실 베이징에 있던 그 누구도 안팅에서 정확히 무슨 일이 벌어지고 있는지 알 수 없는 상황이었다.

11월 11일 중앙문혁소조는 문제를 처리하기 위해 장춘차오를 상하이로 보냈지만 그에게 아무런 지침도 내려주지 못한 상태였다. 여기서 장춘차오는 뛰어난 정치적 수완을 발휘했다. 당시 상황의 독특성을 이해하고 안팅의 노동자들과 성공적인 합의를 이루어냈던 것이다. 그는 철저한 조사를 했고, 참여자들과 구경꾼들에게 연설을 했으며, 지위 요구를 경청하면서 매우 짧은 시간 동안 노동자들의 요구에 대한 개인적 책임을 인정하고 그것을 수용하는 위험을 감수했다.

하지만 천보다의 전보는 사실상 상하이 당 지도부의 입장에 대한 중앙문혁소조의 옹호를 보여주는 것이었고, 혁명조반파 노동자들의 기본적인 요구 사항을 피해 가는 것이었다. 하기에 장춘차오는 중앙문혁소조와 지역 당 지도부가 자신에게 등을 돌릴 수도 있는 위험을 감수해야 했다. 그는 또한 노동자들의 상당한 불신도 극복해야 했다. 장춘차오는 베이징의 특사일 뿐만 아니라 상하이 정부의 특사이기도 했기 때문에, 애초부터 안팅의 시위대는 그를 단순히 자신들을 달래러 온 관료로 보았다. 이전 몇 달간 확인할 수 있었던 대학 내 공작대의 행동 그리고 그간 상하이 당 지도부가 보여주었던 태도는 그러한 불안감을 더욱 증폭시켰다. 장춘차오는 독립적인 혁명 조직의 선언이 옳았다는 것을 인정하면서, 집중적인 협상을 진행해 간신히 조반파 노동자들과의 합의에 이를 수 있었다. 이로써 혁명조반파 노동자들은 이후 열리게 될 연속회의에 있어 베이징이 아닌 상하이에서 문제를 논의하는 것에 합의했다.

중앙문혁소조는 즉각 장춘차오가 올바른 결정을 내렸다는 것을 인식했고 마오쩌둥은 장춘차오가 아무런 공식적인 뒷받침 없이 노동자들과 합의에 이른 것을 칭찬했다. 하지만 그 합의는 상하이 당 지도부의 입장과는 모순되는 것이었는데, 오직 장춘차오만 합의문에 서명을 했을 뿐 자신들은 그것을 합법적인 것으로 인정하지 않았기 때문이다. 상하이 시장과 상하이 당 위원회 지도부는 장춘차오가 자신들이 깡패라고 여기는 이들과 합의했으며, 장춘차오가 중국공산당의 근본적인 조직 원칙을 포기했다고 거듭 주장했다.

적위대

상하이 당 지도부는 당초 결국 상하이 노동자 중 극히 일부에 불과한 혁명조반파를 억누를 수 있다고 확신했다. 그들의 첫 번째 움직임은 공식적인 무역 조합과 공장 당 조직의 지원을 받는 '충성파' 노동자 집단의 형성을 지원하는 것이었다. 당연하게도 '안팅 사건' 직후 세워진 충성파 조직은 더욱 선명한 붉은색을 과시하듯이 '적위대(赤衛隊)'라는 이름을 사용했다.

왈더가 언급했던 것처럼, 적위대라는 이름은 볼세비키와 함께 봉기를 일으켰던 러시아 노동자 집단으로부터 유래한 것이다.[4] 때문에 '적'이라는 형용사는 정통성을 의미하는 데 반해 조반파는 이를 신중하게 피했다. 더군다나 충성파 조직을 지칭하는 형용사 '적'은 가을이 되어서야 등장했으며, 그보다 몇 달 전부터 이미 '붉은(紅)' 조직들이 존재하고 있었다. '적'은 '홍'에 대한 대응이었으며, 그것은 노동자와 공산당 사이의 전통적인 관계 전체에 문제가 있다는 뉘앙스를 풍기고 있었다. 그 어떤 경우라도 적위대의 정치적 프로그램은 단 하나의 목표를 가지고 있었다. 그것은 바로 혁명조반파에 대한 수용 불허였다. 그들은 조반파가 반혁명적이며 오직 상하이 당 위원회를 통해서만 대표될 수 있는 노동 계급의 적이라고 주장했다.[5]

4　Walder, *Agents of Disorder*, 40.
5　당시 상하이 어언학원에서 영어 교사로 재직하던 닐 헌터(Neal Hunter)의 기록은 사건의 생생한 모습을 전하며, 쟁점이 된 주요 문제들 가운데 일부를 포착

적위대에 대한 당 지역 지도부의 지원은 적위대의 몰락에 있어서만큼이나 그 시작에 있어서도 결정적이었다. 하지만 최초 노동자들 사이에서 적위대의 인기는 단순히 상하이 당 위원회의 지지와 통제에서 비롯된 것이 아니었다. 적위대는 사회주의 국가라는 범주 안에서 존재하지 않았던 '노동자'의 낯선 모습이 등장했던 초기, 다수의 노동자가 어리둥절해 있을 때 그들 스스로가 느끼고 있었던 곤란함을 덜어주었다.

처음에 대다수의 상하이 노동자들은 그들 사이에서 당이 누리고 있었던 확고한 특권적 지위 때문에 적위대를 지지했다. 보황파 주장의 핵심은 "사회주의를 보위하라"[6]는 것이었다. 사회주의를 보위하기 위해 노동 계급은 당 조직이라는 틀 안에서만 정치적으로 존재해야 했고 반사회주의적이고 반혁명적인 노동자들의 독립 조직을 확고하게 반대해야 했다. 하지만 새롭게 등장한 노동자들의 정치적 행동주의는 다음과 같은 관점을 취했다. 그들에게 있어 독립적인 조직을 만들어낼 수 있는 능력은 더욱 강력한 혁명적 결단을 보여주는 신호였다. 서로 대립하고 있던 양쪽 편에서 그 참여자 수가 수천 명에 이를 때까지 전선은 급속하게 격렬해졌다. 결국 몇 주 사이에 상하이의 모든 노동자들이 논쟁에 휘말려 들어갔다.

적위대의 태도는 상하이 당 지도부의 곤경을 반영하는 것으로 끝나고 말았는데, 당 지도부는 그저 권력을 유지하는 것 말고는 새로운 상황을 다룰 수 있는 전략을 전혀 갖추지 못하고 있었다. 전례를 찾기 힘든 정치적 행동주의가 상하이 노동자들 사이에서

한 일차적 증언이다. *Shanghai Journal*(New York: Praeger, 1969)을 볼 것.
6   이는 실제로 1989년 광저우의 한 공장에서 진행한 인터뷰에서, 그 사건에 참여했던 한 노(老) '보황파' 노동자가 내게 해준 대답이었다.

넘쳐 흐르고 있을 때 상하이 당 위원회는 현 상태를 유지하는 것 말고는, 조반파에 대해 일반적인 평범한 억압 수단을 활용하지도 못했고 적위대 지지자들에게 무언가를 제시하지도 못하고 있었다. 때문에 적위대의 행동주의는 일련의 혼란스러운 도발 정도에 그치고 말았다. 실상 수차례의 물리적 충돌이 발생했지만, 각 집단 사이의 충돌은 극단적으로 폭력적이지는 않았다. 하지만 당시 제기되고 있던 정치적 주제의 중요성 그리고 이후 벌어지게 될 여타 지역에서의 충돌의 강도에 비하면 상하이에서의 사건들은 국소적이었고 당시 진행 중이었던 문화대혁명의 핵심 주제에 관해 부차적인 것이었다. 요컨대 상하이의 문화대혁명은 거의 평온했던 셈이다.

적위대의 진정한 존재 이유 그리고 그들이 상하이 당 위원회의 지원을 받는 이유는 상하이 노동자 혁명조반파 총사령부의 존재 자체에 반대하기 위해서였다. 12월까지 적위대만큼 새로운 행동가들을 끌어들였던 조반파 노동자들은 상하이 당 위원회 지도자들에게 상하이 노동자 혁명조반파 총사령부의 정치적 존재에 대한 압박을 줄여달라는 압력을 행사했다. 반대로 적위대는 상하이 노동자 혁명조반파에 대한 금지 조치가 유지되어야 한다고 주장했고 몇몇 사안에 대해서는 그들과 충돌을 빚기도 했다. 보황파는 무의미한 도발 사건을 일으키는 것 외에도(그들은 심지어 장춘차오의 집을 약탈하겠다고 위협하기도 했다), 조반파의 강력한 저항에 부딪히기도 했다.

자신이 만들어낸 혼란에 제대로 대처하지 못한 상하이 당 위원회는 한편으로는 적위대의 지도를 공고히 하면서도 다른 한편에서는 상하이 노동자 혁명조반파 총사령부의 요구를 닥치는 대로 수용하는 등 갈수록 혼란스러운 상황 속으로 빠져들고 있었다.

12월 말 적위대가 상하이 당 위원회 면전 앞에서 당 위원회가 상하이 노동자 혁명조반파 총사령부에 대해 지나치게 관대하다고 비난하면서 폭동을 일으켰을 때, 상하이 당 위원회는 갑자기 적위대에 대한 지원을 철회해버렸다. 그것은 자가당착에 가까운 예상치 못한 결정이었는데, 적위대가 상하이 혁명조반파 총사령부를 무너뜨릴 능력이 없다고 부정하면서도, 동시에 상하이 당 위원회가 의도적으로 조장한 행동에 대해 그들을 비난했기 때문이다. 그리고 그러한 행동은 결국 심각하게 당 위원회의 입지를 약화시키는 불안정성을 더욱 증폭시키는 결과를 초래하고 말았다.

결국 한편으로 상하이 노동자 혁명조반파 총사령부가 이제 당 위원회의 지원 없이도 자유롭게 존재할 수 있게 되었고, 오히려 굴복을 거부함으로써 그들의 주관적 결의가 더욱 강화되었다. 다른 한편으로 적위대는 당 위원회의 지원을 잃게 되자 갑작스럽게 붕괴하고 말았다. 몇 주 동안 자신들을 보황파 노동자 집단이라고 생각했던 수천 명에 달하는 노동자들이 엄청난 혼란을 겪을 수밖에 없다는 것은 너무도 분명했다.

노동 계급, 산업 단위 그리고 공산당

집단 사이의 대립은 상하이라는 특정 지역에서의 폭동에 그치지 않았다. 상하이 노동 계급의 분열은 노동 계급의 이데올로기와 조직적 역할이 핵심적인 위치를 차지하고 있는 관념을 포함해, 사회주의적 정치 문화가 전제로 삼고 있었던 주요 개념들의 가치와 보편성에 대한 의문을 제기했다. 이와 같은 노선의 실패와 그것에 의해 비롯된 장기간에 걸친 결과를 탐색하기 위해서는 몇 가지 이론적 주제들에 대한 재검토가 필요하다. 상하이 1월 폭풍은 공산주의를 일종의 실험적 발명으로 바라보는 시각(정치 광장으로 쏟아져 나왔던 조반파의 자기-조직으로 대표되는)과 공산주의를 정부 형태로서 바라보는 시각(사회주의 국가에서 헤게모니를 장악하고 있던)이 극적으로 정면 충돌한 사건이었다. 문화대혁명과 혁명적 문화 사이의 구분선은 바로 이러한 시각 사이를 가로지르고 있다.

물론 이것이 혁명가들이 공산주의에 대한 실험적 비전을 옹호했던 최초의 사례는 아니다. 실제로 마르크스주의로부터 영향을 받았던 현대의 평등주의적 정치의 중요 순간마다 공산주의에 대한 실험적 비전은 결정적인 역할을 했다. 마르크스와 레닌 모두 공산주의가 비록 원칙적으로는 국가 자체의 소멸로 가는 과도기적 단계임에도 불구하고 본질적으로 국가의 특수한 형태라는 생각에 관한 치열한 논쟁에 참여했다. 이것은 사회주의 국가들의 수립 이후 오랜 시간 동안 완전히 해결되었다고 생각했던 문제였지만, 문화대혁명에 이르러 실험적인 공산주의 정치의 재발명은 다시금 결정적인 요소로 등장하게 되었다.

중요한 문제는 노동자들 사이에서 강렬한 정치적 행동주의가 나타났던 시기에 공산주의에 관한 위와 같은 상반된 두 시각이 가장 논쟁적인 요소로 등장했다는 것이었다. 1월 폭풍은 또 한 차례의 중요한 정치적 테스트였고, 이제 이 테스트는 사회주의 국가라는 개념 안에서 자신들이 특별한 역할을 맡고 있다는 것을 마음에 새기기 위해 노력하고 있는 노동자들 스스로가 수행하는 것이었다.

사회주의는 노동자에게 정치적 각성을 불러일으킬 것이라고 약속했고, 나아가 그/그녀의 사회적 지위를 급진적으로 바꾸어 줄 것을 약속했다. 자본주의는 노동자를 오직 노동력을 판매하는 자로서, 고대 노예제 사회의 '움직이는 도구'의 현대적 변형과도 같이 기계 시스템에 부착된 부속품이자 여전히 공장 관리자의 무조건적인 권위에 복종하는 존재로 간주한다. 노동자들은 가끔씩 자신들의 '상품'(노동력) 가격을 조금씩 흥정할 수 있지만, 최종적인 결정권은 자유 시장이 가지고 있다. 노동자들이 공장 조직의 기술적 독재에 대해 저항을 할 때조차도 그들은 결국 공장의 위계적 조직에 내재되어 있는 절대적 권위에 직면하게 된다. 마오주의적 이미지를 차용한다면, 노동력의 상품화, 노동에 대한 기술적 관점 그리고 공장 독재는 자본주의 사회에서 노동자를 억누르는 '거대한 세 개의 산'이다.

자본주의적 조건 속에서 노동자는 바디우의 말대로 '비존재(inexistent)'이거나, 마르크스의 말대로 사슬밖에는 잃을 것이 없다. 노동자와 자본가적 공장 사이의 관계는 사회성의 공백, 단절의 지점, 혹은 사회 구조 속에서 느슨한 관계망과 같은 것들을 만들어낸다. 궁극적으로 공장 독재의 주요 임무는 이러한 사회적 단절의 효과를 방지하는 것이다. 오늘날 자유 기업이 민주주의의 전제 조건이라는 미사여구는 그 어느 때보다도 자본주의적 노동 통치가 임금 노동자들에 대한 완전한 독재의 한 형태임을 감출 수 없다.

원칙상 사회주의 국가는 이와 같은 사회적 비존재를 노동자 및 그들이 자신의 작업장과 맺고 있는 관계에 대한 완전한 사회적, 정치적 승인으로 바꾸려 했다. 셔면(Schurmann)이 "이데올로기"라고 불렀던[7] 사회주의적 정치 담론 안에서 그러한 인정을 보증하는 것이야말로 노동 계급의 대표인 공산당의 핵심 역할이다. 게다가 셔면이 "조직"이라고 부른 개념에 따르면, 그 특유의 제도들은

---

7   Franz Schurmann, *Ideology and Organization in Communist China*(Berkeley: University of California Press, 1966).

노동자에 대한 보편적 인정이라는 약속을 구현하고 있었다.

이와 같은 목적을 위해 사회주의 국가에 있어 정부에 관한 한 가지 구조적 전제 조건은 노동자들과 공장들을 국가 조직 자체 안에 포함하는 것이었다.[8] 소비에트의 콤비나트(kombinat) 혹은 중국의 단위(單位)와 같은 사회주의적 공장은 비단 국가 기구에 그치는 것이 아니었다. 그 행정 구조조차도 중국 도시 사회 전체를 위한 제도적 조직의 모델을 제공했다. 중국에서는 대학, 병원, 심지어 우체국조차도 하나의 단위였다.[9]

하지만 단위 체제라는 것이 단순히 인정(Anerkennen)의 범위를 비존재에게까지 확장할 수 있는 보편적인 동질 국가라는 헤겔적 이상의 궁극적 실현과 같은 것은 아니었다. 그것은 무엇보다도 임금 노동 법칙과의 결별에 초점을 맞추고 있었고 자본주의 체제에

---

8 데이비드 브레이(David Bray)는 단위 체제가 성립하게 된 고통스럽고도 복잡한 과정을 상세히 분석했다. *Social Space and Governance in Urban China: The Danwei System from Origins to Reform*(Stanford, CA: Stanford University Press, 2005). 몇몇 선행 연구 가운데 일부는 국민당 시기의 통치 형태나 심지어 전통적인 유교적 '가족주의'에까지 거슬러 올라가지만, 그 출발점은 옌안 시기였다. 1950년대 초부터의 단위 체제의 일반화 과정은 직선적이지 않았으며, 더욱이 사전에 마련된 계획의 실행은 아니었다. 그러나 단위(單位) 제도의 조직적 안정화를 이끈 주된 동력은 공장 노동자와 공산당 사이의 특수한 이념적 관계였다고 볼 수 있다. 반면, 경제 개혁 과정에서 단위 제도의 변화를 추진한 동력은 문화대혁명 동안 그 관계가 겪은 위기에 있었다.

9 실제로 단위에 대한 가장 초기의 학술적 분석 중 하나는 한 병원에서 이루어졌다. Gail E. Henderson and Myron S. Cohen, *The Chinese Hospital: A Socialist Work Unit*(New Haven, CT: Yale University Press, 1984)을 볼 것. 또한 로풍이 세미나에서 발표한 「單位, 一種特殊的社會組織形式」, 『中國社會科學』(1989): 3-18. 나는 광저우에서 실시한 노동자 조사에서, 경제 개혁 초기 10년 동안 단위 체제의 변혁의 몇 가지 측면을 살펴보았다. 나의 *Ouvrier et danwei: Note de recherche sur une enquete d' anthropologie ouvrière menée dans deux usines de Guangzhou en avril-mai 1989*(Paris: Universit. de Paris VIII, 1990)을 볼 것.

서 성립된 것과는 완전히 다른 방식으로 노동자들과 공장들을 조직할 수 있다고 주장하고 있었다. 그러므로 단위는 정치 조직의 혁신적 형태였고 사회주의 정부의 일반 형태에 영향을 끼치고 있었다.

이러한 이유에서 공장과 국가는 사실상 상호 독립적인 존재였다. 중국에서 사회주의 공장은 방대한 조직 기구의 핵심적 표현이었으며, 필수적인 통합 기관의 역할까지 수행했다. 다른 한편으로 사회주의 공장이 사회주의 체제의 제도적 프레임 안에 속해 있었기 때문에, 산업 단위는 자본주의 공장에 대한 예외로 존재할 수 있었다. 하기에 단위 체제는 두 개의 얼굴을 가지고 있었다. 다시 말해 그것은 자본주의를 넘어선 공장의 제도적 발명이었고 산업 노동력을 통치하기 위한 기구였던 것이다. 하지만 정부의 한 형태로서 산업 단위는 비록 자본주의적 명령 체계와는 다른 방법을 사용했으면서도, 현대 사회 속에서 노동자와 공장 사이의 관계에 내재적인 사회적 해체―다시 말해 그러한 관계가 만들어내는 사회성의 공백―라는 동일한 위험을 방지하기 위해 노력했다. 그러므로 단위는 그러한 공백으로 이어질 수 있는 위기를 관리하는 목적을 지닌 구성 성분을 지닌 국가 기구로서, '작은 사회' 속에 내재되어 있는 두 가지 측면을 모두 포함하고 있었던 것이다. 특히 중국에서 그 구성 성분들 사이의 잠재적 대립―즉 정치적 실험의 대담성과 산업 노동력을 다루는 특이한 형태의 단순 행정 기능 사이의 대립―이 사회주의 공장 안에 지속적으로 존재하고 있었다.

이와 유사한 애매모호함은 모범적인 사회주의 노동자의 형상 속에도 존재하고 있었다. 사적 생산수단 소유제의 폐지 그리고 나아가 노동 시장의 폐지에 의해 노동자는 더 이상 노동력의 판매자가 아니라 자본주의의 대안을 표방하는 정부 체제의 한 부분으로 존재하게 되었다. 하지만 그들은 보편적인 정치적 프로젝트에 참여한 정치 행동가 그리고 마침내 '영웅적' 생산 능력으로 칭송받게 될 정부 의식의 규율화된 인물이라는 두 가지 차원 사이에서 정신적으로 어정쩡한 위치를 차지하고 있었다.

공장과 노동자 사이에 존재하고 있었던 개념적 연관 관계 속에 내재된 이와 같은 불일치는 그 자체로 자명한 것이 아니었다. 그것은 수많은 노동자들 그리고 마침내 상하이시 전체를 집어삼킨 장기간 지속된 논쟁을 통해서야 비로소 핵심적인 문제가 되었다. 한편으로는 사회주의 국가 정부 내에서 노동자의 정치적 역할을 철저히 재고해야 한다는 긴급성이 존재하고 있었고, 이는 상하이 노동자 혁명조반파 총사령부에 의해 날카롭게 드러나고 있었다. 다른 한편으로는 그러한 긴급성을 불안하게 부정하는 움직임이 있었는바, 그러한 부정은 상하이 당 위원회와 초기 도시 노동자 대다수의 반응을 결정지었다.

하지만 이와 같은 균열을 사회주의 중국의 통치 환경 속에서 노동자들이 담당하고 있던 정치적 역할에 대한 수용과 거부 사이의 단순한 분열로 간주하는 것은 착오적인 것이다. 사회주의 노동자의 의례적인 행동은 보황파들에게는 아무런 문제도 없었지만, 정부와 관련하여 자신들의 정치적 역할을 결코 방기하지 않았던 상하이 노동자 혁명조반파 총사령부에게 있어서 의례적인 행동은 조반의 근본적인 이유였다. 그들은 그것이 무엇이 되었든, 국가 문제와 관련된 실제적인 정치적 행동주의에 참여하는 것을 열망하고 있었다. 그들은 즉각적으로 인민의 일반이익이라는 이름으로 자신들의 우려를 상하이 정부에 대한 효과적인 처방으로 정식화했다. 앞으로 보게 될 것처럼 1월 초 그들은 상하이 당 위원회의 결정을 인정할 수 없으며 그것이 아무런 가치가 없다고 선언했고, 그러한 선언문은 결국 상하이 당 위원회 권위의 붕괴로 이어졌다.

1월 폭풍 기간 조반파는 자신들이 집단적 책임성에 대한 좀 더 높은 수준의 감각을 보여주었다는 것을 자랑스러워했다. 그들은 상하이 당 위원회가 적위대에 대한 지원을 철회하자 경제 전문가의 관리를 대체할 수도 있게 되었다. 실제로 상하이 노동자 혁명 조반파가 발표한 선언문에서 가장 인상적이었던 것은 그들의 확고하면서도 강력한 신념이었다. 선언문에는 자율적인 정치적 발명을 위한 독자적 공간이 필요하며 나아가 당-국가로부터 일정한 거리를 두어야 한다는 신념이 투영되어 있었다.

여기서 주목할 만한 점은 노동자들이 당-국가와 완전히 동일화되지 않은 채 당-국가에 대해 발언할 수 있는 능력이 필연적으로 그들에게 부여되었던 정치적 존재에 의문을 제기했다는 것이다. 사회주의 제도의 틀 안에서 '노동 계급'에 포함됨으로써 사회주의 노동자가 부여받았던 정체성은 불확실해졌고 새로운 탐색과 정치적 실험이 요구되었다.

계급과 당 사이에 존재했던 특권적 관계가 흔들리면서, 국가 내에서 노동자들의 대표자인 공산당을 통해 노동자 혹은 노동 계급을 사회주의 공장과 연계시켜주었던 연결 고리 역시 불안정해질 수밖에 없었다. 다른 한편으로 그러한 개념적 연결 고리—혁명적 문화의 결정적 요소였던—의 불안정화는 철저한 정치적 쇄신 없이는 노동 계급이 단순히 통치 수단—그 자체로는 노동자들이 정치적으로 존재할 수 있다는 것을 전혀 보장해주지 못하는—의 일부분에 불과하다는 것을 드러내고 말았다. 상하이에서 등장한 세계관의 파열은 비단 조반파와 보황파 사이를 가로질렀던 것만이 아니라, 더욱 근본적으로는 노동 계급과 그것이 사회주의 통치 환경 자체와 맺고 있었던 관계로까지 침투하였다. 문화대혁명 이후, 그러한 세계관의 분열이 초래한 깊고도 장기적인 결과를 설명하지 않고서는 노동 계급이라는 범주를 언급할 수 없게 되었다.

조반파의 두 가지 핵심 정치 성명서

1월에 이르러 상하이 노동자 혁명조반파 총사령부와 상하이 당 위원회 사이의 논쟁이 극에 달했다. 적위대에 대한 지원을 철회—그리고 이러한 지원 철회는 12월 말 적위대의 해체로 이어졌다—한 이후에도, 당 지도부는 독립 조직의 구성을 저지하고 상황에 대한 통제를 다시 확보하기 위해 보황파 노동자들에 대한 영향력 행사를 멈추지 않았다. 오히려 상하이 당 위원회는 다소 충격적인 두 가지 조치를 취했는데, 이에 대한 대응으로 상하이 노동자 혁명조반파 총사령부는 상하이 당 위원회의 권위를 완전히 박탈하게 된다.

첫 번째 조치는 수천 명의 노동자들이 그렇게 했던 것처럼, 보황파 노동자들로 하여금 자신들의 직업을 포기하고 베이징으로 가서 문화대혁명 중앙위원회에 '자신들의 고충 사항을 보고하도록' 한 것이었다. 그리고 그 결과 도시의 수도 및 전기 공급마저 차단하겠다고 위협하면서 상하이의 주요 경제 활동을 마비시켜 버리게 되었다. 이와 같은 '위로부터의 파업'은 사람들 사이에서 혼란과 걱정을 불러일으켰고, 상하이 당 위원회 자신이 고의적으로 일으킨 혼란을 일소하는 공공질서의 보증인으로서 다시 무대의 중심 위치를 회복하려는 시도의 전주곡으로 보이기에 충분했다. 그리고 궁극적인 목적은 의심의 여지 없이 조반파 노동자들을 진압하는 것이었다.

동시에 상하이 당 지도부는 임금 인상, 보너스, '혁명 경험 교류'를 위한 여행 수당 등의 명목으로 노동자들에게 막대한 돈을 뿌렸다. 그들은 노동자들에게 뿌려진 이와 같은 금전적 혜택을 통해 노동자들 사이에서 당에 대한 즉각적이면서도 반론의 여지가 없는 우호적인 여론이 조성되기를 기대했다.

독립적인 노동자 조직의 즉각적인 반응은 극적인 변화를 만들어냈다. 상하이 당 위원회의 위와 같은 시도가 있은 그다음 날 상하이 노동자 혁명조반파 총사령부와 여타의 조반파 조직들은「상하이 인민들에 대한 호소문(告全市人民書)」과「긴급 통지(緊急通告)」라는 제목의 주요 성명서를 발표했다. 이 두 성명서는 조반파 노동자들이 당시 상황의 독특성을 파악하고 보황파 및 상하이 당 위원회에 관련된 어려움을 극복하는 데 있어 뛰어난 통찰력을 갖추고 있었다는 것을 보여준다.[10] 상황의 엄중함과 분명한 입장 표명의 필요성을 호소하고 있는 이 두 성명서는 상하이 노동자들 사이의 세계관의 분열과 상하이 당 위원회의 태도라는 두 가지 주요 정치 문제를 다루고 있었다.

조반파 노동자들은 확연히 구분되는 어조로 최근 버림받은 보황파 노동자들과 여전히 권력을 유지하고 있었던 상하이 당 위원회에게 자신들의 메시지를 전달했다. 이들은 적위대를 "혁명을 일으키고자 하는 우리 계급의 형제들"이라고 불렀고, 자신들의

10　조반파의 두 성명서, 즉「상하이 인민들에 대한 호소문」과「긴급 통지」는 각각 1월 4일에『문회보』에, 그리고 1월 9일에는『문회보』와『해방일보』에 공동으로 게재되었다. 1월 9일, 이 문건들은 안팅 사건 이후 노동자들의 활동이 낳은 가장 성숙한 성과였다. 두 달 전부터 주도적 역할을 강화해온 노동자 혁명조반파 총사령부 외에도, 첫 번째 성명에는 10개 단체가, 두 번째 성명에는 31개 단체가 연명하였는데, 이는 투쟁 과정에서 독립적 조직들이 겪은 다원화의 급속한 확대와 정치적 성장을 보여주는 증거였다.

단호한 정치 투쟁에 참여할 것을 권하면서 상하이 당 위원회에 속지 말 것을 당부했다. 반대로 상하이 당 위원회에 대해서는 노동자들에게 직업을 버리라고 회유하는 것을 즉각 멈추고 보너스, 임금 인상과 관련된 결정을 철회할 것을 요구했다. 결국 이 문건들은 지역 당 지도부에 대한 의도적인 경고로서, 당 지도부가 돈을 낭비하고 공공재를 파괴하고 있다고 선언했던 것이다. 그리고 조반파는 이들의 그러한 행동을 '부르주아 반동 노선'으로 규정할 수밖에 없었다.

버림받은 보황파 노동자들의 행동을 상하이 당 위원회의 움직임과 구분하는 것이 쉽지 않았기 때문에 조반파의 위와 같은 구분은 정말로 탁월한 것이었다고 할 수 있다. 실제로 적위대는 조직으로서 자기-해체된 이후 상하이 당 위원회에 의해 더욱 쉽게 조작될 수 있었다. 이후 벌어진 혼란스러운 상황 속에서 보황파 노동자들이 직업을 버릴 것을 회유받고 심지어 당 지도부가 제공하는 추가적인 인센티브에 의해 그러한 행동을 하게 되면서, 보황파 노동자들은 보상금과 개인적인 복수를 통해 그러한 성과를 누릴 수 있게 된 것처럼 보였다.

그러는 사이 상하이 당 위원회는 굴기하고 있던 독립적인 대중 정치 조직들이 자신들을 표적으로 삼고 있던 상황 속에서 정부 당국자가 취할 수 있는 전형적인 전략을 사용했지만 억압적인 방법에 직접적으로 의존할 수는 없었다. 권력자들은 그러한 상황 속에서 한쪽을 다른 쪽에 대립시키고 새롭게 형성된 대중 조직의 본래 의도를 아무런 상관도 없는 쪽으로 분산시키기 위해 혼란을 만들어내고 혼란스러운 노동자들을 선별하기 마련이다. 그리고 이어지는 후속 조치는 법과 질서의 회복이라는 임무를 완성하기 위해 억압적인 기구에 의존하는 것이다. 하지만 1월 초 상하이 당 위원회는 노동자들의 기를 꺾기 위해 막대한 돈을 뿌리면서 버림받은 보황파 노동자들이 일으킨 거대한 규모의 저항을 지원하기로 결정했다.

「상하이 인민들에 대한 호소문」과 「긴급 통지」의 의도적인 목적은 상하이 당 위원회의 책략이 흐려놓은 물을 깨끗하게 만드는 것이었다. 조반파 노동자들은 독립 조직으로서의 정치적 참신성을 재확인했고, 상하이 당 위원회의 태도를 비판했으며, 당 위원회가 노동자들 사이에 만들어놓은 상황을 반박했다. 당시 문제의 핵심은 노동자 조직의 존재적 결단과 그것에 대한 상하이 당 지도부의 단호한 거부 사이의 관계였다. 조반파의 언어로 말한다면, 그들이 상하이 당 위원회에 제기한 문제는 당 위원회가 노동자들의 혁명적 행동주의에 대한 고취를 원하는가 아니면 부르주아 반동 노선을 원하는가라는 것으로 집약될 수 있었다.

상하이 당 위원회의 행동을 통해 조반파 노동자들은 그 의도를 명확히 파악할 수 있었다. 조반파 노동자들의 반응은 즉각적이고 분명한 것이었다. 그들은 상하이 당 지도부가 취한 조치들—금품 살포와 일시적인 직장 이탈—이 '무가치하고 공허하다'고 선언했다. 반대로 두 성명서는 시위의 목적이 노동자들의 정치적 존재를 재확인하는 것이지 임금 인상을 협상하거나 파업을 통해 생산을 중지시키려는 투쟁이 아니라고 주장하면서 적위대와 모든 관련 노동자들에게는 좀 더 설득조로 말을 걸고 있다.

조반파 노동자들은 정부가 분명한 이유 없이 대폭 임금을 인상하고 보너스를 지급하는 것이 이상하고, 자신들이 보기에 그러한 행동은 오직 부패를 통해 노동자들의 정치적 의도를 억누르기 위한 것일 수밖에 없다고 말했다. 더욱이 상하이 당 위원회는 자리를 떠나고 있는 노동자들에게 관대한 태도를 보이면서도, 11월 상하이 노동자 혁명조반파 총사령부의 형성을 '혁명을 일으키고 생산을 촉진하라(抓革命, 促生産)'는 공식 노선에 대한 위해라고 강력히 비난했었다.

이에 대해 한마디 해둘 필요가 있겠다. 결국 조반파 노동자들이 상하이 당 위원회에 대항해 자신들의 입장을 옹호하면서도 적위대에게 작업장을 떠나지 말라고 호소한 것은 일견 모순적으로 보일 수 있다. 분명 '혁명을 일으키고 생산을 촉진하라'는 구호는 노동자들을 사회주의 체제하에 묶어두는 국가 내부의 구조와 얽혀 있었으며(다시 말해 노동자들과 공장들을 국가 영역 안에 포함시키는 것) 실제로 그러한 일이 발생했던 것처럼, 스타하노프적 슬로건으로 활용되기에 충분했다.

하지만 조반파 노동자들에게 '생산을 촉진하라'는 슬로건의 문구는 충성파가 작업을 중단하면서 발생한 거의 마비 상태의 경제를 회복하고, 독립적인 조직들의 존재까지 위태롭게 만든 상황을 해결하기 위한 호소의 일부였다. 우리는 이러한 사건을 통틀어 조반파 노동자들이 사회주의 국가에서 그들에게 부여된 특별한 위치를 결코 부인하지 않았다는 점에 주목할 필요가 있다. 사실 그들은 그러한 지위를 자랑스러워하면서도 동시에 그것이 수반하는 의례적이면서도 결국은 비정치적인 역할로부터 일정한 거리를 유지하기 위해 애썼다. 뻔한 수사적 표현과는 별개로 그것을 뛰어넘어, '혁명을 일으키라'는 문구는 사회주의 안에서 그들의 정치적 역할을 재발명하기 위한 주춧돌이었다.

'경제주의에 대한 비판' 역시 주목할 만하다. 이 부분에서도 조반파 노동자들은 즉각적인 목표를 추구했다. 상하이 당 위원회가 실시한 보상금 살포는 노동자들을 타락시키고 독립 조직들의 존재에 혼란을 초래하겠다는 분명한 목표 의식을 가지고 있었다. 다른 한편으로 기존 연구에 의하면 상하이에서 1월에 등장한 다양한 조직들은 경제적인 요구를 호소하던 몇몇 노동자 집단 역시 포함하고 있었다고 한다.[11] 실제로 상하이 노동자들 사이에는 1960년대 초까지 산업 단위에 고용된 계약직—1960년대 초에 이르면 이 숫자는 꽤 늘어나 있었다—과 정규직 사이에 일련의 차별이 존재하고 있었다.

이러한 요소들은 분명 당시 상하이 노동자들의 전반적인 사회적 상황의 일부였지만, 앞서 언급한 경제적 요구들이 사회주의 체제 속 노동자들의 역할을 다시 생각하는 것과 같은 핵심적인 정치적 문제인가가 중요한 주제였다. 실제로 노동자들의 사회적 지위와 그들의 정치적 가능성 사이의 불일치는 20세기 혁명 전통에 관한 첨예한 문제였다. 경제주의라는 용어를 사용함으로써 조반파 노동자들은 자신들의 사회적 지위와 관련된 노동자들의 정치적 형성의 독특성이라는 문제를 선명하게 제기하고 있었다.

'경제주의 비판'의 창시자라고 할 수 있는 레닌에게 있어 노동자의 사회적 지위로부터 정치적 형상을 추론해내는 것은 불가능하다. 앞서 언급했던 것처럼 자본주의 체제 속의 노동자는 원칙적으로 여러 사람들 사이에서 하나의 상품이 되는 것 말고는 그 존

---

11 Andrew G. Walder, *Chang Ch'un-ch'iao and Shanghai's January Revolution*(Ann Arbor: Center for Chinese Studies, University of Michigan, 1978)을 볼 것. 모든 도시 주민들이 단위 체제에 포함된 것은 아니었다. 상하이 공장들에는 단위에 속한 정규 직원들과 동일한 조건을 누리지 못한 수많은 계약 노동자들이 있었다. 우이칭(Wu Yiching)에 따르면, 상하이에서 두 번째로 큰 반란 조직은 비(非)단위 노동자들로 구성되어 있었다. *The Cultural Revolution at the Margins: Chinese Socialism in Crisis*(Cambridge, MA: Harvard University Press, 2014), 93–141를 볼 것. 1960년대 초반에 계약 노동자의 수는 증가하였다. 이후 1970년대 초반에는 그들에게 안정적인 직위를 부여하려는 상당한 노력이 이루어졌다.

재를 인정받지 못한다. 노동력은 그저 임금을 대가로 팔려나갈 뿐이다. 비록 임금이 자본주의적 조건 속에서 살아남는 데 필수적인 것이긴 하지만, 노동력 구매에 대한 단순한 협상만으로는 정치적인 존재를 보장해주는 것은 아니다. 그것은 오히려 그에 따른 정치적 쟁점을 흐리게 만든다. 레닌은 조직된 노동자들의 정치적 존재는 그들의 사회적 지위와 관련된 일종의 '일탈'이라고 썼다. 상하이 당 위원회는 이러한 일탈을 분쇄하려고 한 것이며, 반면 조반파 노동자들은 자신들의 정치적 행동주의가 임금 인상을 위한 협상으로 격하되는 것을 거부했던 것이다.[12]

분명 조반파 노동자들은 노동자들 사이에 경제적 불평등이 존재한다는 것을 인식하고 있었고 그것을 영구화할 생각은 결코 하지 않았다. 조반파 노동자들이 보여준 상하이 당 위원회의 행동에 대한 저항에 있어 핵심은 자신들의 투쟁이 작업장에서의 파업과는 아무런 상관도 없음을 분명히 하려 했다는 점이다. 달리 말해 그들은 자본주의 체제하에서 노동력을 파는 노동자의 역할과 사회주의 국가 안에서 진행되고 있는 노동자들의 역할에 대한 애매모호한 의례주의를 모두 피하려고 했던 것이다. 이와 같은 노동자에 관한 20세기 모델로부터의 이중적 탈피가 1월 폭풍의 절대적 참신성이라고 할 수 있을 것이다. 「상하이 인민들에 대한 호소문」과 「긴급 통지」에 드러나고 있는 정치적 참신성의 강력한 힘이 결국 당 권위의 붕괴를 이끌어낸 것이었다.

---

12 우이칭은 '1월 폭풍'에서의 경제주의에 관한 연구에서, 상하이 당 위원회의 의도가 반란 조직들에 대항하는 데 있었음을 인정하면서도, 경제주의에 대한 비판은 자본주의에서는 타당하지만 사회주의에서는 그렇지 않다고 주장한다. 따라서 당시 상황에서 경제적 요구는 정치적 가치를 지니고 있었다는 것이다. 그러나 이러한 구분은 어쨌든 반란 조직들에게는 중요한 문제가 아니었으며, 더 깊은 탐구가 필요하다.

조반파 노동자들이 그러한 붕괴로부터 어떠한 정치적 결과를 이끌어냈는지가 이후 며칠 동안 중요한 쟁점이 되었다. 마오쩌둥의 주도하에 1월 폭풍에는 '탈권'이라는 공식 표현이 부여되었다. 「상하이 인민들에 대한 호소문」과 「긴급 통지」 이 두 선언문이 만들어낸 최초의 가장 확실한 결과는 상하이 당 위원회의 권위를 박탈한 것이었다. 조반파 노동자들이 당 위원회의 행동이 실행 불가능하고 그 결정 역시 무가치하고 공허하다고 선언했을 때, 상하이 당 위원회는 더 이상 복종을 강요할 수 없었고 붕괴할 수밖에 없었다.

탈권

궁극적으로 1월 폭풍은 중국공산당과 노동 계급의 관계에 대한 시험대였기 때문에, 향후 문화대혁명의 전개에 있어 그 결과는 광범위한 영향을 끼쳤고, 상하이와 여타 지역 모두에서 파급력을 발휘할 수밖에 없었다.

이러한 사건들은 다원화의 극단이자 정치적 실험이 행할 수 있는 최대한의 것을 보여주었다. 더불어 나는 1월 폭풍 이후가 독립 조직의 확장과 쇠락을 가른 분수령이었다고 생각한다. 하지만 어떻게 다원화의 절정이 곧바로 수축의 전조가 되었던 것일까? 이 두 시기 사이의 불연속성은 결코 자명하지 않다.

나는 그와 같은 극적인 변화의 시나리오에 접근하기 위해서는 마르크스-레닌주의적 정치 지식의 전체적인 틀 속에서 핵심적인 문제라고 할 수 있는 탈권에 초점을 맞추고, 이 개념적 누빔점(conceptual knot)이 1967년 초 중국의 정치 상황에 미친 영향을 분석하는 데 초점을 맞춰야 한다고 생각한다.

역사유물론은 탈권이라는 개념에 대한 합리적 기반을 제공하려했다. 원칙적으로 혁명적 문화에 있어 탈권은 계급투쟁의 결과이며, 정치와 국가에 대한 여러 견해들 사이의 급진적인 대립을 포함하고 있다. 그것은 비단 '권력의 획득과 분배를 향한 투쟁'에 불과한 것이 아닌바, 그것은 베버가 '소명으로서의 정치'의 정수라고 생각했던 것이기도 하다. 사실 베버주의적 개념은 그저 모든 통치 주체에게 나타나는 '본능'의 일종을 묘사한 것일 뿐으로, 그것은 그 자체로 경쟁자들 사이에서 아무런 원칙상의 차이도 없는 권력을 위한 권력에 불과한 것이다.

20세기 혁명사에서 탈권이라는 개념은 또한 기회주의, 자의성, 전제주의, 심지어 사회주의 국가의 테러주의적 관점의 원천이기도 했다. 문화대혁명 기간 동안 이러한 모든 모호함의 결절점들은 절정에 달했다. 하지만 그럼에도 불구하고 20세기 공산당의 이데올로기에 있어 '탈권'은 합리적 원칙이자 정치에 관한 역사적 관점의 내핵으로 자임해왔다. 혁명은 '역사의 핵심 동력'이었고 '탈권'은 그 전략적 임무였다.

상하이 탈권에서의 마오쩌둥

최초로 마오쩌둥이 1월 폭풍을 탈권으로 선언했기 때문에 우리는 그 즈음의 마오쩌둥의 정치적 입장에 관한 논의로부터 시작해야 할 필요가 있다. 다시 한번 그러한 선언에 초점을 맞춤으로써 전체적인 서사는 좀 더 무거워질 것이지만, 나는 중요한 정치적 이슈가 좀 더 명확해질 수 있을 것이라고 기대한다.

마오쩌둥은 1월 폭풍에 있어 결정적인 역할을 수행했다. 그는 전개되고 있던 사건들을 지속적으로 파악하고 있었으며, 그의 모든 개입은 상황에 대한 면밀한 이해를 보여주었다. 가장 핵심적인 쟁점은 2월에 제기된 상하이 코뮌의 이름을 혁명 위원회로 바꾸어야 한다는 마오쩌둥의 제안이었다. 그것은 후퇴였을까? 또는 합의? 전진? 이러한 문제들을 논의하기 위해서는 반드시 마오쩌둥의 언급을 자세하게 읽어야 한다. 당시 마오쩌둥의 언급은 세 가지 범주로 구분될 수 있을 것이다.

첫 번째 범주는 상하이 노동자 혁명조반파 총사령부가 1월 초에 발표한 「상하이 인민들에 대한 호소문」과 「긴급 통지」에 대한 반응으로 나타난 것으로, 이에 대해서는 앞서 언급한 바 있다. 마오쩌둥은 이러한 성명서를 매우 잘 썼다고 칭찬하면서 "우리 기사보다 훨씬 낫다"고 언급했다. 마오쩌둥의 이와 같은 발언에 중앙위원회는 조반파 노동자들에게 축전을 보냈고 『인민일보』는 조반파 성명서의 참신함과 정확성을 강조하는 편집부의 의견과 함께 해당 문건을 재발행했다.

우리가 자세하게 살펴보게 될 두 번째 범주는 당 기관지 『홍기(紅旗)』와 중앙일간지 『인민일보』에 게재된 세 편의 기사다. 마오쩌둥이 개인적으로 발의해 수정을 가한 이 기사들은 탈권을 당시 상황을 평가하고 투쟁을 조직하는 기준으로 제시하고 있었다.

뒤에서 살펴보게 될 세 번째 범주는 새로운 권력 조직의 이름으로서 '상하이 코뮌'을 사용할 것인지를 두고 2월 중순 마오쩌둥이 장춘차오 그리고 야오원위안과 나눈 대화로 구성되어 있다. 해당 문제에 관한 마오쩌둥 언급의 요약본은 상하이 조반파 노동자들과 전 중국의 독립 조직들 사이에서 즉각적으로 회자되었다.

먼저 두 번째 범주를 살펴보자. 마오쩌둥의 영향을 받았으며 매우 밀도 높고 중대한 결과를 초래했던 세 편의 탈권에 대한 글은 각각 1월 16일, 22일, 31일에 발표되었다.

그들 중 최초의 것은 1월 16일자 『홍기』에 실린 사설로서, 상하이 조반파 노동자들이 "정확한 방침, 정책, 조직형식 그리고 투쟁형식을 제공"했음을 칭찬하고 있다. 「사설」은 1월 폭풍이 "문화대혁명의 새로운 단계"라고 쓰고 있다. 1월 폭풍의 주요 임무는 한 줌밖에 안 되는 "자본주의 노선을 따르고 있는 당권파(이러한 표현은 「5·16 통지」에서 이미 나타났던 것으로 종종 '주자파'로 약칭되곤 했다)"로부터 권력을 빼앗아(탈권) "위대한 프롤레타리아 문화대혁명의 새로운 질서를 수립하는 것"[13]이었다. 이것이 상하이에서의 사건을 탈권으로 명명한 최초의 언급이었다.

「사설」은 계속해서 마오쩌둥의 최근 언급을 인용하면서 탈권이 "프롤레타리아 독재라는 조건하에서, 한 계급이 다른 계급을 타도하는, 즉 프롤레타리아 계급이 부르주아 계급을 소멸시키는 혁명"이라고 말하고 있다. 사설은 또한 주자파에 대한 투쟁에 있어 "그들로부터 권력을 빼앗고" "그들에게 독재를 실행하는 것"은 불가피함을 분명히 하고 있다. 이러한 언급이 갖는 무게를 가늠하기 위해서는 그러한 독재가 갖는 정치적 정수가 혁명 시대의 궁극적인 문제가 된다는 것을 마음속에 담아둘 필요가 있다. 이 책 4부에서 논의하게 될 것처럼, 1975년 마오쩌둥이 제기한 주요 문제는 바로 "왜 부르주아에게 독재를 실행해야 하는가?"였다.

역시 마오쩌둥의 영감을 받아 작성된, 탈권에 대한 더욱 날카로운 논지가 담긴 글이 『인민일보』 사설로 게재되었으며, 이는 1월 22일 「프롤레타리아 혁명가들은 주자파 권력자들로부터 권력을 빼앗기 위해 대동맹을 결성하라!」[14]는 제목으로 발표되었다. 이

13　『紅旗』評論員,「無産階級革命派聯合起來」,『紅旗』 2(1967),『人民日報』, 1967年 1月 16日에 재게재.

14　「無産階級革命派大聯合, 奪走資本主義道路當權派的權」,『人民日報』, 1967 年 1月 22日.

것은 강렬한 정치적 호소였고, 그 핵심은 다음과 같은 단호한 도입부에 이미 언급되어 있었다. "혁명의 기본 문제는 정치 권력이다." 그러므로 "문화대혁명은 수천만의 인민이 스스로를 해방하고 당 내에서 권력을 장악한 한 줌의 주자파로부터 권력을 되찾는 … 탈권을 위한 투쟁"이다.

「사설」은 또한 몇 달 전만 해도 그러한 투쟁의 길은 뒤틀려 있었고 혁명가들은 패배했지만 그것은 "혁명가들 스스로의 손으로 탈권을 하지 못했기 때문"이라고 쓰고 있다. 반복되는 느낌표가 보여주고 있는 것처럼 전체적인 편집부의 논조는 탈권의 필요성을 선명하게 보여주고 있다.

> 혁명 대중이 그들의 운명을 자신의 손으로 이끌고 가는 최종적이고도 유일한 방법은 권력을 장악하는 것이다. 권력을 장악하면 모든 것을 손에 넣고, 권력을 얻지 못하면 모든 것을 잃게 된다. … 권력을 장악하는 것이 무엇보다 중요하다! 그렇게 되면 혁명 대중은 계급의 적에 대한 깊은 증오심을 품고, 이를 악물며, 강철과도 같은 결심으로 단결하고 대연합을 결정해 권력을 장악한다! 탈권!! 탈권!!! … 프롤레타리아 혁명가들, 진정한 혁명 좌파는 탈권에 주목하고, 탈권을 생각하며, 탈권을 위해 행동한다!

불과 며칠 간격으로 변화하는 해당 문제에 관한 마오쩌둥의 언급들을 비교해보면, 그 과정이 얼마나 중대한 전환점이었는지를 알 수 있다. 과장스러운 감탄사가 다소 줄어들기는 했지만 일주일 정도가 지난 1월 31일 『홍기』와 『인민일보』의 공동명의로 탈권에 관한 세 번째 문건이 등장했다. 중요한 문제들과 미묘한 논점을 추가하면서, 이번에도 마찬가지로 마오쩌둥의 영감을 받아 수정된 이 문건의 제목은 "탈권을 위해 투쟁하는 프롤레타리아 혁명 가들에 관하여"[15]였다. 이 문건은 "전략적 임무"로서 "한 줌밖에 되지 않는 당내 주자파"로부터 권력을 빼앗는 것을 칭찬하면서, "상당한 주의를 기울여야 할" 새롭고, 급박하며, 이론적이고도 정치적인 문제들을 논하고 있다.

먼저 주자파는 결코 그 어떠한 탈권도 선뜻 묵인하지 않을 것이며 무슨 수단을 써서라도 그들이 잃어버린 권위를 되찾으려고 할 것이다. 하지만 혁명가들은 반드시 '적대적 모순과 인민 내부의 모순'을 구분할 수 있어야 한다. 이 사설에서 핵심적인 사항은 탈권을 위한 투쟁의 전제 조건으로서 광범위한 대중들 사이에서 '대연합'을 구성해야 한다는 것이다.

사실 1월 22일의 사설 역시 대연합이 없다면 탈권은 "공허한 말"로 남게 된다는 점을 경고하면서 대연합이라는 주제를 분명하게 제시한 바 있다. 이 사설에는 마오쩌둥이 5·4 운동이 고조되던 분위기 속에서 아직 마르크스주의자가 되지 않았던 시절에 쓴 「대중의 위대한 연합」이라는 1919년의 유명한 문장도 주요 참조 문헌으로 인용되어 있다. 하지만 1월 22일 자 사설은 프롤레타리아로부터 권력을 탈취하기 위해 "위선적으로 혁명적 조반의 깃발을 흔들어대는" "한 줌밖에 되지 않는 완강한 부르주아"에 대한 경계의 중요성을 더욱 강조하고 있다. 또한 1월 31일 자 사설은 조반파의 자기-비판을 좀 더 결정적인 문제로 설정하고 있기도 하다.

사설은 "권력을 장악하고 조직 지도부의 자리를 차지한 대중 조직은" "서로 다른 관점을 가지고 있는 대중들과 대중 조직들을 통

---

15 「論無產階級革命派的奪權鬪爭」, 『紅旗』 3(1967), 『人民日報』, 1967年 1月 31日.

합할 수 있는 원칙을 갖추어야 한다"고 쓰고 있다. 또한 "소규모 집단 정서"와 같은 "착오적인 성향"은 "프롤레타리아 혁명의 위대한 연합을 방해"하지만 그것은 "인민내부의 모순이라는 범주에 포함되는 것으로" 반드시 "자기-비판을 통해 해결해야지 서로를 공격하는 방식으로" 문제를 해결해서는 안 되며 그렇지 않으면 "비적대적 모순이 적대적 모순으로 바뀔 수 있다"고 쓰고 있다.

이와 같은 맥락에서 사설은 이후 몇 주에서 몇 달 동안 발생하게 될 논쟁에 있어 핵심적인 위치를 차지하게 될 이론적 문제를 제기하고 있다. 사설에 따르면 탈권은 조반파 노동자들이 세심하게 고려해야 하는 '지위의 전환'이라는 문제를 포함하고 있다. 주의를 기울여야 하는 문제는 그러한 전환이 주관적인 선택에 미칠 효과에 주의를 기울이는 것이다. 전략적인 문제는 사회주의 체제 안에서 노동자의 새로운 정치적 역할의 가능성을 재발명하는 것이기에 조반파 노동자들은 탈권이 초래할 반작용에 대해 엄밀한 조사를 수행해야 한다.

혁명적 대중 조직이 특정한 부문에서 권력을 쟁취하게 되면 그들의 지위가 바뀐다. 이때 몇몇 동지들의 마음속에서 부르주아적 관념과 쁘띠 부르주아적 관념이 쉽게 나타날 수 있다. 이에 대해 우리는 매우 경계해야 한다. 우리는 반드시 모든 이기적인 관념과 개인적 고려를 털어내고 우리 영혼의 깊은 곳까지 혁명을 수행해야 한다. 모든 것은 반드시 프롤레타리아의 근본 이익으로부터 진행되어야 한다. 우리는 자신의 개인적인 특권과 지위에 대해 고민하기보다는 전체의 이익에 최대한의 중요성을 부여해야 한다.

사설은 그와 같은 특정한 상황 속에서 발생할 수 있는 또 다른 극도로 민감한 문제, 즉 간부들과 조반파 노동자들 사이의 모순을 어떻게 해결할 것인가라는 문제를 상세하게 논하고 있다. 조반파 노동자들은 "탈권에 있어 혁명적인 간부들의 역할에 주의를 기울여야 한다." 그리고 조반파 노동자들의 입장에서 간부들은 "사소한 착오"에도 불구하고 젊은 조반파 노동자들을 무시해서는 안 된다.

또한 사설은 "일반적인 간부들 중 압도적인 다수는" "선하고 혁명에 대해 우호적이다"라고 쓰고 있다. 지도부에 있는 모든 사람들을 믿을 수 없다고 여기는 것은 잘못된 것이다. 이미 지역 당 지도부의 착오적인 결정으로부터 어느 정도 거리를 두고 조반파 노동자들을 지지했던 간부들에 대해, 조반파 노동자들은 그들의 투쟁 참여를 환영해야 하고 "간부들이 조반파의 핵심 지도부에 참여하는 것이 권력의 탈취와 보존에 있어 상당한 도움이 될 것"이라는 점을 고려해야 한다. 이에 더해 착오를 저지른 간부는 정확한 원칙에 근거해 다루어야 하며 "무차별적으로 타도되어서는 안 되고 자신의 착오를 수정하고 올바른 행동을 함으로써 그들의 죄를 벌충할 수 있도록 격려해야 한다."

이어서 사설은 모든 간부들이 "과거 자신들이 이룩한 성취에 기대서 자신들이 대단하다고 생각해서는 안 되며, 이제 전면에 나서고 있는 젊은 혁명 투사들을 가볍게 여겨서는 안 된다"라고 언급하고 있다. 그들은 "자신의 과거 공적만 보고 오늘날 혁명의 일반적인 방향성을 보지 않는" 태도와 "새롭게 등장한 젊은 혁명 투사들의 단점과 실수만을 바라보고, 혁명에서의 전반적인 방향성이 올바르다는 사실을 인정하지 않는" 태도를 바로잡아야 한다.

그리고 "현재 진행되고 있는 탈권은 위로부터의 묵살 그리고 구조조정에 의해 영향을 받는 것이 아니라 대중운동이라는 아래로부터의 움직임에 영향을 받아야 한다"는 점을 강조하고 잠정적인 권력 기구를 세우는 것이 "핵심적이고 극도로 중요하다"는 점을 강조하고 있다. "전환의 시기를 관통해 광대한 대중들의 지혜가 온전히 펼쳐질 것이고 사회주의적인 경제적 토대에 더욱 잘 들어 맞는 정치 권력의 새로운 조직 형식이 만들어지게 될 것이다." 사설은 지난 6월 마오쩌둥이 베이징대학의 첫 번째 대자보에 "20세기 60년대에 등장한 베이징 코뮌 선언서"라고 찬사를 보냈던 것을 상기시키면서, 파리 코뮌을 그러한 새로운 조직 형태에 관한 주요한 참조점으로 인용하고 있다. 사설에 따르면 마오쩌둥의 그러한 언급은 곧 문화대혁명을 통해 "우리 국가 조직이 완전히 새로운 형태를 취하게 될 것"이라는 예언이었다고 할 수 있다.

1월 중순에 이르러 조반파 노동자들이 대면한 문제는 상하이 당 위원회를 붕괴시킨 후 그들의 정치적 존재를 어떻게 육성할 것인가 하는 것이었다. 그리고 다른 한편에서 중앙 정부가 상하이 당 위원회의 해산을 공식적으로 선언하지 않았기 때문에, 당 위원회 간부들은 여전히 지위를 보전하고 있었지만 독립 조직과 보황파 모두 그들을 신뢰하지 않고 있었다.[16]

마오쩌둥이 현장에서 사건을 '권력 장악'으로 명명하기로 한 결정은 자신이 돌이킬 수 없다고 판단한 상하이 당 위원회의 붕괴를 어떻게 다룰 것인가 그리고 조반파 노동자들의 정치적 잠재성을

16　장훙성은 상하이 코뮌에 관한 연구에서, 당시 마오가 중앙문혁소조에게 앞서 논의된 조항들을 기초하도록 독려했는데, 이는 당 권위의 붕괴 이후 독립적 조직들의 적극적 역할에 대해 중앙소조가 보였던 유보적 태도를 상쇄하기 위해 권력 장악의 중심성을 선포하려 한 것이었다고 주장한다. 그는 천보다와 저우언라이 같은 영향력 있는 인사들조차도 반란 노동자들이 상하이시 당위원회의 권위를 무너뜨린 뒤 상황을 감당할 능력이 있는지 의문을 품었다고 적고 있다. 심지어 천보다는 반란파에게 '권력을 장악'하게 하여 그들이 감당할 수 없음을 입증하려는 '비밀 계획'이 있을까 염려하기까지 했다.

어떻게 공고히 할 것인가라는 이중적인 고려를 반영한 것으로 보인다. 마오쩌둥은 조반파 노동자들이 새로운 상황을 온전히 감당할 수 있다고 생각했다. 지난 몇 달 동안 조반파 노동자들은 강력한 방해물들을 극복하면서 정치적으로 성장했고, 그러한 시간 속에서 혼란스러운 상황을 다룰 수 있는 자신들의 능력을 입증했다. 예를 들어 마오쩌둥은 노동자들이 공장을 떠나 항구를 봉쇄한 적위대를 대신해 학생들 사이에서 홍위병을 조직하고 동원한 사실을 칭찬했다. 한편 상하이 당 위원회는 수세에 몰려 있었지만, 반란의 물결이 잦아들 기미가 보이면 언제든지 공세를 재개할 준비가 되어 있었다.

조반파 조직들이 탈권 과정에 있다고 선언한 것은 상하이 당 위원회 지도부의 붕괴를 인정하고 그들의 대응 능력을 주시하는 동시에, 무엇보다도 독립적인 정치적 행동을 위한 그들의 능력과 정부 형태를 포함해 전체적인 상황을 다루기 위한 그들의 조치를 지지한다는 것을 의미했다. 간단히 말해 성명서는 조반파 노동자들의 역량을 통해 지방 정부에 급진적인 변화, 즉 단절이 필요하다고 주장하고 있었던 것이다.

앞서 언급한 세 편의 글은 상하이의 정치적 상황에 있어 결정적인 영향을 미쳤고 사건의 전체적인 전개에 있어 근본적이면서도 장기적인 영향을 행사했다. 실제로 그 문건들은 당시 상하이에서 조반파 노동자들이 대면하고 있었던 일련의 긴급한 정치적 임무들을 짚어내고 있었다. 다시 말해 그로부터 1년 반 이상 중국에서 발생할 문제들을 예견하고 있었던 것이다.

우리는 다시 한번 시기 구분의 복잡성에 직면하게 된다. 1967년 초에서 1968년 중순에 이르는 기간은 독립 조직들의 쇠퇴 시기에 해당하며, 해당 시기는 권력 문제로 초점이 이동하면서 독립 조직들 내부 그리고 조직들 간의 파벌 다툼이 두드러졌던 시기였다. 그렇다면 이론적으로나 정치적으로 탈권이라는 개념을 둘러싼 모든 예방 조치들이 수용되었음에도 불구하고, 왜 『홍기』에 실렸던 두 편의 사설—특히 두 번째 사설—에서 분명하게 제시되었던 전략적, 전술적 주장들은 결국 파벌주의를 방지하는 데 실패했던 것일까?

또한 이 문제는 앞서 언급한 다른 두 가지 질문과의 명확한 연관성을 제공해주고 있다. 즉 상하이에서 다원화의 정점이 왜 파벌주의의 쇠락으로 이어졌는지, 그리고 이후 몇 년 동안 상하이에서 왜 특별히 실험적이고 폭력 없는 정치적 분위기가 유지되었는지에 대한 질문이 그것이다. 앞서 언급했던 것처럼 파벌주의의 급격한 쇠락은 독립 조직들의 쇠퇴에서 비롯되었기에 이제 그 특수한 상황에서 정치적 개념으로서의 권력 장악이 미친 영향에 초점을 맞춰보기로 하자.

탈권과 1월 폭풍

혁명적 문화에서 가능한 개념적 틀 안에서—그러한 틀의 범위를 한정하는 것이 필요하다—마오쩌둥의 언급은 가장 강력한 잠재력을 가지고 있었다. 사실 그러한 잠재력의 첫 번째 결과는 조반파 노동자들의 힘을 강화하고 상하이 당 위원회가 반격을 하지 못하도록 하는 것이었다. 이러한 의미에서 마오쩌둥의 용어 선택은 시의적절하고 근거가 탄탄했으며, 앞서 보았듯이 그는 조반파 노동자들에 의해 이루어진 '지위 변화'로 인해 심각한 파장이 발생할 위험이 있다는 점까지도 인정하고 있었다.

그러나 앞서 논의했던 것처럼 탈권은 혁명적 문화 속의 여러 개념들 중 하나에 그치는 것이 아니라, 방대한 개념 체계의 핵심 지점으로, 그것은 상하이에서 모종의 교착 상태를 만들어냈다. 이와 같은 핵심 사항을 다시 한번 요약해보기로 하자. 계급-기반 정치에 있어 탈권은 강력한 역사적, 경제적, 심지어 철학적 계보를 자랑해왔다. 혁명적 문화에 있어 1960년대 공산당의 공식 강령은 새로운 생산력을 대표하는 프롤레타리아가 오래된 생산관계를 대변하는 부르주아를 타도한다는 계급투쟁 역사의 결정적인 단계를 표지하고 있었다. 노동자와 당의 관계는 그 중심 기둥이었다. 노동 계급의 정치적 주체성은 탈권을 통해 사회주의에서 공산주의 사회로의 전환을 이끄는 계급의 전위인 공산당 안에 온전히 각인되어 있었다.

그렇다면 1월 폭풍 당시 조반파 노동자들이 노동 계급과 공산당 사이의 역사적-정치적 관계에 관한 문제를 제기했을 때, 탈권은 베버적 의미에서가 아니라 혁명적 문화라는 틀 안에서 무엇을 의미했던 것일까? 1월 폭풍으로 인해 계급에 기반을 둔 혁명적 문화에 큰 격변이 일어났음에도 불구하고, 혹은 그러한 큰 격변 때문에, 탈권이라는 개념은 그 특권적 지위를 상실했을 뿐만 아니라 역설적으로 과도할 정도의 추진력을 얻게 되었다.

탈권이라는 개념은 사실상 상하이 조반파 노동자들에게 정치적 추진력을 선사해주었다. 1월 초까지 32개의 독립 조직이 「상하이 인민들에 대한 호소문」과 「긴급 통지」에 대한 연대 서명에 참여하고 같은 달 후반에 이르게 되자 수백 개의 조직이 등장했다는 사실을 고려할 때 다원화의 급속한 확대는 분명해졌다고 할 수 있을 것이다. 다른 한편에서 탈권은 또한 특이한 역할을 담당했다고 할 수 있는바, 이를 '대체적' 역할이라고 부를 수 있을 것이다. 왜냐하면 탈권이 1월 폭풍 이후 혁명 문화의 견고함을 보장하는 주요한 요소로 작용했기 때문이다. 노동자 총사령부와 적위대 사이의 분열 이후 프롤레타리아라고 하는 범주는 어떻게 이해되어야 하는가? 그렇다면 정확히 부르주아는 어디에 있는가? 누가 새로운 생산력을 대표하는가? 누가 이전의 생산양식을 비호하는가? 그리고 무엇보다도 상하이 당 지도부가 두 달에 걸쳐 새로운 노동자 조직에 강력하게 반대한 이후 붕괴해버렸을 때, 중국공산당과 그 지도부와 간부들은 어떻게 해야 하는가?

이 시점에서 탈권은 '개념적 대리자'가 되었다. 달리 말해 그것은 독립적인 조직들의 존재 자체로 인해 불안정해진 동일한 개념적 틀을 안정시키는 원칙이 되었던 것이다. 통합적 대리자로서 탈권이라는 개념의 위치는 극적으로 높아졌다. 모든 주의 사항과 상황의 특수성에 관한 상세한 설명에도 불구하고, 앞서 살펴봤던 두 편의 『홍기』 사설 중 첫 번째 사설은 거침없이 혁명적 결단력의 나침반이자 시금석을 만들어냈다.

하지만 이후 사건의 전개는 매우 고통스러운 것으로 드러났다. 앞서 살펴봤던 것처럼 각각 1월 22일과 31일에 발표된 마오쩌둥의 영향을 받았던 두 편의 『홍기』 사설의 어조 차이는 상하이에서의 급격한 정세 발전에 대응하기 위해 조정된 것이었다. 후자의 사설은 좀 더 자기-비판적 태도의 필요성과 조반파 대연합의 형성을 강조하고 있었다. 하지만 실상 1월 중순 다원화의 과정 속에서 몇몇 조직들이 여타 조직들에 비해 더욱 대범한 태도를 보이면서 파벌들 간의 경쟁이 시작되었다. 심지어 상하이 노동자 혁명조반파 총사령부 내에서도 규모가 큰 집단은 좀 더 이른 시점에 대중 시위를 통해 얻은 혁명적 우위에 기반해 독자적인 역할을 맡으려 하고 있었다.

얼마 지나지 않아 탈권이라는 관념은 혁명가들 사이의 분열의 원천이 되었다. 그 즈음 여러 조반파 조직에 의해 다섯 차례의 탈권이 발생했는데, 그것은 실질적으로 이미 담당자들에 의해 버려 졌을 가능성이 높은 정부 청사를 일시적으로 점거하는 형태를 띠 고 있었다. 심지어 몇몇 조반파 노동자들은 권력의 상징인 관인 (官印)을 너무 문자 그대로 받아들여, 정부 공문서에 부착된 공식 도장을 점유하기까지 했다.

하지만 행동은 오래가지 못했다. 왜냐하면 점차 그 숫자가 늘어 나고 있었던 독립 조직들 사이의 관계를 해결하지 못했고, 시 정부 기구를 어떻게 해야 할지도 몰랐기 때문이다. 상하이의 조반파 노 동자들은 거의 즉각적으로 자신들이 막다른 골목에 들어섰다는 것 을 깨달았고, 실제 상황을 다루기 위해서는 방향을 수정할 필요가 있었다. 1월 말이 전환점이었다고 할 수 있는데, 당시 상하이 노동 자 혁명조반파 총사령부의 주류 세력이 이끌고 있던 여러 조직들 은 문화대혁명 중앙위원회가 반복해서 종용하고 있던 대연합을 결 성하기로 결정했다. 분명 두 번째『홍기』사설이 시발점이었다고 할 수 있을 것인데, 본 사설은 새로운 형태의 통치 조직의 상징적 인 명칭으로서 파리 코뮌을 참조점으로 삼고 있었다. 2월 초 상하 이 노동자 혁명조반파 총사령부와 여타 조직들은 상하이 당 위원 회를 대체하기 위해 상하이 인민공사를 수립하기로 결정했다.

코뮌

잘 알려져 있는 것처럼 혁명위원회에 의해 얼마 지나지 않아 대 체되어버린 상하이 코뮌의 성립은 문화대혁명 기간 중 궁극적이 면서도 복잡한 단계들 중의 하나였다. 분명 '철저한 부정(徹底否 定)'이라는 공식 서사는 상하이 코뮌에 대해 일련의 비난을 퍼붓 고, 조반파들을 강력한 후원자들에게 쉽게 조종당하는 야심 많은 폭력배로 묘사하는 것 외에는 별달리 할 수 있는 말이 없었다. 이와 같은 상하이 코뮌에 대한 완전히 왜곡된 관점이 널리 퍼져 있고, 그러한 관점은 이후 사태의 전개를 모두 장춘차오에 의한 '음모' 탓으로 돌려버리고 있다.

하지만 내가 앞으로 제시하게 될 것처럼, 현재 활용 가능한 좀 더 광범위한 문헌 고찰을 통해 다른 면모가 드러난다. 뒤에서 논의하게 될 것처럼, 탈권이라는 개념을 '축소'—자신들의 정치적 발명의 운명에 대한 광범위한 집단 토론을 통해 그 개념이 불러일으키는 상상적 의미의 상당 부분을 제한하는—할 수 있었던 상하이 조반파 노동자들의 정치적 능력이 바로 그러한 다른 면모를 보여주고 있다. 나는 이러한 관점을 통해 상하이 코뮌에서 혁명위원회에 이르는 과정을 다시 고찰해볼 것이다.

1월 9일 「상하이 인민들에 대한 호소문」과 「긴급 통지」에 연대 서명을 했던 32개의 조직이 2월 초 상하이 인민공사를 세우기로 결정한 것은 교착 상태를 극복하려는 조치였으며, 비록 그 과정은 복잡했지만, 사실상 초기 분파주의의 징후이기도 했다. 이후 장춘차오가 얼마 지나지 않아 제시한 설명에 따르면, 조반파 노동자들이 자신에게 코뮌 성립 의사를 밝혔고, 자신과 야오원위안은 즉각 동의를 표했다. 그럼에도 문화대혁명 중앙위원회의 마오주의자들은 이전 시 정부의 고위 간부들 역시 참여한다는 조건하에서만 새로운 조직을 인정할 수 있다며 반대 의사를 표했다. 다시 말해 중앙위원회는 상하이 간부, 즉 중국공산당을 제외한 새로운 통치 조직을 인정하지 않으려 했던 것이다.[17]

하지만 문제는 앞으로 이어질 몇 주 동안 상하이 시의 간부들이

---

17 張春橋, 「姚文元在在上海群眾大會上的講話」, 1967年 2月 24日, 『張春橋文集』, vol.I, 203-53. 이 세 권짜리 문집은 烏托邦書店에서 출판한 비공식 판본이며, 본 저자가 2008년 구입한 것이다.

상하이 당 위원회의 강경노선을 따르거나, 최소한 그것에 반대하지 않았다는 것이다. 당시 상하이 시에는 6천 명의 중간 간부와 6백 명의 최고위 간부가 재직 중이었는데, 대부분 중간 간부인 소수만이 공개적으로 조반파 노동자들을 따랐는바, 지역 '서기 그룹'이 그 예가 될 것이다. 장춘차오가 문화대혁명 중앙위원회에 지역의 최고위 간부들 중 아무도 코뮌에 참여할 의사를 밝히지 않았다고 보고하자, 중앙위원회는 최소한 장춘차오와 야오원위안이 상하이 시 공무원의 권한으로서 코뮌에 참여할 것을 권유했다.

조반파 노동자들은 즉시 이를 받아들였고, 이를 통해 또 다른 주요하지만 암묵적인 장애물을 단번에 극복했다. 장춘차오와 야오원위안의 포함은 원칙적으로 코뮌이 간부들의 참여도 받아들일 수 있음을 의미했다. 하지만 또 다른 문제가 등장했다. 코뮌의 탄생에 있어 집단적인 산파 역할을 했던 조직의 3분의 2가 상하이 당 위원회의 축출에 서명한 것을 근거로 코뮌에 대한 완전한 권리를 주장하는 동안, 70개 정도의 새로운 독립 조직이 몇 주 사이에 구성되었던 것이다. 새롭게 조직된 조직들은 크고 작은 충돌을 일으킬 정도로 성숙한 좀 더 소규모의 조직들이었고, 이들 중 몇몇은 자신들이 새로운 지배 연합에서 소외되어 있다고 느끼면서 '두 번째 상하이 인민공사'를 구성할 준비가 되어 있다고 말했다. 그리고 이러한 조치는 분명 첫 번째 코뮌의 목적을 해칠 것이 분명했다.

장춘차오가 다시 한번 공백을 메웠다. 그는 새롭게 결성된 조직들에게 문화대혁명 중앙위원회가 몇몇 간부들에게 새로운 통치 조직의 일부가 되어줄 것을 요구하고 있지만, 야오원위안과 자신이 두 사람만이 가능하며, 자신들은 이미 첫 번째 코뮌의 일부라고 이야기했다. 그리고 그는 32개의 조직들이 코뮌의 '구성 부분'

이 아니라 '발기인'으로서 코뮌 성립 문건에 서명했으며, 이후 모든 사람들이 가입할 수 있을 것이라고 제안했다. 그의 제안이 받아들여지고 난 후, 코뮌은 '선언문'과 함께 2월 5일 형식적으로 구성되었고, 상하이 시 중앙 광장에서 수백 만의 사람들이 열정적으로 시위를 벌였다.

하지만 이내 문화대혁명 중앙위원회가 여전히 주저하고 있다는 것이 명백해졌다. 1월 초 조반파 조직들의 두 개의 문건에 대한 지지와는 다르게, 이번에는 아무런 축전도 전해지지 않았고, 상하이의 『해방일보』에 코뮌이 발표한 선언문이 공개되었지만, 중앙지는 그것을 무시했다. 일주일 후, 장춘차오와 야오원위안은 베이징으로 갔고, 그곳에서 그들은 여러 차례 마오쩌둥과 만났다. 그 자리에서 마오쩌둥은 상하이 코뮌의 이름과 지위에 대해 조반파 조직들과 재협상을 진행할 것을 제안했다. 이것은 마오쩌둥이 파리 코뮌을 핵심적인 참조점으로 인용하면서 세심하게 수정했던 1월 31일 자 사설이 상하이 코뮌 성립 전날 등장했었다는 점을 고려하면 예기치 못한 사건이었다. 그렇게 짧은 시간 동안 무슨 변화가 있었던 것일까?

선언문

이 몇 주 동안 조반파 노동자들이 발표했던 정치적 언급들은 여기서 허용된 분량보다 좀 더 체계적으로 논의할 필요가 있지만, 적어도 우리는 코뮌 선언문을 면밀히 분석하며 논의를 이어갈 수 있다. 비록 이를 언급하는 몇 안 되는 연구들조차도 자세히 다루는 경우는 드물지만, 선언문은 하나의 테제를 제시하고 있으며 그 모든 논거는 탈권을 중심으로 전개되고 있었다. 선언문은 "우리의 모든 중심 임무는" "탈권이다. 우리는 권력을 완전히, 100%

장악해야 한다"고 적고 있다.

선언문은 자신의 주장을 강조하기 위해 마오쩌둥의 1933년 연설의 한 문장을 인용하고 있으며 다음과 같이 자신의 의도를 더욱 자세히 진술하고 있다. "모든 혁명적 투쟁은 권력을 장악하고 그것을 강화하기 위한 것이다." 하지만 그 특정 문장은 혁명적 문화에 본질적인 것이었으며, 1930년대 그 어떤 마르크스주의 혁명가라도 그것을 말할 수 있었을 것이다. 이에 대한 저작권은 존재하지도 않았고 존재할 수도 없었다. 1월 폭풍 이후, 권력 장악에 대한 이처럼 집요한 언급은 필연적으로 난관을 시사하는 것이기도 했다.

1963년 마오쩌둥이 쓴 「궈모뤄에게 답함」이라는 시의 두 구절—'사해(四海)가 일어나고 비와 구름이 울부짖네/대륙이 갈라지고, 바람과 천둥이 몰아치네(四海飜騰雲水怒, 五洲震蕩風雷激)'—을 인용한 후, 선언문은 다음과 같은 침통한 말을 내뱉는다. "우리 상하이 프롤레타리아 혁명가들은 전국 그리고 전 세계에 위대한 1월 혁명의 폭풍 속에서 이전의 상하이 지역 위원회는 붕괴되었으며, 상하이 인민공사가 태어났다는 것을 선언한다." 선언문은 단호한 정치적 열정과 강력한 보편주의적 결정('우리는 … 전 세계에 고한다')을 선언하고 있으며, 파리 코뮌에 대한 언급은 그 확고한 국제주의적 의도를 더욱 분명히 보여주고 있었다.

이어서 선언문은 코뮌이 앞으로 남아 있는 주요한 정치적 임무와 관련된 '최초의 조치'에 불과하다고 선언하고 있다. 하지만 그것은 다음과 같은 몇 개의 수사적인 공식만을 말하고 있을 뿐 그 이상의 무엇도 말하지 않고 있다. 노동자들은 '혁명을 일으키고 생산을 촉진할 것이며', 학생들과 지식인들은 '자기-개조'와 '교육 개혁'을 수행할 것이며, 군대는 '혁명가들을 지지할 것이고', 간부들은 '수정주의 권위들을 비판할 것이다.' 결국 이 모든 차후의 조치들은 주로 '모든 영역'에서의 탈권과 연계되어 있는 것이었다.

선언문의 어조는 「상하이 인민들에 대한 호소문」과 「긴급 통지」의 그것보다 귀에 거슬릴 정도로 급진적이었던 반면, 후자는 적위대와 상하이 당 위원회를 다루기 위한 임무와 태도를 명확하게 가리키고 있다는 점에서 사안의 핵심을 제대로 파악하고 있음을 보여주었다. 선언문은 조반파 조직들 사이의 불화를 어떻게 해결할 것인지 그리고 상하이 정부의 여러 계층에 속해 있는 당 간부들을 어떻게 다룰 것인지와 같은, 당시의 긴급한 문제들에 대해서는 아무런 언급도 하지 않고 있었다. 이와 같은 결락은 불과 몇 페이지 동안 무려 63번이나 반복되는 '탈권'이라는 표현과 여러 개의 느낌표로 인해 더욱 두드러지고 있다.

코뮌 선언에 대한 대중의 열광적인 지지와 장춘차오의 끈질긴 노력 덕택에 조직 간 및 조직 내부의 경쟁이 일시적으로 완화되었지만 여전히 해결되지는 못했다. 실제로 그들은 바로 다음 날 새로운 기구에서 각 참여 조직에 배정된 역할이 1월 폭풍으로 달성한 혁명적 공로에 비례하는지에 관해 공개적으로 논쟁을 벌일 준비가 되어 있었다. 상하이 노동자 혁명조반파 총사령부 내의 소수 집단은 왕훙원의 리더십에 문제를 제기하고, 행사의 마지막 순간에만 참여할 것에만 동의하면서 코뮌 선언 전날까지 예정대로 자신들을 인정해줄 것을 요구했다. 선언문은 최대의 단결을 촉구했지만, 그런 긴장 속에서 탈권이라는 대의를 통해 겨우 결성된 다양한 조직들 간의 동맹은 불화가 쉽게 일어날 수 있는 상황 속에서 불안정한 휴전만을 만든 셈이었다.

당 간부들에 대해 선언문은 지역 위원회를 무너뜨린 것이 당을 무너뜨린 것과는 다르다고 언급했다. 문제의 복잡성은 공산당의 역할을 정부 기구의 그것과 구분할 수 없었다는 것이다. 투쟁의 목표가 '자본주의 노선을 따르는 한 줌의 지도부'라는 반복되는 공식에도 불구하고 당-국가 지역 기구의 운명은 여전히 전체적으로 미결정된 상태로 남아 있었다. '지역 수준에서 프롤레타리아 독재를 위한 정부 기구의 새로운 형태'를 만들어내겠다는 언급은 조반파 조직의 역할에 관해서도, 기존의 국가 기관을 어떻게 다룰 것인가에 관해서도 분명하게 언급하지 않고 있었다. 그리고 모든 관련 문제들을 한층 심화된 탈권으로 미루어두고 있었다.

조반파 노동자들에 대한 두 가지 질문과 마오쩌둥의 대안

코뮌의 이름은 설립된 지 약 2주 후, 마오쩌둥이 장춘차오, 야오원위안 그리고 상하이 마오주의자들과 일련의 회의를 가진 이후 혁명위원회로 바뀌었다. 이는 결정적인 사건으로, 당시 전개되던 사건들과 그로 인해 발생한 문제들에 대한 면밀한 조사에 있어 중심이 되는 지점이라고 할 수 있다. 논의의 쟁점은 코뮌이라는 이름의 폐기가 새로운 조건하에서 이전의 정치적 핵심을 포기하는 것인지 아니면 이어가는 것인지에 관한 것이었다.[18]

---

18 장훙성의 상하이 코뮌 연구와 그에 대해 알랭 바디우가 벌인 논의는 이론적 문제들에 다시금 창을 열어주는 의의를 가진다. 바디우는 장훙성의 연구 프랑스어판 서문에서, 과거 자신이 그 사건들을 해석했던 것과 마찬가지로, 코뮌이 문화대혁명 속에서 등장한 가장 높은 수준의 공산주의적 혁신이었으며, 그 뒤를 이은 혁명위원회는 당-국가의 전통적 형태로의 후퇴였다고 주장한다. 반대로 장훙성에게 있어 그 결정은 이전의 정부 조직으로 되돌아간 것이 아니라, 상하이에서 나타난 모든 정치적 혁신들을 정치적 주도력이 덜 성숙하고 독창적이지 못한 상황들에 적용할 수 있는 준거점으로 만들려는 것이었다. Jiang Hongsheng, *La Commune de Shanghai et la Commune de Paris*(Paris: La Fabrique, 2014)을 볼 것.

나는 코뮌을 정치적 발명의 정점으로 보는 시각이 11월에 시작된 전체적인 정치적 과정의 독특성과 복잡성을 비롯해, 그러한 정치적 과정의 핵심과 그것이 마주한 방해물들 그리고 그러한 방해물들을 극복하기 위한 노력을 간과하게 될 위험이 있다고 생각한다. 해당 사건과 그 범주를 고찰하기 위한 기준은 그 형태가 아무리 독특한 것이었다고 하더라도, 상하이의 혁명가들이 수립하려 시도했지만 결국 실패한 통치의 특정 형태에만 국한되어서는 안 된다.

상하이에서 발생한 사건의 핵심은 더 이상 스타하노프 모델 속에 머물지 않고, 나아가 당-국가가 자신들의 행동을 수용할 것인가의 여부와 관계없이 자신들 스스로의 집단적 존재를 조직할 수 있는 노동자들의 새로운 정치적 존재를 위한 실험이었다. 독립 조직들이 자신을 당-국가로부터 떼어놓을 수 있는 정치적 거리는 곧 독립 조직의 정치적 배포를 실험적으로 테스트하기 위한 전제 조건이었다. 그러므로 문제는 코뮌이 조반파 노동자 조직들에 의해 몇 주 동안 구현된 그 특유의 정치적 발명이 최대로 확장된 순간이었는가 하는 것이었다.

코뮌에서 혁명위원회로의 전환은 노동자들과 상하이 지역 마오주의자들 모두와 연계된 문제였다. 그러한 변화에 이르게 된 것은 분명 자발적인 도약에 의한 것이 아니었다. 실제로 그러한 변화에 관한 결정은 다양한 생각들 속에서 복잡다단한 혼선을 거듭한 복잡하고도 집단적인 협상의 결과였다. 분명 마오쩌둥은 사건이 결정적인 교차점에 다다랐을 때, 자신의 구체적인 결정에 수반된 이론적 숙고와 피할 수 없었던 망설임을 포함한 결정적인 역할을 수행했다. 하지만 마오쩌둥이 몇 달에 걸쳐 수백만 명의 능동적인 참여를 이끌어낸 정치적 상황을 마주했을 때, 권력에 대한 차디찬

계산에 근거하여 오직 권력을 보전하기 위한 결정을 내렸다고 주장하는 것은 당시 상황의 복잡성을 저평가해버리는 것이다. 앞서 살펴보았듯이, 상하이의 조반파 노동자들은 자신들이 택한 길을 쉽게 저버리지 않았다. 실제로 그들은 자신들의 내부에 있던 마오주의 그룹의 견해에조차 단호하게 맞섬으로써 자신들의 패기를 입증했다.

2월 중순에 개최된 마오쩌둥과 상하이 담당 공무원인 장춘차오 및 야오원위안이 참석한 베이징 회의에서는 분명 장춘차오가 상하이로 돌아가면서 공식적으로 언급한 것보다 더욱 많은 주제가 논의되었다. 하지만 그의 언급은 상하이에서의 사건들에 관한 마오쩌둥의 생각에 거의 초점을 맞추지 않고 있는 것처럼 보였다.[19] 주목할 만한 것은 이 대화에서 마오쩌둥의 말과 어조가 얼마나 신중했는지, 그리고 그의 발언이 현재 역사학이 그에게 부여하고 있는 변덕스러운 폭군의 이미지와 얼마나 동떨어져 있는가였다. 마오쩌둥은 상하이 공무원들에게 결정을 내리기 전에 또 다른 선택지가 없는지 신중하게 고민할 것을 부탁했다. 보도된 회의 내용에 있어 핵심은 코뮌이라는 이름에 대한 마오쩌둥의 대안과 그가 조반파 노동자들에게 제시한 두 가지 질문에 관한 것이었다. 마오쩌둥은 자신의 메시지를 상하이 조반파 노동자들에게 전달하게 될 장춘차오와 야오원위안에게 질문을 건넸는데, 간단히 말해 그 질문은 '당신들의 새로운 조직은 정확이 무엇인가' 그리고 '공산당을 어떻게 할 생각인가'였다.

첫 번째 문제에 관해 마오쩌둥은 정치 조직, 즉 '조직 핵심'은 반드시 필요한 것이라고 말했다. 그는 약간의 냉소를 담아 그것을

---

19 「對上海文化大革命的指示」, 『毛澤東思想萬歲』(北京: n.p., 1969), 667-72.

국민당이나 일관도(一貫道)라고 불러도 좋다고 말했다. 일관도는 1949년 이후 금지된 도교 교파의 이름이다. 결국 조직 없이는 혁명 정치가 불가능하다는 것이다. 그러므로 상하이 조반파 노동자들에 대한 질문은 다음과 같이 요약된다. 코뮌이 당신들의 조직 핵심인가? 주목할 점은 마오쩌둥이 조직에 관한 고정관념을 가지고 있었던 것은 아니었다는 사실이다. 실제로 그는 진정한 쟁점은 정치 조직 자체의 재창조라고까지 언급했다.

그렇다면 첫 번째 질문은 마오쩌둥이 베이징대학의 첫 번째 대자보를 승인했던 1966년 6월 이후 문화대혁명의 전체 과정에 관한 핵심적인 질문이 된다. 어떻게 평등주의적 정치 조직을 재발명할 것인가? 지난 8개월 동안 일어난 모든 사건들의 전개는 이 문제와 관련된 것이었다. 그러한 평등주의적 정치 조직의 재발명에 있어 공산당의 역할은 무엇인가라는 두 번째 질문 역시 중요하다. 상하이의 혁명가들이 당의 폐기를 원했다고 생각할 이유는 없다. 그들은 분명 관료 기구와 그것이 행한 크고 작은 독재에 가혹한 비판을 퍼부었다. 하지만 폭풍의 핵심은 공산당이 정치 조직의 유일한 형태가 아닐 뿐만 아니라, 나아가 조직 형태의 제한 없는 다원화의 실험을 통해 새로운 조직을 만들어낼 필요가 있다는 것이었다.

1967년 중국의 상황은 1980년대 후반 소련공산당 및 그 위성 정당들의 상황과 비교할 수 없는 것이었다. 그것은 또한 1989년 봄 대중운동에 대한 유혈 집압으로 인해 중국공산당이 얻게 된 오명과도 비교할 수 없다. 당시 혁명조반파 노동자들의 문제는 중국공산당을 없애는 것이 아니라, 앞으로 전개하게 될 정치적 실험을 통해 중국공산당이 만들어낸 뿌리와 가지 그리고 그 역할을 다시 생각해보자는 것이었다.

마오쩌둥의 두 질문은 너무도 정확했을 뿐만 아니라 상황을 꿰뚫고 있었다. 그 문제들은 일반적인 차원에서는 문화대혁명 자체 그리고 개별적인 차원에서는 상하이 혁명가들이 대면하고 있었던 핵심 쟁점을 선명하게 드러내고 있었다. 당시 두 번째 문제와 관련된 가장 첨예한 문제는 일시적으로 모순을 덮어놓고 있던 수많은 혁명 그룹들 사이에서 어떻게 안정적인 연대를 확보할 것인가였다. 공산당의 문제를 다룰 때 코뮌은 장춘차오와 야오원위안을 포함시키는 상징적인 제스처에 의존했다. 이러한 움직임은 모든 수준의 당 간부가 환영받는다는 것을 보여주고 있었지만, 그것은 앞으로 닥쳐올 더욱 커다란 문제들을 해결하기 위한 잠정적인 조치였다.

마오쩌둥이 장춘차오와 야오원위안과의 대화에서 신중하게 언급했던 코뮌이라는 이름에 관한 핵심적인, 두 번째 문제로 돌아가 보자. 마오쩌둥은 '명칭'이 '실제'와 헷갈려서는 안 된다고 주장하면서, '명칭'의 문제를 반복해서 언급한다. 코뮌은 '명칭'일 뿐으로 그것의 중요성이 과장되어서는 안 된다. 왜냐하면 '명칭이라는 것은 바뀌기 마련(名稱變來變去)'이기 때문이다. 그러나 '코뮌'이라는 이름의 '실제'는 어디에 있는가? 그리고 더 구체적으로 당시 마오쩌둥이 했던 발언에서 '실제'의 의미란 무엇인가?

마오쩌둥이 자신이 그동안 고수해온 입장에서 한 걸음 물러나면서 자신을 수정하고 있다는 사실을 상하이에서 온 그의 대화 상대자들은 분명하게 알아차렸다. 하지만 정확히 무엇으로부터의 물러남이란 말인가? 모든 사람들은 마오쩌둥이 베이징대학의 첫 번째 대자보를 지지했던 지난 6월 이래로, 코뮌을 문화대혁명의 결정적인 초석으로 칭찬했다는 것을 잘 알고 있었다. 더군다나 앞서 보았던 대로, 마오쩌둥으로부터 영감을 받았던 사설들은 파리 코뮌에 대한 참조를 체계적으로 강조하고 있었고 상하이 코뮌에 대한 영감의 원천을 제공하고 있었다.

하기에 마오쩌둥은 자신처럼 파리 코뮌에 대한 언급을 열정적으로 받아들인 손님들에게 말을 걸고 있었던 것이고, 그들에게 자신의 대안을 공유할 것을 권하고 있었던 것이라고 할 수 있다. 그는 다음과 같은 수사적인 질문으로 시작한다. "우리 모두 코뮌, 파리 코뮌이 새로운 정권이라고 말하지 않았던가?" 이 말의 의미는 명확해 보인다. 맞아 우리는 모두 그렇게 말했다. 당신과 나, 우리 모두는 그렇게 확신해. 파리 코뮌은 우리 모두에게 '새로운 정권'의 동의어야.

마오쩌둥의 질문 방식은 그 질문에 대한 첫 번째 답변을 암시하고 있다. 다시 말해 그는 코뮌이 완전무결함의 대명사가 될 수는 없다고 말하고 있는 것이다. 일반적인 차원에서 문제의 실질은 정치 권력에 관한 문제에서 설정된다. 몇 주 전까지만 해도 모두에게 새로운 정치 권력의 이상적인 형태를 의미하는 이름이었던 파리 코뮌은 이제, 마오쩌둥이 신호를 보내고 있는 바와 같이, 그 이름이 보이는 것과는 조금 달랐으며, 그는 파리 코뮌이 불러일으킬 수 있는 '전능함'을 축소하려는 의도를 가지고 있었다. 심지어 그는, 자신이 볼 때, 통치의 한 형태를 의미했던 파리 코뮌이 거의 실패할 수밖에 없는 운명이었는데, 그 이유는 부르주아가 노동 계급으로 하여금 그 정도의 권력을 쥐도록 하지 않았기 때문이라고 말하기도 했다.

일견 이러한 언급은 마오쩌둥과 같은 마르크스주의적 혁명가의 언급이라고 하기에는 낯선 것이다. 하지만 그것은 정치 영역에서의 승리와 패배에 관한 그의 전체적인 재사유를 보여주는 일부분이기도 하다. 마오쩌둥에게 '승리'란 혁명적 정치에 관한 유일한 기준이 아니며, 그것은 또한 설명되어야 할 여러 반작용들 역시 포함하고 있다고 이미 말한 바 있다. 앞서 살펴봤던 것처럼 그것은 1월의 사설에서 탈권이라는 용어와 연결되어 있던 우려 중의 하나였다. 다른 한편으로 패배가 '가장 큰 가능성'이었다고 할지라도, 그것은 정치적 행동에 대한 의지를 방해해서는 안 되며, 오히려 그것을 더욱 긴급하게 만드는 것이었다.

결국 마오쩌둥은 투항주의적 비관론에 빠져 있었던 것이 아니라 혁명적 문화에서 울려 퍼지는 모든 '승리를 찬양하는' 구호들을 깊이 고민하고 있었던 것이다. 코뮌은 그의 재사유의 대상이기도 하면서 '소비에트'의 이름이기도 했다. 후자는 또한 정치 권력의 또 다른 이름이기도 했다. 레닌은 그것이 '노동자, 농민 그리고 병사의 위대한 창조물'이자 '프롤레타리아 독재의 새로운 형태'라고 주장하면서 그 이름을 '매우 좋아했다.' 하지만 마오쩌둥은 레닌이 "그러한 형식(這種形式)이 노동자, 농민, 병사에 의해 사용될 수 있을 뿐만 아니라" "심지어 부르주아에 의해" 사용될 수도 있다는 것을 "예상하지 못했다(沒有料到)"고 말했다. 실제로 그는 "오늘날 레닌의 소비에트는 후르쇼프의 소비에트가 되었다"라고 결론지었다.

요컨대 마오쩌둥은 그 이름은 물론이거니와 아무것도 그 유명한 두 종류의 권력 형식의 완벽함을 보장해주지 못한다고 주장하고 있는 것이다. 왜냐하면 "문제는 그 이름에 있는 것이 아니라 그 실질에 있는 것이며, 형식에 있는 것이 아니라 내용에 있는 것(問題不在名稱而在實際, 不在形式而在內容)"이기 때문이다. 이것이 당시 마오쩌둥에게 있어서는 매우 중요한 문제였다. 마오쩌둥의 언급대로 '근본 경험들'—파리 코뮌과 소비에트—의 끝이 어땠는가를 고려한다면, 중화인민공화국의 운명 역시 어떠할지 생각해볼 수 있을 것이다. 만약 우리가 타도되고 부르주아가 권력을 잡는다면 "그들은 아마도 이름조차 바꾸지 않아도 될 것이다(他們也可以不改名字)."

후자는 또 하나의 미래지향적 예측으로, 다시 한번 '패배 가능성'의 범주에 속한다. 그러나 여기서 마오쩌둥의 발언은 그 징후, 즉 프롤레타리아 정치 권력이라는 주제를 다시 생각하려는 그의 의도를 더욱 분명하게 만들어주고 있었던 것이다. 장춘차오와 야오원위안에게 건넨 마오쩌둥의 언급에서, 코뮌이라는 이름을 포기하라는 그의 제안은 후퇴라기보다는 한 걸음 더 나아가야 할 필요성을 표현했던 것이다. 마오쩌둥은 분명하게 그리고 선명한 자기-비판적 의미에서 '탈권', '승리의 확실성'을 '코뮌'과 동의어로 취급하는 것으로는 충분치 않고 그러한 관점은 우리를 타락으로 이끌 것이며, 만약 혁명적 정치 조직의 핵심에 관한 새로운 사고 방식을 찾아내지 못한다면 정치 권력의 형식이라는 문제는 부차적인 것이라고 언급했다.

궁극적으로 마오쩌둥은 전술적인 문제와 전략적 문제라는 두 가지 범주의 문제를 제기했던 것이다. 즉각적 임무라는 차원에서 그는 새롭게 설립된 코뮌이 조직의 내핵이라는 문제를 어떻게 풀어낼 것인지, 다시 말해 그 순간 새로운 공산당 기관에서 '지도적 핵심'의 문제를 어떻게 다룰 것인지, 그리고 동시에 '대연합'을 어떻게 창출할 것인지, 즉 서로 다른 대중 조직들 간의 분열을 어떻게 극복할 것인지가 불명확하다고 말했던 것이다.

이에 더해 마오쩌둥은 1950년대 후반부터 자신의 정치적 사유에 있어 핵심적인 위치를 차지하고 있던 장기적 문제, 즉 파리 코뮌에서 중화인민공화국에 이르는 프롤레타리아 독재라는 역사적 경험을 평가하는 문제를 제기했다. 이 책 제4부에서 보게 될 것처럼 마오쩌둥은 자신의 마지막 2년 동안 이 문제를 좀 더 광범위한 방식으로 제기하게 된다. 1967년의 대화에서 마오쩌둥은 '프롤레타리아 정치 권력의 새로운 형식'으로서 코뮌만을 참조하는 것은 불충분하다고 말한 바 있다. 실상 어떻게 '국가의 관료-군사적 기계 장치를 파괴할' 것인가라는 문제를 해결하지 않고서는 파리 코뮌을 '최초의 탈권'으로서 참조하는 것은 아무런 가치가 없다. 이 문제는 마르크스와 레닌 모두의 문제이며, 마오주의자들은 1975년 프롤레타리아 독재라는 이론 위에서 그 문제에 관한 광범위한 학습에 다시 착수한다.

1967년 '코뮌'이라는 이름을 포기한 것은 분명 단순한 이름을 넘어 해당 개념의 실체를 분명히 할 필요성과 관련되어 있다. 마오쩌둥은 코뮌을 탈권과 동의어로서만 인식하는 것으로는 좀 더 긴급한 문제를 해결할 수 없고, 동시에 문화대혁명의 전략적 임무, 즉 혁명적 문화의 역사적, 개념적 참조점을 재검토하는 작업을 어렵게 할 뿐이라고 말했다.

정치적 실험실로서의 상하이

코뮌이라는 이름을 폐기하고 혁명위원회를 수립한 일의 장기적 결과에 관해서는 여전히 탐색되어야 할 것이 많다. 조반파 노동자들의 개인적, 집단적 운명은 무엇이었을까? 새로운 통치 기구를 만들어낸 후 독립적인 노동자 조직들은 어떻게 변화했을까? 1967년 타도되었던 주요 당 간부들의 역할과 태도는 무엇이었을까? 이러한 문제들이야말로 새로운 방식으로 대답해야 하는 핵심적인 질문들이다.

문화대혁명 기간 동안 상하이에서 진행되었던 정치적 실험에 초점을 맞추면서, 문화대혁명에 대한 연구에 대해 중국 정부가 부과해왔던 엄격한 검열을 넘어서는 것이 중요하다. 해당 주제에 관한 모든 중국어 서적은 문화대혁명이 단순한 수사적 표현이거나 궁정 음모 및 권모술수의 결과라고 가정하면서 그러한 실험들의 정치적 가치를 철저하게 부정하고 있다.

하지만 사실 중국에서 상하이는 문화대혁명 시기 특히 공장에서, 전위적인 가능성을 갖춘 가장 정치적으로 활발한 장소들 중의 하나였다. 우리는 9장에서 상하이의 실험으로부터 자극을 받은 '노동자 대학', '노동자 이론 학습조'와 같은 발명의 가치를 논의하게 될 것이다. 실험의 핵심은 어떻게 노동 분업을 줄이고 노동자를 기술적, 행정적 결정에 참여하게 할 것인지 그리고 반대로 어떻게 간부와 기술자들을 육체 노동에 참여시킬 것인지에 관한 것이었다. 동시에 그러한 실험들은 노동자들의 이론적 능력을 향상시킬 필요성을 강조했다. 상하이에서는 1960년대 후반에서 1970년대 중반까지 노동자들의 지적 활동이 최대한으로 보장되었다.

분명 그러한 실험에의 자극은 1월 폭풍에서 유래한 것이었다. 하지만 그것은 또한 그러한 충동이 분파주의로 흩어져버린 것은 아니라는 사실로부터 비롯된 것이기도 하다. 상하이가 그와 같은 실험을 위한 우선적인 장소가 될 수 있었던 것은 사실 해당 도시가 중국의 여타 도시와는 달리 분파주의에 의한 다툼이 덜했기 때문이며, 그러한 사실은 독립적 조직의 정치적 쇠락을 나타내는 것이기도 했다.

공식적인 중국의 역사 서술은 때때로 상하이에서 10년간의 분위기가 비교적 평온했음을 인정할 수밖에 없더라도, 여전히 '철저한 부정'의 원칙에 부합하는 해석을 찾으려 한다. 심지어 일부는 1월 이후 폭력적 충돌이 거의 없었던 이유가 마오주의 지도자 장춘차오와 야오원위안이 상황을 통제하며 자신의 스승을 감동시키려 했기 때문이라고 주장하기도 한다.[20] 하지만 그렇다고 해도 마오쩌둥 자신이 왜 베이징에서 경련에 가까운 소동을 일으킨 경쟁적 학생 집단의 폭력적인 시위 발생을 통제하지 못했는지를 설명해야 한다. 다음 장에서 보게 될 것처럼 마오쩌둥은 그러한 충돌을 설명할 수 있는 적합한 말을 찾아내지 못하고 있었다.

장춘차오와 야오원위안, 특히 장춘차오가 수행한 역할은 매우 중요했다. 하지만 20세기 중 가장 정치적으로 도전적이었던 기간 동안, 그들이 대중 시위를 통해 수백만의 사람들의 정신적 동맥 속에 맥박이 두근대던 당시 상황에 대해 '통합적인 통제'를 발휘했다고 말하는 것은 아무런 의미도 없을 것이다. 1967년 조반파 노동자들과의 수많은 회의와 집회에서 장춘차오가 했던 연설과 발언을 관통하는 주요 주제는 전혀 다른 어조로 표현되었으며, 그러한 표현은 마오쩌둥의 환심을 사기 위해 자신의 '통제'를 강요했다는 주장과는 전혀 다른 것이었다.

1967년 여러 독립 조직들과의 회의에 장춘차오와 야오원위안이 개입했음을 보여주는 풍부한 문서 자료가 존재하며, 이 두 명의 마오주의 지도자들은 조반파 노동자들과 같은 우려를 공유하는 동지로서 그들과의 논쟁에 온 힘을 쏟았다. 몇 달 동안 장춘차오가 거의 항상 다루어야 했던 주요 문제는 '탈권'이라는 용어가 갖게 된 허구적인 분위기를 어떻게 불식시킬 것인가였다. 예를 들어 그는 1월에 일부 조직들이 자신들의 혁명적 공로를 주장한 탈권에 관해 그것이 단지 "몇 개의 도장과 몇 개의 빈 방을 차지한 것에 불과하다"[21]고 여러 차례에 걸쳐 말했다.

---

20 金大陸, 『非常與正常, 上海文革時期的社會生活』(上海: 辭書出版社, 2008).
21 「張春橋, 姚文元在上海群衆大會上的講話」, 210.

심지어 장춘차오는 조반파 노동자들에게 차오디치우에 관해 말하기도 했는데, 차오디치우는 상하이 시장으로서 그 '반동적인 부르주아 입장' 탓에 조반파 노동자들에게 가혹한 비판을 받았던 인물이었다. 장춘차오는 조반파 노동자들에게 차오디치우가 해방전쟁에 참전했고 대장정에 참여했으며 엄청난 역경을 극복한 영웅적 군인이었지만 권력을 차지하게 된 그의 위치가 그의 주관적 태도를 변화시켰음을 상기시켰다. 그리고 그는 조반파 노동자들 모두가 뒤바뀐 상황 속에서 그들 역시 똑같은 결말을 맞이하지 않도록 주의하라고 말하기도 했다. 혁명적 조직들은 탈권을 통해 좀 더 높은 위치를 차지하기 위해 그들의 혁명적 공헌을 부풀리기보다는 대연합을 위해 더욱 노력해야 했다.

혁명위원회의 설립 이후 정치적 상황 변화의 범위에 관해서는 좀 더 상세한 연구가 필요하다. 하지만 여타 도시와는 다르게 상하이에서 결국 비폭력적인 정치 분위기가 퍼져나갔던 것은 1월 폭풍을 통해 조반파 노동자들이 얻게 된 정치적 감각과 사건의 전개 과정 내내 발휘된 장춘차오의 안정된 지도력 덕분이었다는 가설을 제기할 수 있겠다.[22]

이에 더해 코뮌에서 혁명위원회로의 명칭 변경은 대체적 개념인 '탈권'이 가진 신비로운 아우라가 뿜어내는 파괴적 바이러스에 대한 일종의 '백신' 역할을 했다고 볼 수도 있다. 코뮌이라는 이름이 권력 장악의 개념, 즉 특정한 국가 형태와 동의어로서 채택되었기 때문에, 그 명칭을 폐기한 것은 그것의 가치와 범위를 축소

22　20세기 중국의 가장 중요한 정치적 인물 가운데 한 사람에 대해, 오늘날에도 그의 모국에서조차 천박한 모욕을 받으며 매도되고 있음에도 불구하고, 학문적 연구가 전혀 존재하지 않는다는 것은 실로 경악스러운 일이다. 이는 당시 상하이에서 활동했던 다른 마오주의 지도자들에게도 마찬가지로 해당된다.

시켰다. 나는 이러한 축소가 1월 폭풍과 함께 나타난 주관적 에너지를 파벌 투쟁으로 붕괴되지 않도록 했다고 생각한다.

정리

이제 나는 코뮌과 그 징후적 포기로 이어지는 복잡한 과정에 관한 몇 가지 사안을 정리해보도록 하겠다. 내가 제안하는 관점은 1월 폭풍과 함께 문화대혁명과 혁명적 문화의 정면충돌 속에서 개념적인 혼란이 발생했다는 것이다. 그리고 그와 같은 혼란의 핵심은 사회주의 체제에 속해 있는 노동자의 정치적 존재를 위한 새로운 길을 찾으려 했던 조반파 혁명가들이 겪었던 일련의 시련 속에서 노동 계급의 개념에 관한 관점의 차이가 발생했다는 것이었다. 노동 계급 개념에 관한 그와 같은 내적 분열은 당의 권위를 불안정하게 하고 마침내 마비시켰는바, 그것은 당이 노동 계급의 전위라는 전제, 즉 유일한 합법적 조직 원칙을 토대로 하여 성립되었기 때문이다.

분명 당의 권위는 독립 조직의 맹아가 나타났던 베이징대학의 첫 번째 대자보와 함께 이미 흔들리기 시작했다. 그러한 현상이 노동자들에게로 확산되었을 때, 상하이 당 위원회는 곧바로 권위를 박탈당했다. 하지만 그러한 상황 속에서 지역 위원회의 권위가 박탈된 것을 탈권이라고 부른 것은 일종의 개념적 단락(short-circuit)을 만들어냈다. 탈권은 혁명적 문화의 핵심 개념으로서, 20세기 공산주의 운동의 이데올로기적, 조직적 틀이었다. 하지만 상하이에서의 사건은 사회주의 체제 속 노동자의 정치적 존재를 재발명하기 위한 새로운 길을 찾을 것을 요구하면서, 혁명적 문화의 지평선을 넘어서 버렸다.

한편으로 탈권 선언은 조반파 노동자들에게 활력을 불어넣어 주었고, 상하이 당 위원회로부터의 억압적인 반발을 사전에 막아 냈지만(형식적으로는 여전히 사무실에서 이루어졌던), 다른 한편으로 그것은 다원화에서 분파주의로의 전환을 만들어냈다. 곧이어 수백 개의 조반파 그룹을 포함한 초다원화 현상이 발생했고 독립 조직의 확장이라는 긍정적인 현상이 나타났다. 하지만 동시에 탈권을 둘러싸고 각 집단의 우선권에 관한 핵심 조직들 사이의 노선 투쟁 역시 존재하고 있었다.

이러한 의미에서 다원화는 해체의 과정과 연계되어 있었고 전자는 곧바로 후자로 재흡수되어 가고 있었다. 이러한 난국을 다루기 위해 내가 제안하고자 하는 가설은 1967년 중순 상하이에서는 다원화와 해체라는 두 과정의 첫 번째 겹침이 분명해졌고, 분파투쟁의 첫 번째 맹아가 탈권의 우선성이라는 주제를 둘러싸고 형성되었다는 것이다.

이 시점에서 상황이 막다른 골목으로 향하고 있다는 주요 조반파 조직들(특히 상하이 노동자 혁명조반파 총사령부)의 깨달음 덕에, 그리고 조반파 노동자들에게 대연합 결성을 종용했던 문화대혁명 중앙위원회의 압력 탓에, 코뮌이 세워졌다. 이러한 맥락은 곧바로 분파 간의 분열을 완화했지만, 동시에 코뮌에 대한 언급 자체가 탈권의 동의어로 받아들여지게 되었다.

하지만 마오쩌둥은 상하이에서의 탈권에 대한 자신의 선언과 궁극적으로 '코뮌=탈권'이라는 등식이 초래한 교착 상태를 알아차렸다. 하기에 그는 혁명가들에게 프롤레타리아적 정치 권력에 대한 역사적, 개념적 평가를 할 것을 권유하면서, 코뮌이라는 이름의 포기를 제안했던 것이고, 또한 망설임 없이 자기-비판적 방식으로 그렇게 했던 것이다.

나는 만약 상하이에서 그들이 코뮌이라는 이름을 고수했다면 그것은 파벌들 간의 충돌을 더욱 강화시켰을 것이라고 생각한다. 상하이에서 코뮌이라는 이름을 포기한 것은 탈권이라는 '대체적 개념'의 효과를 완화시켰다. 우리는 앞서 코뮌 성립을 선언함에 있어 조반파 노동자들이 단순히 그 개념의 반복을 전면에 내세웠음을 보았다. 그 이름을 포기하는 것은 그 반복을 중단시키는 역할을 했다.

하지만 상하이에서 탈권이라는 개념은 그것이 만들어낸 상상적 공명의 정도에 의해 재조정되었지만, 결코 전국적인 수준에서 폐기된 것은 아니었다. 이후 몇 달 동안 중국 전역에서 탈권이라는 기치 아래 혁명위원회가 만들어졌고, 이는 중앙 마오주의 지도자 집단이 새로운 권력 기관의 수립을 위한 전제 조건으로 선언한 탈권이라는 개념의 기치 아래 이루어진 것이었다.[23] 비록 문화대혁명 중앙위원회는 종종 탈권이 대연합과 서로를 적대적으로 다루지 않을 수 있는 조반파 노동자들과 간부들의 능력에 기반해 있기 때문에, 그것이 '아래로부터의 탈권'이라고 주장했지만, 이후 몇 달 동안 탈권이라는 문제는 혁명가들의 정치적 성장에 주요 방해물이 되고 말았다. 상하이에서 탈권은 사라졌지만, 다른 곳에서 그것은 더욱 더 조반파의 정치적 주체성을 가늠하는 나침반이 되어가고 있었다.

23　여기에서는 1967년 2월부터 전국적으로 거의 1년 반 동안 지속된 혁명위원회의 복잡한 형성과정을 분석하지는 않는다. 안정화 과정은 매우 논쟁적이었으며, 실제로 독립적 조직들의 파벌적 퇴행과 병행되었다. 혁명위원회가 본격적으로 자리 잡은 것은 홍위병이 해산된 1968년 말에 이르러서였다. 그 과정에 관한 묘사에 관해서는 Wang Peijie, *Revolutionary Committees in the Cultural Revolution Era of China*(London: Palgrave Macmillan, 2017)를 참고하라.

중국의 여타 지역에서 탈권이라는 개념은 자기-파괴의 물결 속에서 조반파 조직들을 쓸어버리는 것으로 종말에 이르게 되었다. 1967년 봄까지 앞선 몇 달 동안 수립되었던 독립 조직들은 자신들 사이에서 분열적 틈을 보이기 시작했다. 하지만 이러한 전개는 다원화의 확장으로 귀결되지 않고 급진적 교착 상태 속에서 독립 조직의 쇠락과 퇴색의 시작으로 귀결되었다. 다음 장에서는 1968년 7월 마오쩌둥이 직접 관여한 사건을 통해 이 중요한 사건의 흐름을 살펴보게 될 것이다.

이 시점에서 마오쩌둥은 십자포화에 갇혀 있었다. 파벌들 간의 의미 없는 충돌을 공개적으로 비판하고 그러한 사건들의 전개에 영향을 끼치는 결정을 내리고 있었지만, 그럼에도 마오쩌둥은 자신이 전혀 예상치 못했던, 그리고 2년 전부터 시작된 일련의 정치적 실험에 있어 교착 상태를 초래한 현상의 원인과 성질에 대해 불확실한 입장만을 보이고 있었다. 마오쩌둥조차도 처음에는 분파적 분열을 다원화의 심화로 보고 있었던 것일 수도 있다. 어찌되었든 그는 결국 그러한 현상을 완전히 이해할 수 없다고 말하고 말았다.[24]

탈권에 대한 징후적 독해

1967년 1월—대중적 국면의 정점이었던—과 1968년 7월 사이,

---

[24] 1967년 여름에 발생한 우한 사건은 그 시기 가장 심각한 사건들 가운데 하나였는데, 마오쩌둥은 매우 복잡하게 얽힌 상황을 해결하기 위해 자신이 할 수 있는 모든 것을 다 했고, 심지어 큰 위험을 무릅쓰고 직접 우한을 방문하기도 했다. 그러나 안타깝게도 이 사건과 관련해 그가 어떤 공개적 입장을 취했는지는 언급되지 않으며, 그의 방문과 현장 체류 사실조차 불과 몇 년 전까지 비밀에 부쳐져 있었다.

즉 독립 조직의 최종적인 내파의 순간 (다음 장에서 살펴보게 될) 마오쩌둥의 동요와 결단을 다시 생각하기 위해서는 징후적 독해를 통해 '탈권' 선언으로 되돌아가볼 필요가 있다.

익히 알려져 있는 것처럼 알튀세르는 마르크스의 『자본』의 몇몇 개념의 해석과 관련해 징후적 독해를 제안한 바 있다. 그리고 그것은 그가 '담론의 공백'으로 부른 것으로, 새롭지만 아직 형성되지 않은 개념, 하지만 이론적 혁신을 창안하기 위해서는 필수적인 것을 일컫는 것이었다. 기존의 담론적 자원을 넘어서면서도 새로운 이론의 형성을 위해 필요한 이 새로운 개념은 '공백'을 만들어내며, 이전 개념의 자리를 채우게 된다고 알튀세르는 주장했다. 그것은 '대리적 개념'으로서 이전의 이론적 지평으로부터 자신의 이름을 취하고 완전히 새로운 사유의 틀 속에서 대체적인 역할을 수행한다.

나는 1967년 1월 중순부터 '탈권'이라는 개념이 그러한 기능을 수행했다고 생각한다.[25] 특히 이 경우에 있어 문제는 진행 중이던 정치적 혁신의 절정에서 한 사상에 대해 '대리적 개념'이 어떤 회고적 작용을 했으며, 따라서 정치적 창조 자체에 어떤 영향을 끼쳤는가이다. 어떤 경우든 그것은 중립적인 역할 혹은 일시적이면서도 중요치 않은 대체가 아니었다. 대체적 개념은 공백을 채우는 것에서 그치지 않는다. 그것은 진행 중인 정치적 혁신에 회고적으로 작용하여, 그 혁신들이 초과적으로 나타났던 개념적 틀 안으로

---

25 마지막으로 한 가지 설명을 덧붙이고자 한다. 나는 4장에서 '가능한 패배(probable defeat)'에 대한 '증상적 읽기'를 제안한 바 있다. 분명 다른 성격을 가진 증상들도 존재한다. 가능한 패배의 경우, 그 증상은 혁명 문화 속에 공백을 열어젖혀 급진적인 실험으로 이어졌다. 반대로 권력 장악 개념은 개념적, 조직적 공백을 메우는 역할을 했는데, 이는 실험을 이전의 정치적 지식틀 안으로 되돌려놓음으로써 실질적으로 정반대의 기능을 수행한 것이었다.

정치적 혁신을 다시 끌어들이는 역할을 한다. 실상 내가 주장했던 것처럼 탈권은 20세기 공산주의 운동의 이데올로기적, 조직적 틀이 원칙을 통합시키는 전체적인 혁명적 문화의 주춧돌이었다.

비가역적인 급진적 단절을 표지했던 발명이 정치적 지식의 공간을 가로지른 그 순간, 그러한 단절에 부여된 이름이 이전의 개념적 공간에 관한 통합적 원칙이었다는 사실이 중요하다. 그것은 마치 혁명적 문화의 백과사전적 통일성을 재정렬하기 위해 자동적으로 작동하는 메커니즘이 즉시 가동된 것 같았다. 마오쩌둥이 1월 폭풍에 부여한 규정은 분명 상하이 조반파 노동자들에 대한 그의 지지에 상응하는 것이었다. 하기에 마오쩌둥은 그들의 정치적 가치가 탈권에 놓여 있다고 언급했던 것이다. 바디우가 언급했던 것처럼, 그것은 '상황의 언어'에서 사용 가능한 가장 강력한 용어였다. 하지만 그 자체로 두 가지 수렴적인 결과를 가져왔고, 이는 그것을 급진적 약화의 요인으로 변화시켰다. 특정한 조건하에서 모든 것은 서로 대립되는 것으로 변한다는 것은 진정한 사실이다.

한편으로 탈권이라는 이름은 당-국가가 이데올로기적이고 조직적으로 작동하는 정치적 지식 공간을 재구성했으며, 그 정치적 문화의 틀 안에서 통합적인 일관성을 구현했던 당-노동 계급 관계의 급진적인 단절을 고려했을 때, 권력 장악은 즉시 그 지식의 공간에서 잃어버린 통합을 재구성하는 미덕을 지닌 완전한 상상의 이름이 부여된 탓에 과도한 가치를 지니게 되었다.

다른 한편으로 탈권은 당시의 정치적 발명을 그 존재 이전 상태로 되돌려 보냈다. 며칠 내에 그러한 결정이 초래한 첫 번째 결과는 이전 몇 주 동안 등장한 정치적 발명들을 약화시키는 것이었다. 권력 장악은 즉시 정치적 활동을 고취시킬 것으로 예상되는 일종의 범주적 명령으로 변해버렸다. 실제로 그것은 아무런 정치적 아이디어도 없이 파괴적이고 자기-파괴적인 나르시시즘을 조장했으며, 그로 인해 일부 조직은 다른 조직들에 대한 자신들의 관료적 우위를 주장하게 되었다. 이것은 다음 1년 반 동안 분파적 쇠퇴의 일반적인 모델이 될 것이었다.

8 자기-패배를 마주하며

앞선 장의 분파주의에 관한 논의는 본서의 몇 가지 가정들을 대략 스케치해본 것이었다. 이번 장에서 나는 사례 연구를 수행할 것인바, 그러한 사례 연구를 통해 분파주의에 관한 유익한 연구가 취할 수 있는 방향성을 좀 더 명확하게 설명할 수 있을 것이다.

앞 장에서 나는 이미 회의록을 검토했다. 본 장에서 나는 그 회의가 다루려고 했던 사건에 있어 회의가 수행했던 결정적인 역할을 좀 더 자세하게 살펴보려 한다. 회의는 1968년 7월 28일 개최되었고, 참석자는 마오쩌둥, 마오주의 중심 그룹, 그리고 베이징에 위치한 대학들의 주요 홍위병 조직 지도자들이었다. 본 회의록이 특별히 중요한 이유는 그것이—문장 하나하나의 세세한 뉘앙스에 이르기까지—문화대혁명의 대중운동 단계가 '종결'되는 극적인 순간을 보여주고 있기 때문이다.[1]

1970년대 중반 이후 중국 외부에서도 잘 알려진 이 문건은 그것이 문화대혁명에 관한 널리 통용되는 수사—특히 마오주의 그룹의 지도자들과 홍위병들과의 관계 그리고 마오쩌둥 자신의 정치적, 개인적 스타일에 관한—와 모순된다는 이유로 널리 인용되지는 않고 있었다. 예를 들어 이상주의자, 심지어 '철저한 부정'에

---

1   이어지는 내용 일부는 나의 논문 "The Conclusive Scene: Mao and the Red Guards in July 1968", *Positions*, 13, no.3(2005): 535-74의 문서의 번역과 분석을 발췌한 것이다.

관한 최근의 역사학에서 통용되는 피에 굶주린 폭군으로서의 마오쩌둥의 이미지에 관한 근거로 본 회의록을 사용할 수는 없다. 이어지는 내용을 통해 우리는 마오쩌둥이 결정적인 전환점에서 마오주의 그룹의 여타 지도자들 및 젊은 학생 지도자들에게 실제로 어떻게 이야기했는지 보게 될 것이다. 또한 좀 더 절묘한 방식으로 본 회의록은 회의 참석자들의 주관적 어조—그들이 어떻게 망설였는지 그리고 상황이 스스로 만들어놓은 교착 상태에 빠져들고 있음을 그들이 어떻게 깨닫게 되었는지—를 날카롭고도 생생하게 보여주고 있다. 독립 조직들의 정치적 실험이 결론에 다다르고 있는 순간에 대한 상세한 기록으로서, 본 회의록은 또한 정치적 현상으로서의 분파주의가 가진 본성을 보여줄 수 있는 몇 가지 방향성을 제시해주고 있기도 하다.

회의록이 그 출발에서부터 아주 극적인 형태를 띠고 있다는 점이 우선 흥미롭다.[2] 문화대혁명이라는 사건의 오프닝이 연극의 프롤로그와 같은 형태를 띠었으니 본 문건에서 대중운동의 종장이 매우 연극적인 방식으로 연출되는 것 역시 우연은 아닐 것이다. 우리는 또한 그 연극이 선언의 가치를 매우 중시했기에 그것이 정치와 밀접한 관계를 맺고 있었다는 것 역시 기록해둘 필요가 있다. 그럼 이제 참석자들의 핵심적인 언급들—배우들 목소리의 톤까지 포함해—과 참석자들의 대화가 담긴 회의록을 통해, 그것이 상세하게 그려내고 있는 결정적인 정치적 전환점의 순간에 초점을 맞추어 회의록을 자세하게 살펴보기로 하자.

---

2   이것은 2003년 볼로냐에서 내가 이탈리아어로 번역한 판본으로 실종자들의 극장(Teatro dei Dispersi) 극단이 공연했으며, 지안프랑코 리몬디(Gianfranco Rimond)가 연출을 맡아 호평을 받았다.

마오쩌둥의 '꼬마 장군들'과의 마지막 만남

1968년 7월 28일 이른 시간, 2년 전 중국 정치의 근본적인 조건에 영향을 끼친 영혼의 폭풍을 일으켰던 주요 장본인들—홍위병들 그리고 마오주의 지도자들—이 장시간에 걸쳐 진행된 극적인 대면 회의에 참석했다. 그리고 본 회의의 회의록은 대화의 감정선들까지 기록되어 있을 정도로 꼼꼼하게 작성되었다. 그리고 상당한 문학적 소양을 갖춘 편집자(아마도 마오쩌둥의 비서 중 한 명 또는 여러 명) 덕분에 그 결과물은 단순한 회의 기록 이상의 것이 되었다. 그것은 연극의 '작가'가 연극에 등장하는 인물 자체가 된 것 같은 수준이었다. 이 인물들은 자기 존재의 토대를 만든 정치적 상황의 마지막 순간에 만난 주체들이었다. 다음 날이 되면 상황은 완전히 달라질 것이었다. 홍위병은 더 이상 독립적인 조직으로 존재하지 않게 되었고 다음 달이 되면 그들은 해체될 운명이었다. 그리고 그러한 결과는 필연적으로 마오쩌둥과 그의 동지들에게 되돌아올 것이었다.

만남은 베이징 한가운데에 위치한 작은 호수 중난하이—이곳에는 당-국가의 본부들이 배치되어 있었다—의 한 강당에서 진행되었다. 한편에는 마오쩌둥과 지난 2년 동안 정치적으로 능동적인 태도를 유지하고 있었던 선별된(당-국가 체제의 고위 인사들은 1966년 이후 대부분 숙청된 상태였다) 문화대혁명 중앙 소조가 자리하고 있었고, 다른 한편에는 베이징 대학가에서 활동하고 있던 홍위병 그룹의 핵심 지도자 5명이 자리하고 있었다. 본 회동의 주요 주제는 홍위병의 정치적 탈진 상태의 결과에 관한 것이었다. 1966년 8월, 그들은 정치적, 제도적 혁신의 '영구적인 성격'을 갖게 될 '대중에 의해 형성된 새로운 조직 형태'라고 칭송받았다(문화대혁명 계획의 핵심 문건인 '문혁 16조'에 그렇게 선언되어 있다). 하지만 특히 앞선 몇 해 동안 자신만의 확고한 우위를 세우기에는 갈수록 기괴해지던 싸움에 휘말리면서 그들은 그 어떠한 정치적 특성도 결여한 소규모의 범군사조직으로 쪼개져가고 있었다.

그리고 최근 몇 달 사이에는 조직화와 관련된 정치적 위기를 겪으면서 이들 무장 세력 대부분은 일체의 행동주의를 그만두게 되었고 이른바 소요파(逍遙派)가 늘어나게 되었는데, 실상 이들 소요파는 진정한 '분파'라고 할 수 없었다. 다른 한편으로 점차 무장 세력이 줄어들게 되면서, 특히 칭화대학을 비롯한 일부 베이징의 대학가에서는 더욱 폭력적인 충돌이 발생했는데, 두 파벌(모두 합쳐 1,000명 남짓한 인원이 참여하고 있었던)의 '강경파' 사이에 어설프지만 치명적인 무장 투쟁이 계속되고 있었다.

회의가 개최되기 바로 전날인 7월 27일, 마오쩌둥의 주도로 여러 공장에서 붐비는 집회가 열린 후, 수만 명의 비무장 노동자들이 무장 투쟁에 반대하는 구호를 외치며 평화롭게 칭화대학 캠퍼스에 들어섰다. 그리고 두 파벌 간의 싸움을 막기 위한 시위대가 양쪽 파벌 사이에 서 있었다.[3] 노동자들은 학생들의 거칠고 폭력적인 공격을 받았다(5명의 노동자가 사망했고 수백 명이 다쳤다). 하지만 극도의 자기 절제력을 발휘한 노동자들은 반무장 투쟁 구호를 외치는 것으로 대응했을 뿐이었다. 그리고 마침내 노동자들은 두 파벌을 무장 해제시키고 캠퍼스의 핵심 장소를 차지할 수 있었다. 오전 3시에 시작되어 오전 8시까지(마오쩌둥과 여타 중국 지도자들이

---

3   그 사건이 있은 지 몇 년 후에 저술된 조사서의 저자인 윌리엄 힌튼 (William Hinton)에 따르면, 3만 명의 노동자들이 조직적으로 시위에 참가했으며, 최소한 그만큼 많은 수가 자발적으로 합류했다고 한다. William Hinton, *Hundred Day War: The Cultural Revolution at Tsinghua University*(New York: Monthly Review, 1972)를 볼 것.

선호한 근무 시간) 중난하이에서 회의가 진행되던 그때, 칭화대학에
서는 전투가 막 끝나던 참이었다.

당시 회의 정황을 자세하게 확인할 수 있게 해주는 녹취록의 뛰
어난 보관 상태는 회의 주재자의 독특한 정치적 특징을 잘 표현해
주고 있다. 마오쩌둥 자신이 녹취를 요구했으며, 그는 또한 홍위
병 지도자들에게 [자신의 뜻을—옮긴이] 분명하게 설명했음을 널리
알릴 수 있도록 해당 녹취록이 광범위하게 유포되어야 한다는 결
정을 내리기도 했다. "그렇지 않으면 너희들 차례가 되었을 때, 내
가 말한 것을 너희들 마음대로 해석할 수 있다. 만약 그렇게 한다
면 이 테이프가 방송될 것이다."4 주요 주제는 2년 전에 시작되었
던 독립적 조직에 관한 정치적 실험의 종료를 어떻게 정치적으로
다룰 것인가의 문제였다. 때문에 문화대혁명 중앙 소조의 결정적
인 계획이 한 달 동안 정점에 달한 바로 그 시점(1968년 7월은 1966
에서 1976년 사이에 진행된 문화대혁명 기간 중 결정적인 한 달이었다)에
회의록이 공개되는 것은 마오쩌둥 계획의 성공을 위해 필수적인
것으로 여겨졌다.

검은 손과 홍위병

정확성은 전제 조건이지만 문건의 질을 담보하는 유일한 조건

---

4   이 녹취록은 「召見首都紅代會負責人的談話」라는 제목으로 『모택동사상만세
(毛澤東思想萬歲)』(北京: n.p., 1969)에 수록되었다. 여기서부터 이 대화록은
'담화(Tanhua)'로 약칭하여 인용한다. 마오쩌둥의 '비공식' 문헌의 주요 출처
중의 하나인 본 자료집의 신뢰성에 관해 혹자는 편집자들이 가한 편집적 개입
에 대해 의문을 제기할 수도 있을 것이다. 녹취록의 충실성을 보장할 만한 근거
는 없지만, 개인적으로는 편집이 단지 '극적'인 형식으로 정리하는 데에 그쳤다
고 본다. 여기서 본문에 대한 본격적인 문헌학적 분석을 할 수는 없지만, 다른
가용한 판본들도 이와 크게 다르지 않다.

은 아니다. 주제의 세부사항에 주의를 기울이면, 녹취록은 첫 문장에서부터 다양한 인물들의 발언과 상호 간의 소통을 정확하게 기록하고 있음을 알 수 있다.[5] 이 길고도 고도로 미묘한 '문건으로 된 극장'의 몇몇 구절은 충분히 인용될 필요가 있다. 뒤얽혀 있는 다음의 대화를 따라가 보는 것은 복잡하게 얽혀 있는 문제에 관한 좋은 도입부가 되어줄 것이다. 바로 다음이 문건이자 증언의 시작 부분이며, 동시에 결정적 장면을 총괄하는 부분이기도 하다.

네위안즈, 탄허우란, 한아이징 그리고 왕다빙[4명의 홍위병 지도자]가 회의장으로 걸어 들어온다. 주석이 일어나 한 명씩 악수를 나눈다.

주석: 모두 아주 젊군! (무장 조직 사령관인 황저우전과 악수를 한다) 자네가 황저우전인가? 한 번도 만난 적이 없네. 죽었다고 들었는데.

장칭 (4명의 홍위병 지도자를 언급하면서): 오랜만이에요. 여러분은 더 이상 대자보를 붙이지 않고 있죠.

주석 (4명의 홍위병을 언급하면서): 톈안먼에서[1966년 여름] 보았을 뿐 이야기를 나누진 않았지. 좋지 않아. 중요한 일이 있을 때만 삼보전(三寶殿)[6]에 오는 거지['너는 나를 보러 오지 않았다'라는 의

5　역사학자들이 만장일치로 마오쩌둥과 홍위병의 관계를 상상적 성격을 지닌 것으로 간주한다는 점은 거의 상기할 필요조차 없다. 그것은 '노령의 지도자와 그를 신과 같이 숭배한 광적인 청소년들 사이의 기묘한 동맹'이었다. Marie-Claire Bergère, *La réublique populaire de Chine de 1949 à nos jours*(Paris: Colin, 1989).

6　중국에는 '無事不登三寶殿(특별한 일이 없으면 삼보전에 오르지 않는다)'는 관용구가 있다. 바로 다음 페이지에 나오듯이, '삼보전'은 실제 존재하는 궁궐이 아니라, 불교 사당 또는 숙박 시설을 일컫는 상징적인 명칭이다. 여기서 마오쩌둥은 해당 관용구를 써서 농담조로 말하고 있는 것이다.-역주

미의 관용구]. 하지만 나는 당신들에 관한 신문을 모두 읽었고 당신들의 상황도 잘 알고 있어. 콰이다푸[또 다른 학생 지도자]는 오지 않았군. [칭화대학에서] 오지 못한 건가 아니면 오기 싫었던 건가?

셰푸즈[부총리]: 오기 싫었던 것 같습니다.

한아이징: 그럴 리가요. 콰이다푸가 중앙위원회와 문화대혁명 중앙그룹과의 회의가 있었다는 것을 알았고 주석님을 만나지 못했다는 것을 알았다면 울었을 겁니다. 분명 올 수 없었던 겁니다.[7]

첫 번째 줄부터 대화록은 회의의 가장 핵심적인 주제 그리고 각 인물들 간의 관계를 소개해주고 있다. 40대 여성이자 베이징대학 철학과의 강사이자 당 간부였던 녜위안즈를 제외하면, 회의에 참석한 여타의 홍위병 지도자들은 모두 20대 초반이었다. 일어서서 악수를 했던 75세의 마오쩌둥은 "모두 아주 젊군!"이라는 말로 운을 떼고 있는데, 그는 분명 그들이 매우 젊다는 것을 알고 있으면서도 놀랐고, 그럼에도 불구하고 그들을 호명하는 데에 세심한 주의를 기울이고 있다. '삼보전'[8]은 마오쩌둥이 자신의 연설을 대중적인 어조로 윤색할 때 즐겨 사용했던 경구로, 특히 논쟁적인 사안을 다룰 때 이 경구를 쓰곤 했다. 사실 이 표현은 관용구인 것이다. 여기서 그는 위계적 관계를 누그러뜨리기 위해 농담을 하고 있는 것으로 보인다. 홍위병 지도자들과의 접촉을 유지하는 어려운 임무를 완수한 무장 조직 지도자이자 중난하이 방문을 조직한

---

7 '담화', 687. 본 장에서 모든 인용은 앞서 언급한 『모택동사상만세』에서 발췌한 것이다. 또한 모든 번역은 내가 한 것이다.

8 삼보전은 불교의 '삼보(三寶, 세 가지 보물)'에서 유래한 것으로, 삼보는 부처, 법, 그리고 승려 공동체를 말한다.

황저우전에게 했던 말("죽었다고 들었는데")은 당시의 분위기를 예시하고 있다. 다시 말해 칭화대학에서의 전투가 치열했고 황저우전 같은 '공식 대사'마저 심각한 위험을 감수해야 했던 것이다. 마오쩌둥의 언급은 아마도 과장된 말을 통해 상황을 진정시키고 분위기를 차분히 가라앉히려는 의도를 품고 있었을 것이다.

장칭은 비꼬는 투로 시작한다. "여러분은 더 이상 대자보를 붙이지 않고 있죠"라는 말은 "너희들은 싸우기만 한다"는 것을 함축한다. 그녀는 자신이 매우 괴롭고 실망했음을 보여주면서 이어지는 말들에서도 그러한 어조를 유지하고 있다. 그녀는 그들에게 "우리는 모두 깊은 괴로움에 빠져 있다", "나는 당신들에게 깊은 비통함을 느끼고 있다", 심지어 "내가 당신들을 망쳐놓았다", "집안을 말아먹을 놈들(敗家子)"이라고까지 말하고 있다. 마오쩌둥이 장칭 자신의 화를 위계적 우월성으로 바꿔놓지 말라고 책망하면서 여러 차례에 걸쳐 그녀를 제지하게 된다(어떤 시점에서 마오쩌둥은 마치 가정 내의 다툼을 보여주는 것처럼 장칭에게 "그렇게 흥분하지 말라"고 말하고 있다). 마오쩌둥은 다른 중앙위원회 지도자들에게도 비슷하게 말하고 있다. 그는 종종 홍위병 지도자들이 어리다고 대화 상대자를 무시해서는 안 된다고 주장하면서 숨 막히게 혼내지 말라고 말하고 있다. "베테랑인 척하지 마십시오."

학생 지도자들이 회의가 열리는 동안 친근한 대접을 받았던 것처럼, 이른바 '신베이다(新北大, 새로운 베이징대학이라는 의미로 코뮌들 중의 하나)'라고 불리던 베이징대학의 다수파 지도자였던 녜위안즈와 함께 또 다른 세 명의 '꼬마 장군들'이 회의장으로 들어왔다. 그들은 베이징대학 캠퍼스에서 '권력'을 쟁취하기 위해 맹렬하게 싸우고 있던 적대적인 두 분파, 즉 지파(地派)와 천파(天派)에 속해 있었다. 이러한 명칭은 상상력이 풍부한 것처럼 들리지만 사실은 오히려 매우 관료적인 성격을 띤 명칭이었다. '천파'는 항공학원에 기반을 둔 분파였고 '지파'는 지질학원에 기반을 둔 분파였는데, 이들 분파 중 다수파는 여러 캠퍼스에서 복잡하게 뒤얽힌 동맹 관계를 맺고 있었다. 하지만 그 근본 원리에 있어서는 아무런 차이도 없었다. 특정 시점에서 마오쩌둥은 "나에게 천파와 지파 같은 것들은 모두 애매모호하다"고 말할 것이기도 했다. 게다가 각 조직의 이름들은 기이한 조화를 만들어내면서 징후적으로 서로 겹치고 있었다.[9]

지질학원 학생이었던 왕다빙은 '지파'를 이끌고 있었는데, 그는 여타 학생들처럼 '꼬마 장군' 역할에 푹 빠져 있었다. 마오쩌둥은 완전히 알아챌 수 없으면서도 온화한 반어법으로 그에게 말을 걸고 있었다.

여학생 탄허우란은 사범대학의 다수파를 이끌고 있었는데 이들 역시 '지파'에 속했다. 그녀는 꽤 어렸지만, 상대방에게 잔뜩 겁을 먹고 있었다. 린뱌오가 "탄허우란 동지는 양갈래 머리를 했군"이

---

9 베이징대학에서 다수를 차지한 녜위안즈 계열 파벌은 '새로운 베이다(코뮌)'라 불렸으며 '천파'에 속했다. 따라서 원칙적으로 콰이다푸나 한아이징 그룹과 동맹 관계였던 셈이다. 반면, 녜위안즈에 반대하는 베이징대 파벌은 (본래 같은 新北大 계열의 분열에서 비롯된) '새로운 베이다(징강산)' 또는 단순하게 '징강산'이라 불렸는데, 이는 '지파'에 속해 있었다. 그러나 '징강산'은 동시에 '칭화대학'에서 다수파였던 콰이다푸가 이끄는 세력의 명칭이기도 했는데, 이들은 원칙적으로 녜위안즈의 동맹이자 따라서 베이징대 징강산 파벌의 적이었다. 실제로 녜위안즈는 이러한 동맹 관계의 망에서 자신이 우위(老佛)에 있다고 가장하였다. 더욱이 칭화대학에서 콰이다푸에 반대한 파벌은 '징강산(4월 14일)' 혹은 간단히 '4월 14일'이라 불렸는데, 이는 1967년 콰이다푸의 본래 징강산 세력이 분열되면서 생긴 파벌이었다. 이로 인해 콰이다푸의 집단은 '징강산(본부)'라고 불리게 되었다. 분명 두 주요 파벌 내부에서도 다양한 모순이 존재하고 있었다. 1929년 마오쩌둥이 최초의 '홍색 근거지'로 개척한 산맥에서 유래한 '징강산'이라는 위대한 혁명적 현대 중국의 이름은 '천파'와 '지파'의 줄다리기 속에서 정치적으로 소진되고 말았다.

라고 말했지만, 마오쩌둥은 "여러분 중 두 명이 여학생(탄허우란과 녜위안즈)이군—정말 특이하네"라고 말하면서 "이 여학생(탄허우란—옮긴이)은 [적대적인 '천파'에 소속된] 녜위안즈에게 반대하는 책자를 가지고 있네"라고 말했다.

초대된 학생들 중 마오쩌둥이 만나길 바라마지 않았던 한 명, 콰이다푸는 없었다. 콰이다푸는 전국에서 가장 유명한 홍위병이었고 노동자들에 대한 치명적인 공격을 이끌었던 칭화대학의 '징강산(井岡山)' 분파의 지도자였다(반대로 징강산 분파와 대립했던 분파는 노동자들을 환영했다). 콰이다푸는 회의가 시작된 지 한참이 지나서야 도착했고 이 때문에 회의에는 이미 긴장감이 고조되기 시작하고 있었다. "콰이다푸는 올 수 없는 것인가? 아니면 오고 싶지 않은 것인가?"라고 마오쩌둥과 중앙 소조 지도자들이 반복해서 물었던 것이다.

영웅적이면서도 극적인 어조로 콰이다푸를 변호하던 이는 한아이징이었다. 항공학원의 학생이자 '천파'의 지도자였던 한아이징은 네 명의 꼬마 장군들 중 종종 열정을 가지고 결단력 있게 중간중간 대화에 개입하면서 조심스럽게 자신의 주장을 펼친 유일한 인물이었다. 한아이징은 다음과 같이 말하고 있다. "저는 콰이다푸를 사랑합니다. 우리가 함께 많은 일들을 해냈기 때문이죠. 저는 제가 이해하게 될 것이라는 걸 압니다. 저는 그를 보호하기 위해 무엇이든 해야 한다고 생각하고 그가 손해를 입지 않도록 할 것입니다. 그의 운명은 전국 홍위병들의 운명과 직결되어 있습니다."

한아이징에게 엄격하면서도 동정적으로 말했던 마오쩌둥을 제외하고 중앙 소조의 다른 사람들은 조급함을 보였다. "자네는 언제나 자네가 옳다고 생각하는군", "콰이다푸가 사령관이라면 한

아이징은 정치위원이네요"라며 그들은 비꼬는 투로 말했다.

회의가 끝을 향해 달려갈 무렵, 콰이다푸는 자신의 친구들과 지지자들에게 예고했던 것처럼 소리를 지르면서 과장된 몸짓을 하며 등장했다. 회의가 시작했을 때 콰이다푸는 자리에 없었지만 그는 마오쩌둥이 처음으로 언급한 사람이었다. 며칠 전 콰이다푸는 "칭화대학을 포위하고 침략한"[10] 노동자들—"검은 손에 의해 부지불식간에 조종을 당하고 있는"—을 비난하는 긴급 전보를 마오쩌둥과 중앙 소조에게 발송했다. 본 회의가 바로 전보에 대한 마오쩌둥의 대답이었고 때문에 마오쩌둥은 콰이다푸가 결국 회의에 참석할 것이라고 확신했던 것이다.

주석: 콰이다푸는 검은 손을 잡고 싶어 했지. 이 노동자들은 모두 홍위병들을 '탄압'하고 '압박'했어. 누가 검은 손이란 말인가? 그는 아직 잡히지 않았어. 검은 손은 다른 누구도 아닌 바로 나야! 그리고 콰이다푸는 아직 오지 않았어. 그는 나를 잡으러 왔어야 해! 내가 바로 중앙위원회의 경호원과 신화사 인쇄공장, 종합방직공장의 노동자들을 보낸 사람이니까. 내가 그들에게 대학에서의 무장 투쟁을 해결할 것을 요청했고 거기에 가서 상황을 한번 살펴보라고 말했어. 그 결과 3만 명이 그곳에 갔지.[11]

마오쩌둥이 학생 지도자들과 직접적인 대화를 나눈 유일한 사건이었던 1968년 7월의 회의는 문화대혁명 중앙 소조와 홍위병 사이의 관계가 산만하고 모순적이었음을 보여주고 있다. 회의 동안 마오쩌둥은 이전에 학생들과 대화를 나누지 않았던 것을 후회

---

10 Hinton, *Hundred Day War*.
11 "Tanhua," 697-8.

했지만, 자신이 상황에 개입하고 싶지 않았다고 말하고 있다. 노동자의 동원은 다른 가능성, 즉 자신들이 자신들의 문제를 스스로 해결할 수 있는 가능성을 본 이후에야 결정되었다. 마오쩌둥은 계속해서 다음과 같이 말하고 있다.

어떻게 생각하나? 대학 내의 무장 투쟁을 어떻게 처리해야 할까? 한 가지 방법은 철수해서 학생들과 완전히 절연하는 거야. 싸우고 싶어 하면 그렇게 하도록 해. 지금까지 혁명위원회와 수비대 사령관들은 대학 내의 무장 투쟁에 의해 초래된 혼란을 두려워하지 않았어. 그들은 그 어떠한 통제나 압력을 행사하지 않았지. 그리고 모두들 이것이 올바른 방법이라고 생각했어. 다른 방법은 그들〔학생들〕에게 약간의 도움을 주는 거야. 노동자, 농민, 학생들은 이 방법을 선호했어. 베이징에 50여 개의 고등교육 기관이 있는데, 그곳 중 5~6군데에서 격렬한 충돌이 발생했고 여러분들은 그러한 충돌을 해결할 수 있는 능력이 있어. 문제 해결을 고려하는 한에서 여러분들 중 몇몇은 북으로 몇몇은 남으로 가서 살면 되는 거야. 소비에트 공산당이 볼셰비키라는 단어를 삽입했던 것처럼, 여러분은 모두 '징강산' 또는 '코뮌'이라는 삽입어구를 쓰면서 '새로운 베이다'라는 이름을 사용하고 있어.

위에 언급되어 있는 것처럼 베이다 분파는 '새로운 베이다'라는 동일한 이름을 쓰면서 앞에 '새로운 베이다(코뮌)', '새로운 베이다(징강산)'라고 표기해 서로를 구분 짓고 있었다. 여기서 마오쩌둥은 러시아 공산당 내에서 '볼셰비키'라는 이름을 사용함으로써 '멘셰비키'와 구분했던 사례를 언급하면서 이름으로 자신들을 구분하는 것에 대한 회의감을 표출하고 있는 것이다. 마오쩌둥은 서로 반목하고 있던 학생 분파들이 서로를 반혁명주의자들이라고 지목하면서 혁명의 위대한 이름을 전유하기 위해 완강하게 투쟁하면서 사용하는 형식주의적 언어에 대해 매우 비꼬는 듯한 태도를 보여주고 있다. 하지만 핵심적인 이슈에 대해 그는 아주 명확하게 자신의 태도를 보여준다. "만약 여러분이 문제를 해결하지 못하면 군대를 동원할 수밖에 없어. 그리고 린뱌오가 지휘권을 맡게 될 거야. 황융성(黃永勝)도 있군! 어떻게 해서든 문제는 해결되어야 해!"[12]

첫 번째 해결 방법(몇몇은 북으로, 몇몇은 남으로)에 관해 마오쩌둥은 곧 그 의미를 설명하게 되는데, 그것은 바로 분파가 해산되어야 한다는 것이다. 개인적 반감이 너무도 악화되어 두 분파는 계속 새로운 싸움을 벌이지 않고서는 같은 대학 혹은 도시에 머물러 있을 수 없었다. (이것이 바로 '지식청년' 그리고 간부들이 이듬해에 시골로 보내진 주요 이유들 중의 하나였다.) 더군다나 폭력이 분파들 간의 진지한 원칙적 구별과 반비례했다는 사실이다.

두 번째 해결 방법에 있어서, 실제로 충돌에 개입했던 학생들의 숫자가 줄어들었다는 점을 고려하면 베이징에서 군대를 동원하는 것이 쉬운 방법이라는 것은 분명했다. 하지만 문제를 어렵게 하는 것은 정치적 상황으로서의 그 문제를 비단 법과 질서의 차원에서만이 아니라—실상 이러한 종류의 충돌을 비군사적인 개입을 통해 해결하는 것은 매우 드문 것이었다—마오쩌둥이 다음과 같이 언급한 주관적 과정의 결과로서 다루는 것이었다.

여러분은 2년 동안 문화대혁명에 참가해왔어. 투쟁-비판-개조말

---

12 "Tanhua," 688.

이야. 이제, 무엇보다, 여러분은 투쟁하고 있는 것이 아니야. 두 번째로 비판하고 있지 않고, 세 번째로 개조하지 않고 있어. 투쟁하고 있지만 그건 무장 투쟁이야. 인민들이 행복하지 않고, 노동자들이 행복하지 않으며, 농민들도 행복하지 않고, 시민들도 행복하지 않아. 대다수 학교의 학생들도 행복하지 않아. 여러분들 자신의 학교 학생들마저 행복하지 않아. 여러분을 지지하는 분파에서마저 행복하지 않은 사람들이 있어. 이것이 천하를 통일하는 방법인가?

(녜위안즈를 언급하면서) '새로운 베이다'에서 자네는 다수파이고 '영감님'이 아닌가? 당신은 철학자야. 〔다수 분파인〕 '새로운 베이다'와 〔녜위안즈가 통솔하고 있던〕 대학 혁명위원회에서 아무도 당신에게 반대하지 않는다고 말하지는 말게. 나는 절대 그런 말을 믿지 않을 거야! 그들은 당신 앞에서 아무 말도 하지 않고 있지만 뒤에서는 헐뜯는 말을 하고 있을걸.[13]

지난 2년간 마오쩌둥은 일부러 비꼬는 투로 학생들에 관해 언급했었다. '자기 자신을 다른 사람보다 우위에 놓은 사람'이라는 의미에서 '영감님'이라고 불리고 있는 사람은 녜위안즈인데, 그녀의 대자보는 베이징대학의 학생 운동을 촉발시켰고, 1966년 마오쩌둥은 그녀의 대자보에 '중국 최초의 마르크스-레닌주의 대자보'라는 찬사를 보내면서 본 대자보를 결정적인 정치적 선언 혹은 심지어 '20세기 60년대 중국판 파리 코뮌 선언'[14]이라고까지 추켜세웠다. 2년 후 회의에 참석했던 다섯 명의 꼬마 장군들 중의 한 명이었던 녜위안즈는 마오쩌둥을 가장 짜증 나게 하는 사람이었는데, 그것은 아마도 그녀가 어린 나이 때문에 정상 참작의 여지가

---

13 "Tanhua," 688-9.
14 『毛澤東思想萬歲』, 648을 볼 것.

없었기 때문일지도 모른다.

마오쩌둥이 조롱하듯이 자신이 바로 검은 손이라고 말하고 있는 이는 콰이다푸인데, 그는 1966년 베이징의 여러 대학 캠퍼스에서 연이어 등장하고 있던 학생 운동을 청산하기 위해 류샤오치와 덩샤오핑이 파견한 공작대에 대한 저항을 이끌었던 칭화대학의 학생이었다. 콰이다푸는 마오쩌둥이 계속해서 존경을 표했던 개인적인 용기를 보여주었다(마오쩌둥은 '콰이다푸는 혼자서 위험을 떠안은 인물'이라고 말했다). 하지만 2년 전에 비해 상황은 급격하게 달라져 있었다. 홍위병 조직들은 교착상태에 빠져 있었고, 조직의 지도자들 중 그 누구도 출구를 찾지 못하고 있었기 때문이다.

마오쩌둥과 여타 중앙 그룹 위원들의 짜증에도 불구하고 참여자들의 위계 질서상의 차이를 고려하면 예상했던 것보다는 좀 더 평등한 분위기에서 논의가 진행되었다. 마오쩌둥은 엄격하게 문제들을 다루고 있는데, 주변 환경을 고려해 종종 자신이 관대하다는 것을 보여주고 있다. 그는 자신의 대화 상대자들을 명확하게 비판하면서도 지난 2년 동안 자신과 많은 입장을 공유해왔고 자신이 계속해서 동정해왔던 학생들을 동지로서 대해주었다. 마오쩌둥은 학생 지도자들이 상황의 특수성에 관한 아무런 창의적인 생각도 내놓지 못하는 옹졸한 군국주의 정치인이 되어가고 있다고 비판했다. 하지만 회의 기간 내내 마오쩌둥은 주관적 딜레마에 대한 해결책을 가지고 있는 '지배자' 혹은 '권위자'의 역할을 거부했다(그는 자신의 동료들에게 "내가 '지시'를 내리고 있다고 말하지 말라"고 말했다).

마오쩌둥과 홍위병 사이의 관계가 결정적으로 전환되고 있는 시점에서 나타나고 있는 위와 같은 장면—역사적 기록과 이전 홍위병들의 기억에 기반하고 있는—은 순진한 청소년들의 신비로운 매력을 이용해 궁정에서 자신의 적들을 무너뜨리고 있는 카리스마 있는 지도자의 모습을 보여준다.[15] 어떤 시점에서 이야기는 그렇게 흘러가게 되었고, 마오쩌둥은 국가 이성(raison d'état)에 대한 홍위병들의 급진주의를 청산함으로써 자신의 불편한 지지자들을 제거해버리기로 결심했던 것이다. 하지만 무명의 속기사가 남겨 놓은 생생한 기록물 덕에 본 회의의 기록은 그들의 관계가 더욱 심각한 딜레마를 포함하고 있었다는 것을 보여주고 있다.

대중 연설에 능하고 두려움을 모르는 논객이었던 학생 지도자들은 마오쩌둥의 비판에 대해 어정쩡한 변명밖에 늘어놓을 수 없었는데, 그 이유는 자신들이 위계 질서 속에서 열등한 위치에 놓여 있었기 때문이 아니라 상상력으로 가득 찬 권력을 향한 무장 투쟁 속에서 자신들이 지난 2년간 구축해놓은 조직을 정치적으로 소진시켜버렸기 때문이었다. 그들 중 몇몇이 거의 단도직입적인 어투로 반대 분파를 진압하기 위해 자신들의 편에 서서 군대를 개입시켜줄 것을 요청하는 것을 보면, 그들 스스로 자신들이 회의의 궁극적인 의미를 깨닫지 못하고 있었음을 보여주고 있다는 것을 알 수 있다. 바짝 긴장되어 얼이 빠져버린 꼬마 장군들은 마오쩌둥이 우호적이면서도 회의적인 태도로 좌파와 우파 사이의 소위 대립을 다루는 방식과, 싸움에 전혀 관여하지 않은 척하며 그들에게 대응하는 마오쩌둥의 뉘앙스를 전혀 이해할 수 없었다. 아래의 대화는 그들의 대화가 촘촘하게 엮여 있는 장면을 보여준다.

주석: 왕다빙, 자네의 상황은 〔녜위안즈에 비해〕 좀 더 낫지 않나?

왕다빙: 세푸즈에게 반대하는 사람들이 있었습니다만, 지금 모두 도

---

15 Bergère, *La réublique populaire de Chine*. 노홍위병의 기억에 관해서는 Hua Linshan, *Les années rouges*(붉은 세월들)(Paris: Seuil, 1987)를 볼 것.

망갔습니다〔그는 자신의 대학에서 싸움이 끝났다고 주장하고 있고, 세푸즈가 비꼬는 투로 반응하고 있음에도 왕다빙은 자신과 세푸즈 사이의 연대를 보여주고 싶었을 것이다〕.

셰푸즈: 왕다빙 분파의 2인자가 권력을 잡고 싶어 세푸즈를 우파라고 불렀습니다.

주석: 그〔왕다빙 분파의 2인자〕는 좌파인가? 마르크스주의자?

왕다빙: 그들은 우리 사이에서 이간질을 하려고 합니다. 그는 좋은 출신 배경을 가진 훌륭한 동지입니다. 그는 상당한 고통을 겪어왔고 깊은 증오를 키워왔습니다. 이 사람은 단도직입적인 성격이고 혁명적 에너지로 가득 차 있습니다. 그는 강한 혁명적 성격을 갖췄습니다. 다만 참을성이 부족할 뿐입니다. 그는 사람들을 연합할 줄 모르고, 방법이 다소 서툰 것뿐입니다.

주석: 자네는 그와 연합할 수 있겠나? 한쪽은 좌파, 다른 한쪽은 우파. 자네에게 연합은 쉬울 것 같네만. 이리로 와, 내 옆에 앉아.

린뱌오: 이리 오라고!

셰푸즈: 가! 가! (왕다빙이 주석 옆에 앉는다.)

주석: 앉아, 앉아.

이 문제에 있어 우리 좀 더 유연해지도록 하지. 결국 그들은 학생이지 범죄 집단이 아니야. … 핵심은 두 분파가 완전히 무장 투쟁에 매몰되어 있다는 거야. 투쟁-비판-개조가 작동하지 않는다면, 투쟁-비판-중지(鬪批走)가 더 나을 수도 있겠네. 학생들 스스로 투쟁-비판-중지, 투쟁-비판-해산을 이야기하고 있지 않나? 학생들 중 소요파도 많다고 하던데. 네위안즈와 콰이다푸에 대한 좋지 않은 말들이 점점 더 많이 들리고 있어. 네위안즈에게는 총알받이가 그다지 많지 않고, 콰이다푸 역시 마찬가지야. 어떨 때는 300명, 또 다른 때에는 150명 정도. 어떻게 린뱌

오나 황융성의 군대와 비교가 되겠나? 이번에 나는 한 번에 3만 명을 보냈어.[16]

'투쟁-비판-해산'은 2년 전 대학 내에서 활동했던 홍위병들이 타깃을 규정했던 슬로건인 '투쟁-비판-개조'를 패러디한 것이다. '투쟁-비판-해산'이라는 슬로건이 공식적으로 인용된 적은 없지만, 이 회의 이후 실제적으로 수용되었다. 분파들은 '해산'되었고, 이미 학생들이 방기해버렸던 홍위병 조직들은 해체되었다. 대학의 개조에 관해서는 다양한 방법들이 시도되었다.

단순한 군사적 해결책이 아닌 정치적 해결책이 시도된 이 회의에서 주목할 만한 것은 마오쩌둥이 회의 도중에 표출했던 것을 포함해, 주관적 관계를 매우 중요한 것으로 강조하고 있었다는 점이다. 마오쩌둥은 중앙 소조의 여타 위원들에게 그들이 정치에 관한 영웅주의적이면서도 군국주의적인 이미지를 넘어설 능력이 없긴 하지만, 어리다는 이유로 결코 무시할 수 없는 학생들을 마주하고 있다는 것을 일깨워주면서, 수차례 중앙 소조 위원들의 신경질적인 언급을 제지하고 있다. 학생들이 감내해야 할 처벌의 강도는 그들이 처한 정치적 교착 상태의 해결책으로 한정되어야 했던 것이다. 하지만 모든 회의 참가자들에게 충분한 해결책을 찾는 것 역시 위험한 것이었다. 연령에 기반한 위계질서도, 국가 기능에 기반한 위계질서도 상황의 특수성을 다룰 수 있을 만큼 유연한 결정을 내리기에는 충분하지 않았을 것이다.

이러한 긴장감이 선명하게 드러나는 또 다른 맥락이 있다. 마오쩌둥 역시 당혹스러워하면서 도대체 무엇이 교착 상태로 이끌었

---

16 "Tanhua," 689.

는지, 어떻게 분파로의 퇴행을(그는 '역사적으로'라고 말하고 있다) 설명할 수 있는지 스스로에게 묻고 있다.

주석: 발생한 일은 역사적인 이유를 갖기 마련이야. 반드시 역사를 가질 수밖에 없어. 이런 일들이 우연히 발생하지는 않아. 갑자기 터져나오는 것이 아니야.

천보다: 주석의 가르침을 굳건히 따릅시다. 가르침에 충실합시다.

주석: 내가 지침을 내렸다고 말하지 마세요.

천보다: 1966년 상반기는 비교적 좋았습니다. 수도의 단과대학과 종합대학이 온 나라에 불길을 일으켰어요. 혁명의 폭풍을 일으킨 것은 옳았습니다. 이제 그들은 담이 커져서 자신들이 특별하다고 생각합니다. 천하통일을 원하죠〔위와 마찬가지로 천하통일이라는 말을 쓰고 있지만 여기서는 비꼬는 말투다. 그들이 모든 것을 자신들의 통제 아래 두려고 한다는 말이다〕. 콰이다푸와 한아이징은 모든 것에 관여하려고 하지만 그들은 무지합니다.

여기서 마오쩌둥은 회의의 여러 맥락에서 그랬던 것처럼 학생들을 향한 여타 중앙 지도자들의 책망을 누그러뜨리려 한다.

주석: 그들은 이제 20살입니다. 젊은이들을 무시하지 마세요. 주유(AD 175~210. 오나라의 대도독이었던 인물)가 기병 생활을 시작했을 때 겨우 16살이었어요. 경력이 있다고 우쭐대지 마십시오.

장칭: 우리는 10대 시절 혁명에 참가했지요.

주석: 허풍 떨지 마세요. 허풍 떨면 망가집니다.

천보다: 한아이징, 자네는 마오 주석 사상과 중앙위원회의 의견을 성실하게 고민하지 않았어. 깊게 생각하지 않았던 거야. 풍문에

만 기대서 비밀회동을 요구했지. 자기 스스로를 맨 앞에 두어서
결국 위태로운 지경에 빠지게 된 것이다.

주석: 첫 번째 쟁점은 내가 스스로 만들어낸 관료적 산물이야. 나는
여러분을 만난 적이 없어. 만약 그들이 검은 손을 잡고 싶어 하
지 않았다면, 나는 여러분을 여기 오라고 요구하지 않았을 거
야. 콰이다푸가 번쩍 정신이 들도록 해야 해.

하지만 마오쩌둥의 개입에도 불구하고 학생들을 향한 문화대혁
명 중앙위원회의 여타 멤버들의 태도는 매우 날카로웠다.

린뱌오: 콰이다푸, 정신 차려, 이제 그만. 네 실수를 인정해!
주석: '실수를 인정하라'고 말하지 마세요.
천보다: 콰이다푸는 노동 대중에게 아무런 존경심이 없습니다. 만약
그가 계속해서 우리 이야기를 듣지 않는다면, 그건 중앙위원회
를 무시하는 것이고 마오쩌둥 주석을 무시하는 겁니다. 그건 위
험한 길이죠.
주석: 매우 위험하죠. 이제 꼬마 장군들이 실수를 저지를 시간이군요.
저우언라이: 주석은 오랫동안 '이제 꼬마 장군들이 실수를 저지를
시간이다'라고 말씀해오셨습니다.

여기서 주석은 꽤나 운명론적인 것처럼 보이지만, 이제 그러한
실수들을 바로 잡을 수 있도록 도와주어야 할 때라는 것을 은연
중에 말하고 있는 것이다. 이후 회의에서 마오쩌둥은 좀 더 확고
한 태도를 보여준다. 마오쩌둥이 계속 언급한다.

주석: 탄허우란의 반대 세력은 겨우 200명에 불과합니다. 하지만 1

년 후 그녀는 그들을 제압하지 못했어요. 다른 학교에는 더 많은 반대 세력이 있는데 어떻게 그들이 굴복하겠습니까? 조조는 손권을 정복하기 위해 무력을 사용하려 했지만 패했습니다. 유비는 손권을 굴복시키기 위해 무력을 사용했죠. 하지만 가정(街亭)을 잃고 패했습니다. 사마의는 무력으로 제갈량을 굴복시키려 했습니다. 첫 번째 전투는 꽤 오래 지속되었지만, 장합〔張郃, 삼국지에 등장하는 명장―옮긴이〕은 한 마리 말밖에 남은 것이 없었습니다.

예친: 그렇게 가정을 잃은 것이지요.[17]

대화가 진행되는 도중 간간이 고사를 인용하는 경우가 있다. 마지막 문장은 조밀하게 짜인 역사적 사건들(한나라의 멸망과 3세기에 존재했던 삼국시대에 관한)을 포함하고 있는데, 당연히 이 사건들은 참석자들도 알고 있는 것이었고, 오직 공격에만 집중했기 때문에 실패했던 군사 전략의 사례로 인용되고 있었다. 1930년대에 작성한 군사 관련 저술에서 마오쩌둥은 공격보다 방어가 중요함을 은근히 주장한 적이 있는데―이러한 생각은 손자와 클라우비츠를 포함한 위대한 전쟁 이론가들 역시 제기했던 것이기도 하다―그 이론은 인민전쟁 과정 속에서 효과적으로 관철되었다.

하지만 [당시의―옮긴이] 정치적 상황은 독특하면서도 돌이킬 수 없는 것이었다. 홍위병들이 선택한 징강산 홍색기지와 같은 이름이 인민전쟁―홍위병들의 정초적 기원이 되어주었던 순간―의 영광을 기치로 내세우고 있었음에도 불구하고, 공격보다는 방어가 중요하다는 마오쩌둥의 전술 규칙은 홍위병들의 '군사주의적' 스

---

17 "Tanhua," 707-9.

타일이 그저 반란의 이미지를 재생산하고 있을 뿐이라는 것을 드러내는 근거로 활용되고 있었다. 오히려 징강산 기지는 1920년대 말 마오쩌둥이 반란 중심적인 전망을 포기하고 그로써 중국공산당 내에서 지배적인 위치를 차지한 후, 방어에 치중하는 군사 전략을 다듬어낸 이후에야 비로소 만들어질 수 있었다.

여기서 마오쩌둥은 상황을 되돌아보았을 뿐 홍위병들에게 전쟁사에 대한 강의를 해주려 했던 것으로 보이지는 않는다. 그는 군사 계획이라는 측면에 있어서도 베이징 소재 대학 캠퍼스에서 벌어지고 있던 전투들이 매우 어설펐다고 보고 있다. 마오쩌둥은 학생들에게 다음과 같이 말한다. "어떤 전쟁을 수행하고 있는 거지? 여러분들의 싸움은 아무것도 아니야! 여러분은 그저 가내수공업으로 만든 무기를 들고 있을 뿐이야." "만약 정말 전쟁을 수행하고 싶다면 더욱 큰 규모의 군대를 이끌어야 해." 하지만 홍위병들이 완전히 상상력의 산물에 불과한 혁명 군대의 영웅주의를 흉내 내고 있을 뿐이었고, 그들이 그렇게 할 수 있었던 것은 군대가 전투에 개입하지 않기로 결정했기 때문이라는 것은 불을 보듯 뻔한 것이었다. 마오쩌둥은 "사소한 시민 전쟁은 심각한 문제가 아니다"라고 결론을 짓고 빨리 중단되어야 한다고 말했다. 이 문제에 관해 린뱌오는 무장 투쟁을 멈춰야 한다는 협상할 수 없는 요구를 확인시키기 위해 고대 중국의 변증법을 활용해 다음과 같이 말하고 있다. "세상의 모든 위대한 사건은 오랜 시간의 분열을 거쳐 통합에 이르고 오랜 시간의 통합을 거쳐 분열에 이른다. 무장투쟁에 초점을 맞춘 모든 방어는 해체되어야 한다. 무기, 칼, 총 모두 치워버려야 한다."[18]

---

18 "Tanhua," 689.

본 회의의 논의는 당시 상황에 관한 몇 가지 세부 사항들을 포함하고 있는바, 그에 대해서는 좀 더 세밀한 주석이 필요할 것이다. 그래서 나는 당시 회의의 두 가지 핵심 사안에 논의를 한정하려 한다. 분파들 간의 투쟁을 즉각 멈춰야 할 필요성 그리고 대학의 정치적, 지성적 운명이라는 더욱 불명확한 문제가 그것이다.

"우리는 내전을 원치 않는다."

"다음이 우리 주장의 이유입니다. 첫 번째, 우리는 문화 투쟁을 원하지 무장 투쟁을 원하지 않습니다." "인민 대중은 내전을 원치 않습니다." 이것이 마오쩌둥과 중앙 소조의 여타 위원들이 학생들에게 언급한 두 가지 주요 주장이었다. 마오쩌둥은 분파들 사이에 견해차가 존재하고 있음을 인정했고, 최종적으로 다른 분파에 비해 특정 분파의 견해에 더욱 찬성하고 있음을 표명했다. 하지만 그는 아무것도 대학 캠퍼스에서 벌어지고 있던 기이한 전쟁을 정당화시켜 주지는 못한다고 못박고 있다.

예컨대 마오쩌둥은 콰이다푸에게 적대적인 '4·14' 분파가 제기했던 '필승 이론'을 인용하고 있는데, 그 이론에 따르면 '권력을 쟁취한 자는 통치할 수 없다'는 원칙에 기반을 둔 분파가 권력 투쟁에서 승리하게 되어 있다고 한다. 다시 말해 이전의 권력자들을 무너뜨리고 칭화대학에서 권력을 쟁취한 콰이다푸는 4·14 분파에게 권력을 넘겨줄 수밖에 없는데, 그것은 4·14 분파가 나중에 형성되었기 때문이다. 4·14 분파가 제시했던 '역사적 법칙'을 뒷받침하는 주장의 가치에 관해 말한다면, 분명 그것은 차라리 도구주의적 이론이었는데, 콰이다푸에 반대하는 4·14 분파를 정당화하는 데만 초점을 맞추고 있었기 때문이다. 마오쩌둥은 4·14 분파의 '필승 이론'이 정치 이론이 되고자 했기 때문에 그것이 존재하는 것은 자유라는 점을 강조하면서도, 실상 그 이론에 대해 어떠한 공감도 느끼지 못하고 있었다. "4·14 분파에는 저우추안잉이라는 이론가가 있지요. 왜 이론가를 체포해야 합니까? 그는 어느 학파의 이론가입니다. 그는 논문을 쓰죠. 왜 그를 체포합니까? 그를 풀어주세요. 그는 자신의 의견을 가지고 있는 것입니다. 다시 글을 쓰게 하세요. 그렇지 않다면 그들은 자유가 없다고 말할 것입니다."[19]

마오쩌둥이 여기서 서투른 '이론'의 경우라고 할지라도 보호해야 한다고 공개적으로 주장하고 있는 정치적 사유의 자유가 1966년 하반기 이래로 홍위병을 구축했던 주요 이슈였다는 사실을 기억해야 한다. 쇠락의 국면에서 분파주의는 서로를 잘라내는 투쟁에 관여한 조직들 간의 상호 괴롭힘으로 점철되어 있었다. 이들은 결국 자신들의 존재를 유지하기 위한 주요 조건으로 상대를 전멸시키는 것을 고려하게 되었으며, 각자 자신을 당-국가 재건을 위한 핵심으로 간주하였다. 이것이 바로 당시 마주하게 된 난제의 핵심 모티브였다. 마오쩌둥은 녜위안즈에게 말을 걸면서 자신의 화려한 논쟁적 어조를 이어나갔다.

늙은 부처[녜위안즈 본부에 대한 또 다른 풍자적 명칭], 당신은 좀 더 온순해질 필요가 있어. 베이징대학의 징강산[그녀를 적대시 하는 분파]에는 수천 명의 사람들이 있어. 만약 그들이 봇물 터지듯이 넘쳐 흐르면, 용왕묘[龍王廟, 녜위안즈의 본부]는 쓸려나가 버릴걸. 그것을 어떻게 감당할 거지? 아니면, 늙은 부처, 우리는 군대를 통해 통제할

---

19 "Tanhua," 690.

거야. 세 번째 방법은 변증법에 따라 행동하는 거지. 당신들은 하나가 둘로 쪼개져 같은 도시에 살 수 없으니, 당신 아니면 징강산이 남쪽으로 옮겨 가는 거야. 만약 한쪽은 남쪽에 다른 한쪽은 북쪽에 있다면 서로 볼 일도 없고 싸울 수도 없어. 각자 질서를 잡고 그러면 세상은 통일될 거야[一統天下]. 그렇지 않으면 계속 두려움에 떨게 될 거야. 만약 그들이 늙은 부처 진영을 공격하면 당신은 편히 잠들 수 없어. 당신도 두렵고 그들도 두렵지. 조금 뒤로 물러설 필요가 있어. 왜 그렇게 긴장돼 있나?[20]

마오쩌둥과 중앙 소조의 다른 멤버들은 각 분파들이 서로에게 퍼붓고 있는 쓸데없는 잔인함과 자신들의 반대편을 '도살해버리겠다', '삶아버리겠다'고 위협하는 뻔한 슬로건에 대해 반복해서 분노를 표현하고 있다. 더군다나 각 분파가 자신의 반대파를 반혁명적이라고 고발하고 그들을 전시의 적으로 대하는 주장들은 터무니없는 것이었다. 마오쩌둥이 녜위안즈에게 왜 반대파를 반혁명적이라고 생각하느냐는 질문에 그녀는 다음과 같이 대답했다. "그들은 마오쩌둥 주석과 린뱌오 부주석을 사악하게 공격하는 반혁명적 단체를 조직했어요." 이에 대해 마오쩌둥은 다음과 같은 날카로운 질문을 던지고 있다. "그들이 우리를 조금 비난하는 것이 뭐가 문제란 말인가요?" 녜위안즈가 자신의 반대파들의 '정치적 죄상'과 관련해 만들어낸 증거는 아무 가치도 없는 것이었다. "우리를 비판하게 하라." 마오쩌둥은 수차례에 걸쳐 말한 바 있다. "어떻게 반대편이 없을 수 있단 말인가?"

인민전쟁의 영광을 흉내 내고 싶어 했던 꼬마 장군들이 자신들

---

20 "Tanhua," 690.

의 반대편에게 가한 고문에 관하여 마오쩌둥은 인민해방군이 비록 제대로 된 공식 교육을 받지 못했던 병사들과 장군들로 구성되었음에도 훨씬 더 문명적이었다는 것을 상기시켰다. 마오쩌둥은 농담조로 당시 회의에 참석한 총참모부의 주석과 부주석을 '두 촌놈(土包子)'이라고 불렀다. 이들은 오랜 교육을 받은 홍위병 지도자들과 비교하면 초등학교 몇 년을 다녔을 뿐이었지만 확실히 '지식인'이라고 여겨질 수 있는 사람들이었다. 마오쩌둥은 군대에서 탈영병들이 더 이상 체포되지 않고 구금 역시 처벌로 사용되지 않는 데 반해, 각 분파에 속한 학생들은 빈번하게 체포를 사용하고 반대편은 "강압당하고 자백을 강요받은 전쟁 포로"처럼 다루어졌으며 고백을 거절한 이들은 두들겨 맞아 죽음에 이르렀다고 말했다. "나는 지식인이야말로 가장 문명화되지 않았다고 생각합니다[마오쩌둥은 신랄하게 말을 덧붙이고 있다]. 당신들은 지식인이 가장 문명화되었다고 말하지만 나는 그렇게 생각하지 않아요. 덜 교육받은 사람이 더 문명적입니다."

중앙 소조의 멤버들 중에서 장칭은 반대파들을 다루는 방식에 대해 가장 실망하고 있던 사람이었다. 탄허우란이 우두머리를 맡고 있던 사범대학교에서 반대파에 속한 여러 학생이 체포되었고, 음식과 물을 제공받지 못한 채 며칠씩 어둠 속에 감금되어 있었다. 장칭은 이 무서운 '땋은 머리 소녀'에게 진심 어린 분노를 표했다.

장칭(탄허우란에게 말을 걸면서): … 어떻게 이런 일을 했단 말인가? 그들이 내게 말해주자마자, 나는 울 수밖에 없었어. 이 수백 명, 아니면 수십 명의 사람들은 결국 인민 대중인 것을… 나는 네 반대파에게 개인적인 친밀감을 가지고 있지는 않아. 그들이 우리를 적대시한다고 한다더라. 우리가 그들의 입장에서 말하고 있는 것은 아니지만, 그들을 풀어주었어! 프롤레타리아는 프롤레타리아적 휴머니즘을 강조해야만 해. 결국 이 반혁명 분자들은 젊은이들이야.

그들은 투쟁을 통해 나를 죽음으로 몰아가고 싶어 해. 난 기름에 튀겨지는 것을 두려워하지 않아. 베이징대학의 징강산 분파가 장칭을 기름에 튀기고 싶어 한다는 것을 들은 적이 있지.

야오원위안: 튀긴다는 건 그냥 비유일 뿐입니다.

주석: 그들은 심지어 콰이다푸를 목 졸라 죽이겠다고 말하기도 한답니다.

홍위병들이 사용하는 언어의 폭력성과 그들 행동의 잔혹성은 그들의 정치적 능력과 반비례하고 있다. 이어서 장칭은 네위안즈가 베이징대학 캠퍼스에서 저지른 무분별한 폭력에 대해서도 비난을 퍼붓는다.

장칭: 네위안즈, 아직 내가 말할 권리를 가지고 있는 건가? 나는 너희들 때문에 매우 비통하단다. 지금 너희들은 모든 대중에 대한 모든 대중의 투쟁을 벌이고 있고, 나쁜 인민들은 숨고 있어. …4월 14일 그들은 분명히 싸움에서 이길 것이라고 말했지. 4월 14일은 특히 문화대혁명 중앙위원회에 대한 반대 투쟁이 있던 날이야〔당시 회의 장소에 있던 리더들에 대한 반대였다〕. 그들은 총리〔저우언라이〕에게 반대했고 또 〔중앙위원회의〕 캉성에게 반대했어. 그럼에도 그들은 대중조직이지.

너희들은 내가 어디 살고 있는지 알고 있어. 나를 투쟁 대상으로 삼고 싶다면 마음대로 해. 나를 튀겨버리고 싶다면, 마음대로 해. 우리는 함께 어려움과 역경을 겪고 있는 거야. 만약 다른 이들을 용인하지 않는다면, 어떻게 치국평천하(治國平天下)를 이룩하겠나? 내가 볼 때 너희들은 주석의 저작을 공부하지 않고 있고, 그의 작업 스타일을 공부하지 않고 있어. 주석님은 언제나 그에게 반대하는 이들과의 연합을 모색하고 계셔.

주석(녜위안즈에게 말을 걸면서): 자네가 〔상대의 죄목으로〕 언급한 것은 단지 〔그들이〕 장칭과 린뱌오를 공격한 것에 불과해. 우리는 글을 써서 그것을 한 방에 날려버릴 수 있지. 그들은 단지 개인적으로 이야기를 나누었을 뿐, 밖에 나가 대자보를 붙이지는 않았어.

장칭: 그들이 대자보를 붙여도 나는 두렵지 않아요….

주석(녜위안즈에게 말을 걸면서): … 자네가 수천 명에 달하는 베이징대학 징강산 분파를 없앨 수는 없어.

녜위안즈는 모든 것이 잘 돌아가고 있고 자신이 반대파를 물리쳤으며, 그들을 통제하고 있고 심지어 아마도 '실수를 바로잡기 위한' 것이었을 수업에 참여할 것을 강요해 반대파가 자신의 편이 되도록 애썼다는 것을 증명하려 했다. 하지만 마오쩌둥은 단호하게 그녀의 말을 부정하고 있다.

녜위안즈: 천 명 이상의 학생들이 징강산을 떠났습니다. 그들은 수업에 참여하고 있어요.

주석: 징강산을 떠난 사람에게 의존할 수는 없어. 그들은 대부분 육체적으로는 조조와 함께하고 있지만 마음속으로는 한나라와 함

께하고 있지.[21] 육체적으로 그들은 늙은 부처와 함께하고 있어. 하지만 그들의 마음은 징강산과 함께하고 있지. 뉴후이린〔반대 분파의 리더〕에게 아무것도 하지 말게. 징강산과 함께하도록 하고, 가만히 놔두도록 해. 우리는 타인을 강요하거나 모욕해서는 안 되고, 특히 인민들을 때리거나 갈취해서는 안 돼. 과거에 우리는 똑같은 실수를 저질렀어. 자네들은 그러한 실수를 처음으로 저지르고 있는 거야. 자네들을 욕할 수는 없겠지.[22]

홍위병 분파들 사이에서의 적대감은 학생 지도자들이 중앙위원회의 각 멤버들과 쌓아놓은 인간관계와 깊게 연루되어 있었기 때문에,[23] 마오쩌둥과 중앙의 지도자들은 중앙위원회 멤버들에게 찬성 혹은 반대하는 것이 투쟁을 지속할 수 있는 이유가 될 수 없다는 점을 반복해서 강조했다.[24] 중앙위원회는 일치된 견해를 지

---

21 이것은 또 하나의 역사적 인용으로 여기서는 단지 속담적인 의미만을 지니는 것으로 보인다. 이는 기원적 2세기에서 3세기 사이 한 왕조의 몰락을 특징지은 군사적 반란을 가리킨다.

22 "Tanhua," 700-702.

23 탄허우란은 장칭에 반대할 특별한 이유가 없었던 것으로 보였다. 장칭은 회의 중에 자신이 과거에 그녀를 도왔던 적이 있다고 회상하기도 했다. 그러나 탄허우란이 '지파'와 연계되어 있었기 때문에 그녀는 베이다 징강산(장칭을 '튀기려' 했던)과 동맹 관계에 있었고 이는 중앙문혁소조에 적대적이었다(칭화대학 4월 14일파도 마찬가지였다). 장칭의 말에 따르면, 사범대학의 탄허우란의 반대자들(그녀가 음식과 물조차 주지 않고 어두운 곳에 가두었던 이들) 역시 중앙문혁소조에 적대적인 듯 보였다. 파벌들 사이에서 원칙 없는 동맹과 적대의 혼란스러운 얽힘은 그들의 정치적 소진 정도에 비례하는 것이었다.

24 중앙문혁소조가 홍위병 조직들 간의 투쟁에 개입하지 않으려 애써 거리를 둔 것은 같은 조직 내부에서 몇 달 전 드러난 경향들에 대한 반작용으로 설명될 수 있다. 1967년 9월 치번위, 광펑, 왕리 등 세 명의 위원이 파벌 간 적대감을 조장해 중앙문혁소조 내에서 자신의 입지를 강화하려 했다는 혐의로 파면되었다. 이 사건은 중대한 전환점을 이루었으나, 이번 회의에서는 단지 부수적으로만 언급되었다.

니고 있었고 즉각 싸움을 멈출 것을 단호하게 요구하고 있었다.

최근 몇 달간 학생 분파들 간의 분쟁은 더욱 심해지고 있었고, 만약 군부에 존재하고 있던 몇몇 분파들 간의 대립이 격화된다면, 이는 학생들 사이에 존재하고 있던 소규모 분파 사이의 싸움을 현실적인 군벌들 간의 충돌로 전환시킬 수 있었기에, 싸움을 즉각 멈춰야 한다는 점에 대한 중앙위원회의 비타협적 태도는 더욱 확고해졌다.[25] 학생 지도자들은 자신들의 입장에서 그러한 가능성에 대해서는 우려하고 있지 않은 것으로 보였다. 몇몇은 자신들의 반대편을 압도하기 위해 자신들의 분파에 대한 군의 지원을 요구하기도 했다. 녜위안즈는 한 발 더 나아가 자신의 분파와 가까울 것으로 생각했던 특정 군대에 지원을 요구하기도 했다. 이에 대해 마오쩌둥은 "자네는 자네가 원하는 대로 모든 것이 이루어지기를 바라는 건가"라고 화가 나서 대답하고 있다.

학생 분파에 대한 군의 개입은 회의의 가장 민감한 문제였고, 이에 대한 우려를 품고 있던 저우언라이가 몇몇 학생 조직들이 베이징 항천국(航天局)에서 개최할 것을 요구한 국방과학위원회의 회의에 관해 언급하면서 제기되었다. 과학위원회가 군부와 학문-과학 기구 사이의 제도적 교차점에 위치한 기관이며, 항천국이 국방 프로그램과 밀접하게 연계되어 있었다는 것은 분명하다. "어떻게 그런 회의를 소집할 수 있었지?" 저우언라이가 한아이징에게 호통쳤다. 한아이징의 장황한 답변은 그와 베이징 홍위병 주요 지도자들이 그토록 복잡한 상황을 얼마나 피상적으로 다루었는지를 드러내고 있다.

---

25 잘 알려져 있듯 1967년 '우한 사건'은 지방 군 지휘부와 중앙 군 기구 사이에 심각한 충돌이 발생할 수 있음을 보여주었다.

한아이징: 우리는 그 회의를 소집하지 않았어요. 하지만 우리가 확인할 수는 있죠. 광둥의 우추안빈이 그 회의를 소집했어요. 나는 아팠고, 병원에 가기 전에 물리교육원에서 지내고 있었습니다. 교육원에서 전화가 왔는데 저한테 성급 혁명위원회의 상임위원 두 명을 맞이하라고 했어요. 사람들이 말하길 '하늘에 천당이 있고, 땅에는 베이징 항천국이 있다'고 하더군요. 나는 5·4 학생 위원회의 지도자들과 다른 성에서 온 여러 혁명 분파의 지도자들을 열렬히 환영하지는 않았어요. 그래서 우리는 건방지고 오만하다고 비난을 당했어요. 심지어 그들은 우리가 부농이고 더 이상 혁명 분자가 아니라고 했어요. 그래서 우리는 그들을 맞이하기로 한 거예요. 그들은 떠나면서 국가 상황에 대해 논의할 회의를 소집하고 싶어 했어요. 나는 그들에게 만약 베이징에서 그런 회의를 소집한다면 그건 불법 회의(흑색회의, 다시 말해 반동적인 회의)가 될 것이라고 말해주었죠.

회의에 참석한 꼬마 장군들 중에 가장 수다스러웠던 한아이징은 저우언라이를 대노하게 했던 사건에 대한 자신의 관련성을 최소화시키려고 애쓰면서 계속해서 어설프게 자신의 입장을 정당화하려 했다.

베이징의 상황이 매우 복잡했습니다. 천파와 지파가 있었죠. 저는 몇몇 믿을 만한 조반파 지도자들 그리고 혁명 위원회의 책임감 있는 사람들과 이야기를 나누는 것에 동의했습니다. 어떤 특정한 방법에 대해 논의하지 않고 그저 상황에 대해 이야기해보기로 한 거죠. 콰이다푸와 저 모두 그러한 대화에 참여했습니다. 그리고 입원했죠. 회의가 시작되자마자, 모두들 일이 잘못되어 가고 있었다는 걸 느

껐습니다. 지질학원에서 온 이들은 예비 회의에 참석하고 나서 다른 회의에는 참석하지 않았습니다. 콰이다푸는 몇 분 듣고 나서 겁에 질려 그 회의에서 도망을 쳤고, 징강산 분파의 대표자들도 마찬가지였습니다. 차례차례 친구들이 제게 알려줬어요. 나는 서둘러서 보고서를 써야 한다고 말했고 어느새 상부의 비판 문건이 내려와 있었던 거예요.[26]

이러한 설명을 듣고 나서 그 설명의 괴상함만큼이나 당혹스러웠던 저우언라이는 대답할 필요조차 느끼지 못했다. 안이함, 모험주의, 전략적인 기회주의가 뒤섞여 꼬마 장군들은 자신들이 감당할 수 없는 교착 상태에 빠져버렸던 것이다.

베이징의 학생들에게 분파들 간의 투쟁을 멈춰달라고 요구했던 또 다른 주된 이유는 그러한 사건들이 전국 단위에서 불러일으키고 있었던 반향 때문이었다. 실상 베이징에서 벌어지고 있던 투쟁은 5~6개의 캠퍼스에서 몇천 명의 학생들만이 연루되어 있었던 것이지만, 몇몇 성에서, 특히 광시성에서, 지난 몇 달간 심각한 수준의 투쟁이 발생하고 있었다. 문화대혁명 중앙위원회는 광시의 상황을 직면하여 7월 1일 무장 투쟁을 즉각 멈출 것을 요구하는 성명을 발표했다.[27] 베이징에서 벌어지고 있던 계속된 투쟁은(콰

---

26 "Tanhua," 699–700.

27 사실 광시의 파벌 무장 투쟁은 문화대혁명에서 가장 자기파괴적인 사건 중 하나였으며, 베이징 대학가에서의 상황과는 매우 다른 방식으로 처리되었다. 칭화대학에 들어온 노동자들처럼 무장 해제된 노동자들이 충돌을 종결시킨 것이 아니라, 인민해방군과 무장 민병대가 개입하여 학생들을 훨씬 더 가혹하게 다룬 것이다. 앞서 인용한 회고록 『붉은 세월들(Les années rouges)』에서 광시의 한 홍위병 조직원이었던 화린산(華林山)은 이 사건에 대해 마오쩌둥과 린뱌오가 제시한 것과는 다른 해석을 내놓으며, 순전히 군사적인 진압의 성격을 강조하고 있다. 그러나 그는 동시에 1968년 광시 학생 파벌들 사이에서 지배적이

이다푸의 조직은 중앙위원회의 성명이 베이징이 아닌 광시에서만 유효하다고 언급했다) 전국 단위에서 영향을 끼치고 있었는데, 그것은 베이징 홍위병 지도자들이 누리고 있었던 특권적 위치 때문이었다. 무장투쟁의 중지에 관해 마오쩌둥은 단호한 태도를 취했다. 투쟁을 계속하는 이는 누구나 범죄자로 간주될 것이었다.

> 주석: 어떤 사람들이 광시에서 발표된 성명서가 광시에서만 유효하고 산시에서 발표된 성명서는 산시에서만 유효하다고 말하고 있습니다. 지금 나는 또 다른 전국 단위의 통지를 발표합니다. 인민해방군에 반대하거나 인민해방군을 상대로 투쟁을 벌이고, 교통 수단을 파괴하며, 사람을 죽이거나 방화를 저지르는 이는 모두 범죄를 저지르는 것입니다. 설득에 귀를 닫고 자신들의 태도를 바꾸지 않고 있는 이 몇 안 되는 이들이 바로 강도들이며, 국민당 첩자들은 붙잡히게 될 것입니다. 만약 그들이 계속해서 저항한다면 그들은 곧 처단될 것입니다.

광시에서의 상황에 대해 린뱌오와 마오쩌둥 모두 가장 단호한 태도를 보여주었다. 불법 무장 단체들 간의 충돌, 방화 그리고 파괴 행위는 용납될 수 없었다.

> 린뱌오: 현재 그들 중 몇몇은 진짜 혁명 그룹입니다. 다른 이들은 혁명을 위한 우리의 깃발을 이용하고 있는 강도들과 국민당 첩자들입니다. 광시에서 천 채 이상의 집이 불타 없어졌어요.
>
> 주석: 통지문에 만약 학생들이 계속해서 저항하고 태도를 바꾸지 않

이었던 '영웅주의적, 군사주의적 정치의 상상적 비전'을 향수 어린 시선으로 확인하고 있다.

는다면 체포될 것이라는 점을 분명하게 적어놓고 설명해두도록
하세요. 린뱌오 동지가 말한 그런 일은 소수의 일일 뿐이고 심
각한 사안은 포위되고 진압될 것입니다.

린뱌오: 광시에서 천 채 이상의 집이 불타고 불도 끄지 못하게 했답
니다.

주석: 국민당이 바로 이렇지 않았나요? 이것이 바로 계급의 적들이
보여주는 최후의 발악입니다. 집을 불태우는 것은 중대한 오류
입니다.

린뱌오: 대장정 당시 내가 광시에 진입한 적이 있었는데, 그곳에서
나는 바이총시를 물리쳤죠. 그도 이러한 방법을 사용했습니다.
그는 집을 불태우고 그것을 공산당에게 뒤집어씌우려고 했죠.
똑같은 전술을 또 쓰고 있는 겁니다.

이 지점에서 한아이징은 자신이 그러한 사건들에 의해 압도되
었다고 주장하면서 콰이다푸의 정당성을 입증하려고 다시 한번
노력했고, 그를 통해 자신을 정당화하려 했다. 하지만 마오쩌둥은
그의 말을 일축했다.

한아이징: 콰이다푸는 호랑이 등에 올라타 내릴 수 없었던 거예요.
캉성: 이건 상황이 다르잖아.
주석: 호랑이 등에서 내릴 수 없었다면, 그에게 호랑이를 죽이라고
해.[28]

'호랑이를 죽이라'는 말은 곧 정치적으로 독립된 조직으로서의

---

28 "Tanhua," 699.

홍위병 활동을 끝내라는 것을 의미했고, 실상 이것이 회의의 결과였다. 콰이다푸의 도착은 회의를 통해 다루려고 했던 정신적 붕괴를 확인시켜주었다. 콰이다푸는 자신의 친구였던 한아이징이 회의 초반부터 간접적으로 기대하고 있었던 그대로 회의가 3분의 2가량 진행되었을 때 마치 연극의 한 장면처럼 흐느끼면서 회의장으로 들이닥쳤다. 회의록이 정확하게 기록하고 있는 것처럼 그 블랙코미디와 같았던 장면의 효과는 장칭의 얼굴에 선명하게 투사되어 있었다. "황쭤전이 콰이다푸가 도착했다고 말했다. 콰이다푸는 비통하게 울면서 입장했다. 주석이 일어서 그에게 다가가 악수를 했다. 장칭 동지는 비웃고 있었다. 콰이다푸는 울면서 자신의 호소장(告狀)을 내밀었다. 그는 칭화대학이 극도의 위험에 처해 있고, 검은 손에 의해 조종당한 노동자들이 칭화대학으로 들어와 학생들을 억압하고 있으며 이 모든 것 뒤에는 거대한 각본이 있다고 말했다."[29]

상황이 얼마나 달라졌는가를 이해하기 위해서는 1966년 6월 콰이다푸가 칭화대학에서 학생 반란의 용감한 지도자로 떠올랐던 당시를 고려해야 한다. 그는 '머뭇거리는 이들'에게 보내는 '공개 서한'을 작성했고 그 서한의 대략적인 취지는 다음과 같은 것이었다. "나는 진심으로 여러분이 이 어렵고 중요한 순간에 흔들리지 않기를 바랍니다. 매우 빠른 속도로 달리는 혁명의 열차가 날카로운 커브에 진입하고 있습니다. 넘어져 부서지지 않으려면 스스로를 단단히 붙잡으시기 바랍니다."[30]

2년 후 마오쩌둥은 훌쩍거리는 콰이다푸를 만나고 있었고, 그는 콰이다푸에게 자신이 다른 사람들에게 했던 말을 반복하는 것

---

29 "Tanhua," 704.

30 Hinton, *Hundred Day War*.

말고는 별다른 수가 없었다. 그리고 콰이다푸의 분파가 칭화대학에서 노동자들에게 잔혹한 공격을 퍼부었던 것에 대한 심각한 비판을 곁들였다. 콰이다푸의 반대파는 4월 14일 사실상 노동자들을 환영했지만, 마오쩌둥이 좀 더 마음이 간다고 했었던 콰이다푸의 징강산파는 노동자들에 대한 지독한 공격을 시작했다. 악수를 한 후 마오쩌둥은 콰이다푸를 가혹하게 다루었지만 동정심을 보여주기도 했다.

주석: 검은 손을 붙잡고 싶다고 했는데, 내가 바로 검은 손이네. 자네를 다룰 수 있는 다른 방법이 없군. 우리는 자네의 분파에 대해 좀 더 동정적이네. 나는 '확실한 승리'라는 4·14 분파의 생각을 받아들일 수 없어. 하지만 대중의 지도자들을 포함해 대중을 포용해야 하네. 저우추안잉의 주된 생각은 권력을 장악한 자는 통치할 수 없다는 것인데, 그렇다면 콰이다푸는 4·14에게 권력을 이양할 수밖에 없어. 우리는 노동자들에게 선전 공작을 부탁했지만 그들이 거절했네. 우리는 얼마나 많은 인민들이 선전을 위해 달려오고 있는지 잘 알고 있어. 황쮜전과 셰푸즈가 자네에게 말했겠지만 할 수 있는 일이 없네. 노동자들은 맨손이었지만 자네는 그들을 매도하고 공격했으며, 그들을 죽이고 다치게 했어. 베이징대학의 경우도 우리는 녜위안즈에 대해 좀 더 동정적이네. 우리는 자네들 5명의 영수들에게 기울어져 있지만, 자네들은 수천 명의 노동자들이 칭화대학에 무엇을 하러 온 것인지 모른단 말인가? 만약 중앙위원회의 결정이 없었다면 그들이 어떻게 감히 거기에 갈 수 있었단 말인가? 자네들은 수동적이었어. 반면 4·14 분파는 노동자들을 환영했지. 하지만 징강산 분파는 그들

을 환영하지 않았어. 그래서 자네들은 잘못된 것이야.[31]

힌튼(Hinton)에 따르면 4·14 분파의 태도는 당시의 심각했던 '군사적' 어려움과 그들이 징강산에 의해 거의 압도당하고 있었기 때문이다. 어떤 의미에서 그들은 노동자들을 그들의 구원자로서 환영했던 것이다. 자신들의 상황에 대한 완전한 통제권을 거의 장악했다고 생각했던 징강산 분파는 노동자들이 자신들의 승리를 앗아갔다고 보았기 때문에 노동자들에게 극도로 분노했던 것이다. 이러한 구체적인 정황은 칭화대학에서 발생한 무장 투쟁이 아무런 정치적 토대도 갖추지 못하고 있었음을 확인시켜준다.

별다른 대답을 할 수 없었던 콰이다푸는 마오쩌둥이 자신의 '수동적 태도'(올바른 결정을 내릴 수 없었던 정치적 무능력이라는 의미에서)를 비판한 이후 별다른 말을 하지 않고 결국 자신에게 좀 쉬라는 제안을 한 것에 대해 매우 혼란스러워했다. 저우언라이는 자신의 입장에서 한아이징에게 동료를 보살피고 그가 퇴장할 수 있도록 도와줄 것을 권고했다. 당시 상황의 엄중함에도 불구하고 콰이다푸와 여타 학생들에 대한 문화대혁명 중앙위원회의 태도는 매우 침착했다.

마오쩌둥 역시 지난 몇 달간 학생 혁명파들이 보여주었던 발작적 행동에 대해 간명한 평가를 내렸다. "이것은 아나키즘입니다. 이 세계에서 아나키즘은 정부와 관련되어 있는 것입니다. 이 세상에 정부가 있는 한, 아나키즘은 없어질 수 없습니다. 과거 젊은이들에게 주어졌던 굴종[적 태도]과 '온순한 도구'는 이제 뒤집혔습니다. 이것은 우경 기회주의의 벌이자, 중앙위원회의 우경 기회주의

---

31 "Tanhua," 711.

에 대한 벌입니다.”[32]

결국 모든 ‘억압’은 그에 상응하는 ‘억압된 것의 회귀’를 초래한다고 할 수 있다. 하지만 ‘정부’의 존재가 초래하는 불가피한 부작용에 관한 마오쩌둥 특유의 일반적인 철학적 운명론과 관련하여, 그가 제시했던 것은 당시 상황에 대한 적절한 정치적 판단이었다. 당-국가 체제는 특히 젊은이들에게 ‘훌륭한 공산주의자’로서 묵인과 온순함을 전파하고 부과하지 않았던가?[33] 현재 ‘아나키즘’은 정반대의 결과를 낳았다고 마오쩌둥은 말하고 있는 것이다. 그것은 온전히 ‘중앙위원회’가 자초한 ‘응보’로서, 단테가 말했던 ‘콘트라파소(contrappasso)’였다.

1960년대 초반 학교와 대학생들을 훈육하기 위해 사용된 치밀한 방법들은 유럽 르네상스 시대의 예수회 학교들에 결코 뒤지지 않았으며, 이에 대해서는 별도의 연구가 필요할 것이다.[34] 여러 홍위병들의 잔혹함 그리고 심지어 잔인함을 보여주는 사례들은—마오쩌둥의 쓴소리에서 느낄 수 있듯이—당-국가 체제의 ‘교육’과 지난 20년 동안 중국의 교육 체제가 수행한 청년 도덕 ‘완성’ 프로

32　“Tanhua,” 700–701. 여기서 마오쩌둥은 레닌이 『공산주의에서의 ‘좌익’ 소아병(‘Left-Wing’ Communism, an Infantile Disorder)』에서 언급한 ‘아나키즘은 종종 노동자 운동의 기회주의적 과오에 대한 일종의 징벌로 작용하고 했다’라는 견해를 거의 그대로 인용하고 있다. http://www.marx2mao.com/Lenin/LWC20.html(2018년 6월 접속).

33　이 이론을 ‘순종적 도구’라고 비판하는 것은 당시 류샤오치(劉少奇)의 가장 유명한 저술인 「공산당원의 수양을 논함(論共産黨員修養)」을 겨냥한 주요 논쟁적 논거 중 하나였다. 이 책은 영어로 How to Be a Good Communist라는 제목으로 번역되었으며, 1960년대 초 중국공산당의 정치적 교육에서 근본적인 이념적, 도덕적 참고서가 되었다.

34　1960년대 초, 특히 가장 명망 높은 중국 학교들의 규율 분위기를 생생하게 묘사한 기록은 래양(Rae Yang)의 회고록 Spider Eaters(Berkeley: University of California Press, 1997)에서 찾아볼 수 있다.

그램의 근본적인 실패에서 비롯된 비극적인 결과였다.

"여전히 우리가 대학을 운영해야 하는가?"

베이징대학에서의 투쟁과는 별도로, 그날 논의되었던 또 다른 주요 문제는 대학의 제도적, 학술적 운명에 관한 것이었다. 어떻게 무장 투쟁을 멈출 것인가라는 문제보다 불확실성이 더욱 컸던 이 문제는 다음과 같은 몇 가지 이유에서 매우 중요한 것이었다. 1950~1960년대 중국 국가 기구에서 대학 시스템이 차지하고 있던 중심적인 위치, 홍위병들의 행동주의를 통해 대학 교육을 개혁하려는 모든 시도가 명백히 실패로 돌아간 점(잔혹한 싸움으로 변질된 '투쟁-비판-개조'라는 도식), 그리고 1968년 전 세계적인 대학 위기가 중국 대학 시스템에 의해 어느 정도 예견되었고, 결국 장기적인 제도적 마비를 통해 그 위기가 대학 자체로 집중되었다는 점이 그 이유였다.

마오쩌둥이 1966년 5월 7일 편지에서 언급한 '위대한 학교'의 급진적 교육 프로그램과 관련하여, 그 편지에서 나타나고 있는 뉘앙스의 차이에도 주목할 필요가 있다. 학생들 스스로가 대학 개혁을 미연에 방지하기 위해 세웠던 분명한 '바리케이드'와 관련하여, 중국 대학 시스템의 변화에 필요한 접근 방식에 관한 마오쩌둥의 어조는 신중하면서도 면밀했다. 1968년 7월 마오쩌둥이 다음과 같이 말했을 때 현대 대학 교육의 불확실성은 최고조에 달하게 된다.

여전히 우리가 대학을 운영해야 하는가? 대학은 신입생을 받아야 하는가? 신입생을 받지 않는다면 그건 안 될 말이다. 나는 내 언급에 약간의 여지를 남겨놓았다. 우리는 여전히 대학을 운영해야 한다. 나는 과학기술대학(science and engineering college)을 언급했었다. 하지만 인문대학을 운영하지 말아야 한다고 말한 적은 없다. 만약 후자가 아무런 성과도 내지 못한다면 그것에 관해 망각하게 될 것이다. 내가 아는 한, 대학은 중고등학교 그리고 초등학교 고학년에서 제공하는 것과 같은 기본 과정을 제공하고 있다. 고등학교에서는 중학교 과정을 반복하고, 대학은 고등학교 과정을 반복한다. 기본 과정에 있어서 그것들은 모두 반복되는 것이다. 전공 과정에 있어서는 선생들조차 그것을 잘 이해하지 못하고 있다. 철학자들이 철학에 관해 이야기할 줄 모른다. 무엇을 공부하고 있는 것인가?

마오쩌둥은 이 문제에 있어 녜위안즈를 끌어들이려고 했다. 하지만 그녀는 거부했고, 이는 장칭의 냉소를 불러일으켰다.

주석: 녜위안즈, 당신은 철학자 아닌가요?
녜위안즈: 아닙니다. 전 철학자가 아닙니다.
장칭: 그녀는 늙은 부처지요.
주석: 철학을 공부하는 것이 무슨 가치가 있지? 철학이 대학에서 배울 수 있는 것인가? 만약 어떤 이가 노동자나 농부가 되어보지 않고 철학을 공부한다면 그건 무슨 철학이란 말인가?[35]

이러한 질문은 학교 프로그램에 너무 많이 얽매여 있는 철학 선생들에게는 경악할 만한 것이었지만, 모든 철학자들에게 그러했던 것은 아니다. 오직 대학 안에서만 철학적이 되는 것을 배울 수

---

35 "Tanhua," 693.

있는 것인가? 회의 중 가끔씩 농담을 던졌던 린뱌오는 냉소적인 어조로 다음과 같이 답했다. "그건 '저쉐(哲學)'가 아니라 '자이쉐(窄學)'지." "공부를 하면 할수록 더 옹졸해지는 거야."

마오쩌둥은 문학에 관해서도 같은 질문을 던지고 있다. 대학에서 문학 작품을 어떻게 쓰는 것인지 배울 수 있는가? 이때 저우언라이는 농민 출신이면서 독학으로 작가가 되어 그 보상으로 대학에 보내졌던 가오위바오의 사례를 언급하면서 다음과 같이 씁쓸하게 말하고 있다. "대학에 가게 되었을 때 머리가 얼어붙어 버리고 말았지." 문화대혁명 이전 가오위바오의 사례는 중국 학교 민주화의 결과로서 대대적으로 홍보되었지만, 가오위바오는 대학에 들어가자마자 저술을 멈춰버리고 말았다.[36]

이전 교육 정책에 대한 의심은 거의 총체적인 것이었다. "10년 이상 학교에서 공부한 아이들을 보라[마오쩌둥은 낙담한 듯 말하고 있다]. 그들은 잠을 이루지 못할 정도로 육체적으로 파괴되었다. 아이들이 역사를 배우지만 계급투쟁을 이해하지 못하고 있다." 다시 말해, 마오쩌둥은 철학을 하고, 소설을 쓰며, 사려 깊게 정치하는 법을 배우는 것이 대학 지식 및 그 전수 시스템과 지식적인 차원에서 일치한다는 말인가라고 묻고 있는 것이다. 1968년 여름에는 지식과 관련된 핵심 문제가 전 세계적인 범위에서 제기되고 있었다. 마오쩌둥에 따르면 "문학을 공부할 때 문학사를 공부할 필요 없이 차라리 소설 쓰는 법을 배우면 된다. 나에게 일주일에 한 편씩 소설을 써달라. 할 수 없다면 견습생으로 공장에 가서 일을 하라. 견습기간 동안 견습생으로서의 경험을 써라. 요즘 문학을

---

36 가오위바오는 외문출판사(外文出版社)에 의해 몇 개국의 언어로 번역된 회고
    록의 저자였다.

공부하는 이들은 소설을 쓰지 못한다."[37]

마오쩌둥은 여기서 '문학사'에 대한 명백한 혐오감을 드러내는 것 외에도, 소설을 쓰기 위해 공장이나 농촌으로 가서 견습생이나 농민이 되어야 한다고 언급했는데, 이것은 분명히 논란의 여지가 있는 문제이며 여러 가지 오해를 불러일으킬 만한 주제이다. 하지만 작가가 자신의 작품에 있어 사람들 속에서 실제 관계를 경험하는 것보다 대학 교육에서 더 배울 수 있는 것이 무엇이란 말인가? 여기서 공장과 시골은 당시 중국 전체 인구의 90%를 차지하고 있던 일반 인민의 존재적 지평을 의미하는 것이다.

다른 한편에서 1980년대와 1990년대 중국 문학의 부흥을 바라보면 베이다오, 멍커, 양롄 같은 시인, 또는 한샤오궁 같은 소설가[38]가 그들이 '지청(知靑)'으로서 시골에 보내졌던 1960년대 말 작품을 쓰기 시작했고 그들 중 누구도 대학에 다니지 않았던 것은 분명한 사실이다. 그렇다면 당시 대학의 문학 교육이 중단되었던 것이 중국 당대 문학에 결정적인 해를 끼쳤다고 단언할 수 있을 것인가?

결국 문제의 핵심은 예술, 정치, 철학 등의 지적 활동과 그것의 교육적 전달 가능성 간의 관계에서 현대의 대학이 맡고 있는 역할이 무엇인가라는 것이다. 당시 중국에서 소련을 모델로 삼았던 사회주의 국가의 대학 체제는 사유와 지식 사이의 완벽한 균형의 구현을 주장하고 있었다. 하지만 그와 같은 완벽한 균형이야말로 당시 중국이 겪고 있던 위기가 반박하려고 했던 것이며 중국으로 하

---

37 "Tanhua," 693.

38 나는 클라우디아 포차나(Claudia Pozzana)와 함께 이 작가들의 작품을 두 권의 선집 형식으로 이탈리아어로 번역하고 해설한 바 있다. *Nuovi poeti cinesi*(Torino: Einaudi, 1995); "Un'altra Cina: Poeti e narratori degli anni Novanta," *In forma di Parole* 19, no.1(1999).

여금 새로운 길을 찾도록 촉구하고 있던 것이었다.

하기에 사회주의 대학의 우월성을 결코 인정하지 않았던 마오 쩌둥은 마르크스주의―당시 중국 대학 지식의 핵심이자, 특히 철학과의 핵심이었던―가 대학에서 형성되지 않았음을 강조했던 것이다. 그는 마르크스를 제외하고는 위대한 마르크스주의자들 중 누구도 정식 교육을 따르지 않았으며, 마르크스 역시 학문적 경력을 따르지 않았을 것이라고 언급했다. 마오쩌둥의 기억대로 다른 이들의 학력에 관한 말해본다면, 엥겔스는 자기 아버지의 공장에서 회계 장부 담당자로 일하면서 노동자들의 문제에 관한 질문을 제기했고 영국도서관에서 자기 자신을 고문했다. 레닌은 단지 2년간 대학을 다녔을 뿐이고, 스탈린은 몇 년 동안 중학교에 다녔을 뿐이다(마오쩌둥은 스탈린이 다녔던 학교가 '교회에 의해 운영되었다'고 덧붙였는데, 어쩌면 약간의 아이러니를 담았을지도 모르겠다). 마오쩌둥이 농담조로 언급했던 것처럼, 고리키는 2년 동안 초등학교에 다녔을 뿐인데도 '지식인'으로 불릴 수 있었는바, 그것은 몇 년간 초등학교를 다녔던 장칭보다 짧았고, 중학교를 몇 년 다녔던 린뱌오보다도 짧았다.

마오쩌둥은 자신이 모범생이 아니었다고 말했지만("나는 그저 학교에서 쫓겨나지 않으려 노력했을 뿐이다"), 이 말을 그대로 받아들이면 안 된다. 그는 창사의 사범학교를 다니고 이후 그곳의 선생이 되었으며, 몇 년 동안 젊고도 공격적인 교육자로서 5·4 교육 개혁의 가장 진보적인 흐름에 주도적으로 참여했다. 이러한 경험의 흔적이 이 회의에서 드러나고 있는데, 1921년 마오쩌둥이 건립했던 후난의 자수대학(自修大學)은 전국적인 범위에서 중요한 반향을 만들어내고 있었다(실제로 마오쩌둥은 1968년 자기-학습 시스템을 제안하기도 했다).[39] 그러한 경험 그리고 1930년대와 1940년대 옌안의 학교 정책의 특수성은 학교와 대학을 당연한 것으로 인식되는 현대 국가 시스템의 구조적 요소로서만이 아니라, 정치와 지식의 실험을 위한 핵심 영역으로 보았다는 점이다. 그와 같은 경험과 정책을 통해 교육에 관한 독창적인 형식이 만들어질 수 있었던 것이 사실이다.[40]

회의에 참석했던 여타의 지도자들은 바로 그러한 경험의 직접직인 참가자들이었는데, 저우언라이는 젊은 시절 5·4 운동의 개혁 흐름에 있어 지식적, 교육적 전위로 주도적인 활동을 했고, 린뱌오는 옌안에서 항일군정대학(抗日軍政大學)의 운영을 지도하기도 했다. 비록 그들이 교육 분야에서 특별한 전문성을 자랑하는 것을 피하면서 자신들은 스스로 학습했다고 밝혔지만, 실상 당시 회의에 참여했던 지도자들 중 몇몇은 해당 문제에 정통했던 이들이었다. 그럼에도 불구하고 당시 사회주의 국가의 학교 및 대학 정책이 드러냈던 돌이킬 수 없는 위기와 함께, 어떠한 새로운 기준이 교육 개혁을 촉발시킬 수 있는가라는 문제는 모든 참석자들에게 가장 불분명한 문제였다. 그들에게 지난 20년에 대한 평가는 대체적으로 부정적인 것이었지만, 지난 2년간의 경험이 새로

---

39 Mao Zedong, *Inventare una scuola: Scritti giovanili sull'educazione*, ed. Fabio Lanza and Alessandro Russo (Rome: Manifestolibri, 1996)을 볼 것. 5·4 시기 교육에 관한 청년 마오쩌둥의 글을 모은 이 문집에서 가장 주목할 만한 것은 후난의 자수대학(自修大學)에 관한 글이다. 중국어 판본은 『毛澤東早期文稿』(長沙: 湖南出版社, 1990)에 수록되어 있다. 영어 판본은 Stuart R. Schram, ed., *Mao's Road to Power: Revolutionary Writings 1912–1949*(Armonk, NY: M. E. Sharpe, 1992), vol.1을 볼 것.

40 나는 *Le rovine del mandato: La modernizzazione politica dell' educazione e della cultura cinesi*(Milan: Franco Angeli, 1985) 제5장부터 제8장에서 5·4 시기부터 옌안(延安) 시기까지의 교육 정책의 창의성을 분석했다.

운 길을 보여주지도 못하고 있었다.

중앙 문혁 위원회의 한 위원은 "교육 개혁에 있어서는 아무런 진전을 이루지 못했다"고 언급했다. 마오쩌둥은 학생들에게 다음과 같이 답했다. "만약 교육 혁명에서 아무런 진전을 이루지 못한다면, 우리는, 지금 여기에 있는 학생들은 말할 것도 없으려니와, 아무런 진전도 이룩할 수 없을 것이다." 더군다나 만약 학생 분파들 간의 싸움으로 상황이 막혀버린다면, 새로운 것을 찾는다는 것은 불가능한 것이었다.

> 주석: … 내가 보기에 모든 것이 〔학생 분파라는〕 몇 가지 문제로 귀결되고 만다면, 우리가 무슨 교육 혁명을 시작할 수 있다는 말인가? 만약 우리가 실패한다면, 그냥 해산하고 말면 된다. 이것이 바로 학생들이 말하고 있는 것이다. 이것은 내가 소요파로부터 얻은 정보가 아니다!
>
> 야오원위안: 나는 일부 학교에서 투쟁-비판-해산(斗-批-散) 또는 투쟁-비판-중지(斗-批-走)가 있어야 한다는 것을 수용할 의향이 있습니다.

마오쩌둥은 모든 사회 활동에 대한 학생들의 참여와 더불어 학문적 개혁은 '자기-학습'에 기반해야 한다는, 1920년대 초부터 발전시켜왔던 자신의 생각을 언급하고 있다.

> 주석: 두 파벌이 계속 그렇게 한다면, 나는 그들이 원치 않더라도 〔대학에서〕 퇴장해야 한다고 생각해. … 그들이 자리를 비우면 인민들에게 어떻게 소설을 쓰는가에 관한 자기-학습을 하라고 해. 그들이 문학을 배우면, 너희들은 시, 드라마를 쓰면 되지. 철학

을 공부한 이들은 가족사나 혁명사를 쓰면 돼. 정치경제학을 전공한 학생들이 베이징대학에서 배울 필요는 없어. 베이징대학에 유명한 교수가 있기는 한가? 이런 주제들은 교수가 필요 없어. 교수가 가르치는 것은 좋지 않은 방법이야. 소규모 그룹을 만들어서 스스로 학습하고 자기-학습 대학을 운영하면 되는 거야. 반년, 1년, 2년, 3년 그렇게 한번 해보자고.

마오쩌둥이 강조하고 있었던 또 다른 지점은 시험과 등수에 대한 그의 반감이었다. 잘 알려져 있는 대로 이것은 1960년대 급진적 교육학의 근본 주제이기도 했다.

> 주석: 시험은 필요 없어. 시험은 좋은 방법이 아니야. 백 개의 관점을 내포하고 있는 책에 대해 열 가지 문제가 제기되었다고 가정해봐. 그 질문들이 책 내용의 10분의 1 정도만 반영하고 있지 않은가? 정확하게 답했다고 해도, 그럼 나머지 90%는? 누가 마르크스를 시험했지? 누가 엥겔스를 시험했어? 누가 레닌을 시험했지? 누가 린뱌오 사령관을 시험했어? 누가 황주어전 사령관을 시험했어? 대중은 장제스를 선생으로 삼고 있었어.[41] 이게 바로 우리가 경험했던 것이야. 중학교에 선생님은 필요하지. 하지만 모든 것 단순화되어야 하고 필요 없는 것들은 제거되어야 해.
>
> 야오원위안: 좋은 도서관을 몇 개 만들죠.
>
> 주석: 노동자, 농민, 병사들에게 도서관을 이용할 수 있는 시간을 줘. 도서관에서 공부하는 것은 좋은 방법이야. 나는 반년 동안 후난 도서관에서 공부했고, 또 다른 반년 동안 베이징대학 도서

---

41 여기서 장제스는 '반면교사'라는 비꼬는 의미로 인용되었는데, 이는 당시 마오주의자들이 즐겨 쓰던 표현 가운데 하나였다.

관에서 공부했어. 나는 스스로 책을 골랐어. 누가 나를 가르쳤나? … 대학은 아무런 생명력 없이 운영되고 있어. 대학에는 좀 더 많은 자유가 있어야 해.[42]

이것은 전 세계적인 범위에서 중요한 문제였다. 현대 대학의 지식적 가치 그리고 결국에는 그 제도적 존재의 문제는 중국에서뿐만 아니라 프랑스와 그 여타의 지역에서도 위기에 처해 있지 않았던가? 흔히 중국이 10년 동안 여타 세계로부터 고립되어 있었다고들 한다. 하지만 급진적인 질문—학문 커리큘럼의 유용성 혹은 피해, 참을 수 없는 시험의 관료적 시행, 혹은 학습에서 선택의 자유의 필요성—을 제기하지 않았던 1968년 7월의 대학생 혹은 대학 교수는 자신의 지적 존재에 필요한 본질적인 조건을 되돌아볼 수 있는 기회를 잃어버린 것이었다.

전략적 후퇴

회의가 끝난 뒤 5명의 꼬마 장군들은 중난하이에서 잠시 동안 대기했다. 마오쩌둥은 이 꼬마 장군들이 보여주었던 반대파에 대한 잔인성과 칭화대학에서 벌어졌던 노동자들에 대한 치명적인 공격을 탓하면서 "오늘 어땠나? 우리가 너희들을 체포해 구금이라도 할 것 같나?"라며 냉소적으로 말했다. 사실 학생 지도자들은 기대했던 것보다는 덜 가혹하게 다루어졌다. 그들은 논의에 대한 간단한 요약문에 서명하고 그것을 학교에 배포할 것을 요구받았다. 그 요약문은 2쪽에 불과했고, 마오쩌둥이 여타 중앙위원회 위

---

42 "Tanhua," 705-6.

원들이 학생 지도자들의 행동을 호되게 비판하고 투쟁의 즉각적인 중단을 요구했다는 내용을 주요 골자로 하는 것이었다.[43]

회의를 통해 당시 상황이 자기-파괴적인 교착 상태에 빠져 있다는 것이 확인되었는바, 당시까지 홍위병 조직들은 그 어떠한 정치적 내용도 결여하고 있었기 때문이다. 2년 전 홍위병들은 1966년 8월 「16개조」에 의해 "우리 당과 대중을 밀접하게 연계하는 훌륭한 교량"으로 환영받았다. 이 문건에 따르면 그들은 "일시적이 아니라 영원한 조직이 되어야 하며" "오랜 시간 운영해야 하고" 비단 대학에 그치는 것이 아니라 "공장, 광산, 이웃, 마을, 시골"에서도 환영받아야 했다. 1968년 7월 칭화대학에 노동자가 파견되고 본 회의가 개최되면서 마오쩌둥과 중앙위원회는 그러한 제멋대로인 조직은 종결된 것으로 간주해야 한다고 선언했다. 1966년 시작된 정치적 실험에 관해서 "대중은 스스로 해방되어야 하며, 그 누구도 어떤 방식으로도 그들을 대신해 행동해서는 안 된다"고 했던 1966년 8월 마오주의자들의 또 다른 유명한 선언에서 표현된 것과 같은 독립 조직들은 종말을 맞게 된 것이다.

'조반 조직'의 종말과 함께 마오쩌둥과 중앙위원회에게 가장 어려웠던 문제는 더 이상 대학에서 벌어지고 있던 무장 투쟁을 어떻게 종결할 것인가가 아니라 학생들의 존재를 가능하게 했던 주관적인 에너지를 파괴하지 않으면서도 어떻게 학생 분파를 다룰 것인가—그들을 무장해제시키고 그들의 해산을 예상하면서—라는 문제였다. 1968년 말 중앙위원회가 취한 주요 조치들이 대학에 관한 주제를 공장 및 노동자들의 그것과 연결시켰다는 것은 특기할 만하다. 마오쩌둥이 종종 사용했던 '전략적 후퇴'라는 군사적

---

43 「毛主席關於制止武鬥問題的指示精神要點」, 『文化大革命研究資料』(北京: 國防大學, 1988), vol.2, 153-154.

원칙을 활용하면서 노동자들과 공장을 교육 문제에 포함시키기로
했던 결정은 음미해볼 필요가 있다. 그러한 후퇴는 지난 2년 간의
정치적 에너지를 바탕으로 자기 스스로를 교육하고, 새로운 형태
의 평등주의적 정치를 경험할 수 있는 기회를 보장할 수 있는 영
역이 확보된 후에야 실행될 수 있는 것이었다.

무엇보다도 칭화대학에 노동자들을 보낸 것은 불가피한 경찰
작전을 시행하기 위해서라기보다는 상황을 정치적 문제로 다루기
위한 방법이었다. 칭화대학으로 들어간 노동자들은 "폭력이 아닌
이성을 사용하고, 무기를 내려놓고 대연합을 실천하라"는 슬로건
을 외치면서 학생들을 무장해제시켰고, 이러한 사건에서 쉽게 보
기 힘든 합리적 원칙 덕분에 노동자들은 투쟁을 멈추는 임무를 완
수할 수 있었다.[44] 마오쩌둥은 노동자들을 억압적인 국가 기구를
위한 대체재가 아닌 정치적 개입의 주연으로 동원하였다. 분명 칭
화대학에서 벌어졌던 노동자 시위는 사회주의 국가의 이데올로기
속에서 '노동 계급'이라는 범주가 차지하고 있던 특권적 지위 덕
분에 고도의 상징적 역할을 수행할 수 있었다.

그러한 결정이 마르크스-레닌주의 문화의 정통적인 선택에서
비롯된 것처럼 보이고, 문제를 사회주의 국가와 그 "노동자 계층"
간의 관계로 되돌리는 것처럼 보였지만, 우리가 보았듯이 문화대
혁명 기간 동안 그러한 관계는 1967년 상하이 1월 폭풍에서 정치
적 격변을 겪었다.

하지만 앞서 살펴보았던 것처럼 상하이는 분파 투쟁의 영향을
가장 덜 받은 도시였으며 정치적, 제도적 혁신에 가장 개방적인

---

44   앞서 인용한 마오쩌둥과 린뱌오의 담화를 요약한 이 문서는 중앙문혁소조 위
원이었던 세푸즈의 감독 아래 작성되었으며, 홍위병 지도자 5명 전원의 서명이
있었다. 이 사건에 관해서는 王年一, 『大動亂的年代』, 302-3을 볼 것.

도시였다. 상하이의 혁명가들은 격변의 결과를 정치적 실험을 위한 자극으로 전환시키기 위해 노력했고 1970년대 말까지 도시는 노동자-공장의 관계에 있어 정치를 다시 생각하려는 시도를 위한 장소였다.

분파들 간의 투쟁을 해결하는 방법으로 노동자들을 동원할 것을 주장했을 때 마오쩌둥은 비록 더듬거리긴 했지만 그러한 가능성에 기대려고 했던 것이다. 홍위병들을 만나기 일주일 전 마오쩌둥은 '노동자 대학'의 건립을 선언했던 상하이 기계 공장에서 도착한 보고서를 포함한 글을 발표했다. 전국 단위의 언론이 강조했던 마오쩌둥의 이 글은 해당 대학의 주도권을 지지하면서 그것을 공과대학의 변혁에 있어 '따라야 할 모범'이라고 칭찬했다. 이 낯선 '노동자 대학'—이후 몇 년 동안 마오주의 그룹이 가장 강조했던 사안들 중의 하나였던—은 대담하게도 해당 대학의 운명을 노동자-공장의 관계에 있어 탄생할지도 모를 새로운 정치적 가능성에 관한 실험에 연결시켰다. 우리는 다음 장에서 이러한 실험들의 정치적 가치에 관해 논의할 것이다.

결론적으로 나는 1968년 말 마오주의 그룹이 취했던 세 가지 주요 조치들—상하이의 노동자 대학에 대한 마오쩌둥의 언급을 출판한 것, 칭화대학에 노동자들을 파견했던 것, 중난하이에서의 회의—은 비록 불안정하고 위험한 것이었지만 일관성 있는 일련의 정치적 결정들을 도출해냈다고 생각한다. 요약과 전문의 형태로 구성된 그 회의 기록의 광범위한 유포는, 파벌적 소진, 즉 홍위병 조직들의 자기-패배에 의해 만들어진 난국으로부터 정치적 해결책을 찾으려는 시도들에 있어 핵심적인 기여를 했다.[45]

---

45 그 회의에서 비롯되어 이후 몇 달 동안 내려진 중요한 결정 가운데 하나는, 우리가 이미 보았듯이 마오의 "너희들 중 일부는 북으로, 다른 일부는 남으로 가

혁명적 문화와 분파적 영웅주의

내가 주장했던 것처럼 이 자기-패배는 혁명적 문화의 반작용에 의한 결과였는바, 그 혁명적 문화라는 것은 곧 사회주의 그리고 문화대혁명의 이데올로기적, 조직적 요체, 즉 당시 함께 고민되었던 정치적 주체성에 관한 실험에 관한 것이었다. 양궈빈의 최근 연구는 '탈권'과 관련하여 1967년 1월 이후 시대적 분수령이 되었던 분파주의에 있어 혁명적 문화가 수행했던 역할을 자세하게 살펴보고 있다.[46] 7장에서 제시했던 대로 나는 탈권이라는 의

라. 그래야 서로 보지도, 공격하지도 못할 것이다"라는 말에서 미리 예고된 바와 같이, 모든 대학생들을 농촌으로 내려보내는 계획, 이른바 지식청년의 농촌하향(하방) 운동이었다. 이와 비슷한 성격의 결정과 목적지는 국가 기관 간부들을 대상으로 한 '5·7 간부학교(五七干校)'라는 이름 아래 채택되었다. 많은 학생들은 처음에는 이 계획에 열성적이었다. 어쩌면 그것은 파벌주의가 빚어낸 정치적·실존적 교착 상태에서 벗어나는 한 가지 길이자, 농민들의 실제 삶을 직접 체험할 수 있는 좋은 기회라는 확신에서 나온 것이었을 것이다. 이 현상을 치밀하게 연구한 뒤 부정적인 결론에 이른 미셸 보냉(Michel Bonnin)은, 그럼에도 불구하고 수십 년이 지난 뒤에도 참여자들 가운데 상당수가 전혀 후회하지 않을 뿐 아니라, 오히려 그 경험에 대해 일종의 향수를 드러낸다는 점을 지적한다. 관련해서는 *The Lost Generation: The Rustication of China's Educated Youth, 1968-1980*(Hong Kong: Chinese University of Hong Kong Press, 2013)을 참조하라. 적어도 처음에는, 이러한 경험이 참가자들 자신의 관점에서 볼 때, 홍위병 운동의 교착 상태에서 벗어나 중국 농촌에 대해 직접적인 지식을 얻는 한 방식으로 이해되었지, 규율이나 처벌의 수단으로 인식되지는 않았던 것으로 보인다. 그러나 시간이 흘러 1966~68년의 추진적 정치 동력, 곧 독립적 조직들이 가장 활력에 넘치던 시기와 멀어질수록, 이 재배치(하방) 프로그램은 관료적 발상에서 나온 사업처럼 보이게 된다. 1968년 이후 상당 기간 농촌으로 전근되었던 거의 모든 국가 기관 간부들의 경험에도 대체로 이와 유사한 논평을 덧붙일 수 있을 것이다.

46 Yang Guobin, *The Red Guard Generation and Political Activism in China*(New York: Columbia University Press, 2016).

미에서의 분파주의가 1월 폭풍 이후에야 발생했다는 의견에 동의
한다.

　양궈빈은 정확하게 '상상된 영웅'이라는 특징을 그려내고 있는
데, 그러한 양상은 분명 1966년 하반기에 이미 명확하게 드러나
고 있었지만, 1967년 초 당시까지 나타났던 모든 새로운 요소들
을 압도하고 있었다. 분파주의의 비극적 결과에 관한 잘 다듬어진
성찰 속에서 양궈빈은 홍위병의 무덤에 헌사되었던 구청의 「작별
의 무덤(永別了, 墓地)」이라는 시를 인용하고 있다. 나는 언제나 그
시의 절절한 비통함과 정치적 감각에 감탄을 금치 못한다. 비극
적인 죽음이 발생하기 몇 달 전, 구청은 문화대혁명이 특별한 사
건—천지가 뒤바뀌는—이었을 뿐만 아니라, 더욱 중요하게는 "수
많은 꽃들이 만발했던" 순간이었음을 깨닫게 된다.

　무엇이 그 꽃들을 얼려 죽여버린 서리를 내리게 한 것일까? 무
엇이 천지를 뒤집고 독립 조직을 자기-파괴적인 극단적 분열 속으
로 몰아넣은 화염을 몰고 온 것일까? 홍위병의 몰락은 결국 그들
이 자초한 것이다. 구청의 시는 그러한 정치적 새로움 속에 담겨
있었던 '내적 대의의 우선성'을 예리하게 포착하고 있다.

　　너희들은 서로 뒤얽혀

　　땅에 쓰러졌네

　　유쾌한 눈물을 머금고

　　상상 속의 총을 손에 쥔 채

　　너희들의 손가락은

　　여전히 얼어붙은 듯 차갑지만

　　다만 교과서와 영웅들의 이야기를 들춰 보았던 것은

　　아마도 함께 지니고 있던 습관에서 비롯된 것이겠지

마지막 페이지엔 너희들의 모습을 그려놓았구나[47]

  우리는 상당 부분 이들 행간에 내포된 비유가 무엇을 의미하는지 즉각적으로 인식할 수 있다. 무의미한 싸움 속에서 홍위병 조직들은 서로를 파괴했고, 모두 치명적인 뒤얽힘 속으로 함께 무너져 내렸다. 홍위병들은 허황된 그리고 희극적이면서도 비극적인 소규모 내전에 자신의 모든 에너지를 쏟아부어 버렸던 것이다. 그리고 그 내전은 '영웅적' 태도에 의해 일그러진 정치를 역사적 이야기처럼 달달 암기하도록 만든 교과서에 의해 추동되었던 사건이었다(다만 교과서와 영웅들의 이야기를 들춰 보았던 것). 혁명적 영웅주의에 관한 이 교과서의 마지막 페이지에 그들은 자신의 초상을 그려놓았다. 그리고 시인은 그들이 '함께 지니고 있던 습관'—사회적 합의가 만들어냈던 재난적 효과—에 의해 그렇게 했다고 말하고 있다. 최종적으로 그들은 자신들이 만들어내려고 했던 그리고 결국에는 자신들 스스로를 파괴시켜 버렸던 정치적 새로움과는 거리가 먼 혁명적인 '이상적 자아'의 이미지에 스스로를 비춰 보고 있다.

  시인의 시선은 우리가 탐색하고 있는 주제로 접근해가는 길을 밝혀주고 있다. 수차례 언급되었던 것처럼 밖으로 드러난 태도, 슬로건, 영웅적 형상 등과 같은 혁명적 문화는 정치적, 역사적, 경제적, 심지어 철학적 통찰과 지식 체계를 공간적으로 응축하여 국가 전체 시스템의 제도적 구조를 제공하는 틀이었다. 우리가 탐색하고 있는 문제는 혁명적 문화가 가장 경직되고 고정관념적이며, 종국에는 가장 자기-파괴적인 반응을 보여주었다는 것이다. 후자

---

47 「작별의 무덤」에서 인용. Pozzana and Russo, eds., *Nuovi poeti cinesi,* 77
    를 볼 것. 구청의 서면 인터뷰는 부록의 'Risposte a un questionario'에 있다.

가 보여주었던 과감하면서도 면밀한 공격은 핵심 조직 원칙인 중국공산당의 우위에 의문을 제기하면서 그 틀의 정치적 기둥과 조직적 결절점 사이의 중요한 연결부를 뒤흔들고 있었다.

나의 관점에 의하면 두 가지 요소가 분파주의의 뿌리에서 서로 겹치고 있다. 한편으로 통치 시스템의 이데올로기적, 조직적 체계는 당시 등장했던 독립적인 조직 형태를 띠고 있었던 정치적 주체들이 제기한 위협, 즉 중국공산당의 권위와 그 혁명적 문화 지도력에 대한 의문에 직면하여 내부 결속을 강화하며 대응했다. 다른 한편으로 혁명가들이 평등주의적인 대중 조직과 그 통치 기구의 작동 사이에서 완충 역할을 할 수 있는 중간 지대를 설정하는 데 실패했다는 점이 입증되었다.

내 문제의식의 핵심은 1967년 1월의 전환점이다. 1966년 하반기에 학생 및 노동자의 행동주의가 '다가오는 패배'의 '징후'와 조우했을 때, 그러한 패배의 징후를 둘러싼 불안을 동원하는 것은 곧 미지의 영역으로 발을 내딛는 것과 같은 일이었다. 그 길은 정치 실험에 관한 전인미답의 영역으로 이어지는 것이었는바, 그 영역은 사회주의의 이데올로기적, 조직적 토대에 내재되어 있던 여러 장애물들을 순식간에 쓸어버렸다. 당 조직에 내재되어 있던 내외부적 차별, 계급 출신, 그리고 심지어 당-국가 체제의 의례적인 가이드 라인이었던 노동 계급의 '태생적' 당성(黨性)이 바로 그러한 장애물들의 대표적인 사례였다.

하지만 1967년 1월 마오쩌둥이 권력 장악을 주요 임무로 선언했을 때(나는 앞서 마오쩌둥의 그러한 언급을 촉발시켰던 특정한 조건과 그가 예비해두었던 여러 가지 생각들에 관해 언급한 바 있다), 주체성 자체를 시험하는 문화대혁명의 정치적 분노가 혁명적 문화라는 틀 안에서 다시 합쳐지게 되었다. 하지만 여기에는 한 가지 복잡한 문제가 존재하고 있었다. 그 틀이 예상치 못했던 정치적 새로움의 공격을 받아 흔들리게 된 것이다. 그 '인식론적' 구조에서 중심적인 역할을 했던 권력 장악 개념은 결국 재통합적인 요소로 작용했지만, 이는 그것이 초래한 구조적 약화와는 반비례하여 전적으로 형식적인 방식으로 이루어지고 말았다. 그리고 그 결과 당시 진행 중이었던 실험의 정치적 활기를 완전히 말려버렸다.

나는 이번 장에서 여전히 과제로 남아 있는 작업에 대한 헌사로서, 분파주의가 최고조에 달했던, 혹은 베이징의 여러 대학들에서 등장했던 분파들이 내부 폭발을 겪고 있던 당시 주인공들의 언급을 충실하게 담고 있는 문건에 대한 세밀한 독해를 제시했다. 꼬마 장군들은 자신과 자신의 그룹이 모든 정치적 목적을 상실하고 해산 일보 직전에 놓여 있었음에도 스스로가 권력 쟁취를 위한 영웅적인 투쟁에 참여하고 있다고 확신했다. 하지만 아무리 자기-파괴적이었다고 할지라도 그들의 결의는 전체적인 틀의 정치적, 지적 구조를 구해야 한다는 신념에 의해 떠받쳐지고 있었다. 홍위병은 이곳저곳의 대학, 공장, 혹은 국가 기구 안에서 기존 권력에 도전하기보다는 다름 아닌 혁명적 문화 그 자체를 구원하기 위한 상상 속의 권력 쟁취에 자신을 던져 넣고 있었던 것이다.

결론

10년 동안 진행된 문화대혁명의 첫 2년간을 다룬 세 개의 장을 통해 나는 여러 지점에서 동시에 존재했지만 비이행적인 것으로 판명된 두 가지의 정치적 과정, 즉 다원화와 해체를 구별할 필요성을 주장했다. 이러한 구별은 여러 사건들을 뒤덮고 있는 안개를 걷어내고 문화대혁명이 완전히 비이성적 동란이었다는 수십 년 동안의 이미지에 대해 의문을 제기하기 위한 것이었다. 이러한 두 가지 정치적 과정에 대한 구별은 대중적 국면의 독특한 정치적 논리와 그것이 강력한 장애물에 대해 보여주었던 진전, 그리고 최종적인 교착 상태를 분석하기 위한 길을 찾는 데 도움을 주었다. 이러한 관점에서 나는 다원화와 해체라는 두 과정의 분리와 중첩이 각기 조직적 실험의 확장과 쇠락을 보여주고 있다고 주장하면서 2년에 걸쳐 형성되었던 내부적인 시대 구분에 관한 윤곽을 그려낼 수 있었다.

수많은 독립 조직들이 예상치 못한 그리고 독특한 방식으로 나타나고 확산했다. 마오쩌둥은 분명 온전히 그들을 지지하고 있었지만, 마오쩌둥 스스로 그들을 수용하지도 않았고 촉발하지도 않았다. 혁명가들의 정치적 목적은 새로운 조직의 원칙을 탐색하는 것이었다. 마오쩌둥의 평가에 따르면 전체적인 국가 관료 기구를 효과적으로 복제했던 공산당은 사회주의의 침식과 중국에서의 자본주의의 부활을 스스로 막을 힘이 없었다(얼마나 훌륭한 선견지명인가!). 그리고 그러한 사회주의의 침식과 중국에서의 자본주의의 부활은 곧 현대 세계에 대한 정부의 지배를 재건하는 것이었다. 이것이 바로 1966년 하반기 내내 마오쩌둥과 '조반파' 학생들 및 노동자 대중이 품고 있던 괴로움의 내핵이었다. 혁명 정치를 위한 조직 형식의 규정할 수 없는 다원화야말로 그들이 떠맡았던 실험의 중심 토대였다.

다른 한편에서 내가 '해체 과정'이라고 불렀던 것은 그 어떠한 실제적인 정치적 실험을 포함하는 것은 아니었다. 그것은 본질적으로 권력 장악과 일치하는 것이었으며, 궁극적으로 권력 장악의 동의어는 '해체'다. 누군가를 기존 권력으로부터 해체시키는 자가 권력을 차지하는 것이다. 해체는 모든 시대를 통틀어 통치 주체와 국가가 항상 수행하는 것이다. 사회주의의 경우 그러한 해체가 공산주의와 평등주의적인 혁명 원칙의 이름하에서 주장된다는 사실이 그 기능을 더욱 불분명하게 만들고 있을 뿐이다.

하지만 문화대혁명이 극적으로 보여주었던 것처럼 해체가 결코 자동적으로 평등주의적 실험으로 이어지지는 않는다. 대중에 의한 평등주의적 발명의 과정이 특정 권력의 해체와 그것의 또 다른 권력에 의한 대체를 의미하는 권력의 쟁취를 둘러싸고 자신들의 목적을 구축했을 때, 그러한 발명은 자기 스스로를 폐절시킨다. 실제로 그러한 발명은 정치 실험을 어떻게 다뤄야 할지 몰랐던 강력한 세력들 간의 권력 교체를 위한 지렛대로 작용했다.

무엇보다도 문화대혁명이 해결하지 못한 채 남겨놓은 문제는 다원화와 해체라는 두 과정 사이에 놓여 있던 필수적인 정치적 거리를 어떻게 유지할 것인가의 문제다. 10년에 걸친 혁명 기간 동안 정치는 혁명적 주체들을 관통했던 비연속성, 그리고 궁극적으로는 문화대혁명과 혁명적 문화 사이에서 발생했던 직접적인 충돌에 관한 급진적인 비연속성에 의해 추동되었다.

분파주의 그리고 일반적인 차원에서 문화대혁명의 대중적 국면에 관한 정치적 평가에 있어 불가결한 위와 같은 불연속성에 대한 반성은 아직 미완성된 임무로 남아 있다. 다음 장에서 논의하게 될 것처럼, 그러한 평가를 위한 전제 조건은 프롤레타리아 독재라고 하는 가장 기본적인 개념에서 출발하여 혁명적 문화의 전체적인 지평에 대한 재사유가 되어야 할 것이다.

4부

시대적 전환의 가장자리에서

9 　정치적 평가를 위한 지적 조건들

1968년 7월 28일, 홍위병들의 정치적 탈진이 불러일으킨 자기-파괴적 결과를 저지하기 위한 회의가 중난하이(中南海)에서 열리는 동안, 마오쩌둥 자신은 분파주의를 설명하기 위한 간결하고도 분명한 테제를 만들어내지 못하고 있었다. 그는 그러한 정치적 탈진이 현존하고 있는 모든 정부와 부정적인 연관 관계를 맺고 있는 일종의 아나키즘 혹은 중국공산당이 지난날 선전했던 '복종적인 도구(docile tool)'를 통한 교육이 만들어낸 부작용일 것이라는 의견을 제시했다. 하지만 이러한 설명은 독립 조직들의 실험적인 활동이 만들어낸 무질서한 혼란을 충분히 설명할 수 없는 잠정적인 추정에 불과했다. 그러나 첫 2년 동안 진행된 위대한 정치적 혁신의 교착 상태에 관한 물음을 제대로 설명하지 않고 방치하는 것은 문화대혁명에 대한 일반적 평가를 그대로 방치하는 것과 마찬가지였고, 그러한 방치는 마오주의자들에게 있어 심각한 약점이 될 것임이 분명했다. 앞 장에서 언급했던 것처럼, 주된 장애물은 정치에 관한 문화적 지평 안에서 발생한 교착 상태가 설명할 수 없는 상태로 남아 있다는 사실이었다. 내가 본 장에서 제시하려는 가설은 문화대혁명 10년의 마지막 국면에서 발생한 정치적 문제가 그러한 평가의 난점을 어떻게 넘어설 것인가에 관한 것이다.

내가 1968년 이후 정치적 상황 속에서 발생한 모든 우여곡절을 살펴보려는 것은 아니다. 의심의 여지 없이 가장 파국적인 에피소드는 여전히 부분적이고 의심스러운 채로 남겨져 있는 1971년 린뱌오의 쿠데타 시도다. 제대로 알려진 것이 거의 없는 정보— 마오쩌둥의 암살 시도와 소련으로 가던 린뱌오가 탄 비행기의 격추—에 근거해 연구의 방향성을 잡기란 너무도 어렵다. 때문에 나의 잠정적인 독해 전략은 혁명 지도부의 최고위층에서 발생한 정치적 충돌 그 자체는 사건에 대한 평가 그리고 특히 이데올로기적 동요와 당-국가의 제도적 안정성을 어떻게 다룰 것인가의 문제에 상당한 영향을 끼친다는 것 정도에 초점을 맞추는 것이다.

5장에서 보았던 것처럼 1966년 이래로 린뱌오는 절대적 안정화를 위해 마오쩌둥의 '절대 권위'에 호소했다. 처음에 마오쩌둥은 그것에 대해 일종의 허풍(Wife Wang boasting pumpkins to sell at the market)이라고 비꼬듯이 답했다. 더욱 극적인 것은 천보다(陳伯達)—마오주의 그룹의 주요 인물이자 린뱌오의 위치에 버금갔던 인물—가 마오쩌둥 사상의 '천재성'에 대한 주장을 이론적으로 뒷받침해야 한다고 서약한 것에 대해 마오쩌둥이 보인 반응이다. 마오쩌둥은 아주 단호하게 천보다의 주장을 부인했고 그의 관점을 심각한 정치적 오류라고 비판했다. 중국공산당 지도부 내의 충돌이 벌어지고 있던 곳은 바로 1959년 펑더화이(彭德懷) 때와 마찬가지로 음산한 먹구름이 몰려들고 있던 루산(廬山)이었다.

좌익과 마찬가지로 우익에 의해서도 자주 상상되는 것과는 상반되게 마오쩌둥은 그의 사상이 그 어떠한 절대적 권위도 가지고 있지 않다고 믿었다. 실상 그가 제시했던 노선은 그의 천재성에 대한 상찬과는 정반대의 상황에 놓여 있었다. 그의 인생 마지막 3년 동안 마오쩌둥이 가장 노력을 기울였던 것은 문화대혁명이 열어놓은 새로운 난국을 타개할 수 있는 대중의 정치 지성을 자극하는 것이었다. 나는 그의 전략적 목표가 문화대혁명을 다시 사유할 수 있는 대중의 비판적 사유를 여는 것이었다고 주장하고 싶다. 이를 향한 첫 번째 발걸음은 정치의 근본적인 범주를 완전히 새롭게 살펴보는 것이다.

본서의 막바지에 이르러 나는 문화대혁명 10년의 말미에 등장했던 두 개의 핵심 구절을 살펴보려 한다. 그 전에 우리는 본 장에서 당시 마오쩌둥에 의해 시작되었던 대중 정치 운동의 독특한 이론적 특징에 대해 논의할 것이다. 그리고 다음 장에서 나는 덩샤오핑이 마오쩌둥의 최후의 구상들에 단호히 맞설 수 있었던 능력이야말로 그의 전략적 확립의 기반이었음을 밝히고자 한다.

당시 마오주의자들의 정치는 혁명가들이 활용 가능한 정치 문화의 전체적인 프레임에 대한 이론적 재검토가 매우 긴급함을 분명하게 보여주었다. 그리고 실상 그러한 긴급함은 문화대혁명이 막 시작된 이후 십 년 내내 '징후적으로' 등장했었다. 1975년 그 긴급함은 특정한 정치적 목표를 가지고 있었다. 마오쩌둥이 언급했던 대로 그것은 바로 문화대혁명의 한계 및 오류와 함께 시작해, 그 전체적인 경험에 대한 재검토를 성취하기 위해 '전국적인 규모에 걸쳐' 이론적 지평을 확장시키는 것이었다. 문화대혁명의 마지막 해는 마오쩌둥의 '최후의 전투'였는바, 전략적 목표라는 측면에 있어 그 전투는 여전히 끝나지 않은 상태로 남겨져 있었다. 마오쩌둥이 그러한 정치적 평가를 얻어내는 데 실패했다는 사실은 곧 마오주의자들의 패배를 초래한 주요 요인이었고, 그러한 평가를 막아내려는 덩샤오핑의 완강함이 곧 승리의 결정적인 요인이 되었다.

마오쩌둥이 시작한 마지막 정치 운동은 궁극적으로 '학습 운동'이었는데, 이 운동은 대중의 문화적 수준을 끌어올리는 것을 목표로 삼았을 뿐만 아니라 매우 논쟁적인 이론적 이슈들에 대한 막대한 비판적 역량을 발전시키는 것을 목표로 삼고 있었다. 이 '학습 운동'은 크게 두 가지로 진행되었는데, 하나는 1973년에서 1974년 사이에 진행된 '비림비공운동'이었고, 다른 하나는 1975년에 진행된 '프롤레타리아 독재 이론에 대한 학습 운동'이었다.

린뱌오(林彪)

비림비공운동의 핵심 주제를 상당히 제한된 범위에서만 검토해 보아도 가장 문제적인 지점이 바로 눈에 들어온다. 그것은 바로 유가를 린뱌오와 연결시키고 있다는 것이다. 본 운동의 공식적인 명칭은 말 그대로 '비림비공(批林批孔)'이다. 린뱌오가 몰락한 직후 그에게 가해진 비난처럼, 린뱌오라는 이름이 궁서체로 쓰인 유가의 격언과 함께 배치되어 있다는 사실이 의미하는 것은 아무것도 없다. 중국 정부 엘리트들의 대다수는 그러한 사자성어를 만드는 것을 즐기고 있었을 뿐이었다. 린뱌오와 유가의 관계는 더욱 깊고 불분명한 무엇과 연계되어 있으며, 그것은 분명 개인적인 차원에서 이해된 지위와는 별다른 관계를 가지고 있지 않다.

린뱌오의 '쿠데타 시도'는 여전히 명확히 설명되지 않은 그림자에 가려진 에피소드다. 그가 '가장 친애하는 동지(closest comrade-in-arms)'로서 마오쩌둥 바로 옆에 서 있었다는 사실 그리고 1969년 중국공산당 19차 당대회에서 린뱌오가 계승자로 지명되었다는 사실은 전체적인 사건을 더욱 불가사의하게 만든다. 마오쩌둥과 린뱌오 사이의 입장 차이가 얼마나 긴장되고 우려스러운 것이었든지 간에 마오쩌둥은 린뱌오를 따뜻하고 오래된 동지로 인정했다. 5장에서 살펴봤던 1968년 5월 7일의 편지는 그러한 인정을 잘 대변해주고 있다. 마오쩌둥은 분명 설사 전 세계적인 충돌이 나더라도(당시로서는 배제할 수 없는 가능성이었다) 인민해방군이 평등주의적 가치를 구축해줄 것이라는 점에 있어 린뱌오에게 의지했다.

요컨대 문화대혁명의 대중운동이라는 국면에 있어 린뱌오와 마오쩌둥은 불가분하게 얽혀 있었다. 때문에 돌이켜 보았을 때 '린뱌오 사건'의 좋지 못한 결과는 1966년에서 1967년 사이 진행되었던 다원화의 실험적 이점을 떨어뜨리는 결과밖에 초래하지 못했다고 할 수밖에 없다.

마오주의자들에게 있어 린뱌오 사건으로부터 불거진 정치적 문제는 전적으로 험난한 오르막길과도 같았다. 린뱌오 사건은 대중운동이 시작 및 전개되었던 가장 핵심적인 시간들을 재평가해야 한다는 의지와 수단의 결집—시작조차 쉽지 않았던—을 의미했다. 그리고 그러한 재평가는 동시에 마오쩌둥 개인과 문화대혁명을 이끈 당 지도부 모두를 뒤덮고 있던 정치적 재난을 다루어야 했다. 더군다나 이러한 상황은 린뱌오 사건이 대중 정치 운동의 개입 없이 그 방식과 장소에 있어 완전히 지배 권력의 영역 내에서 폭발했다는 사실 때문에 더욱 악화될 수밖에 없었다. 때문에 대중 정치 실험을 다시 시작하는 것은 더욱 어려워졌다.

앞서 언급했던 1966년 장칭에게 보낸 편지에서 마오쩌둥은 당시의 상황 속에서 린뱌오가 자신을 일종의 페르소나(persona)로서 격찬하거나 문화대혁명을 반동적 쿠데타에 대한 예비적 공격으로 묘사하는 것을 공개적으로 거부할 수 없었다고 적고 있다. 그는 또한 린뱌오의 말을 공식적으로 거부하는 것은 "린뱌오의 말을 따라 하는 모든 좌파"의 기를 꺾을 수 있다는 말을 덧붙이고 있다. 그렇다면 한 개인의 이름 이외에 린뱌오는 마오쩌둥을 포함한 모든 '좌파' 그 자체가 아니라면 무엇을 상징한다는 것인가?

만약 마오쩌둥이 린뱌오의 권고를 공개적으로 반대할 수 없었다면—설사 마오쩌둥이 처음으로 자신의 의사에 반해 개인숭배라는 원칙에 합의할 수밖에 없었다는 점에 유의하더라도—그것은 문화대혁명을 이끈 지도자들 모두가 스스로 어느 정도 '린뱌오'였기 때문일 것이다. 대의를 배신한 한 사람의 이름 이상으로 린뱌오는 몇 년 전까지만해도 혁명 중국의 정치적 '우리'를 대변하는 이름이 되어 있었던 것이다. 때문에 나는 비림비공을 '우리 자신을 비판하고 유가를 비판하자' 혹은 '우리 안의 유가를 비판하자'는 말로 풀어내고 싶은 것이 사실이다.

결국 비림비공운동은 문화대혁명 자체를 전체적으로 그리고 본격적으로 재검토할 필요성에서 제기된 것, 혹은 차라리 정치적 부채를 처분하려는 최초의 발걸음이라고 해야 할 것이다. 유가, 다시 말해 다른 이들을 지배하기 위한 관료적 의례 체계로서의 정치가 얼마나 시야를 흐리는 것이든 간에, 중국의 혁명가들이 그것을 쓸어버려야 했을까? 그들은 중국 정치의 문화적 토양에 깊이 뿌리박힌 유가 전통을 어떻게 재검토해야 했을까?

중국 그리고 역사유물론

비림비공운동, 다시 말해 1973년에서 1974년 사이에 진행된 유가 비판 운동에 관해서 나는 본서가 다루려고 하는 일반적인 차원의 주제, 즉 혁명적 문화라는 근본 개념, 특히 역사유물론에서의 중국이라는 층위에서 생산된 문화대혁명의 난국에 좀 더 집중하려 한다. 본 운동의 핵심인 나라의 전체 역사를 '유가와 법가 사이의 투쟁'으로 다시 읽는 것은 이론적 틀의 첫 번째 질서에 있어 개념적 불협화음을 일으켰고 그것은 중국을 약 반세기 이상 동안 역사 속에 머무르게 만들어버렸다.

『해서파관』에 대한 최초 논쟁에서 살펴보았던 것처럼 사회주의 통치 질서의 구조를 형성했던 혁명적 문화에 관한 정치적, 학문적 담론에 있어서 역사는 곧 생산관계의 연속적 시대들을 체계적으로 관통하는 하나의 교리(doctrine)로 이해되고 있었다. 생산양식의 연속으로서의 역사에 관한 일반법칙은 상부구조—상이한 생산양식을 반영하는 다양한 이데올로기적 형식과 통치 환경—로 하여금 그러한 관계 안에서 다양하게 파생되는 지배 계급의 경제적, 정치적 이해관계를 기반으로 형성되게 한다. 예컨대 기존의 생산관계가 더 이상 새로운 생산력의 압력에 저항할 수 없게 되었을 때, 새로운 계급이 그러한 힘을 대표하게 되고 결국 기존 지배 계급의 정치적 권력과 이데올로기적 지배를 뒤집어엎게 된다. 이러한 과정이 바로 혁명적 문화에 있어 혁명이라는 범주가 표제어로 설정될 때 그 내면에 자리한 역사적 핵심이었다.

하지만 비림비공운동 기간 동안 중국의 정치적, 이데올로기적 역사가 정치와 국가에 관해 각기 상반되는 의견을 가진 유가와 법가 사이의 2백여 년에 걸친 투쟁에 의해 형성되었다는 마오주의자들의 주장은 역사유물론과 관련된 불편한 문제를 불러일으키게 되었다. 이러한 학습 운동은 또한 '비유평법(批儒評法)'이라고 불리기도 했는데 이 운동에 대한 자세한 학술적인 고찰은 일단 차치하고 나는 우선 좀 더 세밀한 고찰을 위해 필요한 몇 가지 이슈들의 윤곽만을 개괄하고자 한다.

중국은 기원전 221년 진시황제(B.C. 260~210)에 의해 통일되었는데, 그는 첫 번째 황조의 창시자였다. 진나라는 몇 년 정도밖에 지속되지 못했지만, 중국 정부 형태에 관한 전체 역사에 있어 결정적인 결과를 초래했다. 문자, 도량형 그리고 중국 법령 등의 통일은 가장 중요한 업적으로 꼽힌다. 정치 철학에 있어 진시황제는 완고한 반유가론자였던 법가들, 그중에서도 가장 유명했던 한비자(B.C. ?~223)로부터 영향을 받았는데, 그의 저술들은 몽테스키외, 마키아벨리의 저작과 동등한 위치를 차지하고 있다. 한비자는 우수한 선배 정치 이론가들이 지난 수 세기에 걸쳐 가꾸어놓은 법가 사상을 발전시키고 체계화시켜 그것을 바탕으로 국가와 주권에 관한 광범위한 이론서를 저술한 인물이다. 잘 알려진 것처럼 2백여 년간 유가론자들은 진시황제와 그의 이론적 영감을 독재와 잔인성의 전형으로 규정했었다.

중국의 통일은 유가와는 근본적으로 배치되는 정치적, 철학적 관점을 기반으로 한 것이었고, 유교 정치 이데올로기의 내핵이라고 할 수 있는 '예(禮)'가 아니라 '법(法)'에 근간한 색다른 형태의 정부로 귀결되었다. 하지만 채 2세기가 지나지 않아 동한(東漢)이 등장하면서 유가는 다시 한번 제국의 이데올로기적 주춧돌이 되었고 그 이후 2천 년 동안 그러한 위치를 유지했다.

유가를 비판하고 공자를 재평가하자는 비림비공운동이 역사유물론과 불협화음을 일으키는 지점이 바로 여기다. 혁명적 문화의 체계에 있어 유가는 노예 소유 계급이 지배하던 생산양식을 반영하는 이데올로기였다. 그리고 법가는 지주들의 이해관계를 반영하는 이데올로기였다. 후자는 새로운 생산력을 반영하는 것이었고, 통일된 중국에서 법가라는 이름으로 정치적 혁명을 일으키고 새로운 생산관계를 뒷받침하는 새로운 국가 형태를 탄생시킨 사상이었다.

하지만 이러한 관점에서 보면 역사적인 차원에서 생산관계의 연속으로 구성되었고, 다른 한편으로는 이데올로기적, 국가적 상부구조를 반영하는 중국이라는 관념은 근본적인 아포리아에 부딪히게 된다. 다시 말해 새로운 봉건적 생산관계인 법가가 제국적 통일을 위한 조건을 만든 것이 되지만, 법가는 다시 노예제 생산관계를 대표하는 유가에 근간한 제국 정부의 지배 이데올로기에 의해 대체된 것이 된다. 그렇다면 제국 이데올로기의 계급적 특징을 어떻게 정의해야 하는가? 최종적으로 중국은 2천 년 동안에 걸친 유가 이데올로기의 복벽(復辟)에 따른 혁명에 의해 구축된 것인가?

마오주의자들은 비록 유가가 지배적인 정치 철학이었지만, 법가 사상이 중국의 역사 속에서 중요한 전환점마다 급진적인 정치 혁명의 잠재적인 동력이었다는 것을 입증하기 위해 노력했다. 또한 마오주의자들은 중국의 이데올로기 속에서 유가의 우월적 지위가 단순히 억압하려 했지만 끝내 해결하지는 못했던 오랜 시간에 걸친 내적 분열이 발전되어 온 것이라고 주장했다. 마오주의자들이 제시하려고 했던 해결책은 결국 이데올로기적 상부구조에서의 모든 진보를 새로운 생산관계를 대표하는 법가의 공으로 돌렸던 관점과 일치하는 것이었다.

하지만 이러한 관점은 토대/상부구조 그리고 생산력/생산관계라는 개념화에 대한 이론적 불협화음을 남겨놓고 있었다. 비록 마오주의자들이 이 아포리아를 공개적으로 논의하려 한 적은 없지만, 그들은 자신 스스로를 법가의 정치적 계승자로 선포하는 데 망설임이 없었다. 마오쩌둥조차 자신을 진시황제에 비유함으로써 모종의 이익을 보고 있었던 것이 사실이다. 하지만 그러한 비유는 마오쩌둥의 위치를 교과서적인 역사유물론에 관한 것이라기보다는 고대 로마공화국에 대한 프랑스 혁명가들의 위치와 더욱 관련 있는 것으로 만드는 논쟁적인 문제였다.

비록 비림비공운동은 당대 중국에 있어 특별한 검열 및 자기-검열의 문제였지만, 그것은 사실 20세기 중국의 지성사에 있어 전문화된 학문적 지식과 공개된 대중 학습이 기이하게 뒤섞였던 치열한 순간이었다. 물론 그러한 논쟁 과정 중에는 유가와 법가의 논쟁을 역사적으로 재구축하려 했던 시도가 존재했던 것처럼, 법가의 저술들을 새롭게 편집해 인쇄하려는 시도도 존재했다.[1] 하지만 비유평법운동은 또한 시황제와 연관된 시기의 장소들에 대한 고고학적 발굴에 대한 갈급을 불러일으키기도 했다.[2] 중국의 관방 웹사이트들이 지속해서 주장하고 있는 것처럼 만약 비유평법운동이 그저 권력층의 속임수에 불과한 것이었다면, 그러한 운동에서 촉발된 학문적, 과학적 관심은 물론이거니와 그러한 관심에 의해 시작된 그 어떠한 발굴도 이루어지지 못했을 것이다.

논쟁적인 이슈들을 불러일으킨 대중 보급 운동 그리고 비유평법운동 동안의 여러 역사적 발굴들은 그야말로 굉장한 것이었다. 그러한 운동과 발굴들은 이전까지 제한된 학자들만 접근할 수 있었던 수많은 논문과 문건을 통해 일반 대중들에게 전달되었다. 실제로 비유평법운동 자체는 중국 각지의 공장들에서 광범위한 논쟁을 불러일으켰는데, 각 공장의 노동자들은 '이론 연구 그룹'을 형성했고, 이러한 이론 연구 그룹은 당시 중국에서 가장 참신한 정치적 현상이었다. 본 운동의 주요 목표는 분명 이론적 공감대를 대중의 수준까지 확대시키는 것이었다. 하지만 당면 과제는 매우 복잡한 것이었는데, 왜냐하면 운동의 목적이 좀 덜 교조적인 관점에서라도 획득된 역사 기록학적 발전을 대중화시키는 데 있었던

---

1 예컨대 한나라 시기 『염철론』이 특히 강조되었다. 이 책에서 두 학파는 한나라 경제 정책의 주요 문제들을 두고 비범한 논쟁을 펼쳤다.
2 이러한 노력에 의해 눈부신 발견들이 세상에 모습을 드러냈는데, 그중에서도 가장 중요한 것은 시안(西安)의 병마용, 앞서 언급했던 진(秦)나라의 법전 그리고 『도덕경』과 같은 중국 철학 고전의 초기 판본들이었다.

것이 아니라, 운동에 수반되어 제기된 여러 자세한 사항들에 있어 논쟁의 주제가 된 문제들 자체가 논쟁적인 것들이었기 때문이다.

실제로 가장 분명한 역설은 생산양식 연속체로서의 중국 역사와 관련된 것이었다. 당대 중국 정치의 결정적인 이슈들은 비림비공운동 한복판에서 선명하게 불거졌다. 내가 보기에 비림비공운동의 가장 핵심적인 이슈는 그것이 중국의 역사성(historicity)을 문화대혁명 자체를 평가하고 그것이 제기한 새로운 정치적 지평이라는 도전을 다루기 위한 전제 조건으로 삼으려 했다는 점이다. 그러한 역사성은 스탈린주의적 관점에 내재되어 있는 역사유물론의 실증주의적 목적론의 시각으로도, 선험적으로 상정된 중국성(Chineses-ness)으로도 재해석될 수 없는 것이었다.

비림비공운동의 시각 속에서 중국의 정치에 어떠한 운명이 기다리고 있다고 할지라도 그것을 역사의 논리에 관한 완벽한 지도에 근거해 예고할 수는 없었다. 만약 노예제에서 봉건제로의 이행이라는 도식―그러한 설정이 얼마나 중국에 잘 적용될 수 있든지 간에―을 선형적인 역사적 발전으로 생각할 수 없는 것이라면, 사회주의에서 공산주의로의 이행으로 설정된 단계는 더욱 당연한 것으로 생각할 수 없는 것이었다. 이러한 문제들은 실상 1974년 후반 마오쩌둥에 의해 시작된 두 번째 대중운동의 주요 이슈였고, 공산주의 정치 자체의 문화적 지평―즉 『공산당 선언』에서 문화대혁명으로 이어지는―을 구축하는 전체적인 지형에 대한 이론적 재검토를 위한 것이었다.

왜 레닌은 부르주아에 대한 독재를 이야기했나?

1975년 1월, 새로운 내각이 들어서고 제4차 전국인민대회에서 새로운 헌법이 승인되었을 때 형식상 문화대혁명을 긍정적으로 평가하는 결의안이 승인되었다. 마오쩌둥 자신이 이 헌법에 참여하였고, 그는 쟁의의 자유라는 핵심 사항을 헌법에 추가했다.[3] 사실 이것은 사회주의 국가의 고전적인 강령에서는 찾아볼 수 없는 것이었다. 자신이 노동자를 온전히 대표한다고 선언한 국가에서 노동자가 반대 혹은 불만을 표현할 중대한 이유가 없었던 것이다.[4] 쟁의를 일으킬 자유를 분명하게 언급할 것을 제안하면서 마오쩌둥은 이전의 헌법이 얼마나 공상적이었는지를 지적했는데, 그 이유는 자본주의 사회에서뿐만 아니라 사회주의 국가에서도 공장에서 노동자와 권력 체계 사이의 모순은 일반적인 것이기 때문이었다. 때문에 쟁의의 자유는 법적으로 인정받아야 하는 것이었다.

어떤 경우에도 마오쩌둥은 새로운 헌법과 전국인민대회에서 공포된 문화대혁명에 대한 공식적인 긍정적 평가 모두 결정적인 것이라고 생각하지 않았다. 그가 느끼기에 결정적인 문제는 해결되지 않은 채로 남아 있었다. 왜냐하면 그러한 사건들의 성취와 실패를 측정하기 위한 기본적인 정치적 개념들이 그 사건들 자체에 의해 급진적으로 불안정화되었기 때문이다. 다시 말해 필요한 것은 어떻게 그러한 이론적-정치적 불안정화를 다룰 것인지 그리

---

3   장춘차오는 1975년 헌법을 제정하면서 파업의 자유 문제는 '마오쩌둥 주석의 제안으로 추가된 것'이라고 분명하게 언급했다. 張春橋, 「關於修改憲法的報告」, 『紅旗』 2(1975): 15-19. 마오쩌둥은 1954년 중화인민공화국 제1헌법 제정 과정에서 매우 적극적으로 활동했다.

4   파업권은 덩샤오핑의 '개혁' 시대가 시작되면서 제정된 1982년 헌법에서 폐기되었으며 이후 중국의 법 체계에서 다시는 등장하지 않았다.

고 문화대혁명을 평가하기 위한 새로운 개념을 만들어낼 것인지 였다. 사실 마오쩌둥의 문제의식은 제4차 전국인민대회와 새로운 헌법을 위한 예비 작업이 끝났던 시점인 1974년 12월 시작되었다. 국가 상위법의 새로운 버전이 통과되려 할 때, 마오쩌둥은 '권리'와 '법권리(法權)'이라는 개념을 포함한 이론적 문제들에 관한 일련의 논쟁을 시작했다.

마오쩌둥의 초기 움직임은 겉보기에는 매우 추상적인 것이었다. 그는 다름 아닌 마르크스주의 정치 문화의 기본 개념이라고 할 수 있는 프롤레타리아 독재에 관한 이론적 연구를 위한 일련의 주제들을 제시했다. 문제는 지난 10년간의 사건들이 프롤레타리아 독재라는 개념 주변에서 회전했던 정치-문화적 네트워크에 속한 것이라는 점뿐만 아니라, 그 사건들이 바로 프롤레타리아 독재라는 개념 속에서 모종의 곤경을 만들어냈다는 점이다. 그렇다면 문화대혁명 이후 프롤레타리아 독재라는 개념은 어떻게 받아들여져야 하는가?

제4차 전국인민대회에서 문화대혁명은 '프롤레타리아 독재를 강화했다'는 이유로 형식적으로 승인되었다. 하지만 그것이 진정으로 의미하는 것은 무엇인가? 문화대혁명은 국가의 형식과 기능에 구체적으로 어떠한 성취를 가져왔는가? 하지만 마르크스와 레닌에게 있어 프롤레타리아 독재의 강화가 의미했던 것이 급진적으로 분할된 국가의 기능을 조절하고 그것을 일반 인민 속에서 해체시키는 것이었다는 점을 잊지 않는다면, 그러한 사건들은 어떠한 의미에서 프롤레타리아 및 여타 노동 계급과의 장기적 연대를 대표하는 공산당이 이끄는 사회주의 국가라는 이론적 프레임 속에서 개념화될 수 있을 것인가? 부르주아에 대한 프롤레타리아의 '독재'에 담긴 정치적인 내용은 무엇인가? 마오쩌둥은 이러한 개념들의 정치적 가치가 국가의 사회주의적 형태를 규정하는 매우 핵심적인 특징임에도 불구하고 여전히 해결되지 않은 주요 문제이자 '해명되어야만 하는(要搞淸楚)' 불명확한 쟁점으로 남아 있다는 견해를 고수했다.

1974년 마오쩌둥이 제기한 모든 이론적 테제들 중 최초의 것은 매우 단순한 질문이었다. '레닌은 왜 부르주아에 대한 독재를 말했는가?(列寧爲甚麼說對資産階級專政)'[5] 하지만 마오쩌둥은 그에 대한 아무런 답을 내놓지 않았다. 마오쩌둥의 질문이 수사적인 것은 아니었지만, 그것은 근본 원칙에 대한 결연한 이론적 재고를 요구하는 모든 이를 향한 일종의 호소였다. '모든 국민이 이 문제를 알게 하라(要使全國知道)'고 마오쩌둥은 경고했다. 왜냐하면 '이 문제를 제대로 처리하지 못하면(這個問題不搞淸楚) 수정주의로 변할 수 있기 때문이다(就會變修正主義).'

중국의 국가와 경제 모두의 시간적 조건을 고려해, 마오쩌둥은 '중국에서 자본주의가 쉽게 생겨날 수 있다(在中國搞資本主義很容易)'고 말했다. 그 근본적인 이유는, 자본주의는 현대 세계의 법칙인 반면, 사회주의는 10여 년밖에 존재하지 않았던 예외적인 상

---

5   이론 학습에 관한 마오쩌둥의 테제 전문은 毛澤東, 「關於理論問題的談話要點」, 『建國以來毛澤東文稿』(北京: 中央文獻出版社, 1998), Vol. 13, 413-15에 실려 있다. 이 테제들은 본래 1974년 12월 저우언라이가 참석한 가운데 열린 '이론 세미나'에서 마오쩌둥이 처음 제시한 것으로, 제4차 전국대표대회 준비 회의의 일환이었던 것으로 보인다. 당 지도부 차원의 이론 학습 회의는 해방전쟁 시기부터 이어져온 전통이었으며, 오늘날까지도 일정 부분 남아 있다. 저우언라이는 이 회담의 기록을 직접 배포하도록 주선했는데, 먼저 당 중앙 기구에서, 이후에는 언론에 공개되었다. 마오쩌둥이 저우언라이를 이러한 이론 문제의 첫 대화 상대로 선택한 것은 두 사람의 긴밀한 관계를 보여주는 것으로, 그 관계는 죽을 때까지 계속되었다. 그러나 1973년 말 이후 1974년 내내 마오쩌둥은 대외정책과 관련해 저우언라이와 여러 차례 충돌했으며 이에 대해서는 여기서 다룰 수 없다.

태이기 때문이다. 그러한 예외 상태에 대한 이론적 규명과 계속해서 그것을 재발명해내려는 정치적 압력이 없다면 자본주의적 지배가 되돌아오기 쉽다. 4장에서 언급했던 것처럼 1960년대 초반 마오쩌둥은 그러한 예언을 이미 언급했었다. 1970년대 중반에 이르러 자본주의와 사회주의를 가르는 기준이 문화대혁명 동안 더욱 급진적인 격변을 거쳤기 때문에 문제는 더 복잡해졌다. 마오쩌둥에게 있어 그러한 기준의 혼란은 훨씬 이전, 즉 최소한 1950년대 후반 소련과의 이데올로기 논쟁부터 시작됐던 것이다. 1956년 소련공산당과의 논쟁을 촉발한 중국 공산주의자들의 첫 번째 문건이 「프롤레타리아 독재의 역사적 경험에 관하여」라는 제목으로 『인민일보』에 게재되었다. 또한 이 문건은 마오쩌둥이 중요한 수정과 보충을 가한 문건이기도 하다.[6] 20년이 지난 후 '프롤레타리아 독재'라는 개념의 정치적 가치는 마오쩌둥에게 더욱 본질적인 이슈가 되었다. 그 개념은 모호한 것이 되어버렸고, 그렇기에 그 시초부터 완전히 재검토되어야 하는 것이었다.

사회주의하의 부르주아 법권리라는 문제를 제기하면서 마오쩌둥은 스탈린주의적 관점으로부터 거리를 두었다. 스탈린주의적 관점에 따르면 사회주의적 합법성은 자본주의적 합법성에 대한 급진적 대안이며, 분명 자본주의적 합법성보다 우월한 것이기도 했다. 스탈린주의에 있어 국가의 사회주의적 형태야말로 유일하게 합법적인 것이었다. 반면 적대 진영의 합법성은 단순히 착취라는 자본주의적 관계를 숨기기 위한 가림막에 불과했다. 하지만 마오쩌둥은 이와 반대로 '권리'(혹은 해당 논쟁에서 사용된 어휘에 따르자면 '법권리')의 사회주의적 형태는 자본주의적 형식의 그것과 기본

---

6   毛澤東, 「對 '關於無產階級專政的歷史經驗'稿的批語和修改, 1956年 4月 2日, 4日」, 『建國以來毛澤東文稿』(北京: 中央文獻出版社, 1998), 6卷, 59-67.

적으로 동일한 것으로 여겼다. 부르주아 법권리(資産階級法權)를 억압하는 대신, 사회주의 국가는 그 운용 체계에 '부르주아 법권리'를 받아들여야 하는 것이다. 마오쩌둥은 사회주의 사회 속에서도 생산은 본질적으로 '동일 가치 교환'이라는 법칙에 의해 규제되어야 하는 상품 생산으로 남아 있게 될 것이라고 주장했다. '가치 법칙' 혹은 부르주아 법권리의 운용을 보장하는 법률적 프레임은 자본주의적 국가 형태와 사회주의적 국가 형태 모두가 공유하고 있는 것이다. 지구상에서 자본주의와 사회주의 사이에는 '별다른 구별이 없다(沒有多少差別).' 하지만 마오쩌둥은 한 가지 차이점을 지적하기도 했는데, 그것은 바로 '소유제가 변했다는 점이다(所不同的是所有制變更了).' 나는 이에 대해 아래에서 논의할 예정이다.

우리는 이러한 연관 관계에 있어 마르크스가 동일 가치 교환의 일반화를 자본주의적 생산양식의 기본 조건으로 보았다는 사실을 상기해야 한다. 그리고 그러한 기본 조건은 부르주아 사회 질서에서 특별한 역할을 수행한다. 마르크스에 따르면 동일 가치 교환은 상품이 생산되는 상이한 조건들을 지워버리는 일종의 허구다. 이어서 마르크스는 상품 교환의 동등성은 모종의 숭배(fetish)를 만들어낸다고 쓴다('상품의 물신적 성격과 그 비밀'은 『자본』의 유명한 장 제목이기도 하다). 왜냐하면 상품 교환의 동등성은 생산자에게 사회의 진정한 구조를 구축하는 사회적 차별로부터 완전히 추상된 사회관계의 '이미지'를 반영하고 있기 때문이다. 때문에 그것은 사회적 불평등을 악화시키고 그것을 가려버린다. 그리고 그렇게 함으로써 단순히 상품 교환의 논리만으로 사회적 불평등을 억제하는 것은 더욱 어려워진다.

노동자와 자본가 사이의 관계는 마르크스에게 있어 상품의 이데올로기적 역할에 관한 가장 정교한(elaborate) 심급이다. 형식적으로 그 관계는 일반적 등가물(돈)을 위한 등가 상품(노동력)의 교환이다. 하지만 사실 그들 사이의 관계는 생산수단 소유자와 노동력 '보유자' 사이의 극단적으로 불공평한 관계에 의해 지배된다. 마르크스는 일반적인 등가물에 대한 각 상품의 등가성이라는 허구만이 노동력 시장에서의 불평등성을 내포하고 있는 실제 체계에 대한 합의(consensus)를 가능케 해준다고 주장했다. 때문에 현대 세계의 정부 형태를 지탱하는 견해의 구조인 현대적 억견(doxa)에 따르면, 노동력은 '일반적 등가'로 채워진 '신비로운(arcane)' 성질전환(trasubstantation)을 통해 그 어떠한 상품과도 등가적인 것이 된다. 따라서 모든 이가 시장에 사고팔 물건을 가져가는 '소유자'로 인식되는바, 우리가 줄기차게 들어왔던 것처럼 모든 사람이 시장, 혹은 차라리 돈 앞에서 평등한 존재가 되는 것이다.

마오쩌둥은 사회주의 국가가 불가피하게 이러한 조건을 물려받았고, 이런 이유로 단순한 소유 형식만의 변화는 결코 결정적이지 않다고 주장했다. 그는 부르주아 법권리가 사회주의 국가에서도 끈질기게 지속되었을 뿐만 아니라 그것을 보호할 필요도 있다고 말했다. 상품의 생산과 그것의 등가 교환은 경제 발전의 주요 요소이고, 때문에 생산과 교환의 성장은 환영해야 하는 것이다. 이러한 문제와 관련해 마오쩌둥 그룹에서 가장 유능한 이론가였던 장춘차오(張春橋)는 그 시기 다음과 같이 쓰고 있다. "우리는 항상 우리나라가 너무 많은 상품을 가지고 있는 것이 아니라 오히려 부족에 시달렸다고 주장해왔다."7 다른 한편으로 마르크스가 지적

---

7   張春橋, 「論對資産階級全面專政」, 『紅旗』 4(1975): 3-12.

했던 것처럼 부르주아 법권리는 평등성에 대한 유일한 기준으로서의 이데올로기적 역할을 했는데, 이러한 이데올로기는 불평등의 진정한 조건들을 가리고 그러한 불평등을 감소시키기 위한 정책들을 방해해왔다.

그렇다면 무엇을 할 것인가? 마오쩌둥의 해결책은 결코 단순한 것이 아니었다. 오히려 반대로 마오쩌둥의 해결책은 이론적 프레임을 더욱 복잡하게 만들었다. 그는 부르주아 법권리의 지속은 억압될 수 없으며 '프롤레타리아 독재하에서(在無産階級專政下)' '제한될 수 있을 뿐(隻能加以限制)'이라고 말했다. 사회주의 국가에서 이러한 형태의 부르주아 법권리는 분명 새로운 것이라는 점에 주목해야 한다. 국가에 관한 마르크스 레닌주의 강령은 '부르주아 국가의 타도', '국가 기계의 분쇄'를 말하거나 혹은 심지어 '반(半)-국가(half-state)'를 말하기도 한다. 하지만 국가의 핵심 기능이라고 할 수 있는 '제한'이라는 개념(이러한 경우 사회주의 국가는 반드시 부르주아 법권리를 보호하기도 해야 한다)은 이러한 마르크스 레닌주의의 프레임 안에서는 새로운 것이며, 마오쩌둥에게 있어 그러한 제한을 수행하는 도구가 바로 프롤레타리아 독재라는 점에서 문제는 더욱 복잡해진다. 하지만 프롤레타리아 독재는 바로 1975년이라는 시점에 있어 가장 모호한 개념이 아니었던가? 결국 마오쩌둥의 언급은 다시 결론을 본래의 딜레마로 되돌리고 마는 것이 분명하다.

마오쩌둥의 주장은 역설을 피해 갈 수 없었고 그렇게 하려고 하지도 않았다. 부르주아 법권리를 제한하는 요소는 분명 정치적인 것이었지만, 당시 중국에서 정치라는 개념에 관한 최고의 이상 형태는 전체적인 이론적 참조 체제의 가장 불안정한 개념과 동일한 것이기도 했다. 레닌이 왜 '부르주아에 대한 독재'를 말했는지가 불분명하다면 어떻게 프롤레타리아 독재는 부르주아 법권리를 제한할 수 있을 것인가? 마오쩌둥의 주장은 기본 개념에 대한 이론적 가치를 급진적으로 묻는 의문문으로 시작하지만, 이론적 도구의 주요 부분에서 똑같은 개념을 다시 사용하는 것으로 결론을 맺고 있는 것이다.

단위 체제에 대한 문화대혁명의 충격

중국의 모든 이로 하여금 이 문제를 공부하도록 하라—'모든 국민이 이 문제를 알게 하라(要使全國知道)'—는 요구는 경제, 정치 그리고 철학의 개념적 난제를 내포하고 있는 고통스러운 임무였다. 줄여서 '이론 연구 운동'이라고도 하며 위에서 인용한 1975년 2월 마오쩌둥의 언급에 의해 시작된 '프롤레타리아 독재 이론 연구 운동'(당시 간행된 출판물에 사용된 공식 명칭)은 이미 확립된 강령을 대중화하기 위한 캠페인이 아니라 흐트러져버린 이론적 매듭을 재검토하기 위한 노력이었다.[8] 하지만 어떠한 힘이, 설사 그것이 잠재적인 것이라고 할지라도, 이론적 추상화의 수준에서 정치적 연구에 참여하도록 동원될 수 있을 것인가?

마오쩌둥의 긴급한 요청은 더 이상의 상세한 설명 없이 '모든

---

8   이 캠페인을 시작하고 마오쩌둥의 테제를 처음으로 발표한 글은 『인민일보』 사설이었다. 「學好無産階級專政的理論」, 『人民日報』, 1975年 2月 9日을 볼 것. 이 이론 운동을 주도하는 데 매우 적극적이었던 마오쩌둥은 자신의 입장을 재부각시키는 일련의 출판물들을 면밀히 감독했다. 그중에는 姚文元, 「林彪反黨集團的社會基礎」, 『紅旗』 3(1975): 20-29; 張春橋, 「論對資産階級全面專政」, 『紅旗』 4(1975): 3-12가 있었다. 마르크스, 엥겔스, 레닌의 저작에서 발췌한 선집 출판도 크게 강조되었는데, 이는 '고전적' 참조 문헌들을 집약한 것이었다. 人民日報, 紅旗雜誌編者, 「馬克思, 恩格斯, 列寧, 論無産階級專政」, 『紅旗』 3(1975): 3-19. 이 선집에서 스탈린은 명백히 빠져 있다.

이'에게 전달되었지만, 어떤 이들은 마오쩌둥의 의도에 꽤나 근접하기도 했다. 1968년 이래로 마오쩌둥은 독립적인 학생 조직의 실패 이후 공장을 전략적 후퇴를 위한 중요한 거점으로 언급하고 있었다(8장을 볼 것). 사실 조금 뒤에 언급하게 될 것처럼 1960년대 후반 몇몇 정치적 실험들이 중국의 공장에서 시작되었다. 1975년 몇몇 공장들은 '이론 연구' 캠페인에 깊이 연루되어 있었다. 노동자들의 스터디 그룹이 마오쩌둥의 이론적 이슈들을 위해 투신하였을 뿐만 아니라 사회주의 공장 자체가 무엇인가라는 문제가 논쟁에서 중요한 정치적 주제가 되었다.

7장에서 살펴보았던 것처럼 사회주의 공장은 문화대혁명의 대중 국면에 있어 주요 진원지였다. 1966년 가을부터 1월 폭풍에서 막을 내리기까지 노동자들 사이의 정치적 행동주의는 중국 공장에서의 전체적인 권력 체계를 포함한 총체적인 재난으로 귀결되었다. 8년 후 그러한 재난은 대부분의 측면에서 해결되지 않은 상태로 남아 있었고, 종국에는 1966년 이전의 중국 국가의 문화적, 제도적 체계 안에서 그 자체로 해결되지 못했던 것으로 드러나고 말았다. 중국의 사회주의 공장이 맞닥뜨렸던 정치적 교착 상태와 그러한 교착 상태로부터 벗어나기 위한 여러 방면의 시도는 1975년에 이르러 점점 더 분열을 심화시키는 균열이 되고 말았다.

1월 폭풍은 일반적인 대중적 불만의 폭발도 아니었고, 딱히 새로운 부르주아의 타도를 기도했던 진정한 프롤레타리아 계급 일부에 의한 권력 장악도 아니었다. 7장에서 보았던 것처럼 이 사건에 이름을 붙이는 것은 여간 까다로운 것이 아니다. 그럼에도 불구하고 1월 폭풍은 분명 반혁명적이거나 반공산주의적 운동은 아니었는데, 왜냐하면 1월 폭풍을 일으켰던 양측 모두가 자신이 상대편보다 더 '붉다(紅)'고 확신했기 때문이다. 이러한 모든 역설과 함께 그리고 무엇보다도 그러한 역설을 습득한 개념적 프레임 속에 정위시키는 극단적 어려움과 함께 1월 폭풍은 오늘날 중국 국가에 드리워져 있는 변화를 만들어낸 핵심적 전화점이었다. 이후의 세월 동안 국가를 재조직하려는 모든 노력은 1월 폭풍이라는 사건을 만들어낸 진정한 원인을 어떻게 다룰 것인가라는 문제를 피해 갈 수 없었다. 이전 상태로의 순수한 그리고 단순한 회귀가 더 이상 가능하지 않았던 것이다.

1960년대 후반 마오주의자들은 상하이를 비롯해 동북 지역과 같은 여타의 산업 지대에 있는 몇몇 공장에서 사회주의 공장의 작동 방식을 변경하는 것을 목표로 삼는 일련의 정치적 실험을 시도했다. 1966년에서 1967년 사이 독립적인 노동자 조직의 등장은 이데올로기와 조직에 대한 일종의 도전이었다. 누구도 기존의 사회주의적 정치 강령을 적용함으로써 어떻게 독립적인 노동자 조직을 다루어야 하는지를 몰랐는데, 그러한 독립적인 노동자 조직의 등장이라는 사건이 사회주의하에서 노동자, 공장 그리고 국가를 연결시켜주는 정치적, 개념적 연쇄의 핵심 고리를 끊어버렸기 때문이다.

고전적인 사회주의 강령의 공식은 노동자-공장-계급-당-국가라는 개념적 연쇄로 요약된다. 다시 말해 특별한 형태의 국가를 이끄는 당에 의해 조직된 노동 계급이라는 개념을 통해서 노동자와 공장의 관계는 정치적으로 그리고 사회적으로 가능해진다. 그리고 그러한 특별한 형태의 국가는 노동자와 공장 사이를 연계시키는 정치적, 사회적 관계를 완전히 인정한다. 이러한 순환론은 해당 현상의 구조적 불안정성을 드러내는 하나의 증상인 만큼이나 명백하다.

실상 마르크스주의적 관점에 있어 노동자와 공장 사이의 관계는 '거대 자본주의 산업' 시대의 사회적 관계 안에서 전혀 안정적인 지위를 차지하지 못하고 있었다. 오히려 그것은 사회성이라는 차원에서 일종의 텅 빈 지점과도 같은 것이었다. 노동자-공장 사이의 연대는 사회 속에서 가장 낮은 위치를 차지하기는커녕 사회적 연대 속에서 위태로운 위치에 놓여 있었다. 노동자는 이미 구축된 '공산주의적 질서' 속에서 서로 연계될 수 없었고, 그러한 불가능성은 거대 자본주의 산업 그리고 자유 시장이라는 개념에 대한 장애물일 뿐이었다.

공장의 노동자는 그 어떤 관습적 공동체에 대해서도 필연적인 관계를 맺는 것은 아니며, 공장 공동체에 대해서는 더욱 그러하다. 후자는 상상할 수 있는 가장 인위적이며 불안정한 공동체이기도 하다. 자본의 자기 조절 능력이라는 것은 사실 가장 불안정한 것이고 이러한 불안정성이 특정한 공장이 살아남을 수 있는지 여부를 결정한다. 요컨대 노동력은 지속적이고 실제적인 사회-공동체적 존재성을 가질 수 없는 것이다. 노동력은 반드시 '개인화'되어야 하지만, 시장에서 동일하게 교환될 수 있는 다양한 상품들 중의 하나로서 순환되는 한에서 그러하다. 마르크스의 견해에 있어 공장에 대한 노동자의 연계성은 결코 사회적 연계성에 의해 묶여 있는 것이 아니다. 그러한 사회적 연계성은 마르크스가 '공장 독재'라고 불렀던 강압의 특정한 형태를 통해서만 구축될 수 있는 것이다.

사회주의는 기존의 상황을 완전히 전복시키고 특별한 정치적 가치를 노동자의 형상 그리고 그/그녀가 공장과 맺고 있는 관계에 부여할 것을 약속했다. 만약 자본주의하에서 노동자와 공장 사이의 관계가 사회적 유대 안에 들어 있는 모종의 빈칸 혹은 틈에 놓여 있는 것이자 '자본가의 무조건적 권위'에 대한 복종에 종속되어 있는 것이라면, 사회주의하의 노동자는 두드러진 정치적 표상의 가치를 획득할 수 있었고, 노동자와 공장 간의 관계는 국가의 구성체에서 핵심적이고 일관된 요소로 자리 잡을 수 있었다.

20세기 사회주의가 떠맡았던 거대한 임무는 그 자체로 선험적으로 내재된 사회성을 전혀 갖추지 못한 노동자-공장의 관계성을 완전히 발육된 사회정치적 관계성으로 변화시키는 것이었다고 할 수 있을 것이다. 그리고 그렇게 하기 위해 사회주의는 중국의 단위(單位) 그리고 소련의 콤비나트(kombinat)와 같은 사회성의 특별한 형식을 만들어 냈는바, 그러한 사회 형태 안에 내재된 연관 관계는 그러한 조직이 국가 기구 안에 포함됨으로써 구축되고 그 안정성을 보장받게 된다.

셔먼(Schurmann)의 공식을 다시 한번 인용한다면, 이데올로기적 요소와 조직적 요소 사이의 복잡한 관계는 특별히 더욱 압축적인 것이다. 산업 부분의 단위는 위에서 언급한 고도로 정교화된 개념적 네트워크에 기반을 두고 있는 특정한 형태의 배치이며, 그것은 특정 계급으로서의 노동자를 국가 안에서 주도적 역할을 맡고 있는 당을 통해 공장에 연계시킨다. 결국 사회주의적 공장은 노동 계급과 당-국가의 역사적 결합의 전형으로 여겨졌다.

때문에 당은 프롤레타리아의 계급적 이해관계를 온전히 대표한다. 그리고 그러한 이유로 당 밖에서 노동자 자신의 정치적 입장을 표현할 수 있는 자율적인 조직을 건설한다는 생각은 받아들여질 수 없는 것이다. 1967년 상하이에서의 사건들이 그토록 충격적이었던 이유가 바로 이것이다. 앞서 살펴보았던 것처럼 사회주의적 강령은 파업할 권리조차 억압하고 있었다.

사회주의적 공장은 결국 사회주의 국가의 전체적인 안정성을 위한 기본적 조건이었다고 할 수 있다. 하지만 공장의 질서는 노동자의 정치적 역할이 당-국가에 속한다는 사실에 의해 조건 지어지는 것이었다. 이러한 이유 탓에 1966년에서 1967년 사이 중국의 노동자들 사이에서 정치적 주체성에 관한 새로운 형태의 등장은 심각한 불안정성을 만들어냈다. 주체성과 관련된 당시의 핵심적인 이슈는 노동자-공장-계급-당-국가라는 개념적 연쇄를 수단으로 삼아 다뤄질 수 없는 것이었고, 주체성과 관련된 이슈는 공장의 질서를 불안정하게 만드는 것 말고는 별다른 효과를 가진 것도 아니었다. 노동자 계급이라는 바로 그 개념이 의문에 부쳐졌고 그러한 의문은 계급과 당-국가 사이의 관계 속에서 극단적인 주체적, 조직적 위기로 귀결되고 말았다. 그렇다면 다음과 같은 질문이 제기된다. 만약 사회주의 국가 장치(the socialist state machinery)와 그것의 주요한 사회적 토대라고 할 수 있는 노동 계급 사이의 관계가 정치적 조직이라는 영역에서 도전받고 있는 것이라면, 무엇이 사회주의 국가 기구의 지도적 기구(leading apparatus)인 당의 권위를 정당화시키는 것인가?

이러한 상황 속에서 국가의 재조직화 과정 그리고 공장에서의 새로운 정치적 형태에 관한 실험은 앞으로 다가올 세월 동안 마오주의자들이 대면해야 했던 가장 긴급하고도 어려운 문제들 중의 하나였다. 문화대혁명의 곤혹스러운 전개는 이러한 이슈들에 대한 해명 없이는 설명할 수 없는 것으로 남게 될 것이었다. 만약 노동자 대중이 정치적 행동에 대한 자기-조직적 형태를 창조해낼 것이라는 단호한 결정을 선언한다면 사회주의적 공장은 어떻게 관리되어야 하는가? 산업 부문 단위의 전체 조직은 온전히 국가 기구 안에서 구현된 노동 계급의 선험적 안정성에 의해 구축된 것이었다. 산업 부문의 단위는 일종의 국가 기관(state institution)이었으며 노동자는 어느 정도는 국가 간부에 가까웠다. 이러한 의미에서 보았을 때 산업 부문 단위는 노동 계급의 안정성을 구축하고 그 한계를 규정하는 기구였다고 할 수 있을 것이다.

당 외부의 노동자 조직이라는 정치적 존재가 형식적으로 노동자를 공장 그리고 국가 및 당에 연계시켰던 기존의 이데올로기적 관계에 불러일으킨 변화는 필연적으로 기초적인 작업장에서부터 국가 계획에 의해 할당된 임무의 실행에 이르는 모든 수준의 조직을 불안정하게 만들었다. 공장에서의 명령, 기술적 규칙, 생산 규율, 직업 할당, 임금의 특정한 형식(이러한 임금은 부분적으로만 현금으로 지급되었고, 대부분은 국가 노동자가 누릴 수 있는 다양한 복지 혜택으로 구성되어 있었다) 사이에 존재하는 관계 그리고 단위의 사회성 자체가 문제가 되었는데, 이러한 문제는 단순히 이전에 존재하고 있었던 사회주의적 공장 질서를 토대로 해서는 결정될 수 없는 것이었다.

마오주의자들에게 있어 새로운 질서를 찾기 위한 전제 조건은 공장에서 노동자들의 정치적 역할을 개조하는 방법을 찾는 것이었다. 1930년대 소련의 스타하노프주의(Stakhanovism)로부터 영감을 받은 사회주의 노동 영웅, 모범 노동자와 같은 '위대한 인간'에 관한 레토릭[9]은 훈육적(disciplinary)이고 반(反)정치적인(antipolitical) 본성을 노출시킨 1966년에서 1967년에 걸친 일련의 사건들에 의해 그 신용도에 커다란 타격을 받았다. 당 권위에 충실했던 이들 그리고 상하이 당 조직 관계자들은 그러한 훈육적이고 반정치적인 본성을 독립적인 노동자 조직을 와해시키기 위해 사용했다. 만약 노동자와 공장의 새로운 관계가 산업 부문 단

---

9 안제이 바이다(Andrezej Wajda)의 1977년 영화 〈대리석 사나이(Man of Marble)〉는 폴란드 사회주의에서 노동자의 역할에 대해 근본적인 문제를 제기했으며, 이후 연대(Solidarity) 운동을 예견한 작품이었다.

위의 일상적 운용이라는 범주를 넘어서 시도되지 않는다면, '국가의 주인'이라는 노동자에 대한 경전적 공식은 공허한 선전 문구로 남게 될 것이었다.

공장에서의 실험과 이론 연구

1975년까지 중국의 몇몇 공장들에서는 최소한 두 개의 실험이 진행되고 있었다. '노동자대학(工人大學)'과 '노동자 이론 대오(工人理論隊伍)'가 그것이다. 전자는 마오쩌둥이 찬사를 보냈던 상하이의 유명한 기계 공장에 최초로 세워졌는데, 당시는 같은 해 7월 마오쩌둥이 홍위병 대표들을 마지막으로 만나기 직전이었다. 또한 본 실험의 범위는 1973년에서 1974년 사이 중국의 여타 주요 도시들로 확대되었다. 노동자대학은 수준별로 직업을 교환함으로써 노동의 기술적 분업에 근간한 위계적 구조를 감소시키기 위해 산업 구조를 재편성하려는 프로젝트의 일환이었다. 본 프로젝트는 노동자들에게 기술 및 관리 책임을 숙달할 수 있게 하고 기술자들과 관리자들을 협업하게 하며 기술자들과 관리자들이 노동자들과 함께 생산 임무 수행 기간에 참여하게 하는 학습 기간(코스로 이루어진)을 통해 노동자들을 훈련시키는 것을 목표로 삼고 있었다.[10]

노동자 이론 대오는 1973년 비림비공운동 기간에 조직되었다.

---

10 박사학위 논문 'The Workers University in the Chinese Cultural Revolution'(São Paulo University, 2018)에서 안드레아 피아차롤리(Andrea Piazzaroli)는 특히 실험이 조직되었던 상하이 기계공장에 관한 참고와 함께, 이 주제에 관한 폭넓은 학술적 연구를 진행한 바 있다. www.teses.usp.br/teses/disponiveis/8/.../2018AndreaPiazzaroliLongobardiVOrig.pdf(2019년 4월 접속).

1975년까지 대오의 주제에는 프롤레타리아 독재 이론에 관한 공부가 포함되었다. 그리고 이들은 '이론 공부' 수업을 작업 현장의 임무와 결합시켜야 했다. 철학, 역사 그리고 경제를 포함한 이론적 작업이 일반 노동자의 직업에 내재된 활동이 되어야 한다는 생각은 자본주의적 작업장에서 그러했던 것처럼 사회주의적 작업장에서도 존재한 적이 없던 것이었다.

노동자대학과 노동자 이론 대오라는 두 종류의 실험은 모두 공장의 정치적 재발명을 목표로 한 것이었으며 마오쩌둥과 그 추종자들은 '이론 공부 운동'을 발전시키기 위해 상당한 노력을 기울였다. 비림비공운동 기간 제기되었던 복잡한 역사적 이슈들을 이미 경험한 노동자 이론 대오는 프롤레타리아 독재의 본성에 대해 마오쩌둥이 제기했던 것과 같은 매우 추상적인 문제들에 대한 좀 더 심도 있는 탐색을 발전시켰다. 이러한 활동은 사회주의적 공장의 본성 자체에 관한 토론의 핵심적인 장소를 공장으로 옮기는 것에 초점을 맞춘 변화였다고 할 수 있다.

노동자대학은 노동 분업의 위계적 구조를 억제하기 위한 수단으로서 노동자들의 숙련도를 향상시키기 위한 시도였으며, 이 문제는 이후 또 다른 문제, 즉 어떻게 '부르주아 법권리를 제한할 것인가'의 문제와 연계되었다. 마오주의자들은 이 모든 실험을 문화대혁명 기간 제기된 일련의 사회주의적 '신생사물(新生事物)'에 속하는 것으로 여겼고 이러한 실험이 새로운 정치사상을 정교화하기 위한 일종의 두뇌집단(think tanks) 혹은 그 이상이 될 것으로 보았다.

노동자대학은 현대적 공장에 관한 마르크스의 비전에 뿌리를 둔 프로젝트였다. 마르크스에게 '대형 산업'은 [공장—옮긴이] 독재의 가장 원형적인 형태이자 해방을 위한 막대한 잠재력이었다. 주요 이슈는 노동 분업이었다. 현대의 대규모 산업은 전근대적인 노동 분업을 끝장냈는데, 전근대적인 노동 분업은 생산 부분(전형적인 전근대적 형식의 노동에 대한 사회적 분화)을 둘러싸고 사회적으로 구축되었지만, 정신노동과 육체노동이 분화된 공장 자체 내에는 좀 더 극심한 기술적 분화가 집중적으로 도입되어 있었다.

사회적 분업의 구식 전통 형태에 머물러 있던 모든 생산자는 평생 정신적, 기술적 측면 모두에 있어 여타의 전문화된 기술을 모두 배제한 채 오직 한 가지의 특화된 기술에만 매몰되어 있었다— Sutor, ne ultra crepidam(라틴어로 그 뜻은 "구두장이여, 구두 밑창을 넘어서 판단하지 말라"이다. 다시 말해 '자기 분야 밖의 일에 함부로 간섭하지 말라'는 뜻이다—옮긴이). 다른 한편으로 현대적 기술 분화의 발전은 생산 부문들 사이의 분리를 철폐했고, 거의 모두가 그 어떤 직업이라도 가질 수 있었다. 하지만 그것은 또한 모든 노동자가 가지고 있었던 생산에 대한 정신적 힘을 앗아갔다. 대규모 산업에 속해 있는 노동자는 기계 시스템에 병합되었고 그/그녀가 알고 있었던 것은 오직 기술, 관리 시스템의 아주 작은 부분에 불과한 자신의 특정한 업무에 엄격하게 국한된 것들뿐이었다. 정신과 육체로 극단적으로 분리된 노동의 기술적 분화에 대한 구조는 공장 내의 사실상 모든 관계를 규정지었다.

가장 중요한 것은 노동자들로부터 탈취된 생산의 정신적 능력이 자본가의 무조건적 권위에 집중됨으로써 노동의 기술적 분화가 연쇄적 명령의 근거를 구축했다는 사실이다. 하지만 이러한 조직은 대부분 이데올로기적 요소(셔먼적 의미에서가 아니라 마르크스적 의미에서)에 의해 결정된다. 마찬가지로 이러한 경우 숭배(fetishism)가 작동하고 있다. 마르크스는 기술에 대한 숭배가 사람들에게 자신들의 관계가 모든 실제적인 개인 그리고 사회적 차이와는 유리된 채 온전히 기계들 사이의 기술적 관계에 의해 결정되는 것 같은 이미지를 전파시킨다고 보았다. 이처럼 기술에 대한 페티시는 현대적 공장 속에 존재하고 있는 위계적, 훈육적 질서에 관한 사회적 합의를 만들어내는 데 있어 주요한 이데올로기적 역할을 하고 있는 것이다.

현대적 공장의 구조와 기능에 대한 마르크스주의적 분석은 1975년 중국에서 수많은 신문과 논문들을 통해 언급·인용되면서 널리 퍼지게 되었다. '상품의 이중적 성격'이라는 미묘한 측면이 열띤 토론의 대상이 되었고, 멋들어진 약간의 문학적 솜씨가 가미되어 '상품의 자서전'과 같은 글들이 『학습과 비판(學習與批判)』과 같은 상하이의 마오주의 저널을 통해 간행되었다. 『학습과 비판』의 자매지라고 할 수 있는 『베이징대학 학보(北京大學學報)』 역시 1975년에서 1976년 사이 상품과 기술 사이에 존재하는 '이중적 페티시즘'의 상호작용과 같은 주제를 분석하는 이론적 논문을 싣는 주요 매체였다.[11]

[이러한 잡지들의—옮긴이] 근본적인 논점은 오직 자본주의 시스템에만 관련된 것은 아니었고, 1970년대 중반의 중국을 사회주의 공장 자체의 핵심 형상으로 묘사하는 데 있어 마르크스주의적 참고 문헌들이 인용되고 있다. 마오주의자들은 사회주의 체제에서 물신 숭배를 포함한 자본주의적 조직의 결정적인 형태가 아직도 충실하게 작동하고 있다고 주장했다. 마오주의자들은 사회주의 질서의 본원적 우위성을 옹호하기는커녕 몇몇 중요한 측면에 있

---

11 예를 들어 馬彥文, 「馬克思主義的重大发展·學習毛主席重要指示的一點體會」, 『北京大學學報』 2(1976): 23-29; 景池, 「商品自述」, 『學習與批判』 no.5(1975): 19-24, 후속 논문이 no.6: 22-26과 no.7: 15-27에 게재되었다. 이 연속 논문들은 1975년 상해인민출판사에서 책으로 출간되었다.

어 사회주의 자체가 자본주의적 질서의 직접적 연속이라는 사실에 더욱 몰두하고 있었다.

결국 1966년에서 1967년 사이의 위기 이후 어떻게 공장에서 새로운 형태의 정치를 실험할 것인가의 문제는 서로 겹치는 두 개의 난점을 포함하고 있었다고 할 수 있다. 노동자들의 정치적 행동주의가 사회주의적 공장에서 당-국가 체제라는 임계점을 초월해 새로운 형태의 정치 조직을 요구하고 있을 뿐만 아니라, 사회주의적 공장의 기술적 조직이 페티시화되지 말아야 하며 또한 몇몇 중요한 지점에 있어 급진적으로 전환되어야 한다는 것이 그것이다. 이러한 두 개의 계획은 분명 서로 연계된 것이었는데, 산업 부문 단위에서 기술 조직과 정치 조직은 완전하게는 아니지만 서로 밀접하게 접합되어 있었기 때문이다. 이에 더해 마오주의자들은 [사회주의적 체제 안에서—옮긴이] 연쇄적 명령을 중심축으로 삼는 노동의 기술적 부문이 자본주의의 그것과는 기본적으로 다르다고 주장하고 있었는바, 이들은 '기술이 모든 것을 결정하고, 간부가 모든 것을 결정한다'와 같은 스탈린주의적 공식으로부터 급진적으로 이탈된 견해를 가지고 있었기 때문이다.

공장은 특히 이론 공부 운동의 핵심 장소였다. 공장은 이제 정치 학습에 있어 능동적인 역할을 할 수 있는 노동자대학 그리고 이론 대오와 같은 '사회주의 신생사물'을 보유하게 되었고, 종국에는 사회주의적 공장의 운명 자체에 관한 이슈들에 집중하게 되었다. 그리고 실제로 이들 공장은 앞서 논의했던 몇몇 이유로 인해 사회주의적 국가 형태의 운명에 관해서도 관심을 두게 되었다. 가장 긴급한 정치적 선택과 가장 추상적인 개념화가 동시에 작동하고 있었던 것이다. 마오주의자들은 오직 이론 공부를 통해서만이 그러한 선택지가 설명될 수 있으며, 그러한 선택지에 근거해

공장이 확실하게 [사회주의적—옮긴이] 임무가 요구하는 기본 개념
과 실행 방법 모두에 빛을 비춰줄 수 있는 등대가 될 수 있다고 믿
었다.

　이러한 이론적 충격이 기존의 정치적 실험에 불러일으킨 효과
는 대단한 것이었다. 예컨대 노동자대학은 참신한 이론적 관점에
의해 새롭게 분석되었다. 노동자와 관리자 사이에 존재하는 기술
적, 위계적 격차를 줄이기 위한 정책은 부르주아 법권리 제한의
형식으로 여겨졌다. 마오쩌둥의 5·7 지시에 확실히 응답했던 노
동자 이론 대오는 자신들을 사회의 모든 수준에서 육체노동과 정
신노동의 격차를 줄이기 위한 전위대라고 생각했다. 마르크스는
자신의 초기 분석에 있어 육체노동과 정신노동의 격차가 ‘계급 분
화’의 뿌리에 놓여 있는 것임에도 불평등의 주요 요인이라고 생각
했으며, 부르주아 법권리의 핵심 토대라고 생각했다. 마오주의자
들은 ‘신생사물’의 총체적 배치야말로 텅 비어 있는 개념의 진정
한 정치적 내용에 대한 탐색을 구현하는 일련의 실험이라고 여겼
고, 오직 그러한 실험을 통해서만이 부르주아 법권리의 제한이라
는 형식으로 이어질 수 있다고 주장했다.

　익히 알려진 대로 현대의 공장 체제에 대한 마르크스의 분석은
만약 정치적으로 조직되기만 한다면 노동자들이 노동 분업의 조
건을 바꾸는 것을 시작으로 하여 전례 없는 가능성의 불꽃을 일으
킬 수 있을 것이라는 예언을 포함하고 있었다. 이는 곧 다름 아닌
‘평생 세밀한 사회적 기능에 통합된 부분적 노동자’에서 ‘전면적
인’ 능력을 갖춘 사람으로의 변화라는 문제였다.

　마르크스는 이러한 변화를 실현시킬 수 있는 능력을 갖춘 정치
적 조직을 일러 ‘프롤레타리아 독재’라고 불렀다. 그는 이러한 공
식을 자신의 정치적 발견의 정수를 구체화시켜주는 것으로 생각

했던 것이다. 하지만 1975년 중국에서 '프롤레타리아 독재'는 그 정치적 능력이 의심스러운 특정한 국가 형태에 관한 구상이 되어버리고 말았다. 프롤레타리아 독재가 어떻게 전면적인 잠재 능력을 갖춘 그/그녀가 존재할 수 있는 제도적 프레임이 될 수 있는지가 불분명했다. 마오주의자들은 오직 새로운 발명만이 노동자들의 능력을 배치하고 공장에서 정치적, 기술적 관계의 급진적 변화를 실현시킬 수 있는 진정한 조직적 토대가 될 수 있다고 말하고 있었다. 다시 말해 1975년의 그러한 실험들이 일련의 근본적인 정치적 개념들의 내용을 재발명할 수 있는 유일한 길로 여겨졌던 것이다. 하지만 1975년에 이르러 일련의 근본적인 정치적 개념들은 그 자체로 모호한 것이 되어버린 상태였다.

소유제와 권위의 형태

마오쩌둥이 변화된 것은 소유제의 형태라는 것을 포착했을 때, 그가 의미했던 것은 분명 그러한 변화가 자본주의와의 급진적 단절이었다는 것이었다. 하지만 그러한 단절이라는 말로는 아무것도 분명하게 보장할 수 없었다. 그렇다면 생산수단에 대한 자본주의적 사적 소유의 철폐가 어떠한 방식으로 프롤레타리아 독재의 전제 조건이 되는 것일까? 중국의 문화대혁명 이후 소유제의 형태라는 영역에서 진정으로 변한 것은 무엇인가? 그리고 마오쩌둥이 그토록 매우 급하게 재검토해야 한다고 요구했던 프롤레타리아 독재에 관한 마르크스의 이론은 무엇인가?

마르크스에서 레닌 그리고 마오쩌둥에 이르는 흐름 안에서 프롤레타리아 독재는 공산주의자들로 하여금 국가의 관료-군대 장치(machinery)를 축소시키는 목적을 달성하도록 추동시킨 발명의 공간을 가리키는 개념이었다. 프롤레타리아 독재는 정부의 특정 형태와는 거리가 먼 것으로—잘 알려진 것처럼 마르크스는 미래의 국가라는 아이디어를 비판적으로 바라보고 있었다[12]—대신 프롤레타리아 독재는 사회로부터 분리된 독립체(entity)인 국가 기구를 해체—마르크스의 표현대로 하면 '분쇄(smashing)'—하고, 인민들 사이에서 그 기능을 만들어내는 것을 목표로 삼는 일련의 정치적 실험을 가리켰다.

문화대혁명 초기 마오쩌둥이 홍위병들에게 '국가의 큰일에 관심을 가지라(關心國家大事)'라고 말했을 때, 그는 완벽하게 프롤레타리아 독재의 정신을 표현했다고 볼 수 있다. 문화대혁명이 본래 의제로 삼았던 근본적인 내용 중의 하나는 국가 기능의 수행을 인민대중의 '관심'으로 위임하는 정치적 발명을 시작하는 것이었다.

하지만 프롤레타리아 독재를 대중 정치의 형식으로서 실천에 옮기는 것은 소련을 시작으로 하여 사회주의 국가란 무엇이 되어야 하는가라는 문제에 대한 비판적인 재사유를 필요로 했다. 좀 더 구체적으로 말해 문화대혁명은 20세기의 모든 프롤레타리아 독재에 있어 국가의 기능이 일반 인민들 사이에서 사라지는 것이 아니라 당 간부 특권층의 특권이 되었다는 사실을 문제 삼았던 것이다.

비록 문화대혁명은 이 문제에 대한 완전한 해답을 내놓지 못했고 역사적 기획으로서의 프롤레타리아 독재의 재발명을 완수하지 못했지만, 진일보한 개념적 검토와 실천적인 실험을 요구하면서, 오래된 문제에 새로운 빛을 다시 비추는 몇몇 질문들을 분명하게 드러내주었다. 그러한 문제 중 핵심적인 이슈는 생산수단의 사적

---

12 Karl Marx, *Critique of the Gotha Program*(1875), https://www.
marxists.org/archive/marx/works/1875/gotha/.

소유제의 철폐와 국가 소멸에 관한 전망 사이의 관계다.

나는 명령에 대한 복종을 얻어낼 수 있는 능력이라는 의미에서 권위라는 이슈에 초점을 맞추려고 한다. 국가를 일련의 '기구(apparatuses)'로 보는 관점[13]은 그 현상을 조망하는 데 있어 도움을 주지만, 주어진 역사적-사회적 세계 속에서 국가가 권위에 관한 일반적 원칙의 결정체로서 갖는 핵심적인 역할을 간과하게 할 위험을 내포하고 있다. 마르크스가 특정한 생산양식을 잘 작동하게 하는 여러 종류의 생산양식—노예제, 봉건제, 그리고 자본주의—이 있다는 점을 지적한 것은 분명 옳았지만, 하급자는 상급자에게 복종해야만 한다. '권력의 장소'가 나타나는 현상이 무엇이든지 간에—각 사회에 따라 다양하게 나타난다—복종이라는 것은 권위에 관한 특정한 일반 원칙에 따라 성취되는 것이고, 국가는 단순한 장소라기보다는 특정한 사회 속에서 지배적인 위치를 점하고 있는 일련의 권위의 형식이다.

권위는 여러 형태의 인간 사회 속에서 다양한 지배의 형식—개인적, 초월적, 카리스마적 등등—을 띠고 있다. 하지만 현대 세계에 있어서 지배적인 권위 관계는 이전 시대의 그것과는 다른데, 왜냐하면 현대 세계의 지배적인 권위 관계는 자본주의라는 하나의 교리—노동을 상품으로 사고파는—에 기반을 두고 있기 때문이다. 노동이 하나의 상품이 된다는 사실—그리고 자본의 자기증식 요구에 따라 그것을 살 수도 있고 사지 않을 수도 있는 자본가의 그 '자유'—은 현대 세계에서 지휘와 복종의 관계를 떠받치는 토대다.

이러한 의미에서 생산수단의 사적 소유는 최초의 그리고 가장

---

13 Louis Althusser, "Ideology and Ideological State Apparatuses"(1970), reprinted in *On Ideology*(London: Verso, 2008)을 볼 것.

중요한 임금 노동자 대중에 대한 무조건적 권위의 행사 형태이다. 다시 말해 오직 노동의 판매자로서만 가치가 매겨지는 사람들에게 그것은 결정적인 권력인 것이다. 요컨대 역사적인 부르주아 사회 속에서 노동의 매매는 권위를 떠받치는 관계를 만들어내는 기초 구조의 내핵이다. 노동을 점점 더 불안정하게 만들어가고 있는 최근의 경향은 노동자들의 정치가 한 세기 동안 자본의 지배에 맞서 만들어 놓은 제한의 흔적들에 대해 무조건적 권위를 회복시키는 것을 목표로 삼고 있다.

이러한 권위의 현대적 형태를 고려해 마르크스는 생산수단 사유제의 철폐가 자본주의 사회로부터의 이탈을 알리는 신호가 될 뿐만 아니라 국가의 해체라는 과정에 있어 중요한 역할을 할 것이라고 주장했던 것이다. 생산수단 사유제의 철폐는 노동 상품화의 종말을 수반할 뿐만 아니라 부르주아 사회 속 권위의 일반 원칙의 소멸을 수반하기도 한다. 그러므로 만약 국가가 주어진 사회 역사적 조건 속에서 복종을 명령하는 데 필요한 권력의 배치를 구축하는 것이라면, 노동 상품화의 철폐는 곧 자본의 무조건적 권위를 억누름으로써 국가로부터 그 핵심적 기능을 빼앗는 것이라고 할 수 있다.

실상 자본주의적 사적 재산의 철폐는 20세기의 모든 프롤레타리아 독재에 대한 요구에 내재되어 있었던 것으로, 마르크스에 따르면 프롤레타리아 독재는 국가를 분쇄하고 부르주아 사회의 권위의 결정적 축을 제거하는 과정의 씨앗을 내포하고 있다. 일단 시장에서 노동력을 구매할 자유를 빼앗기게 되면, 그 통치 시스템 전체는 돌이킬 수 없을 만큼 바뀌게 된다.

그렇다면 우리는 거의 20세기의 3분의 2 동안 지속되어왔던 자본주의에 대한 사회주의의 예외적 상태를 어떻게 생각해야 하며,

특히 노동-력의 상품화가 갖는 역할이 전 세계적인 범위에 걸쳐 다시 회복된 지금을 어떻게 생각해야 하는가? 전체주의와 독재를 내세워 사회주의의 역사적 기록을 지배하고 있는 최근의 담론들은 사회주의가 지니고 있었던 영감 그리고 그것의 성공과 실패를 왜곡시키기 위해 최선의 노력을 기울이고 있다. 문제의 핵심은 20세기에 등장했던 프롤레타리아 독재가 만들어낸 실제적인 결과—사유 재산제의 폐지 그리고 그에 따른 노동 상품화의 중지—를 어떻게 평가할 것인가이다. 이러한 폐지를 뒷받침할 수 있는 개념적 조정(cooperates)이 아직 이루어지지 않았다는 사실을 고려하면, 그러한 재평가는 결코 쉬운 것이 아님을 알 수 있다.

종종 회자되는 것처럼 최근의 견해들은 사회주의라는 기획 전체를 비현실적인 것으로 기각하고 그저 '이데올로기적 강압'이자 결국 재난적 결과로 이어질 그 무엇으로 무시해버리고 만다. 이러한 견해는 우선 맞다. 사회주의가 현실적으로 초래했던 결과를 우리는 쉽게 단정 지을 수 없다. 하지만 마르크스와 레닌이 주장했던 사유 재산제의 폐지는 자본주의의 실제적 조건에 대한 상세한 분석에 근거한 것이었으며, 웅대한 스케일로 정치적 실험의 토대를 놓는 면밀한 논리에 토대를 둔 것이었다. 사실 상품으로서의 노동을 폐지하겠다는 결정은 위험하고 도전적인 시도다. 그리고 그 결과는 상품 노동의 폐지라는 결정을 포함한 정치적 프로젝트의 목표에 관련하여 평가되어야 한다.

물론 노동 상품화의 폐지 자체가 목표인 것은 아니다. 그것은 다만 국가의 역할을 과감하게 감소시키는 것을 목표로 삼는 프로젝트의 첫 번째 단계일 뿐이다. 실상 국가 장치(machinery)를 제한하려는 실험의 추구 혹은 확대 없이 이 첫 번째 단계에 의해 초래된 결과는 그것이 본래 성취하려고 했던 것의 정반대일 수밖에 없다. 하지만 이것은 오직 소급적인 관점에서만 도출되는 결론일 뿐이며, 우리는 그러한 과정의 실험적 성질을 고려에 넣어두기만 하면 된다. 이러한 맥락에서 보았을 때, 우리 [시야의─옮긴이] 범주들은 여전히 잠정적인 것이다.

하지만 20세기 프롤레타리아 독재가 남겨놓은 역사적 기록을 고려해 우리가 짐작할 수 있는 것은 사유 재산제의 폐지에 의한 국가의 폐지가 그러한 과정이 남겨놓은 바로 그 공백을 가득 채운 반동적 에너지를 풀어놓아 버렸다는 것이다. '이분된(halved)' 국가는 반대로 공산당에 의해 복제되었는바, 공산당은 노동의 상품화에 기반한 '이분된 국가'가 가진 권위의 원칙을 노동자 전위를 대표하는 당으로서 가진 명령과 복종에 대한 새로운 권위로 대체시켜 버렸다.

산업 노동을 국가 행정의 영역에 배치하는 것은 임금 노예제에 대한 자본주의적 권위를 해체할 수 있을 것으로 예상되었다. 하지만 노동의 국가 행정 영역에의 포섭 그리고 노동 계급 전위를 자임하게 된 국가 행정 영역에 의한 자본주의적 권위의 대체는 사유 재산제 폐지로 인해 분쇄될 운명이었던 전체적인 국가 기구를 재구축하는 것으로 귀결되고 말았다. 실제로 이러한 과정 안에서 탄생된 새로운 조직은 이전의 조직보다 더 경직된 것이었는데, 왜냐하면 그 새로운 조직은 상품화된 노동 권력의 폐지가 권위의 일반 원칙에 남겨놓은 공백을 채워야 했기 때문이다.

[현실 사회주의의─옮긴이] 이와 같은 독특한 환경을 고찰한 후, 우리는 문화대혁명 기간의 계급 개념을 재평가해야 할 필요성을 절감하게 되었다. 그리고 문화대혁명 기간의 계급 개념이 다음 장에서 살펴보게 될 최근 중국의 지배 담론 안에서 반복되고 있다는 사실 역시 다시 한번 음미해볼 필요가 있다. 문화대혁명 기간 계

급 개념에 대한 지속적인 참조는 노동 계급과 사회주의 국가 속에 존재했던 노동 계급의 전위 사이에서 불거졌던 극복할 수 없는 곤경을 드러내는 징후라고 볼 수 있다. 계급 개념에 대한 집착은 계급의 주체로 설정되었던 인민이 가진 계급 개념의 진정한 정치적 가치에 관한 질문을 징후적으로 가려버렸다. 프롤레타리아—프롤레타리아 독재와 함께 국가의 소멸을 이끌 정치적 주체로 간주되었던—는 국가 관료 기구 재구축 과정의 통합적 부분이 되어버리고 말았다.

문화대혁명 기간 산업 노동자 조직에 대한 비판적 재평가라는 관점에서 노동 계급에 관한 이슈에 접근했다는 사실은 특기할 만했다. 문화대혁명 기간 설정되었던 가장 중요한 정치적 질문 중의 하나는 무엇이 사회주의적 공장을 자본주의적 공장과 다르게 만드는가였다. 실제로 당시 노동력의 상품화는 더 이상 주도적인 위치를 차지하지 않고 있었다. 하지만 마오쩌둥과 마오주의자들이 1950년대 후반부터 제기했던 질문—1960년대 안산 철강 공업의 설립이 그 실례(實例)가 될 것이다[14]—은 노동자 스스로가 정치적 실험의 새로운 형태를 고안해낼 수 있어야 한다는 것이었다. 그렇지 않으면 산업 부문의 단위는 자본주의적 공장의 형태와 마찬가지로 그저 작업장에 대한 지배적 관계를 반복하는 것으로 끝나고 만다.

결국 문제가 되는 것은 마르크스가 현대적 작업장의 조직에 관한 긴 편폭의 분석에서 제기했던 다음과 같은 사안이다. 노동자는 줄지어 늘어서 있는 기계에 일종의 장식품처럼 종속되어 있는

---

14 마오쩌둥의 본래 언급은 1960년 3월 22일로 기록되어 있다. 『建國以來毛澤東文稿』, 9卷, 89-92; 영어 판본은 https://www.marxists.org/reference/archive/mao/selected-works/volume-8/mswv849.htm.

바,[15] 공장의 명령 체계는 그러한 처지에 놓여 있는 노동자들로부터 도용한 생산에 대한 지적 권력을 포함하고 있다. 그렇다면 어떻게 그러한 공장에서 벌어지고 있는 노동에 대한 기술적 분화를 전복시킬 수 있을 것인가. 그리고 산업 부문 단위에 존재하고 있는 권위의 근본 구조가 노동 계급과 그 전위 사이에 존재하고 있는 모호함에 의존하고 있다는 사실 때문에 이 문제는 더욱 복잡해졌다.

이와 같은 해결되지 못한 긴장의 결과, 이러한 이슈의 중요성이 1966년 상하이에서 폭발하게 된다. 1월 폭풍은 아직 더 많은 연구가 필요한 사건이지만, 그것은 분명 공산당이 유일한 합법적인 정치 조직이었던 기존 권위의 원칙을 부숴버린 사건이었다. 이 시점에서 산업 부문의 단위는 더 이상 이전처럼 작동할 수 없었다. 복종을 명령할 능력을 상실하게 된 것이다.

1월 폭풍 이후 권위의 추락을 어떻게 다루어야 하는가가 문화대혁명 기간 전체를 뒤덮는 결정적인 이슈가 되었다. 마오주의자들에게 있어 전진할 수 있는 방법은 사회주의적 공장을 정치적으로 재사유하는 것을 목표로 삼는 일련의 실험을 조직하는 것이었다. 그리고 그 실험의 주제는 사회주의적 공장의 기술 조직을 철저하게 전환시킬 필요성을 포함하는 것이었다. 그러한 실험들이 강력하게 잘 조직되었던 모든 곳에서—상하이와 동북지역처럼—우리가 이미 보았던 것처럼, 마오주의자들은 새로운 노동자의 지적 능력을 만들어내는 것을 목표로 하는 정치적 실험을 능동적으로 고취시켰다.

당 기구(apparatus)는 얼마 지나지 않아 수동적으로 저항하면서

---

15 이 주제는 『자본』 제14장 「분업과 매뉴팩쳐」, 제15장 「기계와 대공업」의 특정 문장들을 포함해 마르크스의 몇몇 저작에서 논의되고 있다.

이러한 실험들로부터 거리를 두고 미온적으로 대응하기 시작했다. 산업 부문 단위의 경영 간부들은 더 이상 그들의 무조건적 권위를 주장할 수 있는 위치를 차지하지 못했고 무엇을 할지 몰라했다. 이전의 질서를 회복하려는 그 어떠한 구실도 통하지 않았고, 새로운 질서는 여전히 만들어지지 못한 상태였다. 공장 내에서는 권위에 대한 명확한 원칙이 결여된 상태였고 정치 체제는 불안정한 토대 위에서 뒤뚱거리고 있었다.

다음 장에서 우리는 덩샤오핑 전략의 중심 목표가 권위에 대한 새로운 원칙을 찾아내는 것이었음을 보게 될 것이다. 하지만 덩샤오핑의 해답이 얼마나 효과적이었는가를 평가하기 위해서는 문화대혁명의 마지막 2년 동안 벌어졌던 덩샤오핑과 마오주의자들 사이에 벌어졌던 논쟁의 주요 단계들을 살펴볼 필요가 있다.

10 덩샤오핑 전략의 토대

오늘날 중국 정부는 통상 1970년대 시작되었던 '개혁 정책'을 계승한다고 여겨진다. 또한 그 정책의 주요 전략과 중국 정부가 설정한 실행 절차—현재의 정부도 큰 틀에서 여전히 따르고 있는—를 만든 이가 덩샤오핑이라는 사실도 일반적으로 인정받고 있다.

실상 이러한 전환을 만들어낸 것은 포스트 문화대혁명 시대의 덩샤오핑이라고 부르는 편이 좀 더 정확할 것이다. 왜냐하면 덩샤오핑이 그러한 전략을 고안하고 실행했던 최초의 움직임은 1975년에서 1976년 사이에 벌어졌던 마오쩌둥과의 치열한 논쟁으로부터 유래했기 때문이다. 최근의 연구가 이 시기의 결정적인 전환을 좀 더 잘 이해할 수 있는 새로운 시각을 계속해서 만들어내고 있지만, 마오쩌둥과 덩샤오핑의 논쟁에 있어 가장 중요한 사안은 그 논쟁의 성격—정치적이면서 동시에 이론적인—이며, 그것은 좀 더 상세히 탐색해볼 만한 것이다.[1] 덩샤오핑의 프로젝트 그리

---

[1] 程中原, 夏杏珍, 『歷史轉折的前奏:鄧小平在一九七五』(北京: 中國青年出版社, 2004). 또한 Fredrick Teiwes and Warren Sun, *The End of the Maoist Era: Chinese Politics during the Twilight of the Cultural Revolution, 1972–1976*(Armonk, NY: M. E. Sharpe, 2007)을 볼 것. 주요 주인공들의 전기는 흥미로운 여타 요소들을 제공하고 있지만, 사건에 대한 중국 정부의 판단을 엄격하게 따르고 있다. 逢先知, 金衝及, 『毛澤東傳, 1949~1976』(北京: 中央文獻出版社, 2003); 毛毛, 『我的父親鄧小平-「文革」歲月』(北京: 中央文獻出版社, 2000); 劉武生, 『周恩來的晚年歲月』(北京: 人民

고 그에 따른 전개는 대체로 그 논쟁의 논쟁적인 성격에 의해 규정된 것이다. 1975년에서 1976년에 이르는 기간은 마오주의자들에 대한 덩샤오핑과 그 추종자들의 즉각적인 우위에 있어 결정적이었던 만큼 덩샤오핑의 후속적인 장기 전략에 있어서도 결정적이었다.

문화대혁명 이후의 덩샤오핑

덩샤오핑 전략의 자원과 전개 과정을 체계적으로 기록하는 데에는 좀 더 상세한 시기 구분이 필요하다. 그리고 이론 공부에 관한 마오쩌둥의 테제들은 체계적 기록을 위한 상세한 시기 구분의 출발점이 된다. 마오쩌둥의 테제들은 최초 1974년 12월 당 지도자들 사이에서 회람되었고 1975년 2월 초 신문에 게재되었다. 1975년 1월에 개최된 제4차 전국인민대회에서 덩샤오핑은 부총리로 임명되었다. 덩샤오핑은 1966년에서 1967년까지 당-국가의 여타 지도자들과 함께 '몰락'을 경험하면서 이후 몇 년 동안 베이징에서 멀리 떨어진 시골에 머물고 있었다. 덩샤오핑은 1973년에서 1974년 사이, 이후 그의 완전한 복권의 길을 터주게 될 한직에 자리를 잡고 있었던 것이다.[2] 정부에 새로운 직위를 얻게 되면서

出版社, 2006)을 볼 것. 1975년의 상황을 다룬 Ezra Vogel, *Deng Xiaoping and the Transformationof China*(Cambridge, MA: Belknap Press of Harvard University Press, 2011)의 제7장은 『歷史轉折的前奏:鄧小平在一九七五』와 『我的父親鄧小平-「文革」歲月』의 관점을 따르고 있다.

2 　그의 딸 덩룽(鄧榕)이 출간한 회고록에 따르면, 1966년 이후 덩샤오핑은 특별히 억압을 받거나 투옥되지 않았다. 오히려 정부 복귀 가능성을 염두에 두고 마오쩌둥과 저우언라이 모두에게서 세심한 보호를 받았다. 1967년 이후 마오쩌둥 자신이 이러한 가능성을 제안하기도 했다. 1969년부터 1972년까지 덩샤오핑은 장시의 한 농촌 지역으로 보내져 가족과 함께 살며 공장에서 육체노동에

덩샤오핑은 상당한 [정치적—옮긴이] 자원과 전략적 행동을 위한 자유를 가질 수 있게 되었다. 하지만 앞선 2년 동안 덩샤오핑이 했던 일 중 그 무엇으로부터도 결정적인 전환점이었던 1975년 그가 했던 일을 예상할 수는 없었다.[3]

그날[제4차 전국인민대회—옮긴이] 이전까지 덩샤오핑과 이후 당 최고 지도부에서 그의 가까운 협력자가 되었던 이들이 분명한 계획을 세우고 있었다는 것을 알려주는 아무런 신호도 포착되지 않았다. 혹자는 그들이 제4차 전국인민대회 당시 정부에서 권위적인 위치에 오르기 이전까지 자신들의 의도가 드러나는 것을 매우 조심스럽게 피해왔다고 생각할 수도 있을 것이다. 하지만 그들은 아무런 효과적인 계획도 가지고 있지 않았으며, 일치된 연합을 형성하고 있었던 것 같지도 않다.

중국공산당의 모든 층위에 있던 상당수의 간부는 1966년 그들이 견뎌내야 했던 고난에 의해 발생한 정치적이면서도 개인적인 복수에 대한 강렬한 열망을 품고 있었다. 그들은 또한 그 어떠한 전략도 단순히 기존에 존재하고 있었던 구조에 기반을 둘 수 없다는 것을 깨닫고 있었다. 하지만 그들은 자신들이 필요로 하는 전선이 어떻게 형성되어야 하는지에 대해서는 알지 못했다. 문화대혁명에 대해 가장 격렬한 분노를 품고 있는 사람들에게 새로운 정부의 질서는 그 형식이 무엇이든 간에 단순히 '교리(orthodoxy)'의 재주장일 수 없었다. 많은 이들이 국가의 위계 구조 안에서 자신의 위치를 잃게 만든 이들에게 보복할 것을 원했지만, 그들 중 누

참여했다. 그의 생활 조건은 그의 지위에 상응하는 수준이었다. 이 마을에서 그는 정부 및 당 중앙과의 관계를 계속 유지했다.

3 1973년에 그의 주요 임무는 유엔 회의에 참석하는 것이었으며, 그곳에서 그는 당시 중국 외교 정책의 핵심 입장을 확인하는 연설을 했다. 즉, '3개 세계' 이론과 중국이 제3세계 소속이라는 입장이었다.

구도 이전 상태의 회복을 심각하게 생각하지는 않았다. 덩샤오핑은 홀로 과거와 깔끔하게 단절할 수 있는 지점을 명확히 파악해야 했으며 그러한 지점에 근거하여 자신의 계획을 세워야 했다.

문화대혁명 이전과 이후에는 각각 정치적으로 구분되는 두 명의 덩샤오핑의 존재한다. 의심할 바 없이 문화대혁명 이후의 덩샤오핑이 더욱 창의적이며 중요하다. 그리고 그는 주로 그러한 자신의 모습을 결정적인 해였던 1975년의 정치적 투쟁의 과정에서 만들어냈다.[4] 그는 '사회주의'적 국가 체제를 '회복'하기 위해 행동하지 않았으며, [문화대혁명 기간—옮긴이] 종종 되풀이되고 있었던 것처럼 나라를 혼란에 빠뜨리거나 경제 체제를 붕괴시킬 행동은 절대 하지 않았다. 1975년의 중국은 결코 혼란스럽지 않았고 가장 보수적인 '경제' 지표에 따르더라도 경제가 매우 좋은 상태에 놓여 있었다.

덩샤오핑 전략의 핵심은, 잘 알려진 그의 고전적 공식인, 문화대혁명에 대한 철저한 부정(徹底否定)이다. 하지만 이러한 부정은 결코 완전한 것일 수 없었고 실제로 그러했던 적도 없었다. 실제로 덩샤오핑은 문화대혁명이 그 자체로 문화대혁명 이전 정부의 질서와 불연속적이었음을 증명하는 모종의 본질적인 사항을 부정하는 전략을 성공시키지 못했기 때문에, 문화대혁명을 철저하게 부정하려는 그의 전략은 전적으로 효과적일 수 없었다. 분명 덩샤

---

4   의미 있는 점은 1980년대 덩샤오핑 저작의 공식 출간이 1975년부터 1981년까지의 시기를 다룬 한 권의 책으로 출판되기 시작했다는 것이다. 『鄧小平 1975-1982』(北京: 人民出版社, 1983)이 그것이다. 1966년 이전 시기를 다룬 책은 훨씬 뒤에야 출간되었다. 앞서 언급한 에즈라 보걸(Ezra Vogel)의 방대한 전기 저작은 1966년 이전 덩샤오핑의 생애를 약 30쪽 분량 정도로 다루고 있다. 문화대혁명 이전의 삶에 관한 방대한 전기로는 Alexander V. Pantsov with Steven I. Levine, *Deng Xiaoping: A Revolutionary Life*(Oxford: Oxford University Press, 2015)를 볼 것.

오핑은 1966년 이전의 사회주의로 돌아가지 않았다. 하지만 덩샤오핑이 문화대혁명을 격렬하게 부정하면서도, 그가 문화대혁명에 무엇을 빚지고 있는지는 분명하지 않다. 왜냐하면 1966년 이전의 질서가 더는 부활할 수 없다는 것을 그에게 알려준 것이 바로 문화대혁명이기 때문이다.

1972년에서 1973년 사이에 이루어진 덩샤오핑의 복권을 이끌었던 합의에 관한 자세한 사항은 완전히 알려지지 않았다. 그가 제시한 정부로의 복귀에 관한 주요 조건은 그가 문화대혁명에 관한 '합의를 영원히 깨지 않는다(永不翻案)'는 것이었던 것으로 보인다. 1975년에서 1976년 사이 덩샤오핑은 여타의 이유 중에서도 자신의 말을 지키지 않았다는 점 때문에 비판을 받았다. 하지만 덩샤오핑의 언급이 당시 공개되지 않았다는 사실은 차치하더라도, 그 자체로 급진적인 문제였던 '어떻게 문화대혁명을 평가할 것인가'에 관한 이슈는 1974년 후반 마오쩌둥이 제기했던 이론적 문제에 의해 다시 수면 위로 떠올랐다.

10년 동안의 혁명에 대한 정치적 재고찰 그리고 좀 더 일반적인 차원에서 전체 공산주의 경험을 다시 사유하기 위한 전제 조건으로 인식되었던 1975년의 이론 공부 운동은 실상 덩샤오핑의 프로그램을 형성하는 데 있어 필수적인 조건이 되었다. 비록 마오쩌둥의 의도와는 완전히 반대되는 것이었지만, 덩샤오핑은 이 운동을 지렛대로 삼으려 했다. 마오쩌둥에게 있어서는 문화대혁명의 정치적 평가를 지원하고 그것의 착오를 인정하고 수정하면서, 새로운 이론적 통찰과 그것에 관한 기준을 마련하는 것이 이슈였다. 하지만 덩샤오핑에게 있어서는 비록 그가 이전 질서의 불연속성과 관련된 핵심 이슈들을 포함할 수밖에 없었음에도 불구하고, 문화대혁명을 어떻게 부정할 것인지가 이슈였다.

덩샤오핑의 전략은 마오쩌둥 스스로 자신의 테제와 함께 문화대혁명에 대한 평가를 다시 시작하려 할 때 구체화되었던 일련의 움직임을 통해 형성되었다. 앞선 장에서 언급했던 것처럼, 마오쩌둥이 제기했던 이론적 이슈에 찍힌 물음표가 당시 상황을 설명하는 열쇠를 제공해준다. 왜 레닌인가? 왜 레닌은 '특별한 정부'를 이야기했는가? 그리고 레닌과 함께 마르크스와 엥겔스 그리고 다른 모든 이들은? 그들이 진정으로 의미했던 것은 무엇인가? 자본주의와 사회주의의 원칙상의 차이점은 무엇인가? 당시의 그 어떤 공산주의 정치 지도자도 레닌의 인용구에 이론적인 것 이외의 물음표를 달지 않았다.

처음에 덩샤오핑은 다른 문제들—그가 설정했던 대로 '모든 것의 질서를 회복하는 것'—에 몰두해 있는 것처럼 보였지만, 1975년 그의 모든 행동에 지침을 마련해주었던 것은 그러한 이슈들을 그리고 그러한 이슈들이 촉발해놓은 정치적 행동주의를 어떻게 다룰 것인가에 관한 것이었다. 왜냐하면 프롤레타리아 독재에 관한 문제들은 1975년 중국의 노동자들 사이에서 강렬한 느낌을 불러일으킬 수밖에 없었고 공장은 덩샤오핑의 계획이 주목하고 있었던 분명한 목표물 중의 하나가 되었기 때문이었다.

우리는 해당 시기 덩샤오핑의 3단계에 걸친 전략을 확인할 수 있다. 첫 번째 단계는 자신의 패를 감추고 마오쩌둥의 테제에 대한 논의를 삼가거나 혹은 언급조차 하지 않는 것이다. 이것은 매우 분명한 입장이면서도 포착하기 어려운 움직임이었다. 하지만 상황이 전개됨에 따라 근본적인 조건이 변화하고 있었다. 몇 달 사이에 마오쩌둥의 테제와 관련된 이슈들이 정치적 행동주의를 자극하고 있었고, 이는 결국 덩샤오핑이 더 이상 마오쩌둥의 테제를 회피할 수 없음을 의미했다. 때문에 그의 다음 움직임은 '일반

계획'에 상충하는 주장들을 집약시키는 것이었다. 세 번째 단계이자 가장 결정적인 단계는 수동적인 것처럼 움직이는 것이었다. 그러한 수동적인 움직임은 실상 자신의 노선에 대한 지지를 포기하는 것이나 다름없었다. 비록 이러한 움직임은 그의 두 번째 몰락—잠시 동안의—을 초래하긴 했지만, 실상 이미 강력해진 그의 위치를 더욱 강고히 해주었고 결국 그를 완전한 승리로 이끌었다. 이제 이 3단계의 과정을 자세히 들여다보자.

"모든 질서가 회복되어야 한다."

몇 달 동안 덩샤오핑은 우선 마오쩌둥의 이론적 논의에 대해 무관심을 표했고, 1975년 모든 그의 언급에서 가장 중요한 부분이었던 질서를 회복해야(整頓) 할 필요성만을 언급했다. 에즈라 보걸이 최근 내놓은 방대한 덩샤오핑 평전에 따르면 1975년 당시 마오쩌둥의 테제 그리고 그로부터 시작된 '프롤레타리아 독재 이론에 관한 공부 운동'은 거의 아무런 역할도 하지 못했다. 보걸은 당시 상황을 온전히 '변덕스럽고 피해망상에 시달리는' 마오쩌둥과 '질서 회복'을 굳건하게 주장한 덩샤오핑 사이의 투쟁으로 묘사해놓았다.[5] 하지만 뒤에서 논의하게 될 것처럼, 마오쩌둥의 이론적 테제가 아무런 가치도 없다고 부정하거나 혹은 단순한 립 서비스 정도를 제공하는 것은 당시 상황에 대한 덩샤오핑의 의도된 정치적 대응이었다. 덩샤오핑이 이른바 실용주의적 태도 때문에 이데올로기적 이슈에 관심을 두지 않았다는 말을 지나치게 축자적으로 받아들여서는 안 된다. 실제로 덩샤오핑이 마오쩌둥의 테

---

5   Vogel, *Deng Xiaoping and the Transformation of China*, chapter 3.

제에 관심을 두지 않고 그러한 테제에 대응하는 명확한 전략을 마련하고 있지 않았다면 그는 자신의 목표를 성취하기 위한 전략을 세울 수 없었을 것이다.

마오쩌둥의 테제는 12월 이후로 당의 중앙 조직 내에서 논의되었고, 2월 초부터 전국 및 지역의 미디어들은 수많은 기사와 논문들을 통해 마오쩌둥의 테제들을 다시 다루기 시작하였다. 그러한 매체들이 다루고 있는 이론적 참신성 및 해당 주제의 긴급성과 더불어, 그러한 테제들의 중요성은 마오쩌둥의 중요한 언급이 지난 몇 년간 배포되지 않았다는 사실 때문에 더욱 강조되었다.

주요 테제에 대해 명확한 대답이 주어지지 않고 있다는 것이 더욱 이목을 끌었고 사람들의 불안을 증폭시켰다. 그러한 테제들을 탐색하면서 사람들은 개인적, 이론적 노력을 기울였지만, 마오쩌둥 자신을 포함해 그 누구도 그러한 테제들을 집결시킬 수 있는 사전계획을 가지고 있지 않았다. 요컨대 '모든 국민이 이 문제를 알게 하라(要使全國知道)'는 호소는 축자적으로 수용되었고, 이 이슈는 모든 수준의 당 간부 회의, 산업 부문 단위 그리고 작업장의 최전선이었던 공장에서 공공적 논의의 주제가 되어버렸다.

처음에 덩샤오핑은 마오쩌둥의 이론 공부를 위한 공식을 전혀 인용하지 않았고, 특히 그러한 공식 내용에 관여하는 것을 삼갔다. 이론적 문제와 법칙에 관한 이슈들에 대한 덩샤오핑의 관심 부족은, '흑묘백묘론'이라는 모토를 통해 널리 알려져 있듯, 사람들 사이에서 널리 회자되었다. 마오쩌둥은 가끔 덩샤오핑을 일러 '귀가 먹었다'고 말했는데, 이는 덩샤오핑이 정치 이론에 대해 귀가 먹었음을 의미하는 것이었다. 덩샤오핑 자신이 주기적으로 이데올로기 논쟁에 의해 고초를 겪기도 했고, 그는 이데올로기 논쟁을 국가 명령의 효과적인 집행을 방해하는 시간 낭비라고 생각했다.

하지만 비록 덩샤오핑이 당시 그의 의도를 공개적으로 말할 수 있는 위치에 있지 않았던 것은 사실이지만, 이론 공부에 대한 그의 조심스러운 회피는 분명한 의도를 보여주고 있는 것이기도 했다. 1975년의 그의 모든 언급 혹은 최소한 이후 『덩샤오핑 선집(鄧小平選集)』에 수록된 당시의 언급을 보면, 덩샤오핑이 특히 강력한 원칙이라는 의미에서 '무질서를 바로잡음'을 뜻하는 중국어 '정돈'을 언급하고 있음을 알 수 있다.[6] 그리고 덩샤오핑은 계속해서 '기율' 그리고 '좀 더 엄격한 규정 제도'가 당시의 핵심 문제—즉 무질서(亂) 및 더욱 중요한 심각한 문제인 '파벌주의(派生)'—와 싸우는 데 있어 필수적이라는 주장을 반복했다.

'질서 회복' 대 '무질서/파벌주의'라는 이슈를 탐색하기 전에, 마오쩌둥의 이론 공부에 대한 요구가 기본적으로 모든 사람을 목표로 했던 것과는 다르게 1975년 덩샤오핑의 호소—마오쩌둥의 요구 못지않게 급박하고 주관적 파토스(pathos)로 가득 차 있었던—는 매우 분명한 목표를 설정하고 있다는 점에 주목해야 한다. 덩샤오핑이 목표로 삼았던 이들은 주로 당-국가 체제의 모든 수준의 간부들, 특히 산업 부문 단위를 이끌고 있던 최고 위치의 간부들이었다.

덩샤오핑의 언급에 있어 또 다른 주요 주제는 "'감(敢)'자를 맨 앞에 두어라(把'敢'字當頭)[의역하면 "모든 것을 과감하게 실천하라" 정

---

6   '정돈(整頓)'이라는 개념은 1975년에 발표된 8편의 글 제목에서 다섯 번 등장한다. 鄧小平, 「軍隊要整頓(1月 25日)」, 『鄧小平文選』, 1-3; 鄧小平, 「各方面都要整頓(9月 27日, 10月 4日)」, 32-34. 이 문건들은 군대, 당, 정부의 중앙 기관에서 열린 회의와 담화에서 나온 연설들이다. 보걸은 '정돈'을 'consolidation'으로 번역했는데, 이는 이 용어가 지닌 규율적 함의를 지워버린 것이다.

도로 해석할 수 있다―옮긴이]"라는 것이다. 이러한 구호는 '문화대혁명' 초기의 표어인 "반동분자들에게 과감하게 저항하라"(사실 이 표어는 오랜 혁명적 역사를 갖는 것인데 [18세기 프랑스의 혁명가―옮긴이] 생-쥐스트(Saint-Just)까지 거슬러 올라가는 것이다)는 표어에 호응하는 것이다. 하지만 이제 그러한 호소의 의미는 완전히 반대가 되어 있었다. '감히'라는 개념이 '저항'이라는 개념에 한 수 가르치고 있었던 것이다.

덩샤오핑은 주로 '문화대혁명' 기간 엄혹한 검증을 받은 수많은 노멘클라투라 계층에게 자신의 메시지를 전달하고 있었다. 여기서 언급한 노멘클라투라 계층이란 모든 수준의 지도자 간부 그리고 덩샤오핑 자신처럼 1966년에서 1967년 사이 타도되었던 기층 단위에서부터 성급 그리고 중앙 정부에 이르는 간부들을 가리킨다. 그들 중 대부분은 1972년까지 자신들의 위치로 복귀하였다. 하지만 그러한 복귀는 '문화대혁명'이 막 시작되었을 당시 관료적 책임을 지고 있는 상태에서 대중운동에 반대했던 정치적 실수를 인정한 후에야 비로소 이루어졌다.

덩샤오핑이 언급했던 대로 이제 문제는 이러한 지도자들이 '타도' 심지어 '비판'마저 두려워하고 있으며 "두려움(怕)을 맨 앞에 두고 있다(把'怕'字當頭)"는 것이었다. 때문에 이들은 도처에 존재하고 있는 파벌주의에 의해 초래된 무질서를 감내하고 있는 것이다. 덩샤오핑은 만약 이들이 계속 두려워하게 되면 노멘클라투라 계층은 분명 쓸려나가 버릴 것이라고 경고했다. 또한 덩샤오핑은 개인적으로 자신은 '두렵지 않다'고 언급했으며 부활 프로그램과도 같은 '질서 회복' 정책을 비난하는 이들을 신경 쓰지 않는다고 말했다. 실제로 그는 점점 더 엄혹해지는 상황 속에서 질서, 엄격한 규칙, 철의 규율 등이 자신 스스로 백척간두의 상황이라고 묘

사했던 당시의 상황에 대한 유일한 치료제가 된다고 주장했다.[7]
덩샤오핑이 제안하는 선택지는 질서 회복 정책에 당-국가 간부들
의 총동원인지 아니면 재난과도 같은 간부들에 대한 타도인지를
이번 기회에 분명하게 택일하는 것이었다.

덩샤오핑이 자신은 회피하고 싶다고 선언했던 전복의 본질, 실
제 정도 그리고 그것의 진정한 대의는 덩샤오핑이 규정한 사실관
계를 넘어 고찰해볼 가치가 있다. 덩샤오핑의 호소가 지닌 강력한
주관적 파토스는 의심의 여지 없이 전략의 성공을 위한 중요 요소
였다. 국가 통제 시스템 속의 전반적인 위계적 구조가 파괴될 위
험이 있다는 덩샤오핑의 경고는 중국 당-국가 체제의 원로들 내부
에서 상당한 이데올로기적 그리고 전술적 통일성과 함께 모종의
연합을 만들어냈다.

중국공산당 지도부에 대한 덩샤오핑의 호소는 그 위험이 절대
적이며 그들이 영원히 제거되지 않을 유일한 기회가 오직 지금뿐
이라는 점을 일깨워주었다. 그러한 호소의 시의적절성과 주관적
긴장감은 본질적인 것이었다. 다시 말해 그것은 용기에 대한 호소
였던 셈이다. 하지만 1975년의 중국을 분석해보면 덩샤오핑이 묘
사하고 있던 당시의 상황을 좀 더 세밀하게 검토해야 할 필요가
있다. 그리고 그 이유는 실제로 근원적인 위기가 없었기 때문이
아니라(중국공산당 지도부에 대한 덩샤오핑의 호소가 설득력을 갖출 수 있
었던 것이 순수한 환상에만 의존한 것은 아니었다), 덩샤오핑의 관점이
대상에 대한 분석의 전제가 되려고 하지 않고, 자신이 유일하게
가능한 것으로 처방을 내린 해결책이었기 때문이다.

다시 말해 덩샤오핑은 자신이 곳곳에서 목격한 국가의 혼란 상

---

7   「全黨講大局, 把國民經濟搞上去(5月 3日)」, 『鄧小平文選』, 4-7; 「當前鋼鐵工
業必須解決的幾個問題(5月 29日)」, 『鄧小平文選』, 8-11.

태 말고는 아무것도 볼 수 없었던 것이다. 하지만 덩샤오핑이 무질서라고 불렀던 것은 일련의 정치적 실험이었다. 물론 그 실험은 결코 혼란이 아니라 맹아 상태의 실험이었는바, 특히 공장에서 해방의 새로운 형식 그리고 일반 인민이 단체로 생활하고 있는 조직에서의 평등을 찾기 위한 탐색이었던 것이다. 핵심적인 문제는 그러한 실험들이 특정한 제도적 국가 질서와 정치적 문화의 구성적 공간에 모종의 그림자를 드리우는 거스를 수 없는 위기의 지평 안에서 수행되고 있었다는 사실이다.

1975년 덩샤오핑과 그의 지지자들은 무질서의 실제 정도를 상당히 부풀렸으며, 회고적인 관점에서 과거 실제로 존재했었던 '질서 정연함'의 효과를 과도하게 강조하면서, 무질서를 공공안전의 문제로 묘사했다. 더군다나 덩샤오핑의 공식적인 전기는 정돈의 정치가 단지 몇 달, 특히 3월에서 5월까지만 지속되었다는 것을 보여준다.[8] 생산에 대한 정돈 정책의 기적적인 효과와 관련된 데이터조차 그다지 확실하지 않다. 1975년 질서 회복 정책이 얼마나 효과적이었는지를 보여주기 위해 덩샤오핑의 전기들은 1974년에 비해 1975년 GDP가 11.9% 상승했으며 산업 부문에서는 15.1% 상승했다는 점을 인용한다.[9] 게다가 몇 년간 논쟁거리였던 공식적인 정부 통계의 신빙성 문제를 고려할 때, 놀라운 경제 성과가 직접적인 정책의 결과라고 할 수는 없을 것 같다. 그리고 그

---

8   실제로 그들은 중요한 철도 교차 지점의 특수한 상황에 초점을 맞추고 있었다. 이러한 재구성들은 사건에 대한 상세한 묘사에서는 여전히 모호하게 남아 있지만, 그 지역의 혼란은 일반적인 '무질서'라기보다는 인접한 성(省)들, 교통부, 지방 당국 등 여러 정부 수준의 권한이 중첩된 결과였던 것으로 보인다.

9   이 데이터는 程中原, 夏杏珍, 『歷史轉折的前奏:鄧小平在一九七五』, 590에서 인용한 것이다. 1975년 경제 성장과 관련된 수치는 다소 차이가 있지만 마찬가지로 긍정적이다. 逢先知, 金衝及, 『毛澤東傳, 1949~1976』, 1752에 따르면 GDP는 8.7%, 공업은 15.1%, 농업은 3.1%였다.

러한 직접적인 정책은 1975년 봄 덩샤오핑과 그의 동료들이 각종 연설과 문건에서 묘사했던 고질적인 무정부 상태를 쓸어 버릴 것이었다.

1975년의 성장에 관한 데이터가 정확했다고 하더라도, 그들이 묘사한 경제 성과는 굳건한 구조적 토대와 높은 조직적 안정성 없이는 불가능했다. [1975년 이전과 이후 사이에 존재하는—옮긴이] 이러한 연관 관계에서 보면 우리는 오직 1975년의 GDP 성장이라는 측면에서만 보았을 때, 1975년과 지난 40년 동안의 중국의 '경제 기적' 사이에 별다른 차이가 없었음을 인정할 수밖에 없다. 이러한 문제가 거의 언급되지는 않지만, 1967년에서 1976년에 이르는 사이 평균 GDP 성장률은 7.1%였다.[10] 그러므로 문제는 생산성의 하락이 아니라 덩샤오핑이 추진한 '개혁 정책'이 결코 경제적 위기에 대한 별다른 치유책이 되지 못했다는 점이다.

더군다나 1968년 이후 중국의 법-집행 권위에 의한 공공질서의 유지 탓에 심각한 혼란은 거의 벌어지지 않았다. 그리고 1975년 덩샤오핑의 기적을 입증하기 위해 인용된 통계들이 보여주고 있는 것처럼 중국은 생산력의 확연한 성장을 달성했다. 지난 세월 진행되었던 대중운동의 정도 그리고 당시 진행 중이던 논쟁의 복잡성을 고려했을 때, 1970년대 중반 중국 공장의 상황은 꽤 질서 정연했다.

수많은 노동자가 정치적으로 동원되어 있었기 때문에 중요한 조직 요소라고 할 수 있는 책임감, 자율성 그리고 공장에 대한 개인적 애착에 대한 감각을 만들어낼 수 있었다는 점이 저평가되어서는 안 된다. 또 다른 한편에서 당시 노동자들의 행동주의가

---

10 이 데이터에 관한 논의를 함께해준 칭화대학 공공정책관리대학의 추이즈위안 (崔之元) 교수에게 감사를 표한다.

조직에 관한 기준의 혁신을 불가피하게 했다. 문제는 공공질서에 관한 것이 아니라, 노동자의 정치적 행동주의와 같은 정치화(politicization)가 이전에 구축된 노동 계급과 산업 부문 단위 사이의 관계를 발가벗겨 버렸다는 복잡성과 함께, 노동자의 정치적 행동주의에 걸맞은 공장에서의 집단생활 조직을 어떻게 만들어낼 것인가였다.

'무질서'와 '분파주의' 사이의 등가적 관계에 관해 말하자면, 앞장에서 논의했던 것처럼 덩샤오핑의 핵심 주제였던 1970년대 상황은 1967년에서 1968년의 그것과는 매우 달랐다. 1975년 덩샤오핑이 분파주의로 취급했던 현상은 그 중요성에 있어서나 대중 참여의 정도에 있어서나 문화대혁명 핵심 기간 분파주의 사이의 충돌과는 결코 비교할 수 없는 것이었다. 덩샤오핑은 정확하게 산업 부문 단위에서의 분파주의를 지목했다. 하지만 그가 반드시 정돈되어야 할 완전한 혼란으로 묘사했던 것은 사실 결정적인 정치적 이슈였다. 다시 말해 그 이슈는 공장에서 노동자의 실험과 지도 조직의 재건 사이에 어떠한 관계가 설정되어야 바람직한가에 관한 것이었다. 문화대혁명이라는 사건이 이전 조직 형태에 새겨놓은 파열의 깊이를 고려하면, 당-국가 체제에 속해 있던 모든 수준의 간부들과 함께 산업 부문 단위의 관리 집단을 재조직하는 일은 분명 매우 복잡한 이슈였음에 틀림없다.

1월 폭풍과 그 여파는 새로운 형태의 조직으로 이어졌다. 이른바 '삼결합(三結合)'이라고 불린 새로운 조직 형태는 당-국가, 기술자 그리고 생산관리대에서 문화대혁명 동안 '혁명' 노동자 계층으로 등장한 새로운 활동가들을 포함하는 것을 목표로 삼고 있었다. 이러한 사람 중 많은 수가 당으로부터 독립되었다가 이후 당으로 통합된 조직에서 자신의 정치적 경험을 획득했다. 마오주의자들은 당-국가 체제와 문화대혁명 동안 등장한 새로운 형태의 정치적 행동주의 사이의 균형을 깨고자 했다. 예컨대 1973년 제10차 당 대회 기간 상하이 급진주의 분파의 주요 지도자였던 왕훙원(王洪文)의 중국공산당 부주석 임명이 강조되었다. 이러한 모든 시도는 결국 마오쩌둥이 바랐던 대로 당-국가 체제의 정치적 면모를 쇄신하려는 노력과 공무원들 사이에 상존하는 관료적 내분으로 긴장을 재흡수하는 방식 사이에서 교착될 수밖에 없었다.

1970년대에 이르러 1966년에 비해 중국공산당의 당원 수는 거의 두 배 가까이 증가하였고 새로운 당원들은 60년대 말의 행동주의자들이 주를 이루었다. 공장에서 노동자 대학과 이론 공부 그룹과 같은 실험에 가장 적극적으로 참여했던 사람들은 젊고 정치화된 노동자들이었다. 이전의 당원들 대부분은 자신들의 위계적 특권을 약화시키고 상당한 이론적 노력을 기울여야 하는 '신생사물'에 대해 덜 열정적이거나, 혹은 최소한 좀 더 회의적이었다. 덩샤오핑에게 있어 이러한 상황은 단순하게 말해 분파주의와 질서의 충돌이었다. 문화대혁명 이전에 당원이었던 이들만이 믿을 만한 사람으로 여겨졌고, 덩샤오핑의 말처럼 새로운 당원들은 "반란파 지도자들의 팬"[11]이었다. 때문에 새로운 당원들은 좀 더 강력한 규제에 의해 통제될 필요가 있는 무질서의 요인으로 간주되었다.[12]

---

11 程中原, 夏杏珍, 『歷史轉折的前奏:鄧小平在一九七五』, 539에 인용되어 있다. 1974년에는 많은 수의 새로운 당원이 충원되었다.

12 덩샤오핑은 특히 '파벌의 우두머리(頭頭)'에 대해 강경했다. 그는 그들의 '내부 및 외부 연계를 차단'하여 고립시켜야 하고, '다른 단위로 옮겨야 한다'고 했다. 만약 떠나기를 거부한다면 '급여를 중단해야 한다'고 강조했다. 그는 이렇게 말했다. "네 임무가 파벌 소동을 일으키는 것이라면 왜 우리에게 와서 월급을 타 가려 드는가?" 鄧小平, 「全黨講大局, 把國民經濟搞上去(5月 3日)」, 『鄧小平文選』, 6卷.

1975년 상반기 내내 덩샤오핑은 계속해서 당시 상황을 그저 원칙적인 문제로만 다루고 있었지만, 이론 공부 그룹은 동력을 얻어가고 있었다. 이론 공부 그룹이 만들어낸 정치적 실험의 형식은 주체성을 갖춘 개인과 많은 노동자의 지적 성장을 북돋우고, 당면한 문제가 단순히 규율의 부재가 아니라 훨씬 정치적으로 중요한 문제라는 것을 드러내면서 각 공장으로 퍼져나갔다. 문제는 공장의 새로운 정치적 이상을 위한 실험에 있어 노동자들의 정치적 행동주의가 어떠한 역할을 해야 하느냐는 것이었다. 이 실험은 각 공장의 사정에 따라 더욱 강력해질 수도 있고 약화될 수도 있는 것처럼 보인다. 기존의 당원들에 비해 새로운 길을 찾기 위한 탐색에 더욱 적극적이었던 정치화된 노동자 그룹은 그들의 관리팀에 관하여 더욱 격렬한 논쟁을 펼쳤다. 그것은 분명 노동자와 당원 사이의 논쟁에 기름을 붓는 상황이었다.

말할 것도 없이 중국의 공장에 관리자 그룹을 새롭게 구성하는 것 역시 중요한 문제였다. 여타의 국가 조직과 마찬가지로 관리자 그룹의 재구성은 필연적으로 관료적 경쟁을 끌어들일 수밖에 없었다. 하지만 규정을 통해 강제력을 부과해 논쟁을 해결하는 것과 노동자와 사회주의 공장 사이에 존재하는 이론적, 실천적 관계를 재고해 논쟁을 해결하는 것 사이에는 근본적인 차이가 있었다. 더군다나 이미 언급했던 것처럼 이 시기 동안 사회의 무질서에 대한 중요한 문제가 일어나지도, 최초의 상황이 그대로 유지되었던 것도 아니다. 오히려 그 반대였다. 이론 공부 운동의 정치적 동력은 중국 사회에 특이한 역동적 안정성을 제공해 주었다. 이론 공부 운동은 사람들로 하여금 집단생활의 조직, 특히 산업 단위에 대한 흥미를 직접적으로 불러일으키는 이론적 주제—비록 매우 추상적인 것이었지만—에 주목하게 했다.

세 개의 축선

이론 공부 운동이 진행되던 1975년 중반, 덩샤오핑은 중요한 이론적, 정치적 이슈들을 더 이상 노골적으로 무시할 수 없었다. 그러한 이슈들에 반대하기 위해 단순히 질서를 회복시키고 통제의 수단으로서 규정을 부과하는 것만으로는 실제적인 정치적 영향력을 행사할 수 없었다. 실제로 덩샤오핑은 그러한 조치가 자신을 마오쩌둥의 이론과 직접적으로 충돌하게 할 수 있다는 것을 알고 있었다. 1975년 2월부터 그는 그저 모든 것의 질서를 회복해야 할 필요가 있다고 주장하면서도 당시 논의되고 있던 이론적인 주제들에 대해서는 아무런 언급도 하지 않았다. 몇 달 뒤 그는 마오쩌둥의 이론적 주장들을 정돈할 수밖에 없었다.

모든 것을 고려했을 때, 무질서의 주요 원인은 이론적인 주제들 자체였다. 그러한 이론적인 주제들은 질서에 관한 근본적인 개념을 의문에 부쳤는데, 그 질서라는 것은 이데올로기적인 동시에 제도적이기도 했다. 이론적 탐색을 위해 프롤레타리아 독재라는 핵심적인 정치적 주제를 제기하는 것은 그 자체로 사회를 매우 불안정하게 하는 것이었다. 그것은 프롤레타리아 독재라는 주제가 사회주의 국가의 전체 조직을 떠받치는 기둥이었기 때문만이 아니라, 그러한 주제를 아무런 준비된 대답 없이 지목했던 이가 마오쩌둥 자신이었기 때문이다. 그는 '전국에' 프롤레타리아 독재를 위한 새로운 합리적 토대를 찾으라고 호소했다.

덩샤오핑은 그러한 종류 혹은 정도의 이론적이고도 정치적인 논쟁에 직접 참여하려는 생각이 전혀 없었다. 그러한 논쟁은 매우 추상적인 수준—이것이 덩샤오핑이 불편함을 느꼈던 부분이다—

에서 언급될 필요가 있었기 때문에 덩샤오핑은 '전문적인' 사상가들(ideologists)에 의존했다. 1975년 봄 그는 자신만의 싱크 탱크를 조직했는데, 국무원 정치연구실(國務院政治硏究室)이 그것이다. 국무원 정치연구실은 문화대혁명 이전부터 일했던 최정상급의 중국공산당 이론가들로 구성되어 있었다. 같은 해 여름까지 그들은 당시 정치적 상황의 이론적 수준에 맞게 덩샤오핑의 정책들을 조정하기 위해 일련의 이데올로기적 역류의 청사진을 마련하고 있었다.

이러한 커넥션에 있어 주목할 만한 것은 정치연구실의 이론가들이 마오쩌둥의 테제들을 '형이상학'이라고 명명하고 그것들에 상당한 의구심을 표하면서 마오쩌둥의 테제들에 대항해 덩샤오핑이 제시한 '치리정돈'을 강조하기 시작했다는 사실이다. 우리는 '치리정돈'이라는 개념을 문화 관료들의 단순한 수사학적 도구라고 치부해버리기 전에 잠시 멈춰볼 필요가 있다. '형이상학'이라는 말은 혁명적 문화에서 독특한 의미를 지니고 있다. 『해서파관』 논쟁에서 언급했던 것처럼 형이상학이라는 것은 '변증법'과는 반대되는 개념으로 인식되었다. 하지만 그러한 비난은 현대 철학에 내재된 전형적인 반형이상학적 전통에 뿌리를 두고 있는 것이다. 기술 철학적인 의미에서 형이상학은 항상 무질서의 동의어였다. 형이상학은 특정한 지식 체계의 기본적 요소들이 가진 급진적 비결정성이며, 좀 더 본질적으로는 '존재의 본질'에 관한 비결정성이다. 알랭 바디우는 '비결정성'을 입증할 수 없는 신념의 도그마(말하자면 신학에서의 신과 같은)가 아닌 사유의 새로운 과정을 위한 시작점으로 삼는 '변증법적 형이상학'―스탈린주의적 철학에서는 도저히 받아들일 수 없는 모순어법인―의 현대적 흐름을 재평가한 바 있다. 바디우는 변증법적 형이상학이 그것을 위한 새로운 결정성을 획득하기 위해 비결정적인 것으로서의 기본 개념을 도입해야 한다고 주장하는데, 그렇게 함으로써 비결정성을 새로운 지식을 향한 필수적인 움직임으로 삼을 수 있다.[13] 바디우는 헤겔, 마르크스 그리고 프로이트를 주요 사례로 인용하고 있다. 물론 그들의 입장은 현대 사상 중에서도 가장 논쟁적이며, 종종 완전히 결정된 개념들에 토대를 둔 실증적 지식의 이름 아래에서 형이상학과 동일한 의구심을 불러일으키기도 했다.

마오쩌둥 역시 자신의 마지막 이론적 테제와 관련해 앞서 제시한 세 명의 '변증법적 형이상학자'에 추가될 수 있을지도 모른다. 마오쩌둥은 사회주의 국가와 프롤레타리아 독재를 조직하는 정치적 사유 체계의 기본 개념에 관한 새로운 이성적 결정을 분명히 해야 한다고 호소했다. 그렇게 이성적 결정을 분명히 하지 않고서는 다가올 패배를 피할 수 없는 것이었다. 하지만 마오쩌둥의 첫 번째 움직임은 대답 없는 질문이었다.ㅡ왜 레닌은 부르주아에 대한 독재를 말했는가? 그리고 그러한 질문은 급진적인 비결정성에 관한 개념을 제시하였다. 무질서의 연원인 형이상학에 대한 의구심ㅡ덩샤오핑의 이론가들은 질서를 회복하기 위해 형이상학적 테제들을 공개적으로 비난했다ㅡ은 오래된 현대의 반형이상학 전통과 함께하는 것이었다. 대략적으로 말해 그러한 의구심은 예컨대 콩트(Comte)가 프랑스 혁명의 형이상학에 반대하면서 제시했던 실증주의적 주장과 같은 것이었다. 물론 덩샤오핑이 콩트였던 것은 아니지만 문화대혁명 이후 그의 정치적 입장은 결국 질서와 발전이라는 명목하에서 받아들여진 비전에 관한 것이었다.

---

13 Alain Badiou, "Metaphysics and the Critique of Metaphysics,"
    Pli 10(2000): 174-90, 2019년 4월 접속, https://plijournal.com/files/
    Pli109Badiou.pdf.

늦여름에 이르러 정치연구실은 몇 달 전부터 진행되어 온 덩샤오핑의 정책들을 반영한 세 가지 주요 문건을 준비하고 있었는데, 그 문건들은 덩샤오핑의 정책들을 최소한 형식적인 차원에서 마오쩌둥이 제기한 이론적 주제들을 언급하는 이데올로기적 틀 안에 배치하는 것이었다. 그 문건들은 10월에 완성되었고 그중 가장 중요한 문건은 「당과 국가 전체 공작의 총체적 강령을 논함(General Program of Activities of the Party and the Whole Country)」(이하 「총강」)[14]였다. 이 문건이 출판되자마자 지난 몇 달 동안 덩샤오핑과 그의 움직임들에 대해 중립적인 태도를 유지하고 있던 마오쩌둥은 매우 비판적으로 대답하기 시작했다.

덩샤오핑의 정치연구실에 의해 배포된 「총강」은 이론 공부에 대한 마오쩌둥의 언급들을 겨냥하고 있었다. 비록 「총강」이 마오쩌둥이 제기한 테제들의 내용을 실제로 논의한 것은 아니었지만 그것은 결국 마오쩌둥의 테제들을 인용하고 있었다. 반면 덩샤오핑은 그것을 몇 달 동안 그저 무시하고 있었다. 핵심은 '마오쩌둥의 이론 공부에 대한 지시'—「총강」은 이렇게 부르고 있다—가 "매우 중요하지만" 이전에 제시된 "마오 주석의 또 다른 두 가지 지시와 분리(이러한 분리는 오류를 내포하고 있는 것이었는데 덩샤오핑

---

14 「論全黨全國各項工作的總綱」, 1975年 10月 7日; 中國人民解放軍 國防大學 黨史政工敎硏室, 『「文化大革命」硏究資料(中)』, 1988, 507-17. 여기서 논의할 수 없는 또 다른 두 개의 문건은 산업과 과학 연구에 관한 것이었다. 「討論稿」, 『「文化大革命」硏究資料(中)』, 487-97; 「關於科技工作的幾個問題」, 『「文化大革命」硏究資料(中)』, 528-31. 당시 덩샤오핑의 정치적 구상이 1975년 10월에 끝났기 때문에 이러한 프로그램들은 언론에 공식적으로 발표되지 않았다. 그러나 그 후 몇 주 동안 '내부용'(즉 공식 언론이나 서점에서는 구할 수 없고 단위 조직 내에서만 배포되는 형태) 판본이 광범위하게 배포되었으며, 이후 1976년 초에 덩샤오핑의 세 가지 프로그램에 대한 세 권의 비판집 부록으로 재인쇄되었다.

의 이론가들은 그러한 오류를 '형이상학'이라고 이름 붙였다)될 수 없다는 것"이었다. 또 다른 두 가지 지시는 바로 '안정과 단결(安定團結)'에 대한 요청 및 '국민 경제를 성장시키는 것(把國民經濟搞上去)'이었다.

이후 덩샤오핑의 싱크 탱크는 '삼항지시강령(三項指示綱領)'이라는 공식을 제시했는데 이 강령은 「총강」의 핵심 요지라고 할 수 있을 것이다. 이 강령은 두 가지 목적을 가지고 있었다. 그것은 무엇보다도 사회주의 국가 형태가 시대적 전환점을 맞을 수 있다는 가능성에 관해 마오쩌둥이 던진 중심적이면서도 불안하게 만드는 물음들을 겨냥한 것이었으며, 그러한 물음은 그 몇 달 동안 논쟁의 핵심이 된 주요 이론적 쟁점이었다. 그리고 이 문제는 지난 몇 달 동안 가장 중요한 이론적 주제이기도 했다. 이 강령은 우선 강령의 지시 사항과 사회적 화합과 경제 발전이라는 두 가지의 일반적 주장을—이러한 두 가지의 일반적 주장은 과거 여러 시기에 걸친 마오쩌둥의 언급에 포함되어 있던 것이기도 하다—동일한 수준에 위치시키는 것이었다. 그리고 이 강령은 질서와 발전에 관한 주장을 형이상학적 주장과 대립시켰다. 싱크 탱크의 임무는 이론 공부 운동을 활성화시켰던 이슈들을 일종의 의례적 형식 안에서 질식시켜버리는 것이었는데, 그러한 의례적 형식은 이론 공부의 핵심 이슈들로부터 정치적 가치를 완전히 박탈해 버린 것이었다.

정치적 평가의 긴급성과 금지

1975년 대부분의 시간 동안 마오쩌둥은 정돈에 관한 덩샤오핑의 정책들에 대해 아무런 반대 의견도 제시하지 않았고 자신이 가지고 있었던 기구들도 대부분 덩샤오핑에게 남겨주었다. 하지만

10월 초 자신의 입장에 대한 왜곡—「총강」의 핵심으로 제시되어 왔던—을 마주하면서, 마오쩌둥은 그러한 '창의적인' 해석(여전히 덩샤오핑의 공식 전기에는 그렇게 제시되어 있다)과 같은 용어를 분명하게 부인하는 성명을 제시하면서 개입하기 시작했다. 마오쩌둥의 언급은 매우 조급한 어조를 띠고 있었다. "무슨 삼항 지시를 강령으로 삼는단 말인가!(什麼'以三項指示'爲綱) '안정과 통일'은 결코 계급투쟁이 없다는 것을 의미하는 것은 아니었다. 계급투쟁은 핵심축이다. 여타의 것은 부차적인 것에 불과하다."[15]

마오쩌둥의 개입은 덩샤오핑과 그의 관계에 있어 전환점이 되었지만, 결정적인 파열에 이르지는 않았다. 또한 그것은 결정적인 파열에 이를 수도 없는 것이었는데, 왜냐하면 마오쩌둥은 당시 중국의 문제—사회적 화합을 포함하여—를 언급함에 있어 정치('계급투쟁'은 분명 정치의 동의어로 존재하고 있었다)에 우선순위가 부여되어야 한다고 주장하고 있었기 때문이다. 또한 마오쩌둥이 12월에 제기한 일련의 이론적 이슈들은 문화대혁명—프롤레타리아 독재는 사회주의하의 정치에 대한 또 다른 동의어이기도 했다—이후 정치 자체의 실제적인 내용이 정확히 무엇인가라는 문제에 대한 답변이기도 했다. 더불어 마오쩌둥은 앞선 10년 동안의 정치적 사건들에 어떠한 평가를 내려야 하는가라는 문제 역시 다시 제기해놓았다. 이제 다음 주면 덩샤오핑에 대한 마오쩌둥의 불만이 집중적으로 드러나게 될 것이었다.

덩샤오핑은 이러한 결정적인 전환의 시점에서 매우 단호한 자세를 유지했다. 반면 마오쩌둥은 합의를 이루려는 상당한 의지를 보여주었다. 덩샤오핑의 딸인 덩룽의 회고록에 따르면 자신의 아

---

15 「毛主席重要指示 1975~76」, 『建國以來毛澤東文稿』(北京: 中央文獻出版社, 1998), 13卷, 486.

버지에 대한 당시 마오쩌둥의 태도는 '할 수 있는 것을 다 하는 것(仁至義盡)'이었다.[16] 10월 마오쩌둥이 삼항지시의 공식을 비판했을 때 그가 덩샤오핑과의 노골적인 충돌을 원하고 있었던 것은 아니었다. 차라리 그는 곧바로 덩샤오핑에게 핵심 문제, 이른바 문화대혁명에 대한 평가를 다룰 것을 제안하고 있었다.

마오쩌둥은 지난 10년의 부정적인 측면에서부터 시작해 모든 면에 대한 총체적인 재평가를 위하여 폭넓은 공개적인 토론을 제안했고 덩샤오핑에게 전국적인 토론을 이끌어 줄 것을 요청하고 있었다. 그 제안은 매우 어려운 것이었다. 그것은 광범위한 주제인 만큼 분열을 초래할 수 있는 것이었고 마오쩌둥은 반복해서 덩샤오핑이 자신의 제안을 받아들이도록 시도하고 있었다. 문화대혁명에 대한 마오쩌둥의 평가는 결정적인 유보 사항에도 불구하고 분명 긍정적인 것이었다. 그는 문화대혁명이 평등주의적인 대중 행동주의를 위한 새로운 가능성을 열어젖혔다고 믿고 있었으며 심각한 불의로 이어지고 말았던 자기/파괴적 반동들로 귀결되었다는 것 역시 인식하고 있었다.

'고전적인' 퍼센티지라는 개념을 사용해 그는 '70퍼센트는 긍정적'이었고 30퍼센트의 부족함(有所不足)이 있었다고 말했다. 그는 그러한 사건들에 관해 '관점이 일치하지 않는 지점(看法不見得一致)'이 있었다고도 말했다. 그리고 또한 (문화대혁명을—옮긴이) 참지 못했던 이들 중 몇몇은 자신들이 불공평한 대우를 받았기 때문에 단순히 불만을 가졌으며, 다른 한편에서 어떤 이들은 문화대혁명을 통해 결판을 내고(算帳) 싶어 했던 이들이라고 말했다. 이제 무엇이 잘못되는지 혹은 표준에 미달하였는지를 명확하게 이해하기

---

16   毛毛, 『我的父親鄧小平-「文革」歲月』, 426.

위해 문화대혁명에 대한 평가를 대중적 범위의 '연구'(당시 '연구'라는 개념은 학문적인 연구와 동일한 용어로 쓰이는 것이었다)로 제출해야 할 시간이었다.[17] 다시 말해 마오쩌둥은 우선 문화대혁명에서 무엇이 잘못되었는지 살펴볼 때가 되었다고 주장했던 것이다.[18] 그는 전국을 가로지르는 공개적인 토론과 조사만이 그러한 이슈를 명확하게 할 수 있다고 주장하고 있었다.

그리고 마오쩌둥은 덩샤오핑이 위와 같은 결정적인 이슈에 대한 전국적 규모의 '연구' 캠페인을 시작하기 위해 중앙위원회 내부에 만들어진 워킹그룹을 이끄는 임무를 고려해야 한다고 제안했다. 분명 그러한 캠페인은 덩샤오핑을 포함하지 않고는 불가능한 것이었는바, 그는 저우언라이의 심각한 병세—저우언라이는 1976년 1월에 별세한다—를 고려하면 사실상 이미 총리로서의 역할을 수행하고 있었다. 1975년 가을 동안 몇 차례나 덩샤오핑이 반복했던 것처럼 마오쩌둥은 (자신의 제안에 대한—옮긴이) 명백한 거부 의사를 수신했다. 덩샤오핑은 1967년 이후 자신이 참가하지 않았던 일들에 대해 알지 못하기 때문에 자신은 그러한 일을 할 적임자가 아니라고 대답했다.

그러한 거절이 비록 덩샤오핑을 곤란한 상황에 놓이게 했던 것이 사실이지만 위에서 언급한 덩샤오핑의 이유는 핑계인 것으로 드러났다. 문화대혁명에 대한 연구와 관련된 정치적 리더십의 고

---

17   「毛主席重要指示 1975~76」, vol. 13, 487-88.
18   보걸은 이 중대한 순간을, 마오쩌둥이 덩샤오핑으로 하여금 문화대혁명을 긍정적으로 평가하도록 강요하려는 결단의 결과로 서술한다. 이는 분명 현재의 이미지와 부합하지만, 기존 문헌들은 마오쩌둥이 오히려 문화대혁명의 오류에 대한 비판적 성찰에 관심을 두었음을 보여주며, 덩샤오핑은 이에 대해 명백히 적대적이었다. 그러나 보걸이 지적하듯, 만약 덩샤오핑이 문화대혁명에 대한 비판적 연습의 차원에서라도 그 도전을 수용했더라면, 전면적 부정을 기반으로 한 그의 이후 전략은 구상 단계에서부터 이미 무효화되었을 것이다.

려를 거절함으로써 덩샤오핑은 실상 그 어떠한 전국적 규모의 정치적 역할도 수행하지 않겠다고 선언한 것인데, 특히 마오쩌둥이 덩샤오핑의 「총강」과 「삼항지시」로부터 자신을 이격시켰을 때 그러했다. 하지만 덩샤오핑의 이러한 선택은 표면적인 후퇴에 불과했다. 1975년 마오쩌둥의 제안에 대한 덩샤오핑의 거절은 1년 동안 그의 직접적인 통치에 대한 근본적인 상당한 제약으로 귀결되었다. 1976년 덩샤오핑은 모든 사건들에 있어 간접적으로 매우 영향력 있는 상태를 유지하고 있었지만, 이 문제에 대한 그의 비타협적인 태도는 실상 그의 이어질 성공의 주요 요인이 되어주었다.

혹자는 1975년 말 마오쩌둥이 시작하고 덩샤오핑이 지휘한 문화대혁명에 대한 대중 토론이 과연 어떠한 것이었을지 궁금할 수도 있을 것이다. 우리는 다만 문화대혁명에서 무엇이 잘못되었는가에 관한 캠페인이 고도의 주관적 긴장을 내포한 거대한 규모의 운동이 되었을 것이라고 짐작할 수 있을 뿐이다. 이제는 정치적 불의를 비판하고 일련의 사람들이 공정하지 못하게 고발당해 고통을 받아야 했던 이유를 인정할 때였다. 하지만 불공정한 대우에 불만을 가진 사람과 해묵은 원한을 풀고 싶어 할 뿐인 사람을 구분하는 것은 쉬운 일이 아니었다.

그러한 대중적 토론은 셀 수 없는 각각의 사례들에 관한 논쟁—대부분 고통스러운 상처를 포함하고 있을—을 다시 불러일으킬 수 있었고, 모든 분파—조판파, 보황파, 모든 단위의 간부들, 군인 등등—에 속해 있던 많은 사람들의 책임소재를 포함한 어렵고도 불편한 진실을 재조사해야 했을 것이다. 마지막으로 그러한 토론은 마오쩌둥의 정치적 결정에 대한 재조사를 수반할 수밖에 없었을 것이다. 그러한 재평가는 대중적 행동주의가 열어놓은 새로운 노선 그리고 어떠한 실수가 반복되어서는 안 되는가와 같이 옳고 그름을 분별하기 위한 처절한 집단적 비판과 자아-비판을 요구하고 있었다. 그 어느 때보다도 더 필요로 했던 것은 혁명 시대의 불충분함에 대한 평가의 전제 조건인 프롤레타리아 독재라는 개념을 철저하게 비판적으로 다시 생각해보는 것이었다.

1975년 가을은 의심의 여지 없이 결정적인 전환점이었다. 최소한 마오쩌둥의 관점에서 당시는 중국의 정치적 상황 속에서 펼쳐지는 연극의 규모와 대안을 보여주는 창문과 같았다. 마오쩌둥이 덩샤오핑을 난처한 상황에 처하게 만드는 제안을 하고 덩샤오핑이 그것을 거절한 것을 당연한 것으로 생각해서는 안 된다. 그것은 오히려 매우 위험한 제안이었다. 1975년 10월 마오쩌둥은 여러 차례 덩샤오핑에게 초청장을 보냈고, 덩샤오핑 딸의 회고를 비롯한 그의 전기들이 보여주고 있듯 놀랍게도 덩샤오핑은 그 초대를 단호하게 거절했다.

이 지점에는 분명 완전히 상반되는 두 개의 관점이 존재하고 있었다. 마오쩌둥에게는 평등주의적 정치를 대중적 차원에서 다시 생각하게 하는 것이 우선이었다. 하지만 덩샤오핑에게는 정부의 질서를 회복시키는 것이 우선이었고, 그 어떠한 대중운동도 무질서를 가져올 뿐이었다. 마오쩌둥의 목표는 극도로 다양한 평등주의적 주체들을 활용해 정치적 자기-평가를 고취하는 것이었는바, 마오쩌둥은 '그들 스스로 자신을 교육하고', '자신을 해방시키는 것'이 가능하다고 생각하고 있었다(그리고 이것은 자기 자신의 실수로부터 자신을 해방한다는 의미 역시 포함하고 있었다). 반대로 덩샤오핑은 대중을 평등주의 운동—덩샤오핑은 평등주의 운동을 본질적으로 아나키적인 것으로 생각했다—으로부터 해방시킬 수 있는 잘 갖춰진 위계질서를 구축하는 것을 목표로 삼고 있었다.

덩샤오핑은 분명 문화대혁명에 의해 발생했던 해묵은 원한들을 되갚고 싶어 하는 사람들 축에 속했다. 중국공산당의 여러 지도자들 역시 마찬가지였지만 어떻게 해야 하는지 알지 못했다. 우리는 덩샤오핑 움직임의 감각—완강함 그리고 특히 그 효율성—을 1975년의 전체적인 정치적 상황이라는 맥락에서 바라보아야 한다. 덩샤오핑은 중앙위원회 의장으로서 문화대혁명의 실수와 문제점들에 대한 전국적 연구 운동을 끌어가는 데에 막대한 영향력을 행사할 수도 있었다.

하지만 덩샤오핑은 문화대혁명을 정치적으로 다시 사유하는 데에는 아무런 관심이 없었다. 그의 후속 전략을 보면, 덩샤오핑에게 있어서는 오히려 문화대혁명에 관한 그 어떠한 정치적 재평가의 시도도 좌절시키는 것이 통치 질서를 회복시키는 근본적인 조건이었다. 당장의 실패를 감수하고서라도 그가 목표로 삼았던 것은 철저한 부정을 위한 길을 내는 것이었다. 그러므로 1975년 10월에 보여준 덩샤오핑의 이 세 번째 스텝이야말로 그의 미래 전략 수립을 위한 핵심이었던 것이다. 덩샤오핑의 입지는 곧바로 취약해졌고, 같은 해의 마지막 몇 달 동안 그가 취한 모든 행동—정치연구소를 포함해—은 동력을 상실하게 되었다. 이듬해 덩샤오핑은 다시 '축출'되었지만, 이 두 번째 추락은 짧았다. 마오쩌둥이 사망한 지 정확히 한 달 후이자 중앙위원회 소속 마오주의 지도자들이 체포된 잠깐의 '테르미도르 반동' 이후인 1976년 10월 문화대혁명의 철저한 부정을 위한 과정이 시작되었다. 철저한 부정은 '새로운 중국의 질서'가 세워진 기본 공식이 되었다.[19]

---

19 비록 1976년 쿠데타에서 비롯되었지만, 그 용어가 공식적으로 등장한 것은 훨씬 뒤인 「關於建國以來黨的若干歷史問題的決議」, 『人民日報』, 1981年 7月 1日, 1-7에서였다. 문화대혁명을 전면 부정하려는 공식적 캠페인은 1984년에서

"당내에 부르주아가 있다"

마오쩌둥의 제안에 대한 덩샤오핑의 단정적인 거절은 문화대혁명의 비판적 재평가를 위한 대중운동의 기회를 완전히 없애버렸다. 그리고 최종적으로 마오쩌둥의 제안은 당 자체의 그리고 당 스스로에 의한 비판적 그리고 자기-비판적 재평가를 위한 노력이었다. 하지만 덩샤오핑의 그야말로 단호한 태도는 최고 간부들이 관련되어 있는 한 중국공산당은 어떤 종류의 대중운동도 용인할 수 없다는 것이었다. 문화대혁명과 그 결과는 혁명 정치에 관한 마오쩌둥의 관점과 그것에 관한 당 최고 지도부의 관점 사이에 메울 수 없는 간극을 만들어냈다.

혁명 시대에 관한 비판적 반성을 덩샤오핑과 당 전체 지도부가 거부한 이후, 마오쩌둥은 스스로 문화대혁명에 대한 일반적인 평가를 제시했다. "마르크스와 레닌의 초대를 받아 그들을 만나러 가기"(10년 전 알바니아 대표단에게 자신이 말했던) 몇 달 전, 거의 완전히 고립된 상태에서 제기한 마오쩌둥의 마지막 정치 테제는 지난 20년간의 예언들—사회주의가 이길지 자본주의가 이길지는 여전히 지켜봐야 한다—을 완결 지었다. 실제로 문화대혁명을 비판적으로 다시 사유하는 것을 가로막기 위해 덩샤오핑과 그 지지자들이 설치해놓은 막대한 장애물을 생각해보면 자본주의로의 길은 완전히 열려 있는 것이었다.

다시 한번 마오쩌둥은 질문을 제기했다. 하지만 이번에 그는 대

1986년 사이에 본격적으로 전개되었으며, 당시 공식 신문들에는 문화대혁명과 연관되었던 이른바 좌파 요소들을 완전히 제거해야 한다는 수십 편의 사설이 실렸다.

답을 제시했다. "사회주의 혁명을 했지만 부르주아 계급이 어디에 있는지 모른다. 부르주아 계급은 당내에 있다(搞社會主義革命, 不知道資産階級在哪里, 資産階級就在共産黨內)."[20] 문자 그대로 받아들이면, 마오쩌둥의 언급은 스탈린의 노선, 즉 '계급의 적'이 프롤레타리아 정치 조직의 핵심 지도부에 침투했다는 관점을 그대로 반복한 것으로 보인다. 하지만 마오쩌둥의 주장은 그러한 스탈린주의적 환원주의보다 훨씬 더 많은 의미를 내포하고 있는 것이다. 마오쩌둥의 언급은 혁명적 정치의 문화적 경계 자체를 넘어서는 길을 추구했던 장기간에 걸친 정치적 실험의 결과를 요약하고 있었던 것이다.

나는 마오쩌둥의 언급에서 '부르주아'라는 개념이 특정한 사회 계급 혹은 공산당 내부에 침입한 특정한 경제적 토대의 산물을 가리키는 것이 아니라고 본다. 또한 그것이 경제와 국가의 배치에 관해 예정된 역사적 목적론 속의 특정한 단계를 의미하는 것도 아니다. 차라리 '부르주아'는 자본주의 체제의 사회 역사적 조건의 환경을 규정하는 지배적인 주체성에 관한 포괄적 지칭이다. 노동에 대한 지배적인 양식으로서, 그러한 조건은 마르크스와 엥겔스가 타의 추종을 불허하는 명확성과 정밀성을 통해 분석했던 것이다. 부르주아가 바로 당 내부에 있다는 마오쩌둥의 테제는 다음과 같은 두 가지 의미를 가리킨다: 당 자체가 부르주아 사회 세계의 지배적인 통치 주체와 비슷한 위치를 차지하려는 경향이 있다. 그리고 마오쩌둥이 자신의 마지막 정치적 분투를 통해 열정적으로 제기하려고 했던 것처럼, 그러한 조건은 오직 대중적 이론 운동을 통한 새로운 정치적 발명에 의해서만 저지할 수 있다.

---

20 「毛主席重要指示 1975~76」, vol. 13, 487.

앞서 언급했던 것처럼, 1975년 마오쩌둥의 테제에서 소유제를 제외하고는 국가의 사회주의적 형식과 자본주의적 형식 사이에 '별다른 차이가 없다(물론 소유제의 차이 역시 결정적인 차이임은 분명하다).' 하지만 소유제의 형식 자체만으로 평등주의적 정치 비전의 거의 확실한 승리를 보장하기에는 충분치 않다. 사회주의는 현대적 통치 조건의 규칙에 대한 예외였다. 마찬가지로 사회주의는 대중적인 정치적 발명으로 재활성화되어야 하는바, 만약 그렇게 하는 데 실패한다면 '자본주의가 발생하기 쉽기' 때문이다.

마오쩌둥의 테제를 자세하게 읽어보면 마오쩌둥을 이상주의적인 사회주의 모델의 옹호자로 그려내는 최근의 일반적인 묘사가 전혀 타당하지 않다는 것을 알 수 있다. 오히려 그 반대다. 겉보기에는 마오쩌둥의 테제에 대한 최근의 일반적인 묘사가 타당한 것처럼 보이지만, 실제로 마오쩌둥은 중국의 노동 지휘(통제)의 구조가, 모든 사회주의 국가도 마찬가지로, 본질적으로 자본주의와 양립할 수 있다고 주장했던 것이다. 진정한 차이점이라고 인식되었던 소유의 형태는 전혀 [사회주의의—옮긴이] 안정성을 보장해주지 못하는 것이었다. 1970년대 중반에 이르러 중국은 이미 '자본주의화'되어 있었으며 공산당은 현대 사회 역사적 조건 속의 전형적인 통치 주체성의 한 변종으로 변형될 상황에 놓여 있었던 것이다. 그 어떠한 형태의 대중적 정치 실험도 무대에서 제거하게 되면 그러한 부르주아적 주체성을 온전히 배치하는 것은 쉬운 일이 될 터였다.

덩샤오핑 전략의 기원

자신의 입장에서 덩샤오핑은 이전의 명령 체계를 단순히 복구할 수 없으며 대신 새로운 체계를 만들어내야 한다는 것을 알고 있었다. 그는 또한 '질서', 즉 공장 노동자들에 대한 권위의 회복을 효과적으로 구축하기 위한 장기적 계획을 만들어내야 했다. 개혁의 전체적인 과정을 고려하면 지속적으로 수행되었던 최소한 세 가지의 기본적인 움직임을 식별해낼 수 있다: 공장 내에서의 마오주의적 실험의 억압, 노동의 완전한 상품화 그리고 노동 계급과 그들의 전위대인 공산당과의 역사적 연계에 관한 이데올로기적 참조라는 관방적 담론의 유지가 그것이다.

넘어서야 할 첫 번째 장애물은 각 산업 단위의 형식적, 정치적 질서를 의문에 부쳤던 일련의 실험 그리고 그것과 연계된 핵심적인 이데올로기적 주제들을 다시 논의하는 문제였다. 이러한 전제 조건은 이미 문화대혁명 초기에 달성된 바 있다. 1976년 10월 발생한 쿠데타는 몇몇 소규모 반란자들의 '음모'에 불과하다고 선언하면서 그러한 실험들을 종료시켜버렸다. 새로운 정부는 또한 이론 연구 운동을 시작해야 한다는 요구를 즉결 처분해버렸다. 새로 들어선 정부는 즉각 그러한 요구가 '프롤레타리아 독재를 욕보이고' 결국 그것을 전도시켜 버리려는 '난센스'라고 주장했던 것이다.

노동의 상품화가 질서의 재확립을 위한 결정적인 단계였지만, 그것은 결국 좀 더 서서히 진행될 수밖에 없었다. 산업 단위에 대한 역사-정치적 명령 구조가 해체되자, 오직 노동의 완전한 상품화만이 '노동의 기술적 분업'과 '공장 독재'가 결합된 권위를 가능케 했다. 이러한 과정은 1970년대 후반 시작되었다. 그 과정은 우선 도급제의 일반화로부터 시작되었는데, 도급제는 '노동에 따른 분배(按勞分配)'라는 마르크스주의 원칙을 최고 수준에서 성취한 것으로 찬양되었다.[21] 1990년대 톈안먼 광장 운동의 유혈 진압 이후, 수백만의 이주 노동자들이 그 거대한 규모만큼 불안정한 환경에 놓이게 되고 그에 따라 노동력을 형성하게 되자 노동의 상품화는 완전히 확립되었다.[22]

실상 노동력의 완전한 상품화를 가능케 했던 가장 핵심적인 조건은 1980년대 초 노동 부문의 인민공사를 진압한 덕에 얻게 된 막대한 규모의 저렴한 노동력이었다. 이 지점에서 덩샤오핑의 전략을 확정 짓는 데 무엇이 결정적이었는가라는 문제에 관해 우리는 본서 초반에서 고찰했던 문제, 혹은 차라리 마오쩌둥을 비롯한 극좌적 지도부가 혁명 시기 아무런 효과적인 해결책을 찾아내지 못했다는 사실을 다시 한번 들여다봐야 한다. 사회주의 체제하에서 농민의 역할은 무엇이 될 수 있는가라는 문제—1959년 루산 논쟁의 핵심이자 사회주의를 향한 대하사극의 도입부에서부터 중심을 차지하고 있었던 주제—는, 공장에서와 마찬가지로, 진정으로 [사회주의적 주체성의—옮긴이] 재발명을 위한 위대한 도전의 목표였던 적이 없었던 것이다.

문화대혁명 기간에는 교육 및 공공 보건의 농촌으로의 확대와 함께 도시와 농촌 사이에 존재하는 격차를 제한하려는 시도가 분

---

21 한편 중국 언론은 노동자들을 대상으로 한 광범위한 중상모략 캠페인을 벌였는데, 그들을 '철밥통(鐵飯碗)'에 의존하는 존재로 묘사했다. 즉, 게으름의 전형이자 공공 자원의 기생충으로 그려낸 것이다. 나는 이 주제를 *Ouvrier et 'danwei': Note de recherche sur une enquête d'anthropologie ouvrière menée à Canton en avril 1989*(Paris: Université. de Paris VIII, 1990)에서 조사한 바 있다.

22 톈안먼 운동의 탄압은 그 후 몇 달 동안 '개혁'에 더욱 엄격하게 신자유주의적 동력을 부여하기 위한 전제 조건 중 하나였다. 1990년대 경제 정책의 주요 맥락에 관해서는 Wang Hui, *China's New Order*(Cambridge, MA: Harvard University Press, 2003)을 볼 것.

명히 존재하고 있었다. 마오주의자들은 유명한 코뮌의 모델이었던 다자이를 지속적으로 홍보했지만, 공장 노동자들에 비해 그러한 홍보는 농민의 정치적 역할을 직접적으로 다시 생각할 것을 목표로 삼는 농민 대중의 정치적 운동을 활성화하지 못했다.

인민공사의 우월성에 관한 확인을 제외하고는 새로운 농민 정치의 문제는 혁명 기간 내내 해결되지 않은 문제로 남아 있었다. 하지만 인민공사에서조차 정치적 재발명이 없이 인민공사와 같은 농업 협동조합의 형식은 근본적으로 안정화되지 못했다. 실제로 인민공사가 산업 단위와 마찬가지로 적절하게 국가 구조 안에 재대로 편입되어 있지 않았기 때문에, 그것을 억압하는 것은 상대적으로 쉬운 문제였다.

프롤로그에서 인용했던 야오원위안의 글에서 볼 수 있었던 것처럼, 마오주의자들은 농촌 인민공사를 없애버리면 대지주가 다시 나타날 것이라고 주장했다. 지금까지 그러한 일은 벌어지지 않았고, 설사 대지주의 귀환이 중국 토지 소유제의 미래라고 할지라도 그러한 결과가 농업 협동조합의 종말이 초래한 직접적인 결과는 아니었다. 최초로 의도적으로 추구한 결과는 산업을 위한 값싼 노동력의 저수지를 개방하는 것이었다. 정부가 더 이상 농촌에 정치적으로 개입할 의사가 없음이 분명해지고 남은 선택지는 각자도생이 되었지만, 산업 부문에서 직업을 찾는 것은 가능했고 수백만 명의 농민들이 도시로 몰려들게 되었다. 위태롭고, 저임금을 받으며, 도시 거주자의 권리를 공유하지 못하는 이 수백만에 달하는 이주 노동자들은 거대한 '예비 산업군'을 형성했고, 이들은 지난 십여 년간 중국 경제 기적의 토대를 쌓게 되었다.

노동 계급을 침묵시키기

노동을 규율하는 새로운 방식이 단순히 이전의 사회주의적 수단을 부활시키는 것은 아니었다. 중국 임금 노동의 조건은 작업장에서의 독재적인 자본주의적 명령을 따르는 패러다임에 기반하고 있으며 중국의 노동 시장은 세계에서 가장 유연하다. 공장에서는 엄격한 테일러주의적 조직 방식이 만연하고 있으며 빠른 이직률은 폭스콘의 조직적 출발점이다. 오늘날 중국의 노동 계급은 이전 산업 단위의 노동 계급과 아무런 공통점도 갖고 있지 못하다. 폭스콘의 작업 방식은, 푼 응아이(Pun Ngai)가 충격적일 정도로 상세하게 분석했던 것처럼, 마르크스가 분석했던 자본주의적 공장의 그것과 비슷하다.[23]

하지만 그러한 최종적인 질서의 회복은 더욱 핵심적인 요소에 의해 성취된 것이었는바, 그 핵심 요소는 궁극적으로 개혁 정책에 필수적인 것이기도 했다. 마오쩌둥은 "중국에서 자본주의가 발생하기 쉽다"고 예언했다. 하지만 노동자의 정치적 역할이 그토록 뜨겁게 논의되었던 중국에서(문화대혁명 기간 그리고 그 이전에도) 그렇게 되기 위해서는 특히 노동자들이 스스로를 정치적으로 조직할 수 있는 기회를 빼앗아버림으로써 그 어떠한 부작용도 용납하지 말아야 했다.[24] 그리고 1966년 후반 그러한 기회는 실제로 존

---

23 Pun Ngai and Jenny Chan, "Global Capital, the State, and Chinese Workers: The Foxconn Experience," *Modern China* 38(2012): 383–410. 또한 Pun Ngai, Jenny Chan, and Mark Selden, *Morire per un i-Phone*, ed. Ferruccio Gambino and Devi Sacchetto(Milan: Jaca Book, 2015)에 의한 좀 더 확장된 연구를 볼 것.

24 잘 알려져 있듯 오늘날 중국 전역에서는 파업, 시위, 폭동과 같은 노동자들의 저항이 만연해 있다. 국유기업에서 해고된 노동자들의 시위를 연구한 윌리엄 허스트(William Hurst)는 지역 당국이 이러한 시위를 다루기 위해 가장 엄격한 대응부터 가장 타협적인 대응까지, 상황에 따라 다양한 방식을 취

재했었다.

새로운 지배자들은 그러한 위험성을 분명하게 인식하고 있었고, 그들은 모두 마르크스의 격언을 마음에 품고 있었다. "부르주아는 자신의 무덤을 판다." 억압적인 수단들은 효과가 없었고 위험했다. 필요하다면 정부는 그러한 수단들을 특히 노동자들에 대해 언제든지 사용할 준비가 되어 있다는 것을 보여주기는 했지만 말이다.[25] 규율을 어긴 이에게 정부가 가차 없이 철퇴를 가할 의도가 있음을 드러내는 관방의 엄포에 기반한 선제적 수단들은 지금까지 성공적이었다. 이러한 수단들은 겉으로 보기에는 모순적이지만, 실상 노동자의 정치적 가치를 텅 비워버리고 또 그러한 공동화(空洞化)를 결정적으로 지지하는 권력의 휘장 속에서 노동 계급이라는 아이콘을 높게 치켜드는 지속적인 전략을 만들어내고 있다.

그럼에도 불구하고 중국의 지배 엘리트들은 이전의 위계적 의례에서 사용되었던 핵심적인 용어들을 유지해야 할 필요성을 절

하고 있음을 기록하고 있다. William Hurst, *The Chinese Worker after Socialism*(New York: Cambridge University Press, 2009), 108-31을 볼 것. 정도의 차이는 있지만 임금과 복지에 관한 불만과 요구는 어느 정도 용인되는 반면, 어떤 형태의 노동자 조직도 계급의 전위인 중국공산당에 대립하는 정치적 역할을 주장하는 것은 철저히 용납되지 않는다. 노동자들의 투쟁에 관한 최신화된 문건에 관해서는 기업 행태에 맞서는 학생과 학자들의 웹사이트인 http://sacom.hk을 볼 것. 그리고 중국 노동자들의 삶에 관한 통찰력 있는 분석에 관해서는 *Made in China: A Quarterly on Chinese Labour, Civil Society, and Rights*, http://www.chinoiresie.info/madeinchina/을 볼 것.

25 1989년 톈안먼 광장에서의 군사 개입 명령의 직접적 계기가 된 것은 학생 운동이 해산된 이후 새롭게 등장하던 자율적 노동자 조직의 형성이었다. 이 비극적 사건에 대한 분석적 요소는 Claudia Pozzana and Alessandro Russo, "China's New Order and Past Disorders: A Dialogue Starting from Wang Hui's Analyses," *Critical Asian Studies* 3(2006): 329-51를 볼 것.

감했는데, 그것은 바로 중국 관방 담론에서 공산당과 노동자 계급의 특별한 관계를 긍정하는 것이었다. 예컨대 가장 최근의 중국공산당 장정의 첫 번째 문구는, 이전의 그것과 마찬가지로, 당은 "노동자 계급의 선봉대(工人階級的先鋒隊)이다"[26]라는 문장이다. 이것은 현란한 시대착오적 문구인가? '실용주의'로 많은 칭송을 받고 덩샤오핑이 강조한 '이념적 공담'을 배격해온 개혁 정책의 행보를 고려할 때, 지금의 이 문구가 그저 낡은 예배의식 같은 역할만 하고 있다고 보기는 어렵다.

중국 정부는 노동관계에 관한 기술 관료적 가치를 단언하기를 몹시 원하고 있는바, 혹자는 왜 중국 정부가 노동관계에 대해 좀 더 탈사회주의적인 언어를 수용하지 않는지 의아할 수도 있다. 결국 중국공산당은 정치 선전에 있어 좀 더 최신화된 전문 지식을 획득해야만 했던 것이다. 중국공산당이 노동 계급의 선봉대가 되려고 하는 이유가 과거에 선봉대가 되는 것이 사회주의 국가에서 노동자 계급에 대해 권위를 유지할 수 있는 가장 효과적인 공식 혹은 사실이었기 때문만은 아니다. 노동자들 스스로 문화대혁명 기간 훈육의 기능을 담당했던 노동-계급의 의례를 적절히 회피해왔기 때문에, 중국의 지배자들은 더 이상 낡아 빠진 수사에 의존할 수 없다는 것을 완전히 깨달았다.

하기에 노스텔지어도 안 되고 예식도 안 된다. 중국공산당이 노동 계급의 선봉대라는 확신은 결정적인 필요성을 만족시켜야 했던바, 그것은 바로 모든 형태의 자율적인 노동자 조직을 금지하는 것이었다. 위에서 언급한 노동 계급의 정치적 가치를 없애버리기 위한 모든 조치는 바로 이러한 목적을 위한 것이었던 셈이다. 하

26　『中國共産黨章程』(北京: 人民出版社, 2017), 1.

지만 새로운 중국 엘리트들의 주된 관심사는 명확하지 않았고 결정적인 선언을 통해 언급된 것도 아니었다. 하기에 그들의 의도는 효과적이지 못했고 오해를 사기도 했다. 정치적 선봉대―결국 정치 조직이라고 할 수 있는―라는 개념을 통해 계속해서 중국공산당을 노동 계급과 짝지어놓는 것은 중국의 모든 노동자 그리고 인민들에게 '나는 중국공산당이다. 당신들은 내 앞에서 다른 정치 조직을 가지지 말라'고 큰 소리로 외치는 것과 같다.

예를 들어 만약 폭스콘의 어떤 젊은 노동자가 그러한 선봉대가 결국 자본주의적 명령을 수행하는 기이한 조직에 불과하다고 주장한다면, 그/그녀는 역사 발전의 법칙이 자본주의를 필요로 한다는 엄청난 양의 세부적인 교리를 학습하게 될 것이다. 공식적인 중국 관방 담론 안에서, 생산력의 발전이 공산주의를 가져오는 날까지 자본주의는 선진적인 사회주의 단계로 이어질 역사적 진보의 조건이다. 중국공산당 장정의 첫 번째 문단은 당의 '최고 이상'과 '궁극적인 목표'는 '공산주의를 실현시키는 것(實現共産主義)'이라는 확언으로 끝난다.

모든 중국 사람들―위와 같은 공식을 쓴 사람과 그러한 공식을 읽어야 할 사람 모두―은 위와 같은 공식이 오직 한 가지를 의미한다는 것을 완전히 이해하고 있다: 특히 노동자들―오늘날 중국에서 특별한 감시를 받고 있는―에게, 독립적인 정치 조직은 수용 불가하다. 이 원칙을 위반하는 누구라도 그러한 위반의 결과가 무엇을 의미하는지 잘 알고 있다. 이데올로기적 잔여로서가 아니라, 그러한 공식은 오늘날에도 실제적이며 강력한 효과를 지니고 있는 것이다.

40여 년간, 덩샤오핑이 만들어낸 전환은 몰락해버린 전 세계 사회주의 국가들과 공산당들은 말할 것도 없거니와, 여타의 국가 시스템들을 압도하는 제도적 안정성을 만들어냈다. 이러한 중국의 안정성 뒤에 있는 요소 중의 하나는 분명 오늘날의 통치 환경 속에서 획기적인 변화를 만들어낸 덩샤오핑의 능력이었다. 하지만 그의 성공에 있어 결정적인 요소는 국가 휘장 속에 '노동자'를 맨 처음의 위치에 배치해놓으면서도, 1975년의 유일했던 정치적 순간을 말살시켜버림으로써 노동자의 정치적 형상을 그러한 성공의 장면으로부터 삭제해버린 것이었다.

'중국의 새로운 질서'는 결코 문화대혁명이 박살 냈던 예전 권위의 원칙을 회복하는 것이 아니었다. 덩샤오핑 전략의 명민함은 바로 그러한 회복이 불가능하며 복종을 명하기 위해서는 새로운 접근 방식을 찾아내야 한다는 점을 즉각적으로 깨달았다는 점이다. 실상 그러한 목표를 위해 동원된 수단은 결코 새로운 것이 아니었다. 그리고 마침내 자본주의적 성격을 가진 권위의 주요 법칙이 되살아났다: 상품화된 노동의 지배.

자본주의적 권위의 행사와 함께, '중국의 기적'에 있어 새로운 점은 중국공산당이 노동 계급의 전위라는 것을 고수했다는 사실이다. 분명 그것을 말하는 이를 포함해 누구도 그것을 믿지 않을 것이다. 하지만 노동 계급이라는 범주는 그 정치적 가치를 빼앗겼음에도 불구하고 여전히 관방 담론의 필수적인 구성 부분이다. 그것은 분명 그 어떤 형태의 독립적인 노동자 정치 조직의 발생도 엄중하게 금지하는 경고성 원칙으로 유지되고 있다.

심지어 나는 다음과 같은 두 가지 조건이 충족되는 한 중국 정부의 안정성은 보장될 것이라고 예언하려 한다. 첫 번째 조건은 권위의 자본주의적 원칙이 월급 생활자들의 삶을 규제하는 것이고, 두 번째 조건은 '노동 계급의 전위'가 중국공산당과는 독립적인 그 어떠한 정치적 조직을 만들어내는 것도 불허하는 선제적 검열관으로 활동하는 것이다. 전자는 일정 정도 전 세계에 걸친 현대적 사회 조건을 규정하는 기본적인 법칙을 그대로 반복하는 것일지도 모른다. 하지만 후자는 '삼개대표론', '과학적 발전관', '조화사회', 그리고 가장 최근의 '중국몽'과 같이 자신의 권력을 증폭시키는 거의 신비로운 비법에 가까운 당 내부 공식의 후속적인 수정을 통해서만 유지될 수 있는 픽션이다.

나는 본서에서 문화대혁명을 연구하는 것이 비단 평등주의적 정치에 대한 새로운 접근법을 위해서만 필요한 것은 아니라고 주장했다. 그것은 중국의 현재와 앞으로의 운명을 이해하는 데 있어서도 불가결하다. 최근의 몇몇 사람들은 당연한 듯 가정된 천년 제국의 내부적 안정성과 최근 등장하고 있는 마르크스주의-유가(Marxo-Confucianism)의 결합이 만들어내는 안정성 사이에 존재하는 기적 같은 연속성의 이미지를 선호하곤 한다. 이러한 연속성 사이에는 아마도 민족적 정체성에 가장 주의를 기울이는 일련의 '역사적 사건'이 존재하고 있었을 것이며, 오늘날 새로운 정부는 그것을 단호하게 치켜들 수 있는 능력을 가지고 있다.

실상 문화대혁명에 대한 평가는 중국의 현재와 그 현대사에 관한 이해의 교차점 사이에 놓여 있다. 1960년대와 1970년대를 사유하지 않는다면 이 거대한 나라가 보여주고 있는 통치 능력의 조건은 이해하기 힘든 것으로 남게 될 것이며, 현대 중국이 거쳐온 정치적, 사상적 경로 역시 이해할 수 없게 될 것이다. 문화대혁명을 제외하고 20세기의 중국을 상상하는 것은—오히려 문화대혁명은 20세기 중국을 통합시키는 부분이었다—그 정치적 가치를 무화시키는 것에 다름없다.

획기적인 전환의 진원지였던 중국은 여전히 자신을 노동 계급의 대표라고 주장하는 거대한 공산당에 의해 통치되고 있다. 이

러한 역설은 세계적인 차원에서 10년간의 정치 시대를 재검토해
볼 것을 요구하고 있다. 10년에 걸친 정치의 시대는 노동자 형상
의 모든 정치적 가치를 없애버림으로써 사실상 봉쇄되고 말았다.
하지만 중국 정부는 정부의 의식 속에 '노동자'라는 이름을 유지
하면서도 외부에는 포스트 혁명 정부를 내세우고 있다. 그러한 흐
름 속에서 공산당이든 의회 정당이든 20세기의 대중 정당은 사라
져버렸고, 이러한 소멸은 그러한 정당들의 존재 이유를 의문에 부
치고 있다. 그럼에도 불구하고 중국공산당은 그러한 상황을 잘 견
뎌내고 있는바, 그 이유는 중국공산당이 노동자의 정치적 경험을
말살시켜 버렸기 때문만이 아니라 노동 계급의 복제품을 새로운
정치 실험의 불가능성에 관한 보증으로 유지할 수 있었기 때문이
다.[27]

중국에서 새로운 정치가 등장하기 위해서는 임노동자 스스로
독립적인 조직의 본래적 형태를 발명해내야 할 것이고 현대 노동
정치의 전체 역사에 대한 정치적 가치를 비판적으로 재평가해야
할 것이다. 평범한 사람들의 정치적 존재를 가로막는 주된 장애물
이 관방 담론에 고이 모셔져 있는 벙어리가 되어버린 노동 계급이
라면, 그러한 벙어리 노동 계급이라는 픽션을 저지하는 분명하고
도 의식적인 노력 없이는 정치적으로 새로운 그 무엇도 존재할 수
없을 것이다.

---

27 나는 *The Idea of Communism 3: The Seoul Conference*(London:
Verso, 2016), 137-78에 실린 'The Sixties and Us'와 *Chian Quarterly*
227(2016): 653-73에 실린 "Mummifying the Working Class: The
Cultural Revolution and the Fates of the Political Parties of the 20th
Century"에서 이 주제에 관한 폭넓은 논의를 제시한 바 있다.

옮긴이 해제

2026년은 문화대혁명이 시작된 지 딱 60주년이 되는 해다(물론 문화대혁명이 언제 시작되었는가라는 것 자체가 문제적이다. 이 책의 저자가 보여주고 있듯, 1966년 문화대혁명이 공식적으로 선포되기 몇 년 전에도 해당 사건의 징후는 계속해서 나타나고 있었다). 지난 60년간, 문화대혁명을 설명하는 가장 대표적이면서도 핵심적인 키워드는 '혼란'이었다. 『대동란의 시대(大動亂的時代)』, 『하늘과 땅이 뒤엎힌 시대(天翻地覆的年代)』 등과 같은 책 제목들이 보여주고 있듯, 혼란과 무질서는 문화대혁명에 항상 따라붙는 수식어이자 술어였다. 물론 우리는 이처럼 문화대혁명을 혼란과 무질서로 규정하는 시각 자체를 부정할 수는 없다. 문화대혁명은 분명 일상적인 질서를 무너뜨렸고, 중국이라는 거대한 공간을 통치 불능의 극한으로 몰아붙였다.

하지만 여전히 물음표가 따라붙는다. 과연 문화대혁명을 혼란과 무질서로 환원시키는 것으로 문제가 끝나는 것일까? 알레산드로 루소 교수의 저작 『문화대혁명의 혁명적 문화』를 번역하기로 결심한 가장 핵심적인 이유는 바로 위와 같은 질문에 대한 모종의 가능성을 엿볼 수 있었기 때문이었다. 저자가 이 책에서 도전하려는 과제의 핵심은 문화대혁명이 정치적 음모와 권력 투쟁 그리고 그에 따른 혼란으로 단순하게 처리될 수 없으며, 그 안에는 미처 제대로 평가받지 못한 채 일방적으로 폐기되어버린 가능성의 맹아들이 남겨져 있음을 보여주는 것이다. 이 책이 이러한 목표에 도달하는 과정은 크게 세 단계로 구성되어 있다.

1부에서 저자는 「해서파관」 논쟁을 고찰한다. '통상' 「해서파관」 논쟁은 대약진운동의 실패를 둘러싼 중국공산당 지도부의 갈등이 투사된 사건으로 기술된다. 역사학자이자 희곡작가인 우한이 1961년에 쓴 희곡 「해서파관」을 통해 루산 회의에서 마오쩌둥의 실책(대약진운동)을 비판해 실각한 펑더화이를 옹호하려 했고, 야오원위안을 비롯한 마오주의자들과 마오쩌둥이 우한의 펑더화이에 대한 옹호를 정치적 사건으로 비화시켜 문화대혁명이 발발했다는 것이 해당 논쟁의 핵심으로 인식되고 있는 것이다.

하지만 저자인 루소 교수는 이러한 해석에 반대한다. 저자에 따르면, 「해서파관」 논쟁을 위와 같이 해석하는 관점은 문화대혁명을 중국공산당 지도부 사이의 권력 투쟁으로 축소시켜버린다. 「해서파관」을 둘러싼 논쟁은 단순히 중국공산당 내부의 권력 투쟁을 반영하는 것이 아니며, 그 논쟁의 밑바닥에는 당시의 지적 환경을 관통하는 이론적 문제가 내재되어 있었다는 것이 루소 교수 주장의 핵심인바, 저자는 크게 두 가지 차원에서 이와 같은 자신의 논지를 기술하고 있다.

첫 번째는 이론적 차원이다. 「해서파관」이라는 희곡이 '정치적 사건'이 될 수 있었던 근본적인 이유는 역사유물론이다. 만약 역사유물론이 존재하지 않았다면, 「해서파관」 논쟁과 같은 사건은 결코 발생할 수 없었다. 역사유물론에 따르면, 인류의 역사는 생산력과 생산관계 사이의 모순에서 발생하는 계급 투쟁의 역사이며, 그러한 과정 속에서 프롤레타리아가 부르주아를 타도하고 자본주의를 철폐해 사회주의로 나아가는 것이 역사 발전의 법칙이다. 이러한 관점에서 바라보면, 「해서파관」은 반동적인 작품으로 해석될 수 있다. 관료인 해서는 지배계급의 대리인일 뿐만 아니라, 희곡 자체가 프롤레타리아에 해당하는 농민을 후진적으로 그리고 있기 때문이다. 논쟁을 촉발한 야오원위안은 바로 이러한 점을 문제 삼은 것이었고, 그것은 곧 당시의 인식론적 구조를 지배하던 역사유물론의 핵심을 건드린 것이기도 했다.

두 번째는 실천적 차원이다. 저자는 「해서파관」 논쟁 당시의 정치적 정황을 사료에 대한 정밀한 독해를 통해 재구성한다. 저자의 재구성에 따르면, 마오쩌둥이 정치적 우위를 점한 상태에서 자신의 지위를 활용해 논쟁을 발발시켰다는 통상적인 역사 기술은 사실에 부합하지 않는다. 오히려 「해서파관」 논쟁이 시작되었을 때 마오쩌둥은 자신의 뜻대로 상황을 끌고 갈 역량을 상실한 상태였고, 당시 권력을 쥐고 있었던 측은 펑전을 비롯한 문화 기구의 권력자들이었다. 이러한 상황에서 마오쩌둥이 주장한 것은 앞서 언급한 역사유물론의 핵심 문제, 즉 계급 투쟁의 문제를 대중 일반에게 공개해야 한다는 것이었다. 다시 말해 마오쩌둥은 역사유물론의 핵심인 계급 투쟁과 프롤레타리아 역량의 문제를 인민 전체에게 공개하고, 논쟁을 통해 사회주의를 향한 새로운 동력을 확보해야 한다고 주장했던 것이다. 이렇게 이론적 차원과 실천적 차원에서 「해서파관」 논쟁을 바라보면, 그것은 결코 중국공산당 최고위층의 권력 투쟁에 그치는 사건이 아니었으며, 사회주의와 그 역사적 동력의 문제를 둘러싼 문화-정치적 사건이었다는 것이 저자 관점의 핵심이다.

두 번째 단계인 2부와 3부에서는 홍위병과 분열의 문제를 다룬다. 저자는 2부와 3부에서 대규모의 혼란과 끊임없는 분열이라는 문화대혁명에 대한 통상적인 서술에서 크게 벗어나지 않으면서도 세밀한 쟁점을 제시하고 있다. 「해서파관」 논쟁을 거치면서, 권력 기구 '밖에' 위치해 있었던 마오쩌둥과 마오주의자들은 '당내 주자파'를 타도하라는 성명을 발표했고, 이후 베이징을 비롯한 전국 각지에서는 그러한 성명에 호응해 홍위병 조직이 등장한다. 일견 혼란 일변도로 보일 수 있는 이러한 과정에 대해 저자는 미세한 쟁점을 포착해내고 있는데, 그것은 바로 '다원화'와 '탈권'이라는 서로 구별되는 단계에 관한 것이다.

저자는 1966년에서 1968년 사이의 국면 전체를 혼란으로 규정하는 시각에 반대한다. 그의 관점에 따르면 1966년 여름에서 가을 사이의 쟁점과 1967년에서 1968년에 이르는 기간의 쟁점은 상이하다. 문화대혁명 초반이라고 할 수 있는 1966년 여름과 가을 사이 핵심 쟁점은 학생을 비롯한 일반 대중이 어느 정도로 다양한 독립 조직을 만들어낼 수 있는가에 관한 것이었다. 하지만 1967년에서 1968년에 이르게 되면 쟁점은 독립 조직 자체에 관한 것이라기보다는, '탈권', 즉 권력을 쟁취한 상대 조직을 끊임없이 해체하는 것으로 변질된다.

2부와 3부에 걸쳐 제시된 다원화와 탈권이라는 문제는 문화대혁명이라는 거대한 정치적 사건의 내핵을 드러낸다. 앞서 1부에서도 드러났던 것처럼, 문화대혁명은 역사유물론과 그것이 봉착한 문제를 대중에게 공개함으로써 사회주의가 직면한 곤경을 넘어설 수 있는 동력을 찾아내기 위해 시작된 것이었다. 하지만 문화대혁명이 본격적인 궤도에 오르면서 그러한 시도는 조직의 끊임없는 분화 그리고 마침내 서로가 서로를 잡아먹는 탈권의 무한반복이라는 문제에 부딪히게 된다. 실상 이것은 마르크스주의의 고질적인 문제, 즉 '기존 권력을 폐절한 후 새롭게 구성된 모종의 상태는 권력 없이 존재할 수 있는가'라는 난제를 드러낸다.

이미 수많은 연구들을 통해 논의되었던 것처럼, 마르크스주의는 국가를 비롯한 권력의 문제에 관해 치명적인 공백을 남겨두었다. 마르크스 그리고 그의 이론을 실천으로 옮겼던 레닌은 국가를 통치 계급의 지배 수단 정도로 파악했고, 사회주의를 거쳐 공산주의에 이르게 되면 국가를 비롯한 권력-일반 자체가 소멸하게 될 것이라고 전망했다. 마르크스와 레닌의 이와 같은 전망은 문화대혁명에도 그대로 반영되었는바, 1966년에서 1968년 사이 벌어진 다원화와 탈권의 문제는 바로 이와 같은 권력-일반의 소멸을 둘러싼 분열과 충돌이면서 동시에 권력-일반의 소멸이라는 마르크스주의의 전망이 실현될 수 없음을 보여준 실제 사례였다.

이러한 임계점 앞에서 마오쩌둥은 정치적 결단을 내린다. 마오쩌둥의 정치적 결단은 결국 탈권을 멈추고, 홍위병을 통해 터져 나온 혁명 역량을 체제 내부로 한정시키는 것이었다. 저자는 8장에서 마오쩌둥의 이와 같은 정치적 결단의 장면을 담은 회의록을 소개한다(이 회의록은 중국에서 공식적으로 공개되어 있는 것은 아니지만, 인터넷상에서 구할 수 있다). 회의록은 매우 생생하게 당시의 상황을 기록하고 있는데, 1968년 7월 28일 마오쩌둥은 주요 홍위병 지도자들을 중난하이에 초대해 면담을 개최한다. 이 회의에서 마오쩌둥은 홍위병 지도자들과 대화하면서 정중하면서도 단호하게 '탈권과 무장 투쟁을 중단하라'는 자신의 입장을 전달한다. 면담 과정에서 마오쩌둥은 어린 홍위병들의 긴장을 풀어주기 위해 농담을 섞어 말하기도 하고, 해볼 테면 어디 한번 끝까지 해보라는 식으로 말하기도 한다. 마오쩌둥의 정치적 노련함과 대범함을 엿볼 수 있는 장면이기도 하다. 이로써 권력-일반을 제거한, 이전과는 완전히 다른 정치 조직을 만들겠다는 정치적 실험은 막을 내린다.

마지막 4부에서는 다원화와 탈권의 시도가 좌절된 이후, 마오쩌둥이 인생의 말년에서 시도하려 했던 문화대혁명에 대한 이론적 평가의 문제를 다룬다. 1967년의 '1월 폭풍' 그리고 1968년 홍위병 지도자들의 면담 이후 마오쩌둥은 대중 운동을 통해 사회주의를 향한 동력을 확보하고, 나아가 다원화와 탈권을 통해 권력-일반이 사리진 이상 상태를 현실화하겠다는 문화대혁명에 관한 최초의 구상을 사실상 폐기한다. 하지만 그렇다고 해서 마오쩌둥이 사회주의의 쇄신을 위한 노력을 완전히 포기했던 것은 아니다. 마오쩌둥은 '학습 운동'을 제시함으로써 인생의 마지막 순간까지 문화대혁명을 이론적으로 재검토해야 한다는 생각을 완전히 버리지 않았다.

저자는 '비림비공', '비유평법', '프롤레타리아 독재' 그리고 '공장에서의 실험'이라는 범주에서 마오쩌둥이 제시한 '학습 운동'의 의미를 분석하고 있다. 실상 '비림비공'과 '비유평법'을 살펴보는 것은 역사적 사실을 확인한다는 차원에서는 필요할 수도 있다. 하지만 오늘날의 관점에서 '비림비공'과 '비유평법'은 역사유물론이 가진 한계를 드러낼 뿐이다. 문화대혁명에 대한 이론적 재검토라는 측면에서 보았을 때 더욱 주목해봐야 하는 문제는 '프롤레타리아 독재'와 '공장에서의 실험'이라는 범주다.

스탈린은 소비에트에서의 상품 교환은 자본주의의 그것과는 본질적으로 다르다고 주장했다. 하지만 마오쩌둥은 스탈린에 반대하면서, 상품 사이의 '동일 가치 교환'이라는 법칙은 자본주의 사회와 사회주의 사회에서 동일하다고 주장했다. 마오쩌둥은 동일 가치 교환이라는 부르주아 사회의 법칙을 사회주의 역시 이어받았으며, 그것을 완전히 철폐하는 것은 불가능하다고 보았던 것이다. 다만 마오쩌둥은 동일 가치 교환 법칙을 떠받치는 부르주아 법권리를 '프롤레타리아 독재하에서 제한할 수 있을 뿐'이라고 주장했다. 하지만 마오쩌둥의 이와 같은 관점은 기존 마르크스 레닌주의의 이론적 틀 안에서는 수용하기 힘든 것이었다. 왜냐하면 부르주아 법권리를 제한할 수 있는 유일한 주체는 국가이지만, 국가는 부르주아 계급의 통치 도구이자 소멸시켜야 할 대상이기에 프롤레타리아 독재를 국가라는 통치 기구를 통해 실행하는 것은 자가당착이기 때문이다.

공장에서의 실험이라는 주제 역시 중요하다. 마르크스주의적 인식틀 안에서 혁명의 주체는 노동자다. 하기에 노동자 삶의 터전이라고 할 수 있는 공장은 사회주의의 구상에 있어 가장 중요한 공간일 수밖에 없었고, 마오쩌둥 역시 문화대혁명에 대한 이론적 검토에 있어 공장의 중요성에 주목했다. 마오쩌둥은 공장에서의 학습 운동을 제안했다. 노동자들이 마르크스주의 이론을 학습하면서 실천과 운동의 접점을 찾고, 그러한 과정 속에서 새로운 가능성을 만들어낼 수 있다고 기대했던 것이다(마오쩌둥의 이러한 구상은 1990년대 추이즈위안과 같은 중국 '신좌파'에 의해 부활했고, 충칭과 같은 지역에서 실제 정책에 반영되기도 했다).

마오쩌둥은 자신의 이러한 노력과 기대를 덩샤오핑이 계승해줄 것을 제안했다. 자신의 삶이 끝나가고 있음을 직감하면서, 마오쩌둥은 여전히 해결하지 못한 문화대혁명의 이론적, 실천적 문제를 덩샤오핑이 이어받아 달라고 부탁했던 것이다. 하지만 덩샤오핑은 마오쩌둥의 부탁을 침묵으로써 거절했다. 덩샤오핑은 하루빨리 질서를 회복해 국가 능력을 제고하는 한편, 사회주의 나아가 공산주의라는 이상 상태로 전진해야 한다는 이상적 목표를 최대한 뒤로 미룸으로써 당장의 현실적 문제, 즉 인민의 복리 증진에 힘써야 한다고 생각했다. 또한 덩샤오핑은 이와 같은 자신의 관점을 관철시키기 위해 기존의 급진적 이론 체계를 개조함으로써 국가 권력의 차원에서만이 아닌, 인식론적 차원에서도 방향성을 전환시키기 위해 노력했다. 사회주의 노선에서 개혁 개방 노선으로의 전환이 단순한 권력 투쟁만이 아니라 이론적 차원의 조정까지 수반된 광범위하면서도 치밀한 과정이었음을 엿볼 수 있는 대목이다.

저자인 루소 교수는, 문화대혁명을 이론적, 실천적 차원에서 재검토해야 한다는 마오쩌둥의 제안과 부탁을 거절하고 국가 주도의 발전주의 노선으로의 전환을 감행한 덩샤오핑의 선택을 비판적으로 바라본다. 덩샤오핑의 노선 전환에 의해 문화대혁명 속에 내재되어 있던 가능성의 맹아들이 전부 사멸되어버렸고, 노동자의 주체성과 자본주의에 대한 비판은 더욱 반동적인 표어들로 대체되어버렸기 때문이다. 루소 교수에 따르면 오늘날 중국에서 노동자의 대변자로 자임하는 공산당은 그 대표성을 독점하는 동시에 사회주의 개념에 대한 해석권마저 독점함으로써 문화대혁명을 통해 마오쩌둥이 시도하려고 했던 모든 반자본주의적 시도를 무력화하고 있다.

앞서 언급했던 것처럼, 이 책의 가장 중요한 가치는 문화대혁명을 혼란 일변도의 권력 투쟁으로 환원시키는 기존의 해석틀에서 벗어나려 했다는 점에서 찾을 수 있다. 루소 교수는 문화대혁명을 현상의 차원에서만이 아닌 인식론적 차원에서 분석함으로써 그것을 추동시켰던 사유 구조가 무엇이며, 인류 역사상 가장 예외적인 사건 중 하나였던 문화대혁명이라는 사건이 오늘날에도 여전히 사유할 만한 것인가라는 근본적이면서도 급진적인 질문을 제시하고 있다.

『문화대혁명의 혁명적 문화』가 한국에 번역 소개되고 있는 2026년의 국면은 좌파의 몰락과 극우의 굴기라고 정의될 수 있겠다. 근대의 상징이었던 미국에서 좌파는 퇴조하고 있으며, 극우 사조가 굴기하고 있다. 또한 이와 같은 극우 굴기의 조짐은 비단

494

미국에서만이 아니라, 유럽을 비롯한 전 세계적인 범위로 확산하고 있다(사실 한국 역시 예외가 아니다). 이러한 시대적 환경 속에서 문화대혁명이라는 극도로 좌파적인 사건을 사유한다는 것은 일견 시대착오적으로 보일 수도 있다. 하지만 '극과 극은 서로 통한다'는 말처럼 조금만 더 깊게 생각해보면 문화대혁명과 같은 극좌적 시대의 흔적은 극우의 시대를 고민할 수 있는 이론적 발판을 마련해줄 수 있음을 알 수 있다.

별도의 본격적인 이론적 검토가 필요한 문제이지만, 저자인 루소 교수는 문화대혁명이라는 사건을 통해 '권력과 사회주의는 병존할 수 있는가, 만약 그렇다면 어떻게 병존해야 하는가?'라는 문제에 접근하고 있는 것으로 보인다. 사실 권력과 사회주의의 병존이라는 문제는 지극히 어려운 문제이고, 수많은 이론적 검토와 정교한 절합이 필요한 문제다. 루소 교수가 이 문제를 이론적 차원에서 본격적으로 탐구하고 있는 것은 아니지만, 3부와 4부에 걸쳐 계속해서 제기되고 있는 쟁점은 결국 '사회주의는 어느 정도까지 권력을 제거할 수 있는가' 그리고 '좌파적 권력이란 무엇이며 그것이 작동, 발휘될 수 있는 장소는 어디인가'로 집약될 수 있다.

이러한 사유의 단초는 극우의 시대를 고민할 수 있는 인식론적 토대를 마련해준다. 극우의 핵심은 결국 권력을 통해 '우리'와 '타자'를 선명하게 구분하고 후자를 배제시킴으로써 전자의 정체성과 이익을 확보할 수 있다는 것으로 정리된다. 그렇다면 극우와 '권력'이라는 공통분모를 공유하면서도 그것의 대척점에 서 있는 극좌란 무엇인가? 루소 교수의 연구로부터 우리는 '권력'은 불가결하며, 오직 그것을 누가 어떻게 만들고 누구를 위해 사용할 것인지의 문제만 남게 된다는 것을 알 수 있었다. 요컨대 사회주의는 권력의 취소가 아닌 발명이 필요한 것이다. 그렇다면 극우의 시대를 맞이하여 우리는 극좌의 고민, 즉 권력과 혁명, 권력과 반자본주의의 관계를 다시 생각해볼 필요가 있다. 이것이야말로 『문화대혁명의 혁명적 문화』에서 길어내야 할 사상 과제의 핵심이다.

『문화대혁명의 혁명적 문화』를 처음 접했던 건 이 책이 최초 출판되었던 2020년경이었던 것으로 기억한다. 책을 처음부터 읽었던 것은 아니었고, 8장부터 읽기 시작했는데, 9장과 10장을 마저 읽으면서 평소 고민해왔던 문화대혁명과 권력의 문제에 서광이 비치는 것 같은 느낌을 받을 수 있었다. 우선 9장과 10장을 번역했고, 다소 시간이 흐른 뒤 6장에서 8장까지 번역을 진행했다. 그리고 한동안 번역 작업은 중단되었다. 2년 정도의 시간을 보낸 후, 어느날 문득 외장하드 한구석에서 잊고 있었던 이 책의 번역 초고를 '발견'하게 되었다. 다시 번역 초고를 읽으면서 이 책을 완역해야겠다는 결심이 섰다.

되돌아보면, 번역을 잠시 중단했던 건 어떤 허무함 때문이었던 것 같다. 혐중의 시대, 나아가 극우의 시대가 도래하면서 과연 중국학, 나아가 인문학이 할 수 있는 것이 무엇인가라는 근본적인 회의감과 무력감이 마치 쓰나미처럼 몰려와 번역의 여정을 중단시켜버렸던 것이다. 하지만 이러한 시대적 환경 속에서도 이 책의 번역 출판을 수락해주신 산지니 출판사의 강수걸 대표님 같은 분이 계시기에 번역의 여정이 결실을 맺을 수 있었다고 생각한다. 이 지면을 빌려 다시 한번 감사와 존경을 표하고 싶다.

매번 번역서를 낼 때마다 한 권의 번역서가 만들어지는 데 역자가 할 수 있는 것은 그저 밑그림을 그리는 것 정도일 뿐이라는 생각이 든다. 졸렬한 번역을 멋진 문장으로 다듬어주신 이혜정 편집자님께도 글로나마 감사의 말씀을 올린다. 이 번역서에 담긴 모든 오류의 책임은 옮긴이에게 있음을 밝히면서 번역을 마친다.

2026년 4월
옮긴이 피경훈

참고문헌

Althusser, Louis. "Ideology and State Ideological Apparatuses." In *"Lenin and Philosophy" and Other Essays*, translated by Ben Brewster, 123–73. London: New Left, 1971. Reprinted in *On Ideology*. London: Verso, 2008.

Althusser, Louis, and Etienne Balibar. *Lire le Capital*. Paris: Maspero, 1968.

Andreas, Joel. *The Rise of the Red Engineers: The Cultural Revolution and the Origins of China's New Class*. Stanford, CA: Stanford University Press, 2009.

Ansley, Clive M. *The Heresy of Wu Han: His Play "Hai Rui's Dismissal" and Its Role in China's Cultural Revolution*. Toronto: Toronto University Press, 1971.

Badiou, Alain. "Metaphysics and the Critique of Metaphysics," Pli 10 (2000): 174–90. Accessed April 2019. https://plijournal.com/files/Pli_10_9_Badiou.pdf.

Badiou, Alain. "The Cultural Revolution. The Last Revolution?". *positions* 13, no.3(2005): 481–514.

Badiou, Alain. *Logiques des mondes*. Paris: Seuil, 2006.

Badiou, Alain. *L'immanence des véités*. Paris: Fayard, 2018.

Balazs, Étienne. "Théorie politique et réalit. administrative dans la Chine traditionnelle." In *La bureaucratie céleste: Recherches sur l'éonomie et la société de la Chine traditionnelle*. Paris: Gallimard, 1968. English edition, *Chinese Civilization and Bureaucracy*. New Haven, CT: Yale University Press, 1967.

Bergère, Marie Claire. *La repubblica popolare cinese* [The People's Republic of China]. Bologna: Il Mulino, 2000. Original edition, *La réublique populaire de Chine de 1949 à nos jours*. Paris: Colin, 1989.

Bloch, Marc. *Apologie de l'histoire ou méier d'historien*. [1949]. Paris: Colin, 2018. English translation: *The Historian's Craft*. Manchester, UK: Manchester University Press,1992.

Bonnin, Michel. *The Lost Generation: The Rustication of China's Educated Youth: 1968-1980*. Hong Kong: Chinese University of Hong Kong Press, 2013.

Bray, David. *Social Space and Governance in Urban China: The Danwei System from the Origins to Reform*. Stanford, CA: Stanford University Press, 2005.

Cartier, Michel. Une réforme locale en Chine au XVIe siècle: *Hai Rui à Chun'an 1558-1562*. Paris: Mouton, 1972.

Cheek, Timothy. *Propaganda and Culture in Mao Zedong's China: Deng Tuo and the Intelligentsia*. Oxford: Clarendon, 1997.

De Bary, Theodore, and Richard Lufrano, eds. *Sources of Chinese Tradition*. New York: Columbia University Press, 2000.

Durkheim, Émile. *The Rules of Sociological Method*. Edited by Steven Lukes. New York: Free Press, [1895]. 1982.

Edmunds, Clifford. "The Politics of Historiography in Jian Bozan's Historicism." In *China's Intellectuals and the State: In Search of a New Relationship*, edited by Merle Goldman, Timothy Cheek, and Carol Lee Hamrin, 65-106. Cambridge, MA: Harvard University Press, 1987.

Fisher, Tom. " 'The Play's the Thing': Wu Han and Hai Rui Revisited." In *Using the Past to Serve the Present*, edited by Jonathan Unger, 9-45. Armonk, NY: M. E. Sharpe, 1992.

Gao Mobo. *The Battle for China's Past: Mao and the Cultural Revolution*. London: Pluto, 2008.

Gao Mobo. *Constructing China: Clashing Views of the People's Republic*. London: Pluto, 2018.

Henderson, Gail E., and Myron S. Cohen. *The Chinese Hospital: A Socialist Work Unit*. New Haven, CT: Yale University Press, 1984.

Hinton, William. *Hundred Day War: The Cultural Revolution at Tsinghua University*. New York: Monthly Review, 1972.

Hong Yung Lee. *The Politics of the Chinese Cultural Revolution: A Case Study*. Berkeley: University of California Press, 1978.

Huan Kuan. *Discourses on Salt and Iron: A Debate on State Control of Commerce and Industry in Ancient China*. Translated by Esson McDowell Gale. Leyden: E. J. Brill, 1931.

Hunter, Neal. *Shanghai Journal*. New York: Praeger, 1969.

Hurst, William. *The Chinese Worker after Socialism*. New York: Cambridge University Press, 2009.

Jian Bozan et al. *A Concise History of China*. Beijing: Foreign Languages Press, 1964.

Jiang Hongsheng. *La Commune de Shanghai et la Commune de Paris*. *Préace de* Alain Badiou. Paris: La Fabrique, 2014.

Jiang Hongsheng. "The Paris Commune in Shanghai: The Masses, the State, and Dynamics of 'Continuous Revolution.' " PhD dissertation, Duke University, 2010. Accessed April 2018. https://dukespace.lib.duke.edu/dspace/bitstream/handle/10161/2356/DJiangHongshenga201005.pdf.

Lenin, V. I. *"Left-Wing" Communism, an Infantile Disorder*. [1920]. Peking: Foreign Languages Press, 1970. Accessed June 2018. http://www.marx2mao.com/Lenin/LWC20.html.

Lenin, V. I. *State and Revolution*. [1917]. In *Collected Works*, vol. 25, 381–492. Moscow:Progress,1964. https://www.marxists.org/archive/lenin/works/1917/staterev /.

Lenin, V. I. *What Is to Be Done?* [1902]. In *Collected Works*, vol. 5, 347–530. Moscow:ForeignLanguagesPublishing,1961. https://

www.marxists.org/archive/lenin/works/1901/witbd/.

MacFarquar, Roderick, and Michael Schoenals. *Mao's Last Revolution*. Cambridge, MA: Harvard University Press, 2006.

Malraux, André. *Antimemorie*. Milan: Bompiani, 1968.

Mao Zedong. *A Critique of Soviet Economics.* [1960]. New York: Monthly Review, 1977.

Mao Zedong. "Inquiry into the Peasant Movement in Hunan." [1927]. In *Selected Works*, vol. 1. Beijing: Foreign Languages Press, 1965.

Mao Zedong. *Inventare una scuola: Scritti giovanili sull' educazione*. Edited by Fabio Lanza and Alessandro Russo. Rome: Manifestolibri, 1996.

Mao Zedong. *Mao's Road to Power: Revolutionary Writings 1912–1949*. Edited by Stuart R. Schram. Armonk, NY: M. E. Sharpe, 1992.

Mao Zedong. "On the Correct Handling of Contradictions among the People."[1957]. https://www.marxists.org/reference/archive/mao/selected-works/volume-5/mswv5_58.htm.

Mao Zedong. "On the Ten Major Relationships." [1956]. https://www.marxists.org/reference/archive/mao/selected-works/volume-5/mswv5_51.htm.

Marx, Karl. *The Capital. A Critique of Political Economy*, vol. 1. [1867]. https://www.marxists.org/archive/marx/works/download/pdf/Capital-Volume-I.pdf.

Marx, Karl. *Critique of the Gotha Program*. [1875]. https://www.marxists.org/archive/marx/works/download/MarxCritqueoftheGothaProgramme.pdf.

Mazur, Mary G. *Wu Han, Historian: Son of China's Times*. Plymouth, UK: Lexington, 2009.

Mittler, Barbara. " 'Enjoying the Four Olds!' Oral Histories from a 'Cultural Desert.'" *Transcultural Studies* 1 (2013): 177–215.

Miyazaki, Ichisada. *China's Examination Hell: The Civil Service*

Examinations of Imperial China. Translated by Conrad
Schirokauer. New York: Weatherhill, 1976.

Myers, James T., Jurgen Domes, and Erik Von Groeling, eds. *Chinese
Politics: Documents and Analysis*, vol. 1: *Cultural Revolution to
1969*. Columbia: University of South Carolina Press. 1986.

Pantsov, Alexander V., and Steven I. Levine. *Deng Xiaoping: A
Revolutionary Life*. Oxford: Oxford University Press, 2015.

Perry, Elizabeth, and Li Xun. *Proletarian Power: Shanghai in the
Cultural Revolution*. New York: Routledge, 1997.

Piazzaroli Longobardi, Andrea. "The Workers University in
the Chinese Cultural Revolution," PhD thesis, S.o Paulo
University and Bologna University, 2019. Accessed April
2019. www.teses.usp.br/teses/disponiveis/8/.../2018_
AndreaPiazzaroliLongobardiVOrig.pdf.

Pozzana, Claudia. "Althusser and Mao: A Political Test for
Dialectics." In *The Idea of Communism 3: The Seoul Conference*,
ed. Alex Taek-Gwang Lee and Slavoj Žižek, 98–109. London: Verso,
2016.

Pozzana, Claudia, "Distances of Poetry: An Introduction to Bei Dao."
positions 15 (2007): 91–111.

Pozzana, Claudia. *La poesia pensante: Inchieste sulla poesia cinese
contemporanea*. Macerata, Italy: Quodlibet, 2010.

Pozzana, Claudia. "Spring, Temporality, and History in Li Dazhao."
positions 3 (1995): 283–305.

Pozzana, Claudia, and Alessandro Russo. "China's New Order and
Past Disorders: A Dialogue Starting from Wang Hui's Analyses."
Critical Asian Studies 3 (2006): 329–51.

Pozzana, Claudia, and Alessandro Russo, eds. *Nuovi poeti cinesi*.
Torino: Einaudi, 1996.

Pozzana, Claudia, and Alessandro Russo, eds. "Un'altra Cina: Poeti e
narratori degli anni Novanta." In *forma di Parole* 19, no.1 (1999).

Pun Ngai, and Jenny Chan. "Global Capital, the State, and Chinese Workers: The Foxconn Experience." *Modern China* 38 (2012): 383–410.

Pun Ngai, Jenny Chan, and Mark Selden. *Morire per un i-Phone.* Edited by Ferruccio Gambino and Devi Sacchetto. Milan: Jaca Book, 2015.

Pusey, James R. *Wu Han: Attacking the Present through the Past.* Cambridge, MA: Harvard University Press, 1969.

Robespierre, Maximilien. *Pour le bonheur et la libert: Discours.* Paris: La Fabrique, 2000.

Rosen, Stanley. *Red Guard Factionalism and the Cultural Revolution in Guangzhou.* Boulder, CO: Westview, 1982.

Russo, Alessandro. "The Conclusive Scene: Mao and the Red Guards in July 1968." *positions* 13, no.3 (2005): 535–74.

Russo, Alessandro. "Destinies of University." *Polygraph* 21 (2009): 41–75.

Russo, Alessandro. "Egalitarian Inventions and Political Symptoms: A Reassessment of Mao's Statements on the 'Probable Defeat.'" *Crisis and Critique* 3, no.1 (2016): 259–78.

Russo, Alessandro. "Mummifying the Working Class: The Cultural Revolution and the Fates of the Political Parties of the 20th Century." *China Quarterly* 227 (2016): 653–73.

Russo, Alessandro. "Notes on the Critique of Revisionism: Lenin, Mao and Us." *Crisis and Critique* 4, no.2 (2017): 362–75.

Russo, Alessandro. *Ouvrier et "danwei": Note de recherche sur une enquête d'anthropologie ouvrière menée à Canton en avril 1989.* Paris: Université de Paris, 1990.

Russo, Alessandro. "Parlomurs: A Dialogue on Corruption in Education." In *What Is Education?*, edited by Adam Bartlett and Justin Clemens, 185–238. Edinburgh: Edinburgh University Press, 2017.

Russo, Alessandro. "The Probable Defeat: Preliminary Notes on the
Cultural Revolution." *positions* 6, no.1 (1998): 179–202.

Russo, Alessandro. *Le rovine del mandato: La modernizzazione
politica dell'educazione e della cultura cinesi.* Milan: Franco
Angeli, 1985.

Russo, Alessandro. "Schools as Subjective Singularities: The
Inventions of Schools in Durkheim's *L'évolution Pédagogique en
France. Journal of Historical Sociology* 19, no.3 (2006): 308–37.

Russo, Alessandro. "The Sixties and Us." In *The Idea of Communism
3: The Seoul Conference*, edited by Alex Taek-Gwang Lee and
Slavoj Žižek, 137–78. London: Verso, 2016.

Saint-Just, Louis Antoine Léon de. *L'esprit de la révolution et de la
constitution de la France.* [1791]. Paris: Editions 10/18, 2003.

Schram, Stuart, ed. *Mao Tse-tung Unrehearsed: Talks and Letters
1956-1971.* London: Penguin, 1974.

Schurmann, Franz. *Ideology and Organization in Communist China.*
Berkeley: University of California Press, 1966.

Stalin, Joseph. *Dialectical and Historical Materialism.* [1938]. https://
www.marxists.org/reference/archive/stalin/works/1938/09.htm.

Stalin, Joseph. "On the Draft Constitution of the U.S.S.R." Report
Delivered at the Extraordinary Eighth Congress of Soviets of the
U.S.S.R (November 25, 1936). https://www.marxists.org/reference/
archive/stalin/works/1936/11/25.htm.

Teiwes, Fredrick, and Sun Warren. *The End of the Maoist Era:
Chinese Politics during the Twilight of the Cultural Revolution,
1972-1976.* Armonk, NY: M. E. Sharpe, 2007.

Vogel, Ezra. *Deng Xiaoping and the Transformation of China.*
Cambridge, MA: Belknap Press of Harvard University Press, 2011.

Vukovich, Daniel F. *China and Orientalism: Western Knowledge
Production and the PRC.* London: Routledge, 2012.

Walder, Andrew G. *Agents of Disorder. Inside China's Cultural*

Revolution, Cambridge, MA: Harvard University Press, 2019.

Walder, Andrew G. *Chang Ch'un-ch'iao and Shanghai's January Revolution*. Ann Arbor: Center for Chinese Studies, University of Michigan, 1978.

Walder, Andrew G. *Fractured Rebellion. The Beijing Red Guard Movement*. Cambridge, MA: Harvard University Press, 2009.

Walter, Georges. *Chine, An-81: Dispute sur le sel et le fer; un prodigieux document sur l'art de gouverner*. Paris: Seghers, 1978.

Wang Hui. *China's New Order*. Cambridge, MA: Harvard University Press, 2003.

Wang Peijie. *Revolutionary Committees in the Cultural Revolution Era of China*. London: Palgrave Macmillan, 2017.

Wang Weiguang. "The Great Victory of Marxism in China." *Social Sciences in China* 32, no.4 (2011): 3-18.

Wang Xuedian. "Jian Bozan's Theoretical Contribution to China's Historical Science." *Social Sciences in China* 3 (1991): 144-62.

Weber, Max. "Politics as Vocation." [1919]. In *Weber's Rationalism and Modern Society*, translated and edited by Tony Waters and Dagmar Waters. New York: Palgrave Macmillan, 2015.

White, Lynn T., III. "The Cultural Revolution as an Unintended Result of Administrative Policies." In *New Perspectives on the Cultural Revolution*, edited by Joseph C. W. Wong and David Zweig, 83-104. Cambridge, MA: Harvard University Press, 1989.

White, Lynn T., III. *Policies of Chaos: The Organizational Causes of Violence in China's Cultural Revolution*. Princeton, NJ: Princeton University Press, 1989.

Wu Yiching. *The Cultural Revolution at the Margins: Chinese Socialism in Crisis*. Cambridge, MA: Harvard University Press, 2014.

Yang Guobin. *The Red Guard Generation and Political Activism in China*. New York: Columbia University Press, 2016.

Yang Rae. *Spider Eaters*. Berkeley: University of California Press, 1997.

중국어 자료

薄一波.『若干重大決策與事件的回顧』. 北京: 印刷工業出版社, 1997年.

蔡成和. 怎樣更好地評價歷史人物和歷史劇——評《評新編歷史劇〈海瑞罷官〉》.『文匯報』, 1965年12月1日, 第4版.

蔡美彪. 在論中國農民戰爭史的幾個問題.『新建設』1962年第11期: 32-41.

蔡尚思. 這是什麼樣的"自我批評".『文匯報』, 1966年1月25日, 第4版.

巢峰 編.『文化大革命』詞典. 香港: 港龍出版社, 1993年.

陳伯達. 在上海安亭火車站的工人的電報. 載『陳伯達言論集』, 第1卷, 頁214. 北京: 烏托邦書店, 無年代.

澄宇.『海瑞罷官』為誰唱讚歌?『北京日報』, 1966年1月18日, 第3版.

程中原、夏杏珍.『歷史轉折的前奏: 鄧小平在一九七五』. 北京: 青年出版社, 2004年.

戴不凡.『海瑞罷官』的主題思想.『文匯報』, 1965年12月28日, 第4版.

鄧小平.『文選 1975-1982』. 北京: 人民出版社, 1983年.

鄧小平. 軍隊要整頓, 1975年1月25日. 載『鄧小平文選 1975-1982』, 頁1-3. 北京: 人民出版社, 1983年.

鄧小平. 全黨講大局, 把國民經濟搞上去, 1975年5月3日. 載『鄧小平文選』, 頁4-7.

鄧小平. 當前鋼鐵工業必須解決的幾個問題, 1975年5月29日. 載『鄧小平文選』, 頁8-11.

鄧小平. 各方面都要整頓, 1975年9月27日-10月4日. 載『鄧小平文選』, 頁32-34.

鄧小平. 對起草〈關於建國以來黨的若干歷史的決議的意見〉, 1980年3月-1981年6月. 載『鄧小平文選』, 頁255-274.

丁望 主編.『吳晗與〈海瑞罷官〉事件』. 載『中共文化大革命資料彙編』第四卷. 香港: 明報月刊社, 1968年.

范民聲、盛郁、馬聖貴. 上海戲劇學院三位同志的來信.『文匯報』, 1965年11

月29日, 第2版.

方克立. 『海瑞罷官』歪曲了歷史真實. 『北京日報』, 1965年12月16日, 第2版.

方求. 『海瑞罷官』代表一種什麼社會思潮？『人民日報』, 1965年12月29日, 第7版.

逢先知、金沖及 主編. 『毛澤東傳, 1949–1976』. 北京: 中央文獻出版社, 2003年.

高皐、嚴家其. 『"文化大革命"十年史』. 天津: 天津人民出版社, 1986年.

戈鋒. 『論海瑞』的錯誤僅僅是思想方法上的片面性嗎？『北京日報』, 1965年12月31日, 第3版.

關鋒、林傑. 『海瑞罵皇帝』和『海瑞罷官』是反黨反社會主義的兩株大毒草. 『人民日報』, 1966年4月5日, 第5版.

廣州學術界對『海瑞罷官』的一些看法. 『羊城晚報』, 1966年1月15日.

郭庠林、陳紹聞. 『海瑞罷官』為誰服務. 『文匯報』, 1965年12月23日, 第4版.

國務院政治研究室. 論全黨全國各項工作的總綱, 1975年10月7日. 載 中國人民解放軍、國防大學、黨史政工教研室. 『〈文化大革命〉研究資料』, 第2卷, 頁507–517. 北京: 國防大學, 1988年.

韓國勁、周勝昌. 海瑞"清官"生活真相. 『文匯報』, 1966年2月1日, 第4版.

郝昺衡. 試論海瑞和『海瑞罷官』. 『文匯報』, 1965年12月20日, 第4版.

紅旗評論員. 無產階級革命派聯合起來. 『紅旗』1967年第2期. 重刊於『人民日報』, 1967年1月16日.

胡長明. 毛澤東: 『明史』是我看了最生氣. 新華網, 2016年9月12日存取. http://news.xinhuanet.com/politics/2008-06/01/content82929791.htm.

胡鈞. 『海瑞罷官』為封建王法唱頌歌. 『文匯報』, 1965年12月17日, 第4版.

華山. 論肯定與讚揚. 『文匯報』, 1966年1月11日, 第4版.

華山. 為什麼要肯定"清官"、"好官"？『文匯報』, 1966年1月7日, 第4版.

黃喜蔚. 這是階級的分歧. 『文匯報』, 1966年1月18日, 第4版.

計紅緒. 要以階級觀點看待"清官". 『文匯報』, 1966年1月28日, 第4版.

翦伯贊. 『歷史問題論叢』. 北京: 人民出版社, 1962年.

翦伯贊. 對處理若干歷史問題的初步意見. 『光明日報』, 1963年12月22日.

翦伯贊. 論中國古代的農民戰爭. 載『翦伯贊歷史論文選集』. 北京: 人民出版

社, 1980年.

翦伯贊. 歷史論文選集. 北京: 人民出版社, 1980年.

江青、王任重、康生對北京中學生的講話, 1966年8月6日. 載『江青文稿』, 第一卷, 頁387-394. 北京: 烏托邦書店, 2007年.

金大陸.『非常與正常, 上海文革時期的社會生活』. 上海: 辭書出版社, 2008年.

景池. 商品自述.『學習與批判』, 1975年第5期: 19-24 (續見第6期: 22-26 及第7期: 15-27).

康健. 關於"讓步政策"的淺見.『文匯報』, 1965年12月18日, 第4版.

李傳勇、馬鴻生. 海瑞推動了歷史前進.『文匯報』, 1965年12月28日, 第4版.

李東石. 評吳晗同志的歷史觀.『北京日報』, 1966年1月8日, 第3版.

李華、實夫. 海瑞有值得學習的地方.『文匯報』, 1965年12月23日, 第4版.

李銳.『毛澤東早期革命活動』. 長沙: 湖南教育出版社, 1983年.

李銳.『廬山會議實錄』. 長沙: 湖南教育出版社, 1989年 (增訂版, 鄭州: 河南人民出版社, 1999年).

李遜.『革命造反年代: 上海文革運動史稿』. 香港: 牛津大學出版社, 2015年.

李振宇. 海瑞罷官是一齣較好的歷史劇.『北京日報』, 1966年12月9日, 第3版.

林彪. 在擴大工作會議上的講話, 1966年5月18日. 載『中國文化大革命文庫』第三部分. 香港: 中文大學, 2002年.

林丙義. 海瑞與『海瑞罷官』.『文匯報』, 1965年12月3日, 第4版.

林傑. 用什麼觀點和方法研究農民戰爭.『新建設』, 1964年第4期: 40-51.

劉大杰.『海瑞罷官』的本質.『文匯報』, 1965年12月23日, 第4版.

劉少奇. 論共產黨員修養. 1939年. https://www.marxists.org/chinese/liushaoqi/1967/035.htm. 英譯本:『How to Be a Good Communist』. 北京: 外文出版社. https://www.marxists.org/reference/archive/liu-shaoqi/1939/how-to-be/index.htm.

劉武生.『周恩來的晚年歲月』. 北京: 人民出版社, 2006年.

劉序琦. 給海瑞以公正的評價.『文匯報』, 1966年2月4日, 第4版.

劉元高.『海瑞罷官』必須批判.『文匯報』, 1965年12月15日, 第4版.

路風. 單位, 一種特殊的社會組織形式.『中國社會科學』1989年第1期: 3-18.

陸嘉亮、倪墨炎. 中華書局上海編輯所兩位同志的來信.『文匯報』, 1965年11月29日.

羅思鼎. 拆穿"退田"的西洋鏡.『文匯報』, 1966年2月8日, 第4版.

馬捷. 也談『海瑞罷官』.『文匯報』, 1965年11月30日, 第4版.

馬彦文. 馬克思主義的重大發展。學習毛主席重要指示的一點體會.『北京大學學報』1976年第2期: 23-29 (續見第3期: 15-21, 22-29).

馬澤民、王鋭生.『海瑞』是吳晗同志反黨反社會主義的政治工具.『光明日報』, 1966年1月29日, 第3版.

毛毛〔鄧榕〕.『我的父親鄧小平."文革"歲月』. 北京: 中央文獻出版社, 2000年.

毛澤東.『早期文稿』. 長沙: 湖南出版社, 1990年.

毛澤東.『建國以來毛澤東文稿, 全十三卷』. 北京: 中央文獻出版社, 1987-1998年.

毛澤東. 對〈關於無產階級專政的歷史經驗〉稿的批語和修改, 1956年4月2日-4日. 載『建國以來毛澤東文稿』, 第6卷, 頁59-67. 北京: 文獻出版社, 1992年.

毛澤東. 廬山會議討論問題, 1959年. 載『建國以來毛澤東文稿』, 第8卷, 頁331-333. 北京: 中央文獻出版社, 1993年.

毛澤東. 蘇聯『政治經濟學』讀書筆記, 1960年. 載『毛澤東思想萬歲』, 頁337-340. 北京: 無出版者, 1969年.

毛澤東. 在擴大的中央工作會議的講話, 1962年1月30日. 載『毛澤東思想萬歲』, 頁399-423. 北京: 無出版者, 1969年.

毛澤東. 在八屆十中全會上的講話, 1962年9月24日. 載『毛澤東思想萬歲』, 頁430-436. 北京: 無出版者, 1969年.

毛澤東. 談謙虛戒驕, 1963年12月13日. 載『毛澤東思想萬歲』, 頁446-454. 北京: 無出版者, 1969年.

毛澤東. 關於哲學問題的講話, 1964年8月18日. 載『毛澤東思想萬歲』, 頁548-561. 北京: 無出版者, 1969年.

毛澤東. 在杭州的會議上的講話, 1965年12月21日. 載『資料選編』, 頁318-321. 無出版者, 1967年2月.

毛澤東. 在政治局擴大會議上的講話, 1966年3月17日、20日. 載『毛澤東思想萬歲』, 頁634-640. 北京: 無出版者, 1969年.

毛澤東. 打到閻王, 解放小鬼: 與康生同志的談話, 1966年4月. 載『毛澤東思想萬歲』, 頁640-641. 北京: 無出版者, 1969年.

毛澤東. 批判彭真, 1966年4月. 載『毛澤東思想萬歲』, 頁641-642. 北京: 無出版者, 1969年.

毛澤東. 對阿爾巴尼亞軍事代表團的講話, 1966年5月1日. 載『毛澤東思想萬歲』, 頁673-679. 北京: 無出版者, 1969年.

毛澤東. 炮打司令部: 我的一張大字報, 1966年8月5日. 載『建國以來毛澤東文稿』, 第12卷, 頁90-92. 北京: 中央文獻出版社, 1993年.

毛澤東. 給江青的信, 1966年7月8日. 載『建國以來毛澤東文稿』, 第12卷, 頁71-75. 北京: 中央文獻出版社, 1993年.

毛澤東. 和卡博、巴盧庫同志的談話, 1967年2月3日. 載『毛澤東思想萬歲』, 頁663-667. 北京: 無出版者, 1969年.

毛澤東. 對上海文化大革命的指示, 1967年2月. 載『毛澤東思想萬歲』, 頁667-672. 北京: 無出版者, 1969年.

毛澤東. 召見首都紅代會負責人的談話, 1968年7月28日. 載『毛澤東思想萬歲』, 頁687-716. 北京: 無出版者, 1969年.

毛澤東. 毛主席關於制止武鬥問題的指示精神要點, 1968年7月28日. 載『"文化大革命"研究資料』, 第2卷, 頁153-154. 北京: 國防大學, 1988年.

毛澤東. 關於理論問題的談話要點, 1974年12月. 載『建國以來毛澤東文稿』, 第13卷, 頁413-415. 北京: 中央文獻出版社, 1998年.

毛澤東. 毛主席重要指示, 1975-76年. 載『建國以來毛澤東文稿』, 第13卷, 頁486. 北京: 文獻出版社, 1998年.

聶元梓.『回憶錄』. 香港: 時代國際, 2005年.

牛子明. 哪個階級的立場？『文匯報』, 1966年1月28日, 第4版.

彭德懷.『自述』. 北京: 人民出版社, 1981年.

平實. 談『海瑞罷官』中人物的階級關係—與姚文元等同志商榷.『北京日報』, 1965年12月31日, 第3版.

戚本禹. 為革命而研究歷史.『紅旗』1965年第13期: 14-22.

戚本禹、林傑、閻長貴. 翦伯贊同志的歷史觀點應當批判.『人民日報』, 1966年3月25日.

戚本禹.『海瑞罵皇帝』和『海瑞罷官』的反動實質.『人民日報』, 1966年4月2日, 第5版.

510

戚本禹. 『回憶錄』, 2016年. https://www.marxists.org/chinese/
　　reference-books/qibenyu/3-06.htm.

樵子. 也談海瑞和『海瑞罷官』. 『人民日報』, 1965年12月, 第5版.

瞿林東、馮祖貽. 階級鬥爭的事實是抹煞不了的——評吳晗同志關於海瑞"退
　　田"的辯解. 『北京日報』, 1966年1月26日, 第3版.

人民日報編者. 關於『海瑞罷官』問題各種意見的簡介. 『人民日報』, 1965年12
　　月15日, 第5版.

人民日報社論. 橫掃一切牛鬼蛇神. 『人民日報』, 1966年6月1日.

人民日報社論. 學習十六條, 熟悉十六條, 運用十六條. 『人民日報』, 1966年8月
　　13日.

人民日報社論. 無產階級革命派大聯合, 奪走資本主義道路當權派的權. 『人民
　　日報』, 1967年1月22日.

人民日報社論. 論無產階級革命派的奪權鬥爭. 『紅旗』1967年第3期. 『人民日
　　報』, 1967年1月31日.

人民日報、紅旗雜誌編者. 馬克思、恩格斯、列寧, 論無產階級專政. 『紅旗』
　　1975年第3期: 3-19.

人民日報社論. 學好無產階級專政的理論. 『人民日報』, 1975年2月9日, 第1版.

商鴻逵. 由假海瑞談到真海瑞. 『文匯報』, 1966年1月11日, 第4版.

上海學術界部分人士座談吳晗的〈關於〈海瑞罷官〉的自我批評〉. 『文匯報』,
　　1966年1月7日, 第4版.

沈志. 對海瑞應當又批判又肯定. 『文匯報』, 1966年1月14日, 第4版.

師東兵. 最初的抗爭: 彭真在"文化大革命"前夕. 北京: 中共中央黨校出版社,
　　1993年.

師文伍. 用封建"王法"掩蓋了階級矛盾. 『人民日報』, 1965年12月25日, 第5版.

史軍. 顛倒了歷史的『海瑞罷官』. 『人民日報』, 1966年1月19日, 第5版.

史紹賓. 評〈關於〈海瑞罷官〉的自我批評〉的幾個問題. 『光明日報』, 1966年1月
　　9日.

史文群整理. 武漢學術界展開『海瑞罷官』的討論. 『羊城晚報』, 1966年1月15日.

史哲. 告狀難道是農民革命鬥爭嗎? 『文匯報』, 1966年1月18日, 第4版.

思彤. 接受吳晗同志的挑戰. 『人民日報』, 1966年1月13日, 第5版.

孫達人. 應該怎樣估價"讓步政策". 『光明日報』, 1965年9月22日, 第4版.

孫柞. 在中國農民戰爭史研究中運用歷史主義和階級觀點.『人民日報』, 1964
年2月27日, 第3版.

譚慧中. "讓步政策"保存了農民戰爭的勝利果實嗎？—與嚴北溟同志商榷.
『文匯報』, 1966年1月27日, 第4版.

唐長孺. 歷史唯物論, 還是階級調和論.『文匯報』, 1966年1月14日, 第4版.

唐真.『海瑞罷官』的主題是什麼.『文匯報』, 1965年12月15日, 第4版.

王鴻德. 不要鋤掉『海瑞罷官』這朵花.『文匯報』, 1965年12月25日, 第4版.

王宏業. 向海瑞學習的目的何在？『文匯報』, 1965年12月23日, 第4版.

王金祥. 幾個疑問.『文匯報』, 1965年12月28日, 第4版.

王連升、楊燕起. 海瑞與"清官".『北京日報』, 1965年12月18日, 第3版.

王年一.『大動亂的年代』. 鄭州: 河南人民出版社, 1988年.

王希曾、楊壽堪. 為什麼要歌頌"海瑞罵皇帝".『北京日報』, 1966年1月14日,
第3版.

王彥坦、蔣景源、王家范. 華東師範大學歷史系三位同志的來信.『文匯報』,
1965年11月29日, 第2版.

王子今.『歷史學者毛澤東』. 北京: 西苑出版社, 2013年.

韋格明. 海瑞"剛直不阿"的反動性.『文匯報』, 1966年2月8日, 第4版.

文匯報編者.『海瑞罷官』問題的討論逐步展開.『文匯報』, 1965年12月6日, 第
1版.

吳晗. 海瑞罵皇帝.『人民日報』, 1959年6月16日, 第8版.

吳晗. 論海瑞.『人民日報』, 1959年9月17日. 載『吳晗選集』, 頁347-370. 天
津: 天津人民出版社, 1988年.

吳晗.『海瑞罷官』. 1961年. 北京: 北京出版社, 1979年.

吳晗. 論歷史劇.『文學評論』1961年第3期.

吳晗. 論歷史知識的普及. 1962年. 載『吳晗選集』, 頁392-407. 天津: 天津人
民出版社, 1988年.

吳晗. 關於『海瑞罷官』的自我批評.『北京日報』, 1965年12月29日, 第3版.

吳晗. 是革命, 還是繼承.『北京日報』, 1966年1月12日, 第3版.

吳君偉. 清官和貪官有別.『文匯報』, 1966年1月14日, 第4版.

習中文. 應該一分為二的看"清官"和"貪官".『文匯報』, 1966年1月6日, 第4版.

席宣、金春明.『"文化大革命"簡史』. 北京: 中共黨史出版社, 1996年.

向陽生〔鄧拓〕. 從『海瑞罷官』談到道德繼承論.『北京日報』, 1965年12月12日, 第2-3版.

肖鏃. 從"教訓"談到"讓步政策"—同嚴北溟等先生商榷.『文匯報』, 1966年1月13日.

『新建設』編者. 當代史學界對中國農民戰爭史幾個問題的討論.『新建設』1962年第2期: 23-25.

徐德嶙. 對"讓步政策"的幾點看法.『文匯報』, 1966年1月13日, 第4版.

徐德政、張錫厚、欒貴明. 評吳晗同志《關於〈海瑞罷官〉的自我批評》.『北京日報』, 1965年12月31日.

徐連達、陳匡時、李春元. "青天大老爺"真能"為民做主"嗎?『文匯報』, 1965年12月25日, 第4版.

嚴北溟. 對"讓步政策"也要"一分為二".『文匯報』, 1965年12月16日, 第4版.

燕人. 對歷史劇『海瑞罷官』的幾點看法—與姚文元同志商榷.『文匯報』, 1965年12月2日, 第4版.

嚴問. 評吳晗同志關於道德問題的"自我批評".『北京日報』, 1966年1月14日, 第3版.

楊國宜、張海鵬. 究竟怎樣認識"讓步政策".『文匯報』, 1966年1月17日, 第4版.

楊金龍. 對農民形象的歪曲.『人民日報』, 1965年12月25日, 第5版.

楊金亭.『海瑞罷官』是階級調和論的傳聲筒.『北京日報』, 1965年12月25日, 第3版.

姚鐸銘. 全面地理解"讓步政策".『文匯報』, 1966年1月27日, 第4版.

姚全興. 不能用形而上學代替辯證法. 評〈評新編歷史劇『海瑞罷官』〉.『光明日報』, 1965年12月15日, 第3版.

姚文元. 評新編歷史劇『海瑞罷官』.『文匯報』, 1965年11月10日. 載『人民日報』, 1965年11月30日, 第5版.

姚文遠. 林彪反黨集團的社會基礎.『紅旗』1975年第3期: 20-29.

亦鳴. 評新編歷史劇『海瑞罷官』讀後.『人民日報』, 1965年12月25日, 第5版.

印紅標. 文革的"第一張馬列主義大字報". 載『文化大革命: 事實與研究』, 頁3-16. 香港: 中文大學出版社, 1996年.

羽白.『海瑞罷官』基本上應該肯定.『文匯報』, 1965年12月17日, 第4版.

袁良義. 論"清"官不清.『文匯報』, 1966年1月11日, 第4版.

岳華. 關於道德的階級性和繼承性問題的討論介紹.『北京日報』, 1965年12月
　　18日, 第3版.

張彬. 並沒有原則分歧.『文匯報』, 1966年1月18日, 第4版.

張春橋. 關於修改憲法的報告.『紅旗』1975年第2期: 15-19.

張春橋. 論對資產階級全面專政.『紅旗』1975年第4期: 3-12.

張春橋. 在法庭上的講話, 1981年. https://blog.boxun.com/hero/201308/
　　zgzj/151.shtml.

張春橋、姚文元. 在上海群眾大會上的講話, 1967年2月24日. 載『張春橋文
　　集』. 北京: 烏托邦書店, 無年代.

張晉藩. 海瑞執行的王法究竟是什麼樣的法?『文匯報』, 1966年2月4日, 第4版.

趙少荃、陳匡時、李春元、韓國勁. 復旦大學歷史系四位同志的來信.『文匯
　　報』, 1965年11月29日, 第2版.

張延舉. 海瑞實行了讓步的改良.『北京日報』, 1966年1月26日.

趙衍孫. 吳晗同志是和無產階級進行較量.『北京日報』, 1966年1月14日, 第3版.

張益. 揭穿『海瑞罷官』的錯誤實質.『文匯報』, 1965年12月20日, 第4版.

張貽玖. 毛澤東讀史. 北京: 當代中國出版社, 2005年.

張湛彬. 文革第一文字獄. 香港: 太平世紀出版社, 1998年.

中國共產黨中央委員會關於無產階級文化大革命的決定, 1966年8月8日通過.
　　載『中國文化大革命文庫』, 第一部分.

中國共產黨第十一屆中央委員會第二次全體會議. 關於建國以來黨的若干歷
　　史問題的決議.『人民日報』, 1981年7月1日, 第1-7版.

『中國共產黨章程』. 北京: 人民出版社, 2017年.

中國共產黨中央委員會通知及原件附件二, 1966年5月16日. 載『中國文化大
　　革命文庫』, 第一部分.

中國人民解放軍、國防大學、黨史政工教研室.『"文化大革命" 研究資料』,
　　第2卷. 北京: 國防大學, 1988年.

『中國文化大革命文庫』. 主編: 宋永毅. 香港: 中文大學, 2002年.

中共中央批轉文化革命五人小組關於當前學術討論的匯報提綱, 1966年2月
　　12日. 載『中國文化大革命文庫』, 第一部分.

朱理章. 撥開迷霧看"清官".『文匯報』, 1966年1月6日, 第4版.

朱相黑. 海瑞讓步使人民得益.『文匯報』, 1965年12月28日, 第4版.

찾아보기

462, 477-480

광시　379-381

교육　27, 32, 38, 41, 60, 101, 108,
110, 119, 141, 148, 156, 182-
184, 195, 198, 227, 230-233,
238, 243, 263, 288, 327, 359,
373, 378, 385-386, 388-393,
396, 407, 472, 478

구청　399-400

국가 문화기구　72, 90, 96, 110,
157, 181-182, 184, 193, 237,
241, 243

국무원 정치연구실　464

국민당　67, 172, 299, 332, 380-
381

국제공산주의 운동　245

군국주의　229, 362, 365

군사 전략　368-369

군사 정책　222

금문도　62

기계화　69

기근　54, 282

기술 관료적 가치　482

기술에 대한 페티시　435

기회주의　118-119, 125-126, 129-
130, 135-136, 175, 191, 281,
311, 379, 384-385

ㄴ

냉전　65, 228, 258

네위안즈　256-257, 353-357, 361,

363-364, 371-372, 374-375, 377,
383, 387

노동자　9, 15, 28, 39, 59, 79-81,
154, 156, 176, 209, 211, 230-
231, 246, 253, 256, 258, 264-
265, 271, 276, 286-310, 312-
313, 316-332, 335, 337-343,
346, 351, 357-359, 361, 379,
382-385, 387, 390, 393-397,
401, 403, 416, 418, 422, 426-
434, 436-438, 441, 443-445,
452, 459-462, 477-484, 486

노동자의 '사회적 가치'　79

농민　14, 23, 26, 28-30, 32, 34-43,
45, 47, 49, 52, 56, 58-60, 62, 64-
78, 81-85, 98-101, 104-106, 108,
113, 115-116, 119, 122-123,
129, 131, 139-140, 144, 156,
209, 220, 264-265, 335, 359,
361, 388-389, 393, 398, 478-479

농업 생산　229

농업 합작사　103-104

농촌　38, 40, 45, 57, 59, 63-64,
67, 69, 125, 157, 187, 389, 398,
448, 478-479

뉴후이린　376

니콜로 마키아벨리　414

니키타 흐루쇼프　65, 166-167,
220, 224